Kontinuität im Wandel

Begegnungen mit dem Filmemacher Wim Wenders

Gedruckt mit freundlicher Unterstützung der

WIM
WENDERS
STIFTUNG

Kontinuität im Wandel

Begegnungen mit dem Filmemacher Wim Wenders

Herausgegeben von
Jörn Glasenapp

et+k
edition text+kritik

Bibliografische Information der Deutschen Nationalbibliothek
Die Deutsche Nationalbibliothek verzeichnet diese Publikation in der Deutschen Nationalbibliografie; detaillierte bibliografische Daten sind im Internet über www.dnb.de abrufbar.

ISBN 978-3-96707-562-5

Levelingstraße 6a, 81673 München
www.etk-muenchen.de

Umschlaggestaltung: Thomas Scheer
Umschlagabbildung: Wim Wenders. Mit freundlicher Genehmigung der Wim Wenders Stiftung
© Donata Wenders
Satz und Bildbearbeitung: Claudia Wild, Otto-Adam-Straße 2, 78467 Konstanz
Druck und Buchbinder: Esser printSolutions GmbH, Westliche Gewerbestraße 6, 75015 Bretten

Inhalt

Vorwort *7*

Jörn Glasenapp
This is not America.
Wim Wenders' und Peter Handkes Roadmovie-Miniatur
3 AMERIKANISCHE LP'S *11*

Jörn Glasenapp
Eine Möwe in Manhattan.
Wim Wenders' *slow cinema* *31*

Julian Weinert
»Same roots, different direction«.
Chris Petits RADIO ON im Verhältnis zu
Wim Wenders' Roadmovie-Trilogie *46*

Golnaz Sarkar Farshi
Wim Wenders' Roadmovie-Trilogie als Evolution
der Filmsemantik.
Eine Annäherung mit Niklas Luhmann *58*

Mirjam Schmitt
On the Road mit Adorno.
Wim Wenders und die Kritische Theorie *73*

Sven Weidner
Hotels und Motels bei Wim Wenders.
Überlegungen zu ALICE IN DEN STÄDTEN, PARIS, TEXAS
und THE MILLION DOLLAR HOTEL *89*

Katharina Stahl
Insel zwischen den Zeiten.
Wim Wenders, BUENA VISTA SOCIAL CLUB
und die Musik(-dokumentation) *107*

Katharina Rajabi
Arbeit an der Oberfläche.
Wenders, Antonioni und die Fotografie *123*

Petra Anders
Welcome to the Freakhouse?
Disability bei Wim Wenders *139*

Jörn Glasenapp
»This place is full of ghosts.«
Wim Wenders und Butte, MT *155*

Matthias Hurst
How the West Was Lost.
DON'T COME KNOCKING und der lange Abschied
vom Amerikanischen Traum *180*

Felix Lenz
Wim Wenders und Terrence Malick.
Alterswerke, Zeitfiguren, geteilte Vorbilder *202*

Matthias Bauer
Bildraum und Blickregie.
Wim Wenders' *expanded scenography* in DIE SCHÖNEN TAGE
VON ARANJUEZ und SUBMERGENCE *220*

Autor*innen *243*
Register *247*

Vorwort

Er kann es nicht lassen. Der sich selbst als einen solchen bezeichnende Workaholic Wim Wenders sieht auch im Frühjahr 2020, während des ersten Corona-bedingten Lockdowns, keinen Grund, *nicht* zu drehen. Im Gegenteil. Für den Rundfunk Berlin-Brandenburg (rbb) und dessen Projekt »4 Wände Berlin: 30 Filme mit Abstand« wird er tätig, realisiert er einen Kurzfilm, nur etwas über zwei Minuten lang, in dem er sich mit der Pandemie-Situation selbst, vor allen Dingen aber mit ihren Potenzialen für die Zukunft, das, wie es im Film heißt, »DANACH« auseinandersetzt. Programmatisch VERÄNDERUNG betitelt, schließt die in Schwarz-Weiß gedrehte Filmminiatur ebenfalls ganz und gar programmatisch, und zwar mit folgendem, von Wenders aus dem Off gesprochenen und von ihm zugleich in ein Notebook eingetippten Satz: »Nichts kann also DANACH notwendiger sein als VERÄNDERUNG!« Wer sich an den Wortlaut jener Nachricht erinnert, die Robert am Ende von Wenders' fast ein halbes Jahrhundert vorher gedrehtem Roadmovie IM LAUF DER ZEIT (1976) Bruno hinterlässt – »Es muß alles anders werden. So long.« –, und wem nicht entgeht, dass sich auch der Zuschauer des Films von ihr angesprochen fühlen soll, der erkennt: Mit seinem 2020 geäußerten Wunsch nach Veränderung und seinem filmischen Eintreten für sie ist sich Wenders treu geblieben.

Wim Wenders, Großauteur des Global Art Cinema und weltweit ausgestellter Fotograf, feierte am 14. August 2020 seinen 75. Geburtstag. Das Jubiläum wurde seitens meines – dies darf gesagt werden – Wenders bereits seit geraumer Zeit sehr zugewandten Lehrstuhls für Literatur und Medien der Otto-Friedrich-Universität Bamberg zum Anlass genommen, ihm und seinem Werk eine Tagung zu widmen. Unter dem Titel »Wim Wenders – Filmemacher, Fotograf, Grenzgänger« sollte sie am 7. und 8. August 2020 in Bamberg stattfinden. Sie fand statt, auch an den vorgesehenen Tagen, allerdings ob der Pandemie nicht ›vor Ort‹ in Bamberg, nicht als Präsenzveranstaltung, sondern digital. Dafür, dass das Gros der Beiträgerinnen und Beiträger nicht zögerte, auch unter diesen für die damalige Zeit noch recht ungewohnten Tagungsbedingungen weiterhin ›an Bord‹ zu bleiben, möchte ich mich an dieser Stelle noch einmal ganz herzlich bedanken – wobei ich glaube, hinzufügen zu dürfen: Es hat sich gelohnt. Zumindest habe ich noch an keiner produktiveren, zudem atmosphärisch angenehmeren Tagung teilgenommen.

Ziel derselben war es, neue Zugänge zu Wenders' Arbeiten zu finden, angefangen bei den minimalistischen und hochkonzeptuellen Kurzfilmen der 1960er Jahre bis hin zu den reifen, noch viel zu wenig beforschten Spät-

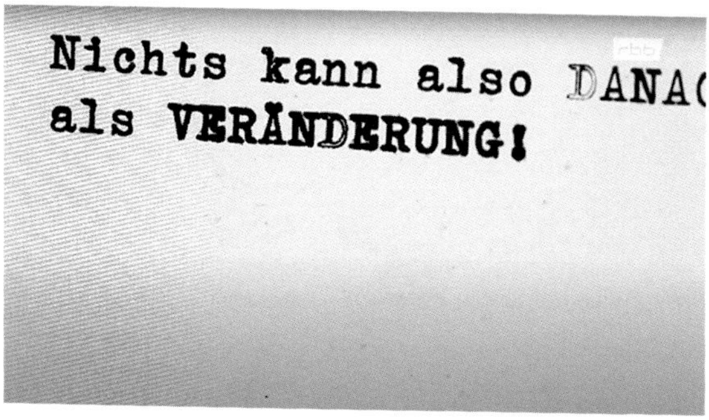

Veränderungsforderungen in VERÄNDERUNG und IM LAUF DER ZEIT

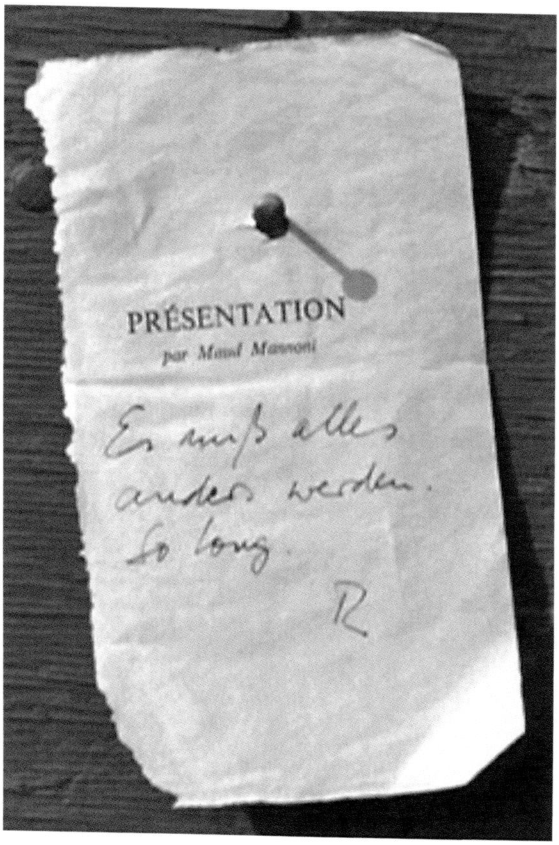

werken wie Don't Come Knocking (2005), Die schönen Tage von Aranjuez (2016) oder Submergence (2017). Zudem galt es, Antworten auf noch nicht oder kaum gestellte Fragen zu geben, unter anderem die folgenden: Was verbindet Wenders mit Theodor W. Adorno und dessen Kulturindustrieschelte, was mit Terrence Malick, was mit André Bazin? Wie lässt sich seine legendäre Roadmovie-Trilogie mit Niklas Luhmann lesen und kontextualisieren? Wo und vor allem wie wird Disability in seinen Filmen repräsentiert? Auf welche Weise war er mitverantwortlich für das wohl größte britische Roadmovie aller Zeiten? Warum zieht es ihn immer wieder in die einstige Bergbaustadt Butte, Montana? Was macht ihn zu einem bedeutenden Vorreiter des *slow cinema*? Bei den insgesamt 13 hier versammelten Beiträgen handelt es sich (größtenteils) um die schriftlich ausgearbeiteten Vorträge, die auf der Tagung gehalten und zur Diskussion gestellt wurden. In der Zusammenschau geben sie einen Filmemacher zu erkennen, der wie kaum ein anderer das Kunststück vollbrachte (und nach wie vor vollbringt), sich mit jedem seiner Filme zugleich weiterzuentwickeln wie sich selbst und der eigenen Handschrift verpflichtet zu bleiben. Daher auch der Titel des vorliegenden Bandes: Kontinuität im Wandel.

Erwähnung verdient hier natürlich auch die Tatsache, dass die Tagung mit einem besonderen Höhepunkt aufwartete, nämlich einem ›Besuch‹ von Wim Wenders selbst, der den Weg nach Bamberg ob seines notorisch vollen Terminkalenders wohl kaum gefunden hätte, via Zoom aber am Abend des 7. August für eine gute Stunde mit uns ins Gespräch trat und dabei unter anderem auf die Magie der ersten Einstellung zu sprechen kam, die Komödie zum schwierigsten Genre überhaupt, den von ihm einstmals so sehr geliebten Western hingegen für tot erklärte und den Maler Andrew Wyeth als entscheidendes Vorbild bei der virtuosen Schneeinszenierung in Every Thing Will Be Fine (2015) auswies. Auch Wim Wenders sei aufs Herzlichste gedankt.

Und last but not least richtet sich mein Dank an die Wim Wenders Stiftung, namentlich an deren Mit-Geschäftsführerin Hella Wenders sowie Francesca Hecht, die uns im Rahmen der Tagung in einem ausführlichen Gespräch wertvolle Einblicke in die breit gefächerte Arbeit der Stiftung gaben und damit das Maß an Zuwendung an unser Tagungs- und Publikationsprojekt durch die Wim Wenders Stiftung nachgerade übervoll machten. Denn Letztere unterstützte uns darüber hinaus außerordentlich großzügig bei der Finanzierung dieses Bandes, zudem überließ sie uns die Rechte an Donata Wenders' wunderbarem Foto von Wim Wenders, das für den Umschlag Verwendung fand.

Um zum Eingang dieses Vorwortes zurückzukehren und den Kreis damit zu schließen, sei noch vermerkt: Es war Donata Wenders, die bei der Produktion von VERÄNDERUNG die Kamera führte.

Jörn Glasenapp

Jörn Glasenapp

This is not America

Wim Wenders' und Peter Handkes Roadmovie-Miniatur 3 AMERIKANISCHE LP'S

1. Kein Versprechen an die Zukunft

Es gibt sie, die Regisseure, die von Anfang an triumphieren, deren Schaffen mit einem großen oder gar einem Meisterwerk einsetzt, einem Werk zudem, das ihrer jeweiligen Autorenhandschrift bereits unverkennbar Ausdruck verleiht. Prominente Beispiele sind hier unter anderem Orson Welles (CITIZEN KANE, 1941), Pier Paolo Pasolini (ACCATTONE, 1961), Nicolas Roeg (WALKABOUT, 1971),[1] Terrence Malick (BADLANDS, 1973), Zhang Yimou (ROTES KORNFELD, 1987) oder Lucrecia Martel (LA CIÉNAGA, 2001). Doch auch das bundesrepublikanische Kino kennt sie, die Meister des Debüts. An Volker Schlöndorff (DER JUNGE TÖRLESS, 1966) und Rainer Werner Fassbinder (LIEBE IST KÄLTER ALS DER TOD, 1969) könnte man hier denken oder aber an Caroline Link (JENSEITS DER STILLE, 1996) und Maren Ade (DER WALD VOR LAUTER BÄUMEN, 2003) – nicht aber an Wim Wenders. Der nämlich brauchte Zeit, um in Form zu kommen und seine Form zu finden – und zwar bis zum Sommer 1973, als er ALICE IN DEN STÄDTEN (1974) drehte, seinen bereits vierten Langfilm, der gemeinhin und völlig zu Recht als erster großer und vollgültiger Wenders-Film gehandelt wird. Der Regisseur selbst hat aus der Tatsache, dass er hinsichtlich seiner Stil- und Handschriftfindung so etwas wie ein Spätzünder war, nie einen Hehl gemacht. Vielmehr wies er wiederholt darauf hin, so beispielsweise in einem Interview aus dem Jahr 2015: »Mein Hochschul-Abschlussfilm SUMMER IN THE CITY war eine Art Cassavetes-Verschnitt. Mit DIE ANGST DES TORMANNS BEIM ELFMETER hab' ich versucht, einen Hitchcock-Film zu drehen, in dem nichts passierte, DER SCHARLACHROTE BUCHSTABE war ein Historienschinken. Ich fragte mich also: Kann ich nur andere Leute nachmachen? Wenn ich vorher im Hotel meinen Beruf eintragen sollte, habe ich nie ›Filmemacher‹ oder ›Regisseur‹

1 Den vorangehenden PERFORMANCE (1970) realisierte Roeg in Co-Regie mit Donald Cammell.

geschrieben. Mit ALICE wusste ich: Das ist jetzt nur meins, so kann oder darf ich weitermachen.«[2]

Keine Frage: Der späte Wenders weiß mit seinen ersten drei Langfilmen nicht mehr allzu viel anzufangen, und Selbiges dürfte wahrscheinlich erst recht für das im obigen Zitat gar nicht erwähnte Ensemble von Kurzfilmen gelten, das in der zweiten Hälfte der 1960er Jahre, also bereits vor SUMMER IN THE CITY (1970), im Rahmen bzw. während des Studiums an der Hochschule für Fernsehen und Film München (HFF) entstand. Es umfasst die folgenden sechs Filme: SCHAUPLÄTZE (1967), SAME PLAYER SHOOTS AGAIN (1967), SILVER CITY (1968), POLIZEIFILM (1968), ALABAMA (2000 LIGHT YEARS) (1969) und 3 AMERIKANISCHE LP'S (1969). Aus nur wenigen zumeist langen bis sehr langen Einstellungen bestehend, beträgt ihre Lauflänge zehn bis 25 Minuten. Bis auf ALABAMA (2000 LIGHT YEARS), bei dem Wenders erstmals mit seinem zukünftigen Stammkameramann Robby Müller zusammenarbeitete, wurden sie auf 16-mm-Material gedreht.[3] Sie alle sind Ausdruck eines tiefsitzenden, gerade für den frühen und frühmittleren Wenders so typischen Misstrauens gegenüber »Ordnungen, die von linearen Zusammenhängen ausgehen.«[4]

Peter Buchka, der zu den Wenigen zählt, die sich mit dieser Werkphase Wenders' überhaupt befasst haben, spricht von den Filmen als »Etüden, kleine[n] Fingerübungen und tastende[n] Versuche[n]« des Regisseurs, »die privaten Vorlieben und Einsichten zu einem tragfähigen Thema zu verdichten und es gleichzeitig auf seine filmische Tragfähigkeit zu überprüfen«[5] –

2 Wim Wenders: »›Wir sind die letzten Abenteurer‹«, in: *Der Tagesspiegel* (10.2.2015), http://www.tagesspiegel.de/kultur/wim-wenders-im-gespraech-wir-sind-die-letzten-abenteurer/11349552.html [zuletzt aufgerufen am 1.5.2020]. Vgl. auch ders.: »Le souffle de l'Angle« (1987), in: ders.: *Die Logik der Bilder: Essays und Gespräche*, Frankfurt am Main 2015 (1988), S. 110–138, hier: S. 117, ders.: »Das Wahrnehmen einer Bewegung« (1988), in: ders.: *The Act of Seeing: Texte und Gespräche*, Frankfurt am Main 1992, S. 37–56, hier: S. 39, Volker Behrens: »Der Geschichte einen gewaltigen Raum schaffen: Ein Interview mit Wim Wenders«, in: ders. (Hrsg.): *Man of Plenty: Wim Wenders*, Marburg 2005, S. 133–138, hier: S. 135 sowie das 2015 geführte 3Sat-Interview mit Wim Wenders, https://www.youtube.com/watch?v=4SkNSaPU3gQ [zuletzt aufgerufen am 1.5.2020].

3 Für ALABAMA (2000 LIGHT YEARS) wählte Wenders 35-mm-Material, zudem Breitwandformat.

4 Norbert Grob: *Wenders*, Berlin 1991, S. 106. Hierzu bzw. zu Wenders' ausgeprägter Geschichtenskepsis vgl. auch Jörn Glasenapp: *Wim Wenders:* PARIS, TEXAS, München 2019, S. 15–25, ders.: »Vom Geschichtenverweigerer, der bisweilen Geschichten erzählt, zum Geschichtenerzähler, der bisweilen Geschichten verweigert: Wim Wenders und seine Spielfilme«, in: ders. (Hrsg.): *Wim Wenders*, München 2018, S. 3–16 sowie Alexander Graf: *The Cinema of Wim Wenders: The Celluloid Highway*, London und New York 2002, passim.

5 Peter Buchka: *Augen kann man nicht kaufen: Wim Wenders und seine Filme*, Frankfurt am Main 1985 (1983), S. 43.

ein Votum, dem auch Philipp Scheid beipflichtet, der in seiner kürzlich erschienenen Monografie zu den Landschaftsbildern des frühen Wenders SILVER CITY und 3 AMERIKANISCHE LP's immerhin je ein Kapitel widmet. Bei ihm ist von »Zeugnisse[n] eines stilistischen Individualisierungsprozesses« und »Übungsstücke[n]« die Rede, »in denen sukzessive ein Weg zur eigenen Handschrift gebahnt werden sollte.«[6] Beiden, Buchka und Scheid und auch Norbert Grob, der ebenfalls das Tastende und Tentative der Arbeiten herausstreicht,[7] wird man unbedingt zustimmen können, wobei ich hinzufügen möchte, was bei allen dreien außen vor bleibt: Als Stationen bzw. Etappensteine auf dem Weg zur individuellen *écriture* gewinnen die sechs Filme ihre Bedeutung, nicht oder zumindest kaum aber als Kunstwerke eigenen Rechts. Oder anders, drastischer: Stammte das Kurzfilm-Sextett nicht von Wenders, gäbe es nur wenig Anlass, sich mit ihm näher zu befassen. Sicher, es weist in die Zukunft, auf ALICE IN DEN STÄDTEN, auf IM LAUF DER ZEIT (1976) oder PARIS, TEXAS (1984) voraus, doch der Charakter des Vielversprechenden bzw. dessen, was wir ein Versprechen an die Zukunft nennen könnten, geht ihm – im Gegensatz etwa zu den nur wenige Jahre zuvor entstandenen Kurzfilmen von Wenders' Regiekollegen Roland Klick – fast zur Gänze ab. Oder nochmal anders: Mit seinen Kurzfilmen der 1960er Jahre verspricht Wenders wenig. Umso erfreulicher, dass es anders gekommen ist.

2. Stuck in Munich

Dass Wenders' Leidenschaft für US-amerikanischen und britischen Rock und Pop unübersehbare Spuren in seinem Filmschaffen hinterlassen hat und dass speziell seine frühen und frühestes Arbeiten ganz im Zeichen dieser Musik entstanden, ist hinreichend bekannt[8] – und mitunter bereits an den

6 Philipp Scheid: *Raum / Akteure: Inszenierte Landschaften in den frühen Filmen von Wim Wenders*, Köln 2019, S. 126.

7 Er nennt sie »Etuden, die erproben, wie und wodurch Wenders' Interessen, Intentionen und Vorlieben am genauesten und intensivsten ihre ästhetische Form erhalten.« Grob: *Wenders*, S. 64.

8 Weniger bekannt ist hingegen, dass dies in vielleicht sogar noch stärkerem Maße für Wenders' Ende der 1960er, Anfang der 1970er Jahre entstandene Filmbesprechungen gilt, in denen der damals noch zwischen Kritik und Praxis Changierende aufs Offensivste den Versuch unternimmt, Film und Rock-/Popmusik zusammenzudenken bzw. als Kunstformen zu profilieren, die zumal mit Blick auf die Wirkung letztlich auf Ähnliches, wenn nicht gar Gleiches abzielen. Vgl. in diesem Zusammenhang beispielsweise die Texte »EASY RIDER: Ein Film wie sein Titel« (1969), »Emotion Pictures: *Slowly Rockin' On*« (1970), »Die 10. LP von den Kinks – Der 51. Film von Alfred Hitchcock – Die 4. LP von den Creedence

Filmtiteln abzulesen. So bezieht sich der Titel von ALABAMA (2000 LIGHT YEARS) nicht allein auf »Alabama«, ein Stück des Jazz-Saxofonisten John Coltrane aus dem Jahr 1963, sondern auch auf »2000 Light Years from Home«, den vorletzten Song des psychedelischen Rolling-Stones-Meisterwerks *Their Satanic Majesties Request* von 1967. Der Titel von SUMMER IN THE CITY, einem Film, der Wenders' Bedürfnis entsprang, seine »damalige Hitparade auf die Leinwand zu bringen«,[9] verweist hingegen auf den gleichnamigen Lovin'-Spoonful-Hit von 1966, wobei der Titelzusatz von Wenders' Kino- und Langfilmdebüt (»dedicated to the Kinks«) dieses als den britischen Urvätern des Punk und Britpop The Kinks gewidmet ausweist. Keiner weiteren Erläuterung bedarf in diesem Zusammenhang schließlich der Titel von 3 AMERIKANISCHE LP's, jenem Werk also, das, unmittelbar vor SUMMER IN THE CITY gedreht, den Abschluss von Wenders' frühem Kurzfilm-Zirkel bildet und zugleich in qualitativer Hinsicht vielleicht als dessen Höhepunkt betrachtet werden kann. Auch ist es der Film, dessen Verbindungen zum nachfolgenden Wenders-Schaffen am greifbarsten sind, von dem aus die meisten und zudem prominentesten Linien in die Zukunft führen. Gerade eine Sichtung, die es darauf anlegt, diese Linien zu identifizieren und den Film hierbei als eine Art Keimzelle des Wenders'schen Werks zu verstehen (so wie man dies mit Blick auf das Westerngenre mit THE GREAT TRAIN ROBBERY [Edwin S. Porter, 1903] zu tun gewohnt ist), erscheint demnach lohnend. Eine solche soll denn auch auf den folgenden Seiten versucht werden, ohne dabei allerdings aus dem Blick geraten zu lassen, was eben auch stimmt: dass sich 3 AMERIKANISCHE LP's von Wenders' späteren, seinen ›klassischen‹ Werken unterscheidet, und zwar derart fundamental, dass seine Deutung als Keimzelle in letzter Konsequenz einigermaßen unter Druck gerät.

Entstanden ist 3 AMERIKANISCHE LP's im Auftrag des Hessischen Rundfunks, und zwar in Zusammenarbeit mit dem drei Jahre älteren, nicht minder pop- und rockmusik- und darüber hinaus filmbegeisterten Peter Handke, der zur damaligen Zeit, insbesondere durch sein Sprechstück *Publikumsbeschimpfung* (1966), bereits ein erhebliches Renommee genoss und als eine Art

Clearwater Revival – Die 3. LP von Harvey Mandel« (1970) oder »Van Morrison« (1970). Neben zahlreichen weiteren frühen Wenders-Kritiken finden sie sich in Wim Wenders: *Emotion Pictures: Essays und Filmkritiken*, Frankfurt am Main 1986.

9 Wenders: »Le souffle de l'Angle«, S. 111. Aus diesem Grund habe er, so fährt er fort, dem Film eine Geschichte zugrunde gelegt, »die es erlaubte, eine Vielzahl von Songs unterzubringen und alle möglichen Szenen mit Musikboxen, Tonbandgeräten, Autoradios auszustatten.« Ebd. An anderer Stelle spricht er von einem »reine[n] Musikfilm und eine[r] Ode an alle meine Lieblingsbands«. 3Sat-Interview mit Wim Wenders.

Der Titel von 3 AMERIKANISCHE LP's

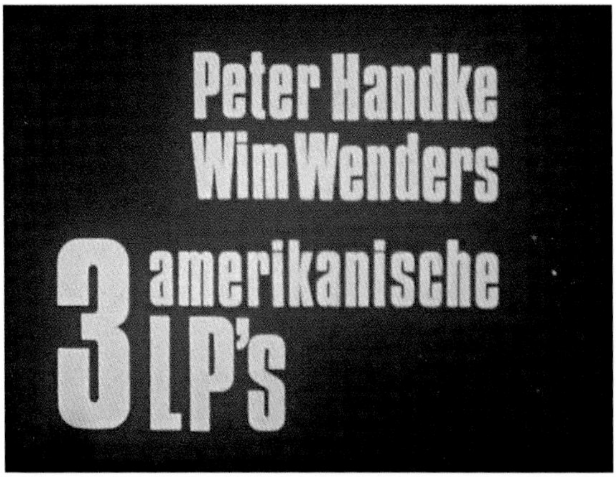

enfant terrible und Popstar der Literatur gehandelt wurde. Mit Handke verbindet Wenders seit Ende 1966 eine enge Freundschaft, und in gewisser Weise kann ihr erstes gemeinsames Filmprojekt auch als ein auf Zelluloid gebanntes Zeugnis dieser Freundschaft betrachtet werden.[10] Schließlich geht es in dem knapp 13-minütigen Film, wie es bei Grob durchaus treffend heißt, darum, »mit einem Freund einfach nur so [im Auto] durch die Gegend [zu] stromern« und dabei »Musik [zu hören] von Musikern, die man mag.«[11] Dies in Rechnung gestellt, wird man 3 AMERIKANISCHE LP's somit getrost auch als Roadmovie-Miniatur bezeichnen dürfen, und als eine solche weist der Film natürlich auf die zahlreichen Roadmovies voraus, die der von der *New York Times* einmal als »king of road movies«[12] titulierte Wenders speziell in seiner frühen und mittleren Phase in großer Zahl drehte. Als Film, in dem die etwa zeitgleich durch EASY RIDER (Dennis Hopper, 1969) fest etablierte Buddy-Variante des Roadmovie aufscheint, zielt 3 AMERIKANISCHE LP's innerhalb des Wenders'schen Œuvres aber zumal auf einen Film ab: den

10 Bis zum heutigen Zeitpunkt folgten vier weitere filmische Kooperationen von Wenders und Handke: DIE ANGST DES TORMANNS VOR DEM ELFMETER (1971), FALSCHE BEWEGUNG (1975), DER HIMMEL ÜBER BERLIN (1987) sowie DIE SCHÖNEN TAGE VON ARANJUEZ (2016). Darüber hinaus fungierte Wenders bei Handkes Spielfilmdebüt DIE LINKSHÄNDIGE FRAU (1978) als Produzent.

11 Grob: *Wenders*, S. 167–168.

12 Caryn James: »FARAWAY, SO CLOSE: Wim Wenders's Angels Drop In for Another Visit«, in: *The New York Times* (22.12.1993), https://www.nytimes.com/1993/12/22/movies/review-film-faraway-so-close-wim-wenders-s-angels-drop-in-for-another-visit.html [zuletzt aufgerufen am 1.5.2020].

oben bereits genannten IM LAUF DER ZEIT, dessen zwei Protagonisten beim Fahren ebenfalls ausgiebig Rock- und Popmusik hören.[13]

Bekanntermaßen ist es eines der nicht eben unbedeutenden Verdienste von Wenders, das uramerikanische, unverkennbar aus dem Western hervorgegangene bzw. an diesen anschließende Roadmovie-Genre für das europäische Art Cinema reklamiert zu haben – mit Filmen, die nicht zuletzt aus der Spannung zwischen deutschen Schauplätzen und Landschaften auf der einen und amerikanischer Form und Anmutung auf der anderen Seite leben. ALICE IN DEN STÄDTEN und FALSCHE BEWEGUNG (1975), mehr noch aber der auf sie folgende, von EASY RIDER ebenso wie von John Fords Spätwestern TWO RODE TOGETHER (1961) beeinflusste IM LAUF DER ZEIT mit seinem Bemühen, das vom wirtschaftlichen Niedergang gezeichnete ›Zonenrandgebiet‹ der innerdeutschen Grenze im Stile jener Fotografien zu vermessen, die Walker Evans im Auftrag der Farm Security Administration (FSA) im depressionsgebeutelten Amerika der 1930er Jahre schoss,[14] belegen dies sehr anschaulich. Bereits 3 AMERIKANISCHE LP's weiß von dieser Spannung, ja, man ist geneigt zu behaupten: Es ist diese Spannung, die den Film maßgeblich trägt und letztlich interessant macht. Entsprechend wollen wir ihr bei unserer Sichtung ein besonderes Augenmerk schenken.

»Von welchem Film«, so schrieb Anfang 1970 Siegfried Schober für *Die Zeit*, »läßt sich denn im Ernst sagen, daß man ihn so gern und so oft sehen mag, wie man die Byrds, The Band, Steppenwolf, The Holy Modal Rounders, The Jimi Hendrix Experience hört? Stücke von diesen und anderen kann man [...] hören, mit Bildern und Bewegungen eng verbunden, die geradezu traumhaft aus dieser Country- und Rock-Musik hervorzutreten scheinen, als wären sie immer schon dort verborgen gewesen, und sie geben dann wieder der Musik eine Dimension und Atmosphäre, wie sie einem zuvor nur ganz selten zugänglich waren.«[15] Die Rede ist natürlich nicht von 3 AMERIKANISCHE LP's. Stattdessen geht es um die oben bereits erwähnte Roadmovie-Inkunabel EASY RIDER, »the most well-known popular film

13 Wenders' ausgeprägte Affinität zur Buddy-Konstellation findet ihren Ausdruck darüber hinaus in DER AMERIKANISCHE FREUND (1977) und DER HIMMEL ÜBER BERLIN, aber auch, zumindest am Ende, in LISBON STORY (1994).

14 Zur Bedeutung der Evans-Aufnahmen für Wenders' Film vgl. Wenders: »Le souffle de l'Angle«, S. 119 sowie das 3Sat-Interview mit Wim Wenders, darüber hinaus aber auch Scheid: *Raum / Akteure*, S. 163–165.

15 Siegfried Schober: »Nachruf auf einen Traum«, in: *Die Zeit* (6.2.1970), https://www.zeit.de/1970/06/nachruf-auf-einen-traum [zuletzt aufgerufen am 1.5.2020].

that links freedom to motion, and both to America«,[16] so Leslie D. Feldman prägnant. Wie wir wissen, war der junge Wenders außerordentlich fasziniert und angetan von Hoppers Regieerstling, dem er eine ausführliche Besprechung widmete. In dieser heißt es unter anderem: »EASY RIDER ist nicht alleine schon deswegen ein politischer Film, weil er zeigt, wie Peter Fonda und Dennis Hopper am Anfang Cocain verdealen, wie sie wegen NICHTS ins Gefängnis kommen, wie sie EINFACH abgeknallt werden, wie Jack Nicholson von einer Bürgerwehr totgeschlagen wird, wie ein Sheriff sich benehmen darf. Er ist erst politisch, weil er schön ist: weil das Land, durch das man die beiden ungetümen Motorräder fahren sieht, schön ist; weil die Bilder, die der Film von diesem Land macht, schön und ruhig sind; weil die Musik, die man in dem Film hört, schön ist; weil die Bewegungen von Peter Fonda schön sind; weil man Dennis Hopper ansehen kann, daß er nicht nur schauspielt, sondern auch gerade dabei ist, einen Film zu machen; zwischen Los Angeles und New Orleans.«[17]

EASY RIDER habe »diese[n] geheimnisvolle[n] Zusammenhang [zwischen Rock'n'Roll und Film] [...] entdeckt« und sei deswegen zu einem »echte[n] Wendepunkt in meinem Verständnis für Film«[18] geworden, so Wenders Jahrzehnte später. Zudem hat Hoppers Film wie kein Film vor ihm dafür gesorgt, dass die Amalgamierung von zeitgenössischer Rock-, Country- und Folkmusik und Bildern, zumal *travelling shots*, zu einem Signum des Roadmovie-Genres wurde. Auch deswegen steht dieses Wenders, dem das produktive Zusammengehen von Musik und Bild nach wie vor als, wie er sagt, »Königsmoment«[19] des Filmemachens gilt, von Beginn an so nah. Freilich will es in dessen 3 AMERIKANISCHE LP's nicht, wie in EASY RIDER prototypisch vorgeführt – man schaue sich hierzu nur noch einmal die ikonisch gewordene, mit Steppenwolfs Bikerhymne »Born to Be Wild« kraft- und druckvoll unterlegte Titelsequenz des Films an –, zu einem ›harmonischen‹, sich dem Zuschauer sogleich erschließenden Zusammengehen kommen. Der Grund hierfür ist einfach: Wenders' Bilder zeigen nicht die weite, wilde und mit-

16 Leslie D. Feldman: »On the Road: Freedom and Movement in America«, in: Will Wright und Steven Kaplan (Hrsg.): *The Image of the Road in Literature, Media, and Society*, Colorado Springs 2005, S. 387–392, hier: S. 389.

17 Wim Wenders: »EASY RIDER: Ein Film wie sein Titel« (1969), in: ders.: *Emotion Pictures*, S. 40–46, hier: S. 43. Zu Wenders' Hochschätzung von Hoppers Film vgl. auch Robert Phillip Kolker und Peter Beicken: *The Films of Wim Wenders: Cinema as Vision and Desire*, Cambridge 1997 (1993), S. 24 und Graf: *The Cinema of Wim Wenders*, S. 76.

18 Wim Wenders: »Beruf: Regisseur« (2003), in: *A Sense of Place: Texte und Interviews*, Frankfurt am Main 2005, S. 166–182, hier: S. 170.

19 3Sat-Interview mit Wim Wenders.

unter spektakulär erhabene, zudem ein offenkundiges Freiheitversprechen mit im Gepäck führende US-amerikanische Landschaft, sondern das städtische und vorstädtische München. Und dessen visuelle Anmutung verträgt sich allenfalls mäßig, um nicht zu sagen: gerät immer wieder in Konflikt mit dem ausgewählten Songmaterial, beispielsweise dem countrylastigen »Lodi« von Cleerence Clearwater Revival, dessen Eingangsstrophe wie folgt lautet: »Just about a year ago / I set out on the road / Seekin' my fame and fortune / Lookin' for a pot of gold / Things got bad and things got worse / I guess you will know the tune / Oh Lord, stuck in Lodi again.«

Bedenkt man, dass die USA-Begeisterung von Wenders und Handke zur damaligen Zeit noch weitgehend ungebrochen war, so ließen sich die Lyrics des Creedence-Clearwater-Revival-Songs, in dem das lyrische Ich sich darüber beklagt, in Lodi, einer Kleinstadt in Kalifornien, festzustecken, unter leicht verschobenen Vorzeichen auf die Macher von 3 AMERIKANISCHE LP's selbst beziehen. Fernab von ihrem Sehnsuchtsland Amerika steckten die nämlich in München bzw. Deutschland fest. Freilich drehten sie einen Film, der hiervon nicht allzu viel wissen will und sich entsprechend darum bemüht, die bayerische Landeshauptstadt »so [zu zeigen], als liege [sie] irgendwo in Amerika«[20] – deswegen die prominenten, übrigens in SUMMER IN THE CITY in ganz ähnlicher Form wiederkehrenden *travelling shots* aus dem fahrenden Auto, deswegen die Bilder der Tankstellen und Autofriedhöfe, deswegen aber natürlich vor allem die amerikanische Musik, die als eine Art Transformationsmedium zum Einsatz kommt.[21] Man könnte es auch wie folgt formulieren: Die alltägliche deutsche Umgebung soll dadurch resonanzfähig gemacht werden, dass ihr eine akustische Dosis ›Amerika‹ injiziert wird, auf dass man ›Amerika‹ dann auch auf den Bildern sehen kann bzw. zu sehen vermeint. Keine Frage: Wenders' und Handkes mit großem Ernst betriebenes, auch weite Teile von SUMMER IN THE CITY kennzeichnendes synästhetisches Unterfangen hat, indem es zu mal mehr, mal weniger offenkundigen Musik-Bild-Inkongruenzen führt, mitunter etwas rührend Verzweifeltes –

20 Klaus Kreimeier: »Die Welt ein Filmatelier oder: Herzkammerton Kino«, in: Peter W. Jansen und Wolfram Schütte (Hrsg.): *Wim Wenders*, München und Wien 1992, S. 15–42, hier: S. 17.

21 Vgl. hierzu auch Scheid: *Raum / Akteure*, S. 191. Als filmische Skizze, in der das Verhältnis von Musik bzw. Ton und Bild Thema ist, weist 3 AMERIKANISCHE LP's selbstredend auf LISBON STORY voraus, in dem es laut Wenders unter anderem darum ging, »to show that sounds can help things to be seen differently.« Zitiert nach Graf: *The Cinema of Wim Wenders*, S. 140.

und erinnert zudem ganz entfernt an Pippi Langstrumpfs »Ich mach' mir die Welt / Widdewidde wie sie mir gefällt.«[22]

3. Vier Plattencover, drei Songs, zwei Freunde, eine Stadt

Passend zur Drei in seinem Titel sind in 3 AMERIKANISCHE LP's drei Songs zu hören – neben »Lodi« die Van Morrison-Ballade »Slim Slow Slider« sowie Harvey Mandels Instrumentalstück »Wade in the Water«. Folgt man Grob, so halte das musikalische Trio »zusammen, was so nie und nimmer zusammengehört«, und zwar Aufnahmen, die »wirken, als seien sie zufällig ausgewählt.«[23] Man tut sich schwer, dieser Behauptung nicht entschieden zu widersprechen, denn von einem Film, der ohne die integrierende Kraft der Musik ›auseinanderfiele‹, kann beim besten Willen nicht die Rede sein. Im Gegenteil: 3 AMERIKANISCHE LP's ist recht klar strukturiert, wie wir im Folgenden anhand eines *close reading* nachvollziehen werden, das sich den Luxus leisten kann, jede einzelne der insgesamt nur zehn Einstellungen zu berücksichtigen. Vorab sei aber schon einmal so viel gesagt: Zwei Freunde und zwei gemeinsame Fahrten (oder ist es bloß eine Fahrt mit markantem Zwischenhalt?) stehen im Zentrum von 3 AMERIKANISCHE LP's, der am Morgen beginnt und in der Abenddämmerung endet.

Passend zur bereits früh ausgeprägten Leidenschaft Wenders' für Plattenhüllen,[24] aber unpassend zur Drei in seinem Titel beginnt 3 AMERIKANISCHE LP's mit den Covern von vier LPs, die uns die als eine Art Prolog fungierende halbminütige Eingangseinstellung nacheinander in Nahaufnahme präsentiert. Den Anfang macht Morrisons *Astral Weeks* (1969), gefolgt von *Green River* (1969) von Creedence Clearwater Revival, die Wenders damals »fast jeden Tag hör[t]e«,[25] *Happy Trails* (1969) von Quicksilver Messenger Service sowie schließlich Mandels *Cristo Redentor* (1968). Die Hüllen der letzten

22 Musik-Bild-Inkongruenzen finden sich auch andernorts in Wenders' Werk. Mit einer offensichtlich intendierten, zugegebenerweise reichlich plakativen wartet beispielsweise SUMMER IN THE CITY auf, wenn sein Held Hans (Hanns Zischler) mit hochgestelltem Kragen am Landwehrkanal durch das verschneite Westberlin läuft und dazu aus dem Off das titelgebende »Summer in the City« von Lovin' Spoonful erklingt.

23 Grob: *Wenders*, S. 166.

24 Vgl. seine diesbezüglichen Einlassungen in Wenders: »Le souffle de l'Angle«, S. 110.

25 Wim Wenders: »Die 10. LP von den Kinks – Der 51. Film von Alfred Hitchcock – Die 4. LP von den Creedence Clearwater Revival – Die 3. LP von Harvey Mandel« (1970), in: ders.: *Emotion Pictures*, S. 62–63, hier: S. 62.

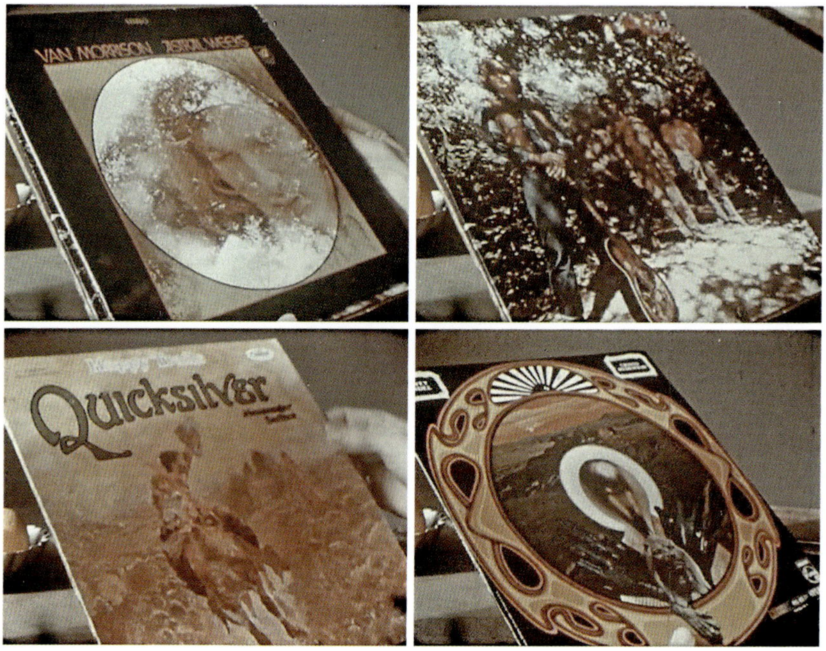

Die vier Plattencover

beiden zeigen amerikanische bzw. amerikanisch anmutende Landschaften, jene von *Happy Trails* zudem eine Geschlechterrollenklischees bedienende Abschiedsszene, wie wir sie aus diversen Western kennen und wie sie uns am Schluss von Wenders' Post-Western DON'T COME KNOCKING (2005) in parodistischer Manier vorgeführt wird: Der auf den Betrachter zureitende Held im Bildvordergrund blickt sich, seinen Hut schwenkend, noch einmal zu einer zurückbleibenden Frau um, die ihm winkend hinterherschaut, um danach, so dürfen wir annehmen, in die häusliche Sphäre jenes kleinen Hauses zurückzukehren, das im Hintergrund zu sehen ist.

In gewisser Weise schließen die beiden folgenden Einstellungen an diese Situation an: Eine junge Frau mit langem rotem Haar schaut rauchend von einem Hochhausbalkon. Am linken Rand positioniert, lenkt sie als Repoussoir-Figur unseren Blick in die Bildtiefe, auf zwei moderne weiße kubusartige Hochhausneubauten (Einstellung 2). Ihr eigener Blick, der zunächst schweifend ist, folgt schließlich zwei ebenfalls jungen Männern, Wenders und Handke, die, aus der Vogelperspektive aufgenommen, in einen schwar-

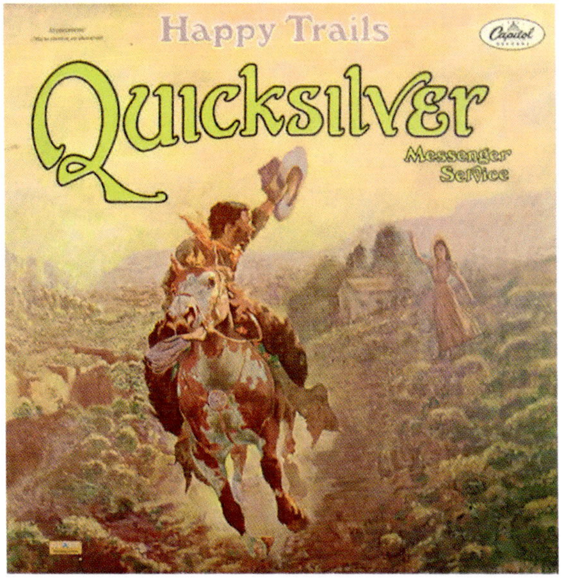

Eine von vier LPs: *Happy Trails* von Quicksilver Messenger Service

zen Citroën DS steigen und davonfahren (Einstellung 3).[26] Nur en passant sei gesagt, dass Wenders diesen Shot kurze Zeit später in fast identischer Form in SUMMER IN THE CITY noch einmal verwenden wird. Die Frau, im Gegensatz zu den beiden Männern eine rein visuelle Erscheinung ohne ›Stimme‹, bleibt zurück und wird im weiteren Verlauf des Films keine Rolle mehr spielen. Der ›Männerregisseur‹, als der Wenders jahrelang ob solcher Werke wie IM LAUF DER ZEIT, DER AMERIKANISCHE FREUND (1977) oder HAMMETT (1982) wahrgenommen wurde und als der er sich im Übrigen selbst auch gesehen hat,[27] gibt sich in 3 AMERIKANISCHE LP's also bereits vage zu erken-

26 Die Einstellung gibt zudem gleichsam im Vorbeigehen ein interessantes Zeichen der Zeit zu sehen: ein am Boden liegendes Plakat der neonazistischen NPD, die rasch nach ihrer Gründung im Jahr 1964 – erinnert sei an die baden-württembergische Landtagswahl 1968, bei der sie mit 9,8 Prozent in den Landtag einzog, oder die Bundestagswahl von 1969, bei der sie mit 4,3 Prozent nur knapp an der 5-Prozent-Hürde scheiterte – bedenkliche Erfolge verbuchen konnte. Angesichts der Tatsache, dass die Auseinandersetzung mit der NS-Zeit und ihrem Fortwirken in der Bundesrepublik bei Wenders ein allenfalls marginales Thema bildet, ist die Präsenz des Plakats, sei sie von den Machern intendiert oder auch nicht, durchaus bemerkenswert.

27 Erinnert sei in diesem Zusammenhang an eine Aussage des Filmemachers aus dem Jahr 1982, in der er über die ›Männerlastigkeit‹ seiner frühen Werke und seine Pläne, diese hinter sich zu lassen, wie folgt reflektiert: »Es schien mir leichter zu sein, mit Erzählungen von Beziehungen zwischen Männern anzufangen, vor allem in den siebziger Jahren. Aber

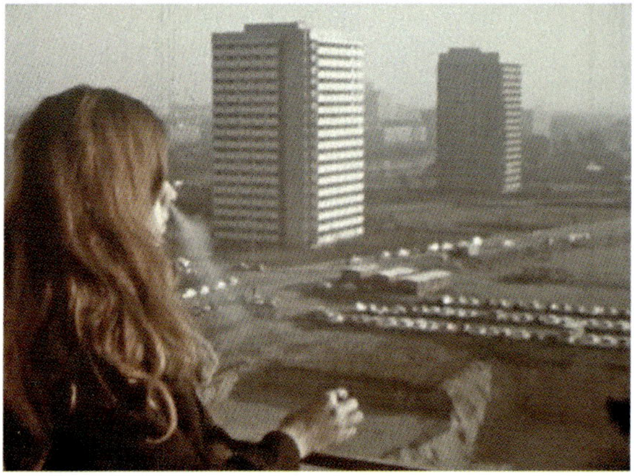

Die rothaarige Frau, schweigend rauchend auf dem Balkon

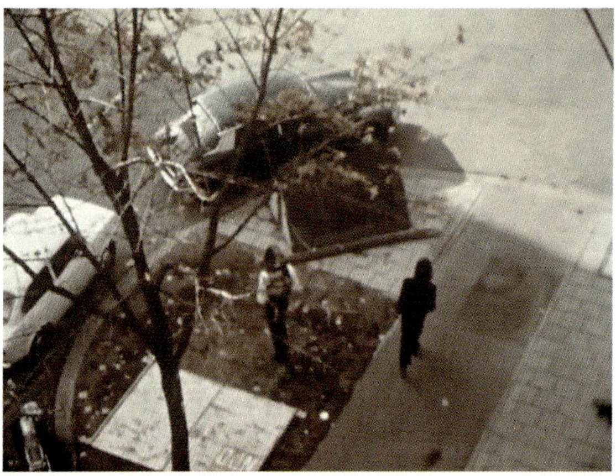

Wenders (links) und Handke (rechts) auf dem Weg zu ihrem Wagen. Am unteren Bildrand ist ein auf dem Boden liegendes NPD-Plakat zu erkennen

nen. Und getrost darf behauptet werden: Selbiges wäre – wenn auch auf etwas andere Art und Weise – ebenfalls geschehen, hätten sich er und Handke an das Exposé zu 3 AMERIKANISCHE LP's gehalten, in dem der Film noch als eine rudimentäre Liebesgeschichte (freilich mit eindeutig domi-

für mich war das immer nur eine Vorbereitung, und ich hoffe, nach einigen Filmen einen Schritt vorwärts zu machen und anzufangen, Geschichten von Männern und Frauen zu erzählen. Aber ich will sie nicht auf die herkömmliche Weise erzählen: Die Tradition ist da ganz falsch, so fürchterlich und schrecklich falsch, besonders im Hinblick auf die Frauen. Im Kino sind Frauen nur selten gut dargestellt worden. Nur wenige Regisseure können das. Antonioni ist einer von den Wenigen. Ich denke, daß meine Geschichten nicht immer nur von Männern handeln werden.« Wim Wenders: »Filmdiebe: Aus einer öffentlichen Diskussion in Rom« (1982), in: ders.: *Die Logik der Bilder*, S. 46–52, hier: S. 52. Vgl. zudem das 3Sat-Interview mit Wim Wenders.

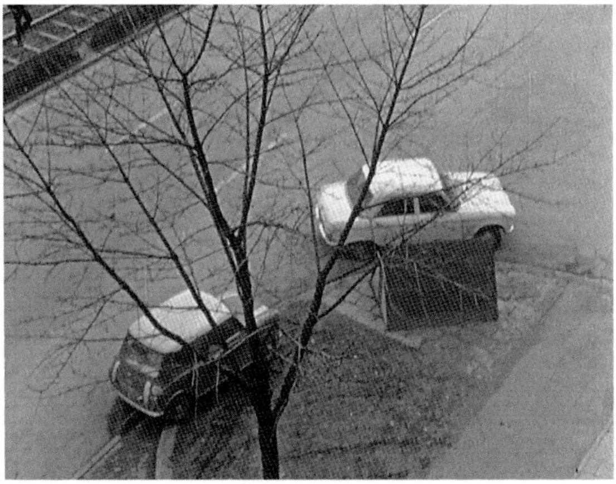

SUMMER IN THE CITY: Der Shot aus 3 AMERIKANISCHE LP's wird hier in fast identischer Form wiederholt

nantem männlichen Part) vorgesehen war: Ein junger Mann nimmt seine Freundin mit dem Auto auf einen Ausflug mit, spielt ihr drei Musikstücke vor und kommentiert diese. Sie hingegen schweigt und blickt auf die vorbeiziehende Landschaft.[28]

Dem Kommentieren von Musik ist auch die uns heute vorliegende Version von 3 AMERIKANISCHE LP's verpflichtet, in der sowohl der Fahrer als auch der Beifahrer zu Wort kommen, allerdings ohne dass es zu etwas führen würde, das die Bezeichnung ›Dialog‹ verdiente. Stattdessen werden nacheinander mal mehr, mal weniger apodiktische Statements abgegeben, die zwar ein gemeinsames Themenfeld, die USA und ihre Musik, umkreisen, aber kaum aufeinander bezogen sind, was – zumal sie von den beiden passionierten Musikfans völlig leidenschaftslos vorgetragen werden – bisweilen ins unfreiwillig Komische hinüberspielt. Schön verdeutlichen lässt sich dies anhand der beiden Redebeiträge, die der Prolog-Einstellung unterlegt sind. Es ist Handke, der den Anfang macht: »In Oxford in Mississippi, da sind die Gehsteige ganz hoch über der Straße. Da können die Kinder kaum hinaufsteigen, von der Straße auf den Gehsteig.« Nach einer endlos wirkenden Pause von sieben Sekunden folgt Wenders' Aussage, die man schwerlich als Replik auf die Beschreibung seines Freundes wird durchgehen lassen können: »Man müsste Filme machen über Amerika, die nur aus Totalen beste-

28 Vgl. Scheid: *Raum / Akteure*, S. 140–141.

hen. In der Musik gibt es das ja schon, also in der amerikanischen Musik.«[29] Mit anderen Worten: Obgleich sie im Gegensatz zu ihren beiden introvertiert-maulfaulen Nachfolgern aus IM LAUF DER ZEIT reden, *miteinander* reden können auch diese zwei Buddies on the road offenbar nicht.[30] Lediglich zu »monologischen Dialogen« scheinen sie befähigt, zu solchen Wortbeiträgen also, die, wie es Alenka Zupančič ausführt, von Personen stammen, welche, komplett eingekapselt in ihrer Weltsicht, den Dialogpartner überhaupt nicht im Blick haben, sondern stattdessen genau genommen nur mit sich selbst reden.[31]

Nachdem der ›Abschied‹ von der Rothaarigen erfolgt ist, schlägt der Film topologisch von der Vertikalen, welche durch das auf den Prolog folgende Einstellungsduo, zumal aber natürlich die Vogelperspektive des dritten Shots profiliert wird, in die Horizontale um. Und wie es sich für ein Roadmovie gehört – schließlich ist kaum ein anderes Genre derart horizontalfixiert[32] –, bleibt sie von nun an beherrschend. Wirkt 3 AMERIKANISCHE LP's in narrativer Hinsicht insgesamt driftend und vektorlos – auch dies im Einklang mit den Usancen des Genres, für das eine episodisch-offene Struktur kennzeich-

29 In leicht variierter Form findet sich Wenders' Statement auch in dessen fast zeitgleich zu 3 AMERIKANISCHE LP's verfassten, dem Film auch in anderer Hinsicht nahestehenden Text »PanAm macht den großen Flug« (1969). »Filme über Amerika«, so lesen wir dort, »müßten ganz aus Totalen bestehen, wie es das in der Musik über Amerika schon gibt.« Wim Wenders: »PanAm macht den großen Flug« (1969), in: ders.: *Emotion Pictures*, S. 17. Etwas später, direkt nachdem das von Handke als »sichtbare Musik« charakterisierte »Lodi« ausgeklungen ist, folgt Wenders' einigermaßen gesucht wirkender Kommentar über Creedence Clearwater Revival: »Die Creedence Clearwater: Sie spielen wie ein Mann. Die Musikboxen sind für diese Musik erfunden worden. Ihre dritte Langspielplatte *Green River* ist wie eine Tafel Schokolade, wie ein störungsfreier Flug über die Alpen mit einer Düsenmaschine bei klarem Wetter. Zufrieden.« Auch diese Worte werden in einer Kritik recycelt, und zwar am Ende von »Tired of Waiting« (1970). Vgl. Wim Wenders: »Tired of Waiting« (1970), in: *Emotion Pictures*, S. 56–57, hier: S. 57.

30 Zur Rede-Aversion Wenders' früher Helden vgl. Glasenapp: *Wim Wenders:* PARIS, TEXAS, S. 10.

31 Vgl. Alenka Zupančič: *Der Geist der Komödie*, Berlin 2014 (2008), S. 82–84. In SUMMER IN THE CITY wird das Nicht-Kommunizieren-Können seiner Figuren sowohl durch Schweigen als auch monologische Dialoge ausgestellt. Vgl. hierzu auch Stefan Kolditz: »Kommentierte Filmografie«, in: Peter W. Jansen und Wolfram Schütte (Hrsg.): *Wim Wenders*, München und Wien 1992, S. 103–314, hier: S. 118. Allgemein zur Dialog-Aversion der Wenders'schen Helden vgl. Buchka: *Augen kann man nicht kaufen*, S. 104–105.

32 Vgl. hierzu auch Jörn Glasenapp: »Der Bunker und das Zirkuszelt: Zur Vertikalität in Wim Wenders' DER HIMMEL ÜBER BERLIN«, in: *Weimarer Beiträge*, Jg. 64 (2018), H. 2, S. 258–268, hier: S. 258–259, vor allem aber Wenders' Ausführungen auf der Tagung »Wim Wenders – Filmemacher, Fotograf, Grenzgänger«, die, organisiert vom Lehrstuhl für Literatur und Medien der Otto-Friedrich-Universität Bamberg, am 7. und 8. August 2020 stattfand: »Der Horizont ist im Roadmovie entscheidend und ein wichtiger Faktor, weil da will man immer hin und man erreicht ihn nie, weil kaum kommt man hin, gibt es einen neuen, der ist genauso weit entfernt. Also die Horizontale ist die Gemütslage eines Roadmovies.«

nend ist –, so hat immerhin die erste der beiden Fahrten bzw. Etappen, die uns die Einstellungen 4 bis 6 präsentieren, ein klares und selbstredend vielsagendes Ziel: ein vor der Stadt gelegenes Autokino, das die beiden »[a]utomobile[n] Flaneure«[33] über eine an Baubrachen, Äckern, Autofriedhöfen und Gebrauchtwagenhändlern vorbeiführende Ausfallstraße erreichen. Wiewohl gerade keine Vorstellung ist – beim Durchfahren des Eingangstors lässt sich erkennen, dass unter anderem ein Tom-und-Jerry-Film auf dem Programm steht –, fahren sie hinein, passieren eine Coca-Cola-Plakatwerbung und bringen den Wagen schließlich direkt vor der Leinwand zum Halten. Die Kamera, die in den beiden Einstellungen zuvor zunächst nach hinten und sodann zur rechten Seite ausgerichtet war, blickt nun konsequenterweise – das Konzeptionelle des Films drängt sich dem Zuschauer allenthalben auf – durch die Frontscheibe nach vorn, ja, sie starrt, und zwar nicht weniger als 15 Sekunden lang, auf die leere Leinwand. Dergestalt kommt es zu einer nicht zuletzt durch die Statik der Kamera prononcierten, im Wenders'schen Œuvre wahrlich nicht selten anzutreffenden Bild-im-Bild-Komposition.[34] In chronologischer Hinsicht fast mittig platziert, markiert sie das Zentrum des Films, der, wie im vorangegangenen Abschnitt geschildert, die Sehnsucht nach ›Amerika‹ zum Thema hat und einen Zwischenstopp just an einem Ort einlegt, der diese Sehnsucht durch zu großen Teilen aus Amerika stammende Bilder zugleich stillt und speist.

Hatte bereits die zweite Einstellung, die uns zwei in ihrer Funktionalität kalt und monoton wirkende Hochhauswohnsilos sowie großflächige Baugruben zu sehen gab, darauf hingewiesen, so wird es mit Einstellung 7 und 8, bei denen beide Male die nach links schwenkende ortsstabile Kamera eine gewaltige Baustelle im Innenstadtbereich inspiziert, noch einmal mit Nachdruck herausgestellt: München baut – und man hat das untrügliche Gefühl, als täte es dies aus Sicht von Wenders und Handke nicht eben zum Wohl seiner selbst und seiner Einwohner. Keine Frage: Indem sie die über die Plattencover, die Musik und ihre Kommentare heraufbeschworene amerikanische Landschaft in geradezu polemischer Manier der urbanen Realität

33 Scheid: *Raum / Akteure*, S. 135.

34 Für diese sorgen bei Wenders aber gewöhnlich nicht Kinoleinwände, sondern – erinnert sei hier beispielsweise an Schauplätze, Silver City, Summer in the City, Falsche Bewegung, Der amerikanische Freund und Paris, Texas, vor allem aber an Alice in den Städten und The Million Dollar Hotel (2000) – Fernseher, die der bildökologisch engagierte, hochgradig fernsehphobe Regisseur gleich in mehrfacher Hinsicht als verdammenswerte Bild- und Kino-›Killer‹ begreift. Vgl. in diesem Zusammenhang auch Graf: *The Cinema of Wim Wenders*, S. 27–35 sowie Glasenapp: *Wim Wenders:* Paris, Texas, S. 30–34, vor allem aber den Beitrag von Mirjam Schmitt im vorliegenden Band.

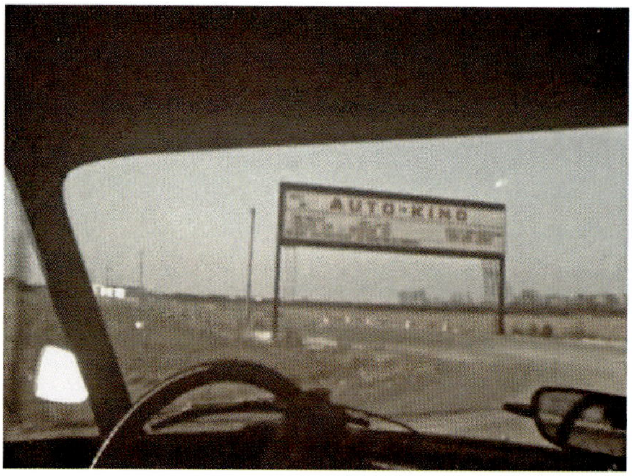

Das Autokino als Ziel

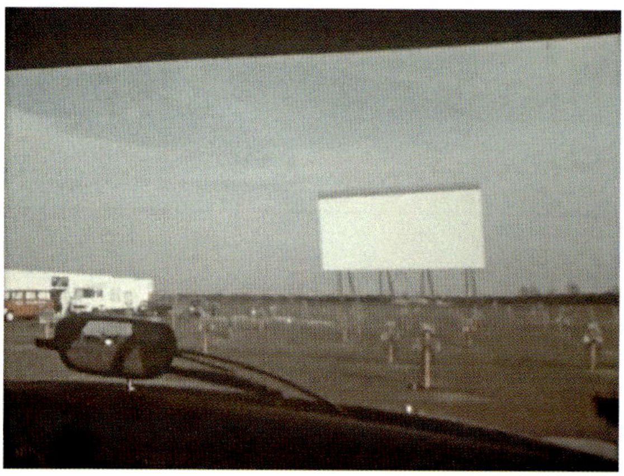

der bayerischen Landeshauptstadt gegenüberstellen und dabei implizit, aber doch unverkennbar ihrer Überzeugung Ausdruck verleihen, dass die Zukunft Münchens in wörtlichem, damit aber auch in übertragenem Sinne verbaut worden sei und noch immer werde,[35] partizipieren die beiden an jenem Diskurs, den vor allem Alexander Mitscherlich mit seiner wirkmächtigen Schrift *Die Unwirtlichkeit unserer Städte* aus dem Jahr 1965 maßgeblich angestoßen hat.[36] In ihr prangert der Psychoanalytiker und

35 Vgl. auch Buchka: *Augen kann man nicht kaufen*, S. 42.

36 Weitere damals prominente Verurteilungen der (städte)baulichen Entwicklungen jener Zeit finden sich unter anderem in Wolf Jobst Siedlers wieder und wieder neu aufgelegtem Foto-Text-Band *Die gemordete Stadt* (1964) oder Hans Paul Bahrdts Untersuchung *Humaner Städtebau* (1968).

Die Unwirtlichkeit Münchens

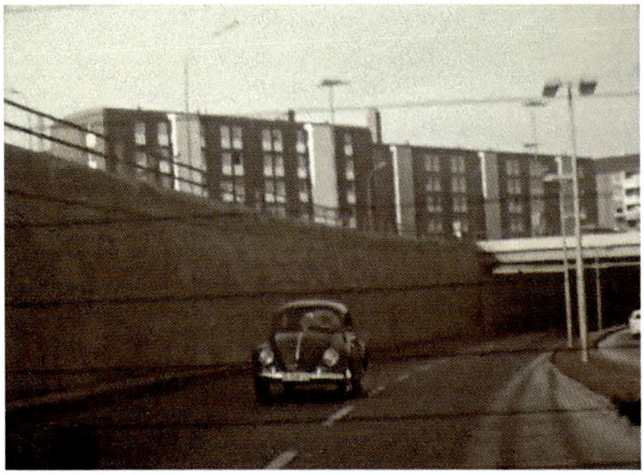

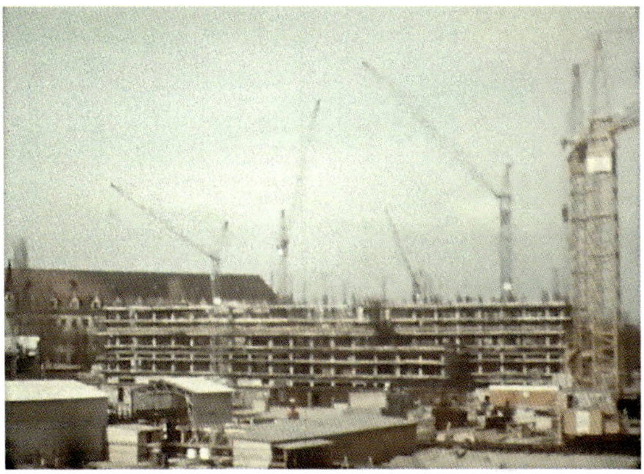

Sozialpsychologe die »Herzlosigkeit«[37] und »Egalisierung«[38] der deutschen Urbanräume an, wobei er unter anderem auf die auch in 3 AMERIKANISCHE LP's thematisierte »uniformierte Monotonie der Wohnblocks«[39] sowie »leblose Brutalität«[40] zu sprechen kommt, mit der die Ausfallstraßen das Stadtbild und das urbane Leben zerschneiden. Dass Wenders seine in 3 AMERIKANISCHE LP's vorgetragene Kritik am Städtebau in ALICE IN DEN STÄDTEN, vor allen Dingen aber in FALSCHE BEWEGUNG fortsetzen und auch in ihnen so manche Aufnahme liefern wird, mit der sich Mitscherlichs Polemik aus-

37 Alexander Mitscherlich: *Die Unwirtlichkeit unserer Städte: Anstiftung zum Unfrieden*, Frankfurt am Main 1965, S. 19.

38 Ebd., S. 63.

39 Ebd., S. 41.

40 Ebd., S. 66.

sagekräftig bebildern ließe, sei an dieser Stelle auch mit Hinweis auf die entsprechenden Ausführungen bei Scheid ausdrücklich vermerkt.[41]

Die letzten beiden Einstellungen sind der zweiten Fahrt gewidmet, die die beiden (Musik-)Freunde erneut nach draußen in die Außenbezirke führt. Man ist versucht, von einer Flucht vor der »Stadtverwüstung«[42] bzw. dem Bautreiben im Innenstadtbereich zu sprechen, auch weil es dazu passen würde, dass sich der Film nun einmal mehr mit besonderer Verve in seine ›amerikanisierende‹ Anschauung hineinbegibt, das heißt auf seine Art, wenn man so will, ›Realitätsflucht‹ begeht. Wieder geraten – nun allerdings in der Abenddämmerung, in der die diversen Leucht- und Neonreklamen für helle Lichtakzente sorgen – Tankstellen, Gebrauchtwagenhändler, Parkplätze und Gewerbebauten in den Blick, die hinter den Scheiben des auffallend langsam fahrenden Autos filmgleich vorbeiziehen.[43] Mandels hypnotischen Gitarrenklängen wird derweil die Aufgabe überantwortet, für die richtige – eben ›amerikanische‹ – Stimmung zu sorgen. Das heißt, wieder kommt es zu einer Art Kräftemessen zwischen Musik und München, wobei die Frage im Raum steht: Schafft es Mandel, das ›Millionendorf‹ an der Isar zu ›amerikanisieren‹, oder ist der Widerstand, den die bayerische Landeshauptstadt selbst an ihrer gesichtslosen Peripherie gegenüber ihrer akustischen Transformation leistet, zu groß?[44]

Wie es die finale Einstellung verrät, die sein Profil in Nahaufnahme zeigt, sitzt am Steuer nach wie vor Wenders, der im Gegensatz zu seinem Beifahrer Handke zum damaligen Zeitpunkt noch nie amerikanischen Boden betreten hatte. Nach gut zehn Sekunden bricht der Shot unvermittelt ab, eine Auflistung der drei titelgebenden LPs beschließt den Film.

41 Vgl. Scheid: *Raum / Akteure*, S. 93 und 176–177.

42 Mitscherlich: *Die Unwirtlichkeit unserer Städte*, S. 11.

43 Vgl. hierzu Scheid, der, das medienreflexive Anliegen der zwei Macher betonend, notiert, dass diese »im vorbeiziehenden Bild der Landschaft ein Äquivalent zum apparativ beförderten Filmstreifen [erkennen].« Scheid: *Raum / Akteure*, S. 143.

44 Zu einem vergleichbaren Kräftemessen kommt es in Wenders Pina-Bausch-Hommage PINA (2011), wenn die Tänzerinnen und Tänzer die Bühnenenklave verlassen, um im öffentlichen Raum Wuppertals zu performen. Gelingt ihnen dadurch die Transformation des Letzteren zur Bühne; schaffen sie es also, ihn ihrer ästhetischen Logik zu unterwerfen? Oder obsiegt der öffentliche Raum mit seiner profanen Alltagslogik, so dass man die Tanzenden mit ihren exaltiert-unalltäglichen Bewegungen ›am falschen Ort‹ wähnt und sie ob ihres ortsinkongruenten Agierens gar lächerlich erscheinen? Die Entscheidung darüber liegt selbstredend im Auge des Betrachters. Vgl. zu den Außenaufnahmen in PINA auch Lisa Gotto: »Alles auf Anfang: Wim Wenders' PINA und der Raumzauber des 3D-Kinos«, in: Glasenapp: *Wim Wenders*, S. 111–120, hier: S. 116–117.

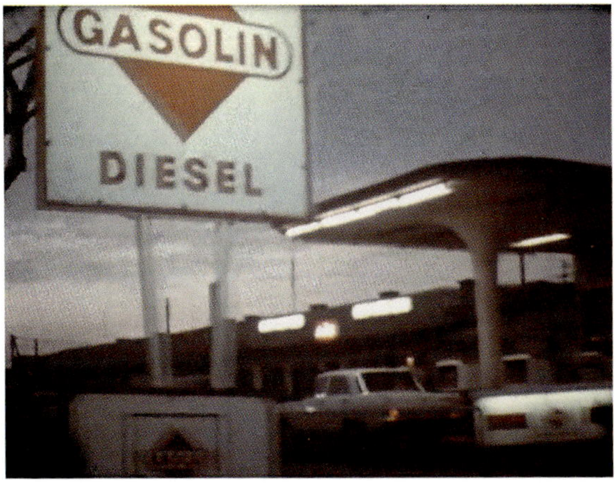

Tankstellen, immer wieder Tankstellen

4. ›Amerika‹ und der erste ›Wenders‹

»Der Film spielt in München. Er schämt sich nicht darüber [sic].«[45] Was Wenders in einer seiner frühen Filmbesprechungen Rudolf Thomes ROTE SONNE (1970) attestiert und was man einer ganzen Reihe von München-Filmen aus jener Zeit wird bescheinigen dürfen – Volker Schlöndorffs MORD UND TOTSCHLAG (1967) und May Spils' ZUR SACHE, SCHÄTZCHEN (1968) ebenso wie Fassbinders LIEBE IST KÄLTER ALS DER TOD sowie Roger Fritz' MÄDCHEN MIT GEWALT (1969) –, gilt für 3 AMERIKANISCHE LP's eher nicht. Zumindest gibt dieser jederzeit zu erkennen, dass er, der ebenfalls in der bayerischen Metropole spielt, es lieber nicht täte. Der Grund hierfür ist simpel: München ist nicht ›Amerika‹, ein Faktum, das Ende der 1960er Jahre für Wenders eine Quelle der Frustration darstellt. 3 AMERIKANISCHE LP's ist, so kann resümiert werden, ihr kinematografisches Zeugnis.

Als Versuch, die Stadt via Musik zu transformieren, zu amerikanisieren bzw. sie als München akustisch gleichsam zu überschreiben, um nicht zu sagen: zu eliminieren, ist der Film aber natürlich zugleich das Zeugnis einer gegenüber dem Ort gänzlich voreingenommenen Haltung respektive Einstellung. Glücklicherweise sollte sie Wenders sehr bald schon – und zwar komplett – ablegen und er sich stattdessen als ein Regisseur von Filmen mit ausgeprägtem ›Ortssinn‹ ausweisen, von solchen Filmen also – man denke an

45 Wim Wenders: »ROTE SONNE: Zu Rudolf Thomes Film ROTE SONNE« (1970), in: ders.: *Emotion Pictures*, S. 54–55, hier: S. 55.

Im Lauf der Zeit, an Der Himmel über Berlin, an Lisbon Story oder aber an Don't Come Knocking –, deren, wie es Wenders selbst einmal formulierte, »treibende Kraft«, deren »Motor«, ja »Seele«[46] in ihren jeweiligen, von ihrem Schöpfer voller Neugier und mit »liebevollem Blick«[47] besichtigten Orten liegt.

Im Januar 1972 ist es dann endlich soweit: Wenders besucht erstmals das Land seiner Sehnsucht, Die Angst des Tormanns beim Elfmeter (1971) wird – eine Ehre für den jungen Regisseur – im Museum of Modern Art in New York gezeigt. Während seines Aufenthalts muss er erkennen: Nicht nur München, auch Amerika ist nicht ›Amerika‹. Allerdings eignet dem »nicht« hier eine dezidiert temporale Dimension: Amerika ist nicht *mehr* ›Amerika‹.[48] Die Enttäuschung darüber lässt der Regisseur sogleich künstlerisch produktiv werden, er verarbeitet sie in (dem ersten, in den USA spielenden Teil von) Alice in den Städten, jenem filmischen Bravourstück, mit dem ihm »der Sprung vom gelernten, ›abgeguckten‹ Erzählen zum eigenen«[49] gelingt, er zu seiner Handschrift findet. Man ist versucht zu sagen: Wenders musste ›Amerika‹ hinter sich lassen, um seinen ersten ›Wenders‹ zu schaffen. Dass dessen beiden Protagonisten nach langer Irrfahrt schlussendlich in einem Zug nach München sitzen, sei an dieser Stelle ausdrücklich vermerkt.

46 Wim Wenders: »In Defense of Places« (2003), in: ders.: *A Sense of Place*, S. 7–38, hier: S. 7.

47 Vgl. hierzu Wim Wenders und Mary Zournazi: *Inventing Peace: A Dialogue on Perception*, London und New York 2013, S. 73–75, vor allem aber »Der liebevolle Blick«, Wenders' Antrittsvorlesung, die er am 13. Juni 2019 anlässlich der Verleihung des Ehrendoktors durch die Theologische Fakultät der Universität Fribourg im Jahr 1995 in der großen Aula der Universität Fribourg hielt. Ein Mitschnitt der Vorlesung findet sich unter: https://www.youtube.com/watch?v=hswH-I-Kg90 [zuletzt aufgerufen am 1.5.2020].

48 Vgl. hierzu ausführlich Wenders' Ausführungen in Wim Wenders: »Der Amerikanische Traum« (1984), in: ders.: *Emotion Pictures*, S. 141–170, hier: S. 151–154.

49 Behrens: »Der Geschichte einen gewaltigen Raum schaffen«, S. 135.

Jörn Glasenapp

Eine Möwe in Manhattan

Wim Wenders' *slow cinema*

1. Aus Zeit | Auszeit

Dass der Film als, wie es bei André Bazin heißt, »Mumie der Veränderung«[1] im Gegensatz zur ›zukunftslosen‹ Fotografie den Fluss des Lebens einfängt, er also gleichsam aus Zeit besteht, wird zumal dann spürbar, wenn er sich dagegen sperrt, sich, wie wir es von ihm gewohnt sind, als Geschichtenlieferant zu betätigen, das heißt, wenn die Ereignisse ausdünnen und er sich eine Auszeit vom Erzählen nimmt. Dann wird, um es mit den Worten Rüdiger Safranskis zu sagen, »die Zeit auffällig. Es ist, als käme sie aus ihrem Versteck.«[2] Auf ebendies, man könnte auch sagen: das ostentative Ausstellen des Zeitvergehens zielt das *slow cinema* ab, jene internationale Strömung des Global Art Cinema, die um die Jahrtausendwende im internationalen Festivalgeschehen für enormes Aufsehen sorgte und wie andere Entschleunigungsbewegungen und -initiativen auch – erinnert sei an *slow food*, *slow travel*, *slow sex* oder *slow media* – nicht zuletzt als Reaktion auf das auf Akzeleration und Effizienz setzende Zeitregime des Spätkapitalismus betrachtet werden kann.[3] Verbunden wird das *slow cinema* mit Namen wie Béla Tarr, Hou Hsiao-Hsien, Pedro Costa, Tsai Ming-liang, Lav Diaz, Nuri Bilge Ceylan, Albert Serra oder Apichatpong Weerasethakul; zu seinem vergleichsweise fest etablierten Merkmalsarsenal gehören: *erstens*, die äußerst, mitunter mehrere Minuten lange Einstellung, *zweitens*, die hinsichtlich ihrer Bedeutung stark limitierte Montage, *drittens*, die oft statisch bleibende, sich allenfalls

1 André Bazin: »Ontologie des photographischen Bildes« (1945), in: ders.: *Was ist Film?*, Berlin 2004, S. 33–42, hier: S. 39.

2 Rüdiger Safranski: *Zeit: Was sie mit uns macht und was wir aus ihr machen*, München 2015, S. 22.

3 Vgl. etwa Tiago de Luca und Nuno Barradas Jorge: »Introduction: From Slow Cinema to Slow Cinemas«, in: dies. (Hrsg.): *Slow Cinema*, Edinburgh 2016, S. 1–21, hier: S. 15, Song Hwee Lim: »Temporal Aesthetics of Drifting: Tsai Ming-liang and a Cinema of Slowness«, in: de Luca/Jorge: *Slow Cinema*, S. 87–98, hier: S. 91 sowie Asbjørn Grønstad: »Slow Cinema and the Ethics of Duration«, in: de Luca/Jorge: *Slow Cinema*, S. 273–284, hier: S. 277. Dass dem *slow cinema* mitunter ein Hang zur Nostalgie zum Vorwurf gemacht wird – ist es nicht Ausdruck einer Sehnsucht nach einem entschleunigten, vorindustriellen Zeitregime? –, überrascht nicht. Vgl. hierzu de Luca/Jorge: »Introduction«, S. 14–16.

ruhig und gemessen bewegende Kamera, *viertens*, die Bevorzugung von Totalen und Halbtotalen, *fünftens*, die merklich zurückgenommene Dynamik vor der Kamera, *sechstens*, die entdramatisierte und ereignisarme Handlung ohne klares Telos sowie, *siebtens*, Helden, die, anstatt aktiv zu sein, wie wir es von jenen sich auf Heldenreise begebenden Figuren des *classical cinema* kennen, eher reagieren, beobachten und sich treiben lassen.[4]

Wird so mancher Protagonist der filmischen Moderne, allen voran Michelangelo Antonioni, aber auch Andrej Tarkowskij oder Theo Angelopoulos, dem *slow cinema* zugeschlagen bzw. als dessen Wegbereiter gehandelt, so gilt dies für Wim Wenders bislang noch nicht. Und doch rechtfertigen es Teile seines Werkes sehr wohl, ihn mit der Strömung in Verbindung zu bringen bzw. in ihm einen weiteren ihrer Vorreiter auszumachen. Zu denken ist hier speziell an die frühen, vor allem aber die ganz frühen Arbeiten des Regisseurs, jene also, die noch im Rahmen bzw. während des Studiums an der Hochschule für Fernsehen und Film München (HFF) entstanden und einem rigorosen Minimalismus huldigen. Namentlich sind dies SCHAUPLÄTZE (1967), SAME PLAYER SHOOTS AGAIN (1967), SILVER CITY (1968), POLIZEIFILM (1968), ALABAMA (2000 LIGHT YEARS) (1969) und 3 AMERIKANISCHE LP'S (1969), aus nur wenigen Einstellungen bestehende Kurzfilme mit einer Lauflänge von zehn bis 25 Minuten, sowie das an nur sechs Tagen im Januar 1970 komplett chronologisch abgedrehte, vage unter dem ›Genredach‹ des Gangsterfilms operierende Langfilmdebüt SUMMER IN THE CITY (DEDICATED TO THE KINKS).[5] Weist dieses auch in vielfacher Hinsicht auf Zukünftiges voraus, so stellt es zugleich so etwas wie die Summe der Sehweisen dar, die Wenders in den Jahren zuvor mit seinem Kurzfilm-Sextett erprobt hat. Von seinem

4 Destillieren lässt sich dieses Merkmalsarsenal aus der in immer größerer Zahl vorliegenden Literatur zum *slow cinema*, von der an dieser Stelle genannt sei: Ira Jaffe: *Slow Movies: Countering the Cinema of Action*, London und New York 2014, de Luca / Jorge: *Slow Cinema*, Jörn Glasenapp: »Béla Tarrs Kino der Zeit, des Raums und der Materialität: Ein SATANSTANGO-Lexikon«, in: ders. (Hrsg.): *Weltliteratur des Kinos*, Paderborn 2016, S. 157–181 und Emre Çağlayan: *Poetics of Slow Cinema: Nostalgia, Absurdism, Boredom*, Cham 2018.

5 Bekanntlich ist Wenders seit jeher fasziniert von Genres, dabei allerdings – und SUMMER IN THE CITY zeigt dies mustergültig – nur allzu bereit, sich ihrem Konventionenarsenal zu entziehen. Vgl. hierzu auch seine Ausführungen auf der Tagung »Wim Wenders – Filmemacher, Fotograf, Grenzgänger«, die, organisiert vom Lehrstuhl für Literatur und Medien der Otto-Friedrich-Universität Bamberg, am 7. und 8. August 2020 stattfand: »Ich war zwar von Genres immer angezogen – das Genre des Roadmovies fand ich großartig, oder den Western fand ich toll, als ich aufgewachsen bin, und auch Film-Noir-Filme haben mich immer sehr, sehr angezogen –, und ich habe ja auch ein paarmal versucht, innerhalb eines Genres zu arbeiten, aber dann immer gemerkt, ich hatte das nicht so richtig in mir, mich an die Regeln zu halten. Und kaum waren Regeln da, war die Versuchung, sie zu umgehen, so groß, dass ich dann auch die Regeln schnell vergessen habe.«

Warten auf den Protagonisten in SUMMER IN THE CITY

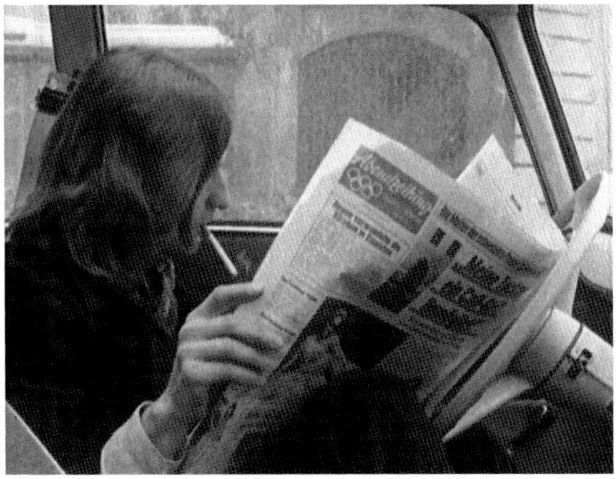

Schöpfer als »Dokumentarfilm über das Ende der 60er Jahre«[6] apostrophiert, der von den Enttäuschungen seiner Generation getragen sei, lockt SUMMER IN THE CITY gleich zu Beginn geradezu programmatisch die Zeit aus ihrem Versteck, macht er sie für den Zuschauer spürbar. Und zwar geschieht dies durch eine sehr lange Einstellung, die uns einen wartenden, dabei Radio hörenden und Zeitung lesenden Mann in einem Auto präsentiert, kurz: die uns mit »dead time« konfrontiert, von Mary Ann Doane definiert als »time in which nothing happens, time which is in some sense ›wasted,‹ expended without product.«[7]

Objekt des Wartens ist der soeben aus dem Münchner Gefängnis Stadelheim entlassene Protagonist Hans (Hanns Zischler), der nach einem Jahr Auszeit hinter Gittern »in sein Leben zurückfinden [muss].« Um an seine Vergangenheit, seine »Geschichte«[8] anzuknüpfen, zieht es ihn an die Orte von einst, zudem trifft er sich mit alten Freunden und Bekannten, ist dabei aber, so Wenders, als »Schweigsamer, der das Gespräch sucht, [...] auf verlorenem Posten.«[9] Ohne dass sich auch nur der Hauch einer emotionalen Nähe zu ihm einstellen würde, sehen wir Hans gut zwei Stunden dabei zu,

6 Zitiert nach Stefan Kolditz: »Kommentierte Filmografie«, in: Peter W. Jansen und Wolfram Schütte (Hrsg.): *Wim Wenders*, München und Wien 1992, S. 103–314, hier: S. 119.

7 Mary Anne Doane: *The Emergence of Cinematic Time: Modernity, Contingency, the Archive*, Cambridge und London 2002, S. 160. Informativ in diesem Zusammenhang sind auch Seymour Chatmans Einlassungen zur toten Zeit bei Antonioni. Vgl. Seymour Chatman: *Antonioni or, The Surface of the World*, Berkeley, Los Angeles und London 1985, S. 125–131.

8 Wenders auf der Bamberger Tagung.

9 Ebd.

wie er sich zunächst in München, sodann in Westberlin treiben lässt, wie er flippert, Billard spielt, Musik hört, Zeitung liest, ins Kino geht und wie er – in einer Szene, die wie ein selbstreferenzieller Kommentar zum Film anmutet – in ein Taxi steigt und dem Fahrer sagt, er solle ihn für 20 Mark einfach nur herumfahren.

SUMMER IN THE CITY spielt im Winter. Es ist ein atmosphärisch kalter, ein leblos und abweisend wirkender asketischer Film und als ein solcher konsequent jener auf Kommunikationsverweigerung setzenden Ästhetik des Schweigens verpflichtet, der sich Susan Sontag nur wenige Jahre zuvor in einem ihrer berühmten Essays gewidmet hatte.[10] Präsentiert wird uns seine auf keinerlei Ziel zulaufende Ereignislosigkeit in extrem langen Einstellungen, die, zutiefst nüchtern und spröde wirkend, mit keinerlei aufwändig choreografierten Kamerabewegungen, Schärfeverlagerungen oder Zooms arbeiten und dem konsequent auf Distanz gehaltenen Zuschauer fortwährend ein, wenn man so will, temporales Zuviel an informatorischem Zuwenig zumuten. Oder um es mit Wilhelm Genazino zu sagen: SUMMER IN THE CITY zwingt uns, die wir im Laufe unseres Lebens ein sehr gutes Gespür für das rechte Maß der Blickdauer (auch und vor allem im Kino) entwickelt haben, den von dem Schriftsteller als solchen bezeichneten »gedehnten Blick« auf. Dieser, so Genazino, »sieht auch dann noch, wenn es nach allgemeiner Übereinkunft [...] nichts mehr zu sehen gibt«[11] – und er vermag es, uns zu provozieren, uns regelrecht wütend zu machen, so der junge Wenders, der in einem Gespräch mit dem Filmkritiker Heiko R. Blum zu Protokoll gibt: »Wenn das Bild nicht wechselt, wenn die Leute glauben, daß sie es lang genug angeschaut haben, und es bleibt trotzdem stehen, reagieren sie merkwürdigerweise wütend. Sie denken, es müßte einen Grund haben, aber sie denken überhaupt nicht daran, daß es als Grund völlig ausreicht, daß einem gefällt, was zu sehen ist. Es muß also einen anderen Grund haben, und den kennen sie nicht, und das macht sie wütend. Und zwar wütender als richtige Beleidigungen, die man ja auch filmen kann.«[12] Bekanntlich hat unter anderem Antonioni diese Wut zu spüren bekommen, und zwar 1960 bei der Premiere seines ersten ganz großen, an toter Zeit reichen Meisterwerks L'AVVENTURA (1960) bei den Filmfestspielen von Cannes, als ein sichtlich

10 Vgl. Susan Sontag: »Die Ästhetik des Schweigens« (1967), in: dies.: *Gesten radikalen Willens. Essays*, Frankfurt am Main 2011 (1969), S. 11–50.

11 Wilhelm Genazino: »Der gedehnte Blick«, in: ders.: *Der gedehnte Blick*, München 2004, S. 39–61, hier: S. 42.

12 Wim Wenders: »Zeitabläufe, Kontinuität der Bewegung« (1972), in: ders.: *Die Logik der Bilder. Essays und Gespräche*, Frankfurt am Main 2015 (1988), S. 11–15, hier: S. 12–13.

echauffiertes Publikum die langen (im Vergleich zu jenen von SUMMER IN THE CITY allerdings kurzen) Einstellungen seines Films bzw. das mit ihnen einhergehende Heraustreten der Zeit aus dem Versteck mit lauten »Cut«-Rufen quittierte.[13]

In seinen Anfangsjahren ruft Wenders nur sehr ungern »Cut« am Set,[14] Peter Buchka nennt ihn gar einen »Regisseur, der sich vor Schnitten fürchtet.«[15] In jedem Fall beherrscht ein tief sitzendes Unbehagen gegenüber dem Zerstückeln der Vorgänge seine Regieführung, was wiederum zur Folge hat, dass beispielsweise jene Einstellung aus SUMMER IN THE CITY, die uns den Berliner Ku'damm aus einem fahrenden Auto präsentiert, acht Minuten lang ist – so lang also, wie die Fahrt von einem zum anderen Ende der Straße beim Drehen gedauert hat. Vergleichbares lässt sich übrigens von jener knapp dreiminütigen, ebenfalls in nur einer Einstellung gedrehten Nachtfahrt über den Münchner Straßenstrich aus Rainer Werner Fassbinders Langfilmdebüt LIEBE IST KÄLTER ALS DER TOD (1969) sagen, die Wenders selbstverständlich bestens bekannt war. Er sehe sich mit seiner Arbeit zu einer, wie er es damals nennt, »Loyalität gegenüber Zeitabläufen«[16] verpflichtet. Folglich dürfe »die Zeit, die gerade dargestellt wird, [...] nicht einfach einen Ruck machen«,[17] so der Regisseur weiter, demzufolge von den für das *classical cinema* üblichen Ellipsen, das heißt von Auszeiten, die den aus Zeit bestehenden Bildfluss perforieren, nach Möglichkeit abzusehen sei. Getrost können wir den am Anfang seiner Karriere stehenden Wenders somit als Anwalt dessen bezeichnen, was Jacques Rancière in seiner wirkmächtigen Auseinandersetzung mit Béla Tarr das »absolute Sehen«[18] nennt, und es ist kein Wunder, dass ihn das ganz frühe Kino besonders fasziniert, die Filminkunabeln der Lumières oder Skladanowkys etwa, die noch keinen Schnitt und folglich keine Montage kennen.[19]

13 Vgl. hierzu Penelope Houston: »L'AVVENTURA«, in: *Sight and Sound*, Jg. 30 (1960–1961), H. 1, S. 11–13, hier: S. 11–12.

14 Vgl. Norbert Grob: *Wenders*, Berlin 1991, S. 173.

15 Peter Buchka: *Augen kann man nicht kaufen: Wim Wenders und seine Filme*, Frankfurt am Main 1985 (1983), S. 154.

16 Wenders: »Zeitabläufe, Kontinuität der Bewegung«, S. 13.

17 Ebd.

18 Dieses, so Rancière, »[räumt] dem Sichtbaren die Zeit ein, seine eigene Wirkung zu produzieren.« Sein Pendant, das für das klassische Unterhaltungskino typische »relative Sehen«, hingegen »[instrumentalisiert] das Sichtbare im Dienst der Handlungsverkettung.« Jacques Rancière: *Béla Tarr: Die Zeit danach*, Berlin 2013 (2011), S. 37.

19 Vgl. Wenders: »Zeitabläufe, Kontinuität der Bewegung«, S. 11.

2. Auszeit zu zweit

Keine Frage: Am Anfang seiner Karriere gehört Wenders, und zwar mit jeder Faser seiner filmkünstlerischen Existenz, zu jener Gruppe von Regisseuren, die statt an das Bild an die Realität glauben, um jene berühmte Unterscheidung Bazins zu bemühen. Sie findet sich in dessen Anfang der 1950er Jahre geschriebenen und danach immer wieder überarbeiteten Essay »Die Entwicklung der Filmsprache«, in dem neben der Tiefenschärfe die lange Einstellung bzw. Plansequenz als prominentes Verfahren des von Bazin präferierten realitätsgläubigen Kinos akklamiert wird. Sie sei es, die es dem Film erlaube, »die Wirklichkeit in ihrer tatsächlichen Kontinuität auf die Leinwand zu bringen«[20] bzw. »die wirkliche Zeit der Dinge, die Dauer des Geschehens in sich aufzunehmen«,[21] notiert der Kritiker, dessen Eintreten für die ›realitätsschonende‹ Plansequenz natürlich nicht umsonst als *der* filmtheoretische Referenzpunkt bei der Diskussion um die Ästhetik des *slow cinema* fungiert. Die Montage hingegen wird von Bazin als »abstrakte[r] Erzeuger von Sinn«[22] tituliert und damit als ein Verfahren gerügt, bei dem die Bedeutungsgenerierung insofern eine Dreingabe von außen darstellt, als sie durch die Anordnung der Realitätsfragmente bzw. Einstellungen erfolgt, nicht aber durch diese selbst. »Der *Sinn*«, vermerkt Bazin dementsprechend, »liegt nicht im Bild, sondern die Montage projiziert dessen Schatten ins Bewußtsein des Zuschauers«[23] und sei genau deswegen nicht dazu geeignet, Mehrdeutigkeit auszudrücken[24] – eine Behauptung, die sich in variierter Form auch bei einem der filmtheoretischen ›Heroen‹ von Wenders, Béla Balázs, findet, der, freilich ohne dass damit eine Wertung verbunden wäre, vermerkt: »Aus den im einzelnen Bild schlummernden Sinnmöglichkeiten

20 André Bazin: »Die Entwicklung der Filmsprache« (1951), in: ders.: *Was ist Film?*, S. 90–109, hier: S. 106.

21 Ebd., S. 108.

22 André Bazin: »Schneiden verboten!« (1953), in: ders.: *Was ist Film?*, S. 75–89, hier: S. 79. Bazin befindet sich damit ganz im Einklang mit dem in filmtheoretischer Hinsicht gern als sein Antipode profilierten Sergej M. Eisenstein, der die Tatsache betont, »daß die Aneinanderstellung zweier Montageteile weniger die Summe beider Teile ähnlich ist als vielmehr einem *qualitativ neuen Produkt*; gegenüber einer Summe unterscheidet sich das *Resultat solcher Nebeneinanderstellung qualitativ* (sagen wir durch die Dimension oder das Maß) stets von jedem der beiden – einzeln betrachteten – Elemente.« Sergej. M. Eisenstein: »Montage 1938« (1938), in: ders.: *Jenseits der Einstellung: Schriften zur Filmtheorie*, Frankfurt am Main 2006, S. 158–201, hier: S. 160.

23 Bazin: »Die Entwicklung der Filmsprache«, S. 93.

24 Vgl. ebd., S. 104.

lösen die benachbarten Bilder stets diese oder jene aus. Erst im Schnitt wird das Bild eindeutig.«[25]

Hierüber ist sich der Wenders der frühen 1970er Jahre vollauf im Klaren, der, Bazin folgend, seine tiefe Abneigung gegen Filme äußert, »die abstrakt verfahren«[26] und deren Einstellungen Gedanken gleichkommen, welche sich zu einer fest verfugten Reihe verbinden und etwas Bestimmtes, zuvor Festgelegtes ›bedeuten‹ sollen. Indem derlei Filme, um es mit Roland Barthes zu sagen, die Wirklichkeit gleichsam »in beurteilter Form [liefern]«,[27] verhinderten sie, worum es dem Regisseur am Anfang seiner Karriere, und zwar sowohl beim Drehen als auch beim Betrachten von Filmen, zentral geht: Entdeckungen zu machen. Zwar weiß Wenders natürlich ebenso wie Bazin, dass das Montieren unumgänglich ist, doch habe es die Autarkie und den Eigenwert der einzelnen Einstellung bzw. des einzelnen Bildes so weit als möglich zu respektieren. Denn, so führt er noch in einem 1989 geführten Interview aus, »nur wenn man jedem Bild das Recht gibt, für sich was zu erzählen, für sich da zu sein, kann man auch erhoffen, daß einem jedes Bild dann sozusagen das Recht gibt, es in den Zusammenhang zu stellen und ein Ganzes herzustellen.«[28]

Bereits an dieser Stelle sollte deutlich geworden sein, was in der Auseinandersetzung mit Wenders seit Norbert Grobs spärlichen und versprengt vorgebrachten entsprechenden Einlassungen aus dem Jahr 1991[29] völlig in Vergessenheit geraten zu sein scheint: Das phänomenologische Filmverständnis des Regisseurs, das seine frühen und frühesten, zu guten Teilen aber auch noch seine frühmittleren Arbeiten prägt und im Kern darauf abzielt, dass die Dinge, die die Kamera aufzeichnet, in ihrem Sosein zu belassen und nicht mit symbolischer Bedeutung zu belasten seien, ihre »Integrität als ›Tatsachen‹«[30] also bewahrt bleibt, ist zutiefst bazinianisch.[31] Dies zu behaupten, rechtfer-

25 Béla Balázs: *Der Film: Werden und Wesen einer neuen Kunst*, Wien 1976 (1949), S. 174.

26 Wenders: »Zeitabläufe, Kontinuität der Bewegung«, S. 13.

27 Roland Barthes: »Am Nullpunkt der Literatur« (1953), in: ders.: *Am Nullpunkt der Literatur. Literatur oder Geschichte. Kritik und Wahrheit*, Frankfurt am Main 2006, S. 7–69, hier: S. 25.

28 Peter W. Jansen: »Interview« (1989/1991), in: Jansen / Schütte: *Wim Wenders*, S. 65–102, hier: S. 69. Die Worte in Rechnung gestellt, ist es zumindest erwähnenswert, dass Wenders im selben Interview die Phase des Schneidens bzw. Montierens zur schönsten, ja zum »Paradies« im Herstellungsprozess eines Films erklärt. Vgl. ebd., S. 72.

29 Vgl. Grob: *Wenders*, passim.

30 André Bazin: »Der filmische Realismus und die italienische Schule nach der Befreiung« (1948), in: ders.: *Was ist Film?*, S. 295–326, hier: S. 321.

31 Davon, dass Wenders Bazin und dessen Positionen bereits früh in seiner Karriere bekannt gewesen sind, ist definitiv auszugehen. Schließlich war er während seines Paris-Aufenthalts 1966 Dauergast in der Cinémathèque française. Auch wird er im Rahmen seines

tigt auch und in besonderem Maße seine in horizontaler Hinsicht kohärenzgeschwächte, wahlweise driftende, vagabundierende oder flanierende Erzählweise, die bekanntermaßen auch in den Klassikern des italienischen Neorealismus zum Tragen kommt und anhand selbiger von Bazin konkurrenzlos versiert und wirkmächtig diskutiert wurde.[32] Was für LADRI DI BICICLETTE (Vittorio De Sica, 1948), GERMANIA ANNO ZERO (Roberto Rossellini, 1948), LA TERRA TREMA (Luchino Visconti, 1948) oder I VITELLONI (Federico Fellini, 1953) gilt und was Bazin zu Fellinis neorealistischen Meisterwerken der 1950er Jahre vermerkt – dass sie »ganz ohne jegliche dramatische Verkettung auskommen und ausschließlich auf die phänomenologische Beschreibung der Figuren gegründet sind«[33] –, gilt auch für Wenders' frühe, dem Neorealismus viel verdankenden Langfilme.[34] Man denke hier an SUMMER IN THE CITY, seine wie dieser ebenfalls getrost dem *slow cinema* zurechenbaren Roadmovies ALICE IN DEN STÄDTEN (1974) und IM LAUF DER ZEIT (1976) oder aber an DER STAND DER DINGE (1982), einen *der* Filme übers Filmemachen, mit dem Wenders zugleich einen wichtigen Beitrag zu einem Kino der Auszeit und des Wartens leistete. In ihnen allen haben sich, um an dieser Stelle auch einmal die Begrifflichkeit des eifrigen Bazin-Lesers Gilles Deleuze zu bemühen, die sensomotorischen Zusammenhänge zwischen Situation und Aktion, Aktion und Reaktion oder Reiz und Antwort gelockert.[35] Das heißt, die *plot lines* der Filme knüpfen die einzelnen Ereignisse nicht wie die Glieder einer Kette *an*einander, sondern als »Blöcke mit betont schwachen Verbindungen«[36] in einer zufällig und anekdotisch anmutenden Chronologie *hinter*einander, die noch dazu über die Wertigkeit der Ereignisse bzw. deren Hierarchie keinerlei Aufschluss gibt. Geradezu notwendig

Studiums an der HFF mit den Schriften des Franzosen in Kontakt gekommen sein. Dass er diesen an keiner Stelle erwähnt, ist – gelinde gesagt – bemerkenswert.

32 Vgl. hierzu Jörn Glasenapp: *Abschied vom Aktionsbild: Der italienische Neorealismus und das Kino der Moderne*, München 2013, S. 7–23, passim.

33 André Bazin: »LE NOTTI DI CABIRIA oder die Reise ans Ende des Neorealismus« (1957), in: ders.: *Was ist Film?*, S. 380–389, hier: S. 387–388.

34 Überraschend ist in diesem Zusammenhang zweierlei: *erstens*, dass Wenders, der ausgesprochen redselig ist, wenn es um seine Vorbilder und ›Helden‹ geht, den Neorealismus und dessen Vertreter nicht ein einziges Mal als Bezugspunkt seines Schaffens erwähnt; *zweitens*, dass ihm die Forschung diesbezüglich bislang weitgehend gefolgt ist und die – zumal über die Nouvelle Vague – vermittelten neorealistischen Resonanzen im Œuvre des Regisseurs noch überhaupt nicht nennenswert thematisiert hat.

35 Zur Lockerung der sensomotorischen Verbindungen (im italienischen Neorealismus) und ihren Konsequenzen vgl. Gilles Deleuze: *Das Bewegungs-Bild. Kino 1*, Frankfurt am Main 1990 (1983), S. 276–284 sowie ders.: *Das Zeit-Bild. Kino 2*, Frankfurt am Main 1991 (1985), S. 11–26.

36 Ebd., S. 11.

folgt hieraus, dass sie alle voll von dem sind, was Deleuze rein optische und akustische Situationen nennt, solche Situationen also, in denen, so Kerstin Volland, »sich die Zeit vom System der Narration [emanzipiert] und [...] das Interesse auf sich selbst [zieht].«[37]

Wie Wenders unter anderem in seinem aufschlussreichen, die Grundzüge seiner Filmpoetik skizzierenden Vortrag »Unmögliche Geschichten« (1982) klarmacht, haben wir die zumal in seinen frühen Filmen zum Einsatz kommende Erzählweise als das ästhetische Korrelat einer Perspektive auf die Wirklichkeit zu begreifen, welche deren Transformation zu einer Geschichte bzw. Einschnürung in ein Korsett narrativer Konventionen als unrealistisch und unredlich verwirft.[38] Darüber hinaus stellt sie darauf ab, den Blick des Zuschauers für die narrativen Zwischenräume bzw. das von jeder dramatischen Notwendigkeit befreite Daneben zu schärfen, und zwar durch eine Kamera, die sich »voller Neugierde auf die Welt richtet«[39] und den Eindruck macht, als sei sie allzeit bereit, das, was die Story des jeweiligen Films zu sein scheint, zu vergessen und stattdessen dem Unerwarteten und Zufälligen, das ihren Weg kreuzt, zu folgen. Erst jüngst sprach der Regisseur mit Blick auf die Entstehung seiner frühen Arbeiten von einem Zusammengehen von »erzählen wollen« auf der einen und »abgelenkt werden« auf der anderen Seite.[40] Immer wieder findet es sich prägnant, mitunter regelrecht programmatisch ins Bild gesetzt. Man denke hier beispielsweise an jene viel beachtete, gegenüber dem Story-Zusammenhang hochautarke Einstellung aus ALICE IN DEN STÄDTEN, die uns von der Aussichtsplattform des Empire State Building aus eine einzelne zwischen den Hochhäusern Manhattans entlanggleitende Möwe präsentiert. Schauen wir sie uns einmal etwas genauer an, wobei eine kurze Kontextualisierung der Aufnahme vorangeschickt sei.

Eingebettet ist der beobachtete Möwenflug in eine der in ALICE IN DEN STÄDTEN, aber auch bei Wenders generell nicht eben seltenen Situationen des Wartens, und das gleich in doppelter Hinsicht. Denn zum einen geht es um das Warten auf den bzw. das Zeittotschlagen bis zum nächsten Flug nach Amsterdam, zum anderen um das Warten auf Alices Mutter (Lisa Kreuzer). Früh morgens hatte diese dem Protagonisten Philip Winter (Rüdiger Vogler)

37 Kerstin Volland: *Zeitspieler: Inszenierungen des Temporalen bei Bergson, Deleuze und Lynch*, Wiesbaden 2009, S. 96.

38 Vgl. hierzu ausführlich Jörn Glasenapp: *Wim Wenders:* PARIS, TEXAS, München 2019, S. 15–25, aber auch ders.: »Vom Geschichtenverweigerer, der bisweilen Geschichten erzählt, zum Geschichtenerzähler, der bisweilen Geschichten verweigert. Wim Wenders und seine Spielfilme«, in: ders. (Hrsg.): *Wim Wenders*, München 2018, S. 3–16, hier: S. 4–8.

39 Grob: *Wenders*, S. 11–12.

40 Wenders auf der Bamberger Tagung.

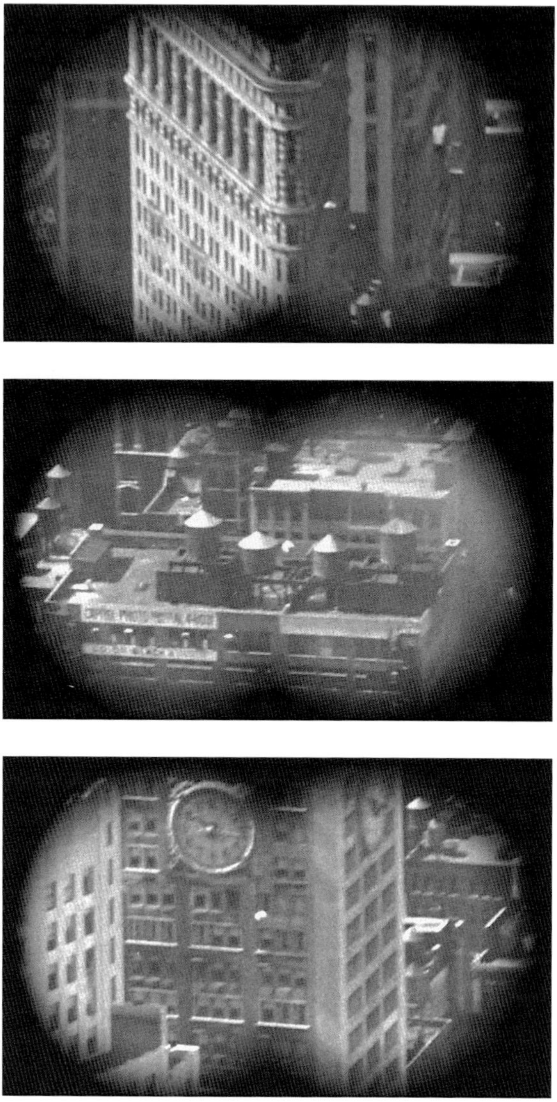

Eine Möwe in Manhattan in ALICE IN DEN STÄDTEN

die Nachricht hinterlassen, sie würde ihn und ihre Tochter (Yella Rottländer) um 13 Uhr auf dem Empire State Building treffen, doch nun versetzt sie die beiden. Philip sieht die junge Frau durch eines der Teleskope mit einem Taxi davonfahren, das heißt, er weiß nun – und mit ihm natürlich auch der Zuschauer –, dass er das Mädchen am Hals hat und mit ihm die nächste Zeit wird auskommen müssen. Sein Blick durch das Fernglas ist demnach Bestandteil eines einfachen Reiz-Reaktions-Schemas, er treibt die Handlung voran und setzt einen, wie es in der Filmpraxis heißt, *beat*.[41] Anders hingegen der kurz darauf folgende zweite, für den Handlungsfortgang konsequenzlose Blick durchs Teleskop, mit der kleinen Alice als Blickträgerin. Diese fokussiert zunächst die beiden Türme des zum Zeitpunkt der Dreharbeiten gerade fertiggestellten World Trade Center, die sie von oben nach unten abfährt, wobei sie leicht nach links schwenkt, so dass schließlich das Flatiron Building zu sehen ist. Kurz verharrt die Kamera am Fuße des Gebäudes, um dieses sodann von unten nach oben abzufahren, als solle ihr vorheriges Von-oben-nach-unten gekontert werden. Dann passiert es: Kaum ist das Dach des Flatiron Building erreicht, fliegt bildmittig von rechts eine Möwe in den Kader hinein, dem die Kamera unverzüglich folgt. Das heißt, die bis dahin prononcierte Vertikalität der Blickbewegung schlägt in eine Horizontale um, das Kippen der Kamera weicht einem Linksschwenk, der den Vogel vor dem Prospekt der vorbeiziehenden Stadtlandschaft konstant im Bild hält.

Dass nach den Twin Towers und dem Flatiron Building mit dem Metropolitan Life Tower und dem Metropolitan Life North Building noch zwei weitere namhafte New Yorker Gebäude Eingang in Wenders' Film finden, verdankt sich demnach dem Zusammenspiel zweier Komponenten: des konkreten Tiers und der Geistesgegenwart und Virtuosität von Wenders' damaligem Stammkameramann Robby Müller,[42] dessen Kamerabewegung innerdiegetisch, wie oben vermerkt, den kindlichen Blick Alices nachahmt. Dieser erweist sich gegenüber dem Akzidentellen als vollkommen offen und responsiv und stellt aufgrund dessen ein Ideal dar, dem sich Wenders als – dem Kindheitskult der Romantik sichtlich affiner[43] – Regisseur verpflichtet sieht. »Kinder«, konstatiert der kinderlose Regisseur entsprechend, »sind in meinen Filmen eigentlich ständig gegenwärtig als der eigene Wunschtraum der Filme, sozusagen als die Augen, die meine Filme gerne hätten. Nämlich einen Blick auf die Welt ohne jede Meinung, ein ganz ontologischer Blick. Und das ist eigentlich nur der Kinderblick.«[44] Nicht zuletzt bewegt er sich

41 Vgl. hierzu Michaela Krützen: *Dramaturgie des Films: Wie Hollywood erzählt*, Frankfurt am Main 2004, S. 85.

42 Vgl. hierzu Wenders' Ausführungen im Audio-Kommentar zu ALICE IN DEN STÄDTEN, der sich auf der kürzlich erschienenen DVD-Ausgabe des mittlerweile in digital restaurierter Fassung vorliegenden Films findet.

43 Vgl. hierzu auch Buchka: *Augen kann man nicht kaufen*, S. 117, Robert Phillip Kolker und Peter Beicken: *The Films of Wim Wenders: Cinema as Vision and Desire*, Cambridge 1997 (1993), S. 52–53 sowie Glasenapp: *Wim Wenders:* PARIS, TEXAS, S. 29 und 83.

44 Wim Wenders: »Das Wahrnehmen einer Bewegung« (1988), in: ders.: *The Act of Seeing: Texte und Gespräche*, Frankfurt am Main 1992, S. 37–56, hier: S. 56. Vgl. auch ders.: »Die Wahrheit der Bilder« (1989/91), in: ders.: *The Act of Seeing*, S. 57–87, hier: S. 58. Der kind-

damit im argumentativen Fahrwasser von Balázs, demzufolge Kinder, wie es in *Der sichtbare Mensch* (1924) heißt, »*die Welt in Großaufnahmen [sehen]*«, sich für Details begeistern, ohne dass Letztere bereits einer bestimmten übergreifenden Sicht überantwortet wären. »Die Erwachsenen aber, nach fernen Zielen eilend«, so Balázs weiter, »schreiten über die Intimitäten der Winkelerlebnisse hinweg. Denn Menschen, die schon wissen, was sie wollen, wissen meist nur dieses eine und sonst nichts.«[45] Wenn Wenders demnach betont, er ziehe das Sehen dem Denken vor, da es im Gegensatz zu diesem »meinungsfrei«[46] sei bzw. den Dingen ohne Vorurteile begegne, so hat er dabei genau genommen allein das kindliche Sehen im Sinn, ein Sehen also, das uns das Leben allmählich austreibt. Letzteres führt uns Wenders anhand von Alices zeitweiligem Vaterersatz vor Augen, dem entfremdeten Journalisten Philip, dem, wie dieser selbst sagt, »Hören und Sehen« vergangen sind. Die Polaroidkamera stets im Anschlag, hält er sich anfangs sein Umfeld nicht zuletzt durch ständiges Fotografieren auf Distanz, findet aber im Laufe seines, wenn man so will, therapeutischen Trips an der Seite des neunjährigen, von Buchka durchaus treffend als »kleine[s], unverbildete[s] Biest«[47] apostrophierten Mädchens wieder zu einer resonanten Weltbeziehung zurück.[48] Entsprechend greift er bald schon immer seltener zur Kamera.

ALICE IN DEN STÄDTEN, Wenders' bereits vierter Langfilm, gilt gemeinhin als erstes Bravourstück des Regisseurs, vor allem aber wird er als erster vollgültiger ›Wenders‹ gehandelt, in dem sich die Handschrift seines Schöpfers erstmals unmissverständlich zu erkennen gibt.[49] Dass es sich bei ihm um seinen ersten ›Kinderfilm‹ handelt, und zwar insofern, als in ihm die Infantilität als ›heilendes Anderes‹ Thema ist,[50] sei hier nur en passant notiert.

liche Blick ist bei Wenders immer wieder Thema, neben ALICE IN DEN STÄDTEN besonders prominent in PARIS, TEXAS (1984), DER HIMMEL ÜBER BERLIN (1987), LISBON STORY (1994) und THE MILLION DOLLAR HOTEL (2000).

45 Béla Balázs: *Der sichtbare Mensch oder die Kultur des Films*, Frankfurt am Main 2001 (1924), S. 78–79.

46 Wenders: »Die Wahrheit der Bilder«, S. 60.

47 Buchka: *Augen kann man nicht kaufen*, S. 116.

48 Zum Verhältnis von Entfremdung und Resonanz vgl. Hartmut Rosa: *Resonanz: Eine Soziologie der Weltbeziehung*, Frankfurt am Main 2016, S. 316: »Entfremdung bezeichnet eine spezifische Form der Weltbeziehung, in der Subjekt und Welt einander indifferent oder feindlich (repulsiv) und mithin innerlich unverbunden gegenüberstehen. Daher kann Entfremdung auch als *Beziehung der Beziehungslosigkeit* (Rahel Jaeggi) bestimmt werden. Entfremdung definiert damit einen Zustand, in dem die ›Weltanverwandlung‹ misslingt, so dass die Welt stets kalt, starr, abweisend und nichtresponsiv erscheint. *Resonanz* bildet daher ›das Andere‹ der Entfremdung – ihren Gegenbegriff.«

49 Vgl. hierzu Glasenapp: *Wim Wenders:* PARIS, TEXAS, S. 27–28.

50 Selbiges gilt zudem für PARIS, TEXAS, THE MILLION DOLLAR HOTEL und EVERY THING WILL BE FINE (2015).

On the road in Alice in den Städten und Peter Bogdanovichs Paper Moon

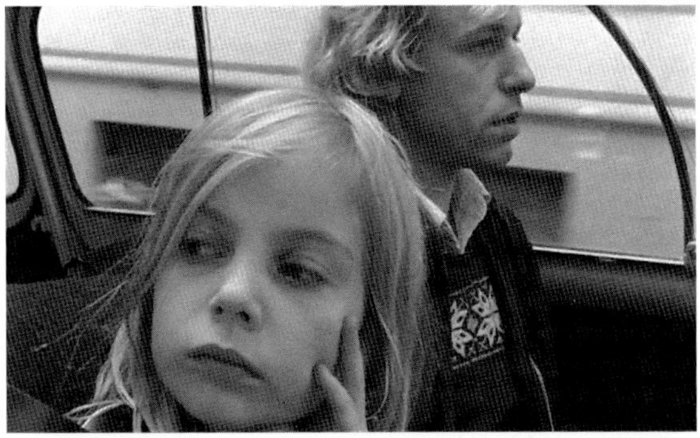

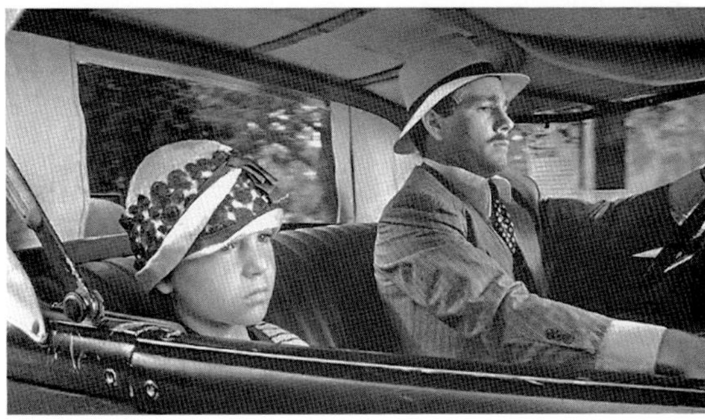

Bemerkenswert ist es nun, dass nicht viel gefehlt hätte, und Alice in den Städten wäre überhaupt nicht realisiert worden. Nachdem Wenders nämlich das Drehbuch zu dem Film geschrieben hatte, sah er Peter Bogdanovichs soeben erschienenen Paper Moon (1973), ebenfalls ein Roadmovie, in dem ein junger Mann an der Seite einer ihm anfangs fremden Neunjährigen durchs Land fährt und durch sie so etwas wie eine Regeneration erfährt. Schockiert ob der Parallelen zu seinem Stoff, wollte Wenders sein Projekt zunächst aufgeben, entschied sich aber schließlich doch dagegen.[51] Er schrieb das Skript um und drehte am Ende einen Film, der, beschränkt man sich aufs rein Inhaltliche, Bogdanovichs Werk nach wie vor nahesteht, ob seiner Langsamkeit, insbesondere aber ob seiner dezidiert modernen, auf Dedramatisierung, narrative Mäander und Auszeiten abzielenden Erzählweise jedoch das Heranziehen anderer Filme als Vergleichsfolie näherlegt. In Frage käme

51 Vgl. hierzu Wim Wenders: *Sofort Bilder: 403 Polaroids und 36 Geschichten dazu von Wim Wenders*, München 2017, S. 86 und 118–119 sowie ders.: »Le souffle de l'Angle« (1987), in: ders.: *Die Logik der Bilder*, S. 110–138, hier: S. 116.

hier beispielsweise LADRI DI BICICLETTE, jenes an filmhistorischer Bedeutung kaum zu überschätzende Schlüsselwerk also, das Bazin als den »[unstreitig] […] extremste[n] Ausdruck des Neorealismus«,[52] ja als »Beispiel reinen Kinos«[53] tituliert und das Grob, implizit auf den Franzosen rekurrierend, wie folgt zu ALICE IN DEN STÄDTEN in Beziehung setzt: »Die Suche von Vater und Sohn nach dem Fahrrad dort, die Suche von Mann und Mädchen nach dem Haus hier; und dort wie hier dominiert nicht die stringente Folge, sondern das Episodische, die strahlende Kraft des Augenblicks, die gerade in den kurzen Ruhepausen, in den Phasen zwischen der Suche, zum Ausdruck kommt – in der Restaurant-Szene bei De Sica, in der Eisdielen-Sequenz bei Wenders.«[54] Passenderweise erklingt während Letzterer, und zwar noch dazu in voller Länge, »On the Road Again« von den Bluesrockern Canned Heat aus der Jukebox.

Da die existenzielle Dringlichkeit, die die erfolglose Suche in LADRI DI BICICLETTE kennzeichnet, jener in ALICE IN DEN STÄDTEN vollständig abgeht, wirkt dieser nicht nur entschieden unbeschwerter, sondern auch offener und unfokussierter als De Sicas Film, dessen zentrales Figurenpaar eine – freilich reichlich unsystematisch vorgehende – Suchgemeinschaft mit eindeutigem Ziel abgibt. Vater und Sohn sind sich im Klaren darüber, dass es ums Ganze geht. Denn sollte es nicht gelingen, das gestohlene Fahrrad wiederzufinden, verliert Ersterer seinen Job und die Familie bleibt der Armut überantwortet. In ALICE IN DEN STÄDTEN, der von einer vergleichbar planlosen Suche erzählt – mithilfe des Fotos eines Hauses soll ebenjenes irgendwo im Ruhrgebiet gefunden werden (und es wird gefunden!) –, fehlt hingegen jedwede Drohkulisse. Es geht vergleichsweise um nichts. Ja, man könnte beinahe den Eindruck gewinnen – und dies wiederum verbände Wenders' Film eher mit dem oben bereits genannten L'AVVENTURA von Antonioni, der vielsagend behauptete, er habe bei seinen Filmen das De Sica'sche Fahrrad loswerden wollen[55] –, als begäbe sich hier das Paar nicht so sehr auf die Suche, um etwas zu finden, sondern um zusammen zu sein; als ginge es darum, sich eine Auszeit zu zweit zu gönnen.

52 André Bazin: »Vittorio De Sica, Regisseur« (1953), in: ders.: *Was ist Film?*, S. 353–373, hier: S. 360.

53 André Bazin: »LADRI DI BICICLETTE« (1949), in: ders.: *Was ist Film?*, S. 335–352, hier: S. 351.

54 Grob: *Wenders*, S. 192.

55 Vgl. hierzu Deleuze: *Das Zeit-Bild*, S. 39, darüber hinaus aber auch Michelangelo Antonioni: *The Architecture of Vision: Writings and Interviews on Cinema*, Chicago 2007 (1995), S. 22, 159 und 242.

3. Coda

Bekanntermaßen arrangiert sich Wenders im Laufe seiner mittlerweile über ein halbes Jahrhundert währenden Karriere zunehmend mit dem Geschichtenerzählen.[56] Er akzeptiert es als seine Domäne als Regisseur, bezeichnet es gar als »[s]ein hauptsächliches Interesse.«[57] Möglicherweise rührt dieser ›Kurswechsel‹ daher, dass er, der die Fotografie in seinen Filmen bereits früh wie etwa in ALICE IN DEN STÄDTEN einer Reflexion unterzogen hat, durch die zunehmende Professionalisierung seiner eigenen Fotografenkarriere gleichsam einen Ort des künstlerischen Ausdrucks für sich stark macht, der das Geschichtenerzählen allenfalls am Rande vorsieht. Das heißt, seine fotografische Arbeit, mit der er ab Mitte der 1980er Jahre, sei es via Fotobuch oder Ausstellung, an die Öffentlichkeit tritt und die ihm seit langem schon als »die andere Hälfte [s]eines Lebens«[58] gilt, entbindet ihn gleichsam davon, beim Filmen das Geschichtenerzählen weiterhin verweigern zu müssen.[59] Dies wiederum hat mit Blick auf das auf den vorangegangenen Seiten verhandelte Thema erhebliche Konsequenzen. Pointiert gesagt: War der provozierend langsam erzählte SUMMER IN THE CITY noch förmlich gespickt mit Auszeiten, nehmen diese in Wenders' Kino, und zwar zumal seit den 2000er Jahren, merklich ab. Extrem lange Einstellungen, die den Zuschauer das Zeitvergehen spüren lassen, werden zur Seltenheit, zudem nehmen die Filme – mag sie auch mancher immer noch als langsam empfinden, was sie im Vergleich beispielsweise zur üblichen Blockbuster-Kost natürlich auch sind – gegenüber den frühen und frühesten Werken des Regisseurs entschieden an Fahrt auf.[60] Durchaus erstaunlich ist es daher, dass es gerade das Spätwerk ist, das mit dem für Wenders'sche Verhältnisse mitunter geradezu rasant erzählten Fotografen- und Workaholic-Film PALERMO SHOOTING (2008) Wenders' entschiedenstes Eintreten für die Auszeit und deren regenerative Kraft liefert.

56 Vgl. hierzu Glasenapp: »Vom Geschichtenverweigerer, der bisweilen Geschichten erzählt, zum Geschichtenerzähler, der bisweilen Geschichten verweigert«, aber auch ders.: *Wim Wenders:* PARIS, TEXAS, S. 15.

57 Wim Wenders: »The Frozen Frame« (2003), in: ders.: *A Sense of Place: Texte und Interviews*, Frankfurt am Main 2005, S. 58–67, hier: S. 58.

58 Wim Wenders: *4 Real & True 2: Wim Wenders. Landschaften. Photographien*, München 2015, Klappentext.

59 Vgl. Glasenapp: *Wim Wenders:* PARIS, TEXAS, S. 40.

60 Die die Regel bestätigende Ausnahme ist der auf dem gleichnamigen Theaterstück von Peter Handke basierende DIE SCHÖNEN TAGE VON ARANJUEZ (2016), mit dem sich Wenders im Übrigen einmal mehr im Feld des *slow cinema* profiliert. Vgl. zu diesem auch den Beitrag von Matthias Bauer im vorliegenden Band.

Julian Weinert

»Same roots, different direction«

Chris Petits Radio on im Verhältnis zu Wim Wenders' Roadmovie-Trilogie

1. »The first journey«: Chris Petits Spielfilmdebüt Radio on

Die Hofer Filmtage warteten im Jahre 1979 mit der Uraufführung eines ungewöhnlichen Spielfilmdebüts auf. Chris Petit,[1] zuvor Filmkritiker bei der Zeitschrift *Time Out*, hatte durch Fördergelder des British Film Institute und mit Unterstützung des deutschen Filmschaffenden Wim Wenders als Co-Produzent sein Erstlingswerk Radio on inszeniert, ein aus der damaligen britischen Kinolandschaft hervorstechendes Roadmovie. Vielfach wurde der Film retrospektiv als eher dem Neuen Deutschen Kino zugehörig beschrieben und auf ausgeprägte Gemeinsamkeiten zu den Roadmovies von Wenders hingewiesen bzw. dessen Einfluss auf das Projekt betont. Zudem fing der Film den Zeitgeist und die gesellschaftliche Lage Großbritanniens jener Jahre wie kaum ein anderer ein, gerade auch aufgrund seines intensiven Gebrauchs populärer Musik.

Die Geschichte des Radio-DJs Robert (David Beames), der in seinem alten Rover von London nach Bristol aufbricht, um vermeintlich den mysteriösen Tod seines Bruders aufzuklären, sich dort allerdings ziellos durch die Stadt treiben lässt und auf die Deutsche Ingrid (Lisa Kreuzer) trifft, die nach ihrer Tochter Alice sucht, genießt auch heute noch einen Sonderstatus in der Geschichte des britischen Films. So wurde das monochrome Roadmovie auch bereits von der zeitgenössischen Kritik in die Nähe des Neuen Deutschen Films gerückt bzw. als dessen britischer Abkömmling klassifiziert. Im Zuge dessen wurde Radio on aufgrund verschiedener Berührungspunkte sowie Petits Status als Wenders' Protegé zudem oftmals als Ableger von dessen Roadmovie-Trilogie angesehen.[2] Und tatsächlich lassen sich bei

1 Spätestens seit den 1990er Jahren gebraucht der eigentlich Christopher heißende Petit bevorzugt die gekürzte Schreibweise seines Vornamens, weshalb diese auch im vorliegenden Aufsatz verwendet wird.

2 Vgl. Louis Armand: »Der Amerikanische Freund: Petit/Wenders/Jarmusch«, *3:AM Magazine*, https://www.3ammagazine.com/3am/der-amerikanische-freund-petitwenders jarmusch [zuletzt aufgerufen am 5.2.2021]. Wenders' Roadmovie-Trilogie besteht aus Alice in den Städten (1974), Falsche Bewegung (1975) und Im Lauf der Zeit (1976). Zu dieser vgl. auch den Beitrag von Golnaz Sarkar Farshi im vorliegenden Band.

eingehender Betrachtung vielfältige Parallelen ausmachen, vor allem stilistischer und ästhetischer Natur. Im Folgenden sollen derlei Gemeinsamkeiten, aber auch Unterschiede zu Wenders' frühen Roadmovies erläutert sowie eine Klassifizierung von RADIO ON als britischem Derivat des Neuen Deutschen Films dargelegt werden.

2. Wim Wenders als Co-Produzent: Inspiration und Transformation

Im Zuge seiner Tätigkeit als Filmkritiker lernte Petit Ende der 1970er Jahre Wenders kennen und bot ihm die Möglichkeit an, als Co-Produzent in sein geplantes Spielfilmdebüt im Rahmen des Nachwuchsförderprogramms des British Film Institute zu investieren. Dieser zeigte sich sehr angetan von dessen Skript und eine Zusammenarbeit kam zustande. Wenders motivierte den noch unerfahrenen Petit schließlich auch, selbst die Regie zu übernehmen, was dieser zunächst nicht geplant hatte.[3]

Die damaligen Förderrichtlinien sahen ferner, aufgrund einer solchen deutsch-britischen Co-Produktion, vor, dass ein Anteil der Filmcrew aus Deutschland stammen musste. Daher bestand etwa die Hälfte des Teams aus früheren bzw. regelmäßigen Mitarbeiter*innen von Wenders. Hierbei ist insbesondere Kameramann Martin Schäfer zu nennen, der zuvor als Kameraassistent bei mehreren von Wenders' Filmen tätig war.[4] Darüber hinaus erbat sich Wenders bei Petit eine Rolle für Schauspielerin Lisa Kreuzer. Dieser entwickelte daraufhin die Nebenhandlung rund um die Figur Ingrid, die er als ›Fortführung‹ von Kreuzers Rolle in ALICE IN DEN STÄDTEN (1974) anlegte.[5] Allerdings ›verkehrte‹ er die Handlung: So ist in Wenders' Werk die kleine Alice auf der Suche nach ihrer Mutter bzw. Großmutter, während in RADIO ON Ingrid nach ihrer Tochter gleichen Namens sucht.

Rein stilistisch zeigen sich starke Parallelen zu der vorausgegangenen Roadmovie-Trilogie von Wenders. Neben der Produktion in kontrastreichem Schwarz-Weiß, wie bei zwei Teilen der Trilogie,[6] sind diese vor allem

3 Vgl. Chris Petit in: »Interview with Chris Petit and Keith Griffiths« [Bonusmaterial der DVD RADIO ON, British Film Institute 2008].

4 Vgl. ebd.

5 Vgl. Adam Scovell: »Chris Petit on RADIO ON: ›In a World Dedicated to Waste, the Act of Driving Becomes a Moral Choice‹«, *British Film Institute* (22.8.2019), https://www.bfi.org.uk/news-opinion/news-bfi/interviews/chris-petit-radio-on-interview [zuletzt aufgerufen am 5.2.2021].

6 Allein FALSCHE BEWEGUNG wurde in Farbe gedreht.

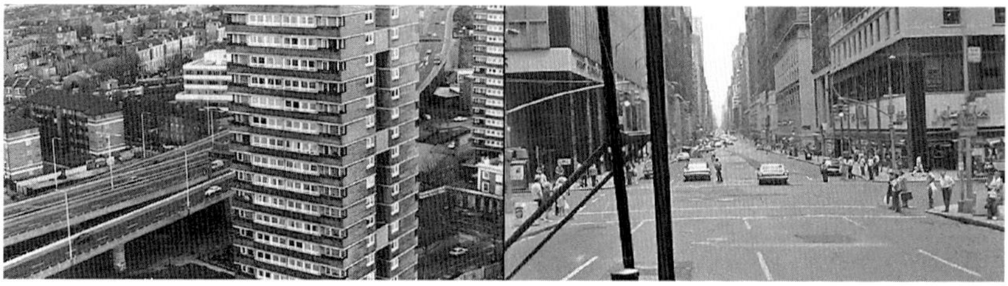

Urbane Tristesse in RADIO ON und ALICE IN DEN STÄDTEN

beim Vergleich von Bildaufbau und dem Einsatz der Kamera auffällig. Ähnlich Wenders' Vorgehen in dessen Roadmovies lenkt Petit den Blick des Publikums auf die Landschaften, seien es die ländlichen Stationen während Roberts Autofahrten oder die tristen urbanen Räume Londons und Bristols. Hier wie dort werden diese oft in Totalen präsentiert, um ein Gefühl für die Orte und deren Ausstrahlung zu vermitteln.

Wie Tom Whittaker erläutert, fange RADIO ON die ›perverse‹ Schönheit der düsteren, entmenschlichten Stadtlandschaften Londons und Bristols ein. Riesige Stadtautobahnen und Hochhäuser bildeten die triste Kulisse. Dabei zeige der beobachtende Blick der Kamera den postindustriellen Zerfall der Städte und schaffe somit ein Abbild der damaligen Gegenwart.[7] Ian Penman präzisiert diese Wirkung des Films, wenn er schlicht postuliert: »This is how things looked, then.«[8] Ferner lassen Wenders wie auch Petit unseren Blick häufig in sogenannten *pillow shots* in langen Großaufnahmen auf scheinbar Alltäglichem verweilen, um es dadurch zu ästhetisieren. Exemplarisch sei auf den rotierenden Zeiger einer Zapfsäule in RADIO ON verwiesen, dessen Gegenstück sich im Zeiger einer Bahnhofsuhr in FALSCHE BEWEGUNG (1975) finden lässt.[9]

Auch machen beide Filmemacher das Reisen für ihr Publikum unmittelbar erfahrbar, fangen sie doch gleichermaßen die Straßen aus dem Fahrzeug heraus (oder vom Äußeren ebendieses aus), teils in sehr langen Einstellungen, ein. Nicht allein die Tatsache, dass Martin Schäfer beteiligt war, erklärt diese Gemeinsamkeiten. Dass er sich vom Werk seines deutschen Co-Produzenten

7 Vgl. Tom Whittaker: »Frozen Soundscapes in CONTROL and RADIO ON«, in: *Journal of British Cinema and Television*, Jg. 6 (2009), H. 3, S. 424–436, hier: S. 429–435.

8 Ian Penman: »A Seriously Good Soundtrack«, in: British Film Institute (Hrsg.): *Booklet zur DVD-Ausgabe von* RADIO ON, London 2008, S. 19–21, hier: S. 21.

9 Dieser Vergleich orientiert sich grundsätzlich an der Analyse der Kameraarbeit in Wenders' Filmen von Norbert Grob. Vgl. Norbert Grob: *Wenders*, Berlin 1991, S. 47–77.

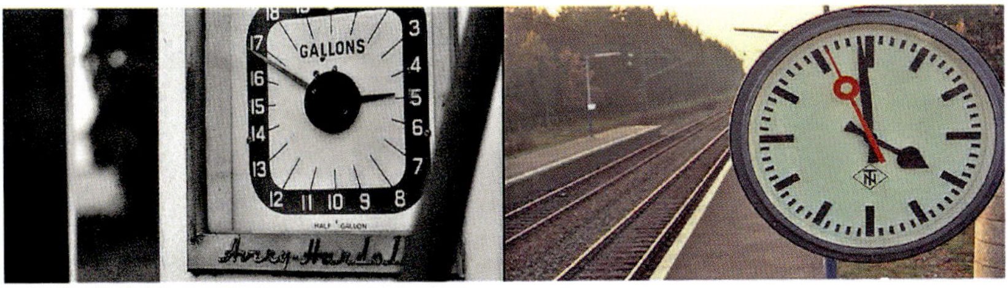

Sich drehende Zeiger: *Pillow shots* in RADIO ON und FALSCHE BEWEGUNG

hat inspirieren lassen, macht Petit im Interview deutlich: »I liked Wenders' drifty, black-and-white sense of moving through space, his clean landscapes, and the way he moved the camera.«[10]

Roberts alter Rover stellt nicht bloß ein reines Fortbewegungsmittel dar, sondern wird zu einem der Haupthandlungsorte des Geschehens. Neben zahlreichen Einstellungen, die uns den Protagonisten während der Fahrt in seinem Wagen oder die vorbeiziehende Landschaft aus diesem heraus präsentieren, nutzt RADIO ON als wiederkehrendes Motiv Aufnahmen, die direkt vom fahrenden Fahrzeug aus gefilmt wurden. Petit zieht sein Filmpublikum somit direkt in das Reiseerlebnis hinein und lässt es die Mobilität erfahren.[11] Eine Sequenz ist dabei von besonderem Interesse: Robert bricht nach Bristol auf. Die Kamera ist auf der Rückbank seines Wagens montiert, wir blicken über seine Schulter hinweg auf die Autobahn, beobachten ihn beim Fahren und wie er über das Autoradio das Lied »Radioactivity« der Band Kraftwerk anhört. Petit erzeugt so eine virtuelle Fahrt, in welcher wir als Publikum allerdings nicht allein subjektiv sind. Wir nehmen an der Reise des Protagonisten Robert teil, nehmen wie er sowohl eine äußere Bewegung als auch ein mögliches inneres Abschweifen wahr. Denn, wie Sarah Bräutigam beschreibt, provozieren die »[r]äumlich-zeitliche[n] Bewegungen [...] nicht nur bei den Filmcharakteren innere Bewegtheit, sondern auch im Zuschauer selbst.«[12]

10 Petit zitiert nach Sandhu Sukhdev: »Border Zones«, in: British Film Institute: *Booklet zur DVD-Ausgabe von* RADIO ON, S. 11–13, hier: S. 12.

11 Zu Funktion und Wirkung solcher Einstellungen vgl. Annette Deeken: *Reisefilm: Ästhetik und Geschichte*, Remscheid 2004, S. 211–245. Diese Bildsprache wurde in seinem späteren, essayfilmischen Schaffen zu einem Markenzeichen Petits filmkünstlerischer Handschrift.

12 Sarah Bräutigam: *Transatlantische Bewegungen im Roadmovie: Eine Analyse des Filmgenres Roadmovie unter Berücksichtigung seiner kulturellen und ästhetischen Verbindungen zu Europa*, Düsseldorf 2009, http://docserv.uni-duesseldorf.de/servlets/DerivateServlet/Derivate-18392/Dissertation_Finalversion_2011.pdf [zuletzt aufgerufen am 5.2.2021], S. 162.

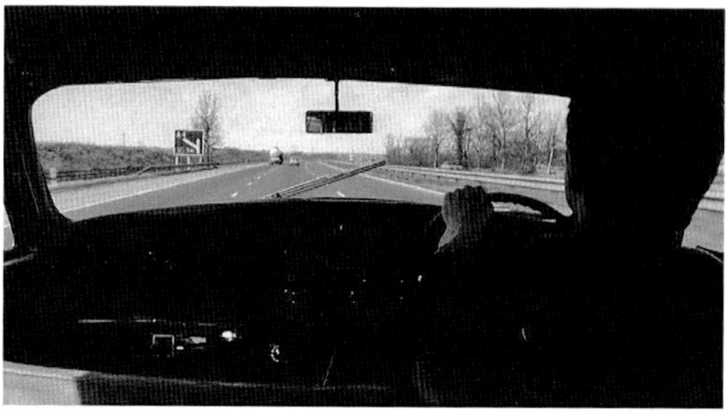

Die Windschutzscheibe als Leinwand zu den Klängen von Kraftwerk

Wie Petit erklärt, galt seine Absicht durchaus einer solchen Darstellung der Windschutzscheibe des Fahrzeugs als einer Leinwand für das Geschehen außerhalb wie auch für persönliche, reflexive Projektionen.[13] Weiterhin sei er daran interessiert gewesen, dass das Publikum sich durch den Film treiben lassen könne, ähnlich Robert, der sich ohne allzu konkretes Ziel durch die Handlung bewegt.[14]

Ein Gegensatz zwischen beiden Filmemachern lässt sich indes in der Konstruktion ihrer Helden ausmachen. Wie Geoffrey Nowell-Smith konstatiert, präsentiere Wenders in seinen Filmen Protagonisten, die zwar gesellschaftliche Außenseiter sind, mit denen das Publikum jedoch mitfühlen und sich identifizieren könne. Wenders mache ihre Entfremdung gegenüber der Gesellschaft so erfahrbar. RADIO ON hingegen liefere kaum Identifikationspotenzial, bleibe die Figur Robert doch zu introvertiert und unnahbar für das Publikum. Vielmehr konzentriere sich der Film auf die Außenwelt, die der Protagonist durchschreitet und die in ihrem Wirken auf ihn präsentiert werde.[15]

Tatsächlich ist dies auffällig. Ebenso wie Robert sind Wenders' Protagonisten ihrer Umwelt entfremdet und ihre äußere Bewegung spiegelt eine ›innere Reise‹ wider, ein in der Regel grundlegendes Merkmal von Roadmovies (nicht nur) des europäischen Autorenkinos jener Zeit.[16] Wenders allerdings erlaubt es seinen Figuren, Erkenntnisse zu gewinnen und sich so weiterent-

13 Vgl. Petit in: »Interview with Chris Petit and Keith Griffiths«.

14 Vgl. Chris Petit: »›Dancing alone on the Céline‹«, in: British Film Institute: *Booklet zur DVD-Ausgabe von* RADIO ON, S. 4–5, hier: S. 4.

15 Vgl. Geoffrey Nowell-Smith: »RADIO ON«, in: British Film Institute: *Booklet zur DVD-Ausgabe von* RADIO ON, S. 8–10, hier: S. 9–10.

16 Vgl. hierzu Bräutigam: *Transatlantische Bewegungen im Roadmovie*, S. 6–7 und 189.

wickeln zu können.[17] In ALICE IN DEN STÄDTEN findet die Hauptfigur durch ein kleines Mädchen wieder zu so etwas wie neuer Lebensfreude,[18] und in IM LAUF DER ZEIT helfen die beiden Protagonisten einander und erkennen, dass sich ihr bisheriges Leben ändern muss.[19] Einzig FALSCHE BEWEGUNG bleibt diesbezüglich ambivalent, da die Schlussszene des Films offen lässt, ob die Hauptfigur Wilhelm die Schreibblockade, die sie plagt, überwinden kann. Allerdings verkündet er in seinem Schlussmonolog wenigstens die Erkenntnis über die Natur seines bisherigen Verhaltens, was die Möglichkeit einer positiven Entwicklung zumindest vage in Aussicht stellt.[20] Petit hingegen verwehrt seiner Hauptfigur jegliche Form offensichtlicher Erkenntnis und lässt sie keinen wie auch immer gearteten Trost finden. RADIO ON setzt sich insofern von Wenders' Trilogie ab. Wie Petit beschreibt, wollte er seine Charaktere so ›autistisch‹ wirken lassen und den Schwerpunkt des Films auf die Beobachtung der Reise und der Landschaften sowie die Musik legen.[21]

Letztendlich lässt sich Robert ziellos umhertreiben, begegnet der Deutschen Ingrid und begleitet sie eine Zeit lang. Auf ihre spätere Nachfrage, ob er gefunden habe, was er suchte, antwortet er nur nachdenklich, dass er es nicht wisse und es möglicherweise gar nicht wichtig war. Die Frage nach einer möglichen Ermordung seines Bruders bleibt offen. Ian Penman führt diesen Punkt ebenfalls in seiner Besprechung des Films an, konstruiere Petit seinen Protagonisten doch als entwurzelten und heimatlosen Charakter, der in einer ihm entfremdeten Gesellschaft lebe und sich unterwegs in seinem Wagen wohler und mehr zuhause fühle als in seiner tatsächlichen Wohnung.[22] Daher erscheint es auch nur folgerichtig, dass Roberts Sich-Treiben-Lassen trotz des Ausscheidens seines Wagens am Ende des Films per Bahn weiterzugehen scheint.

Die späten 1970er Jahre waren in Großbritannien bestimmt von sozialer und politischer Stagnation: Eine hohe Arbeitslosigkeit und ein Rückgang der Wirtschaftsleistung herrschten vor, wodurch das Sozialleistungssystem auf eine enorme Belastungsprobe gestellt wurde. Die Labour-Regierung geriet mit ihrer bisherigen Politik in die Krise, die letztlich zum politischen

17 Vgl. ebd., S. 189.
18 Vgl. Simone Malaguti: *Wim Wenders' Filme und ihre intermediale Beziehung zur Literatur Peter Handkes*, Frankfurt am Main 2008, S. 118.
19 Vgl. Peter Buchka: *Augen kann man nicht kaufen: Wim Wenders und seine Filme*, Frankfurt am Main 1985 (1983), S. 73–75.
20 Vgl. ebd., S. 72.
21 Vgl. Petit in: »Interview with Chris Petit and Keith Griffiths«.
22 Vgl. Penman: »A Seriously Good Soundtrack«, S. 19.

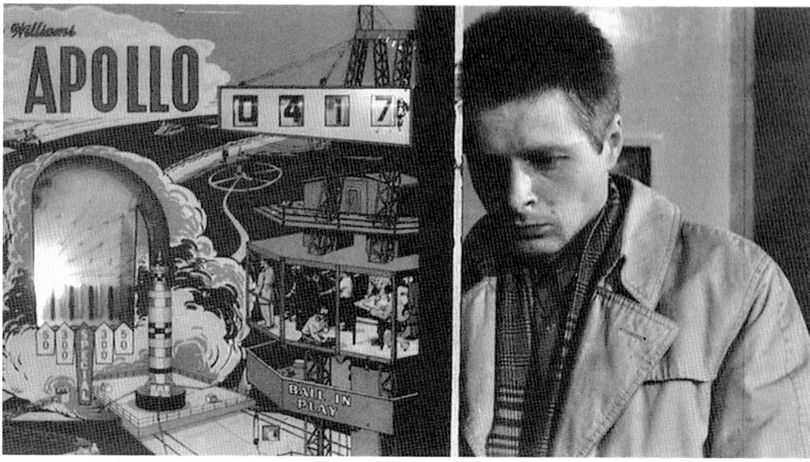

Unnahbar dahintreibend: Robert in RADIO ON

Umbruch hin zum wirtschaftsliberalen Thatcherismus führte.[23] Darüber hinaus verlor das ehemals große Empire drastisch an weltpolitischer Bedeutung und musste sich der anhaltenden und zunehmend eskalierenden Konfliktsituation in Nordirland stellen.[24]

RADIO ON spiegelt in mehrfacher Hinsicht die gesellschaftliche Situation seiner Entstehungszeit wider. Gerade durch den Einsatz von Medien im Film, die einen Eindruck von der Lage der Nation geben, wird ein Gefühl für die damalige Befindlichkeit vermittelt. Auch sind sie ob seiner Selbstbezogenheit Roberts einziger Kontakt zu den gesellschaftlichen Vorgängen. Zum einen sehen wir schockierende Nachrichtenbilder auf seinem Fernseher. Zum anderen ist es aber vor allem das Radio, durch das er und mit ihm wir als Publikum diesen Kontakt erhalten. Wir hören von politischen Skandalen, eskalierenden Demonstrationen und immer wieder vom Terror in Nordirland. Dieses mediale Einfangen der Realität lässt die angespannte Lage der britischen Gesellschaft spürbar werden. Auch wirken die Charaktere in ihrem Verhalten wie ein Abbild der gesellschaftlichen Starre und des damaligen sozialen Niedergangs. Resignierend und lakonisch scheinen sie durch ihren Alltag zu gehen, eine funktionierende zwischenmenschliche

23 Vgl. Eberhard Eichenhofer: *Der Thatcherismus und die Sozialpolitik: Wohlfahrtsstaatlichkeit zu marktwirtschaftlichen Bedingungen*, Baden-Baden 1999, S. 17–19.

24 Vgl. Jamie Bronstein und Andrew Harris: *Empire, State, and Society: Britain since 1830*, Chichester 2012, S. 233–240.

Kommunikation scheint kaum möglich. Robert und seine Partnerin schaffen es nicht, über ihre Probleme hinwegzukommen oder diese überhaupt benennen zu können. Ausdruckslos blicken sie einander an und kommen kaum ins Gespräch. Petit macht dies visuell besonders in einer Einstellung deutlich, in der das Paar sich gefühlskalt aus zwei einander gegenüberliegenden Fenstern heraus anstarrt. Zudem hatte Robert offensichtlich kaum ein Verhältnis zu seinem verstorbenen Bruder, zumindest hatten sie, wie er erklärt, seit Monaten nicht miteinander gesprochen. Und auch das Telefonat mit seiner Mutter, die ja den Tod eines ihrer Söhne verkraften muss, wirkt distanziert und unterkühlt.

Wiewohl der frühe Wenders sich seinem Publikum, und zwar aus voller Überzeugung, nicht eben als großer ›Geschichtenerzähler‹ empfiehlt,[25] zeigt er in seiner Roadmovie-Trilogie entschieden mehr Interesse am ›Inneren‹ bzw. einer charakterlichen Entwicklung seiner Figuren sowie überhaupt an einem narrativen Charakter als Petit. Die »deutliche Sympathie für eine nicht-narrative Bildlichkeit«,[26] die Peter Brandes in Wenders' Roadmovies ausmacht, ist daher bei Petit noch wesentlich profilierter. Wie dieser selbst schildert: »What interested me about Fassbinder and Wenders was a documentary sense of rediscovery of a lost or frozen landscape. I knew I wasn't interested in characters and relationships and class [...] – more in weather, landscape and soundtrack, and how driving and cinema are both forms of forward projection. It was the era of the portable cassette, which marked the start of being able to create one's own soundtracks and play them while driving: windscreen as cinema.«[27]

Vermutlich hatte Wenders in einem Kommentar über den Film auf ebendiese Gegensätze angespielt, als er feststellte: »[Radio on] reinvented the road movie for England.«[28] Laut Petit konstatierte Wenders zudem angesichts der Gemeinsamkeiten und Unterschiede, sie beide hätten zwar dieselben ›Wurzeln‹, sich allerdings in verschiedene Richtungen bewegt (»same

25 Vgl. diesbezüglich vor allen Dingen Wim Wenders: »Unmögliche Geschichten« (1982), in: ders.: *Die Logik der Bilder: Essays und Gespräche*, Frankfurt am Main 2015 (1988), S. 68–77, aber auch Jörn Glasenapp: »Vom Geschichtenverweigerer, der bisweilen Geschichten erzählt, zum Geschichtenerzähler, der bisweilen Geschichten verweigert: Wim Wenders und seine Spielfilme«, in: ders. (Hrsg.): *Wim Wenders*, München 2018, S. 3–16 und Alexander Graf: *The Cinema of Wim Wenders: The Celluloid Highway*, London und New York 2002, passim.

26 Vgl. Peter Brandes: »Auf der Suche nach dem verlorenen Bild: Wim Wenders und die romantische Ästhetik des Sehens«, in: *Komparatistik online*, Jg. 1 (2007), S. 1–4, hier: S. 1.

27 Petit zitiert nach Scovell: »Chris Petit on Radio On«.

28 Wenders zitiert nach Armand: »Der Amerikanische Freund«.

roots, different direction«).[29] Ferner kann, angesichts solch nicht-narrativer Bildlichkeit, festgehalten werden, dass sich RADIO ON ganz im Sinne des *slow cinema*,[30] welchem freilich auch so manches Werk von Wenders zugehörig ist,[31] als kontemplativer Film von eher dokumentarischer Qualität samt Abwesenheit einer im Vordergrund stehenden Narration präsentiert.

Darüber hinaus lässt sich die bereits bei Wenders vorhandene hohe Bedeutsamkeit des diegetischen Erklingens populärer Musik bei RADIO ON noch entscheiden ausgeprägter vorfinden. Philipp Scheid attestiert Musik und Automobilität in Wenders' Frühwerk eine lindernde, gar narkotisierende Wirkung auf die Figuren, die zudem von häufig auftauchenden Jukeboxes verströmt werde.[32] Man beachte hierbei insbesondere IM LAUF DER ZEIT, wo die Protagonisten Robert und Bruno in ihrem Transporter einen Plattenspieler mit sich führen, verträumt seinen Klängen lauschend, und Bruno sich in einer Szene des Films instinktiv von einer Jukebox angezogen fühlt.

Petit steigert ein solchermaßen Wenders'sches Gefüge weiter. Wie er darlegt, sei er im Zuge seiner Produktion vor allem an »mobility and music«[33] interessiert gewesen. Und tatsächlich bilden Musik und Reise *die* zentralen Elemente in RADIO ON. Die Musik ist Roberts ständiger Begleiter, sie nimmt in seinem Leben einen elementaren Platz ein. Unterwegs schaffen Autoradio und Kassette eine stete Klangkulisse, in einer Raststätte zieht ihn sofort die dortige Jukebox an, einen ungebetenen Mitfahrer möchte er durch Rockklänge zum Schweigen bringen, und in Bristol erkundigt er sich sogleich nach einer Diskothek. Sein Beruf als Radio-DJ erscheint somit als logische Folge seiner Passion.[34]

Petit zeigte sich stets fasziniert von dem häufigen Einsatz zeitgenössischer Musik im Neuen Deutschen Film und wünschte sich einen solchen auch in seinem Debüt.[35] Angesichts seiner ›autistischen‹ Erzählweise sei es ihm ein Anliegen gewesen, Emotionen hauptsächlich über den Soundtrack zu trans-

29 Petit zitiert nach Scovell: »Chris Petit on RADIO ON«.

30 Zu Begriff und Geschichte des *slow cinema* siehe unter anderem Matthew Flanagan: *›Slow Cinema‹: Temporality and Style in Contemporary Art and Experimental Film*, Exeter 2012 und Tiago de Luca und Nuno Barradas Jorge (Hrsg.): *Slow Cinema*, Edinburgh 2016.

31 Zu denken wäre etwa an ALABAMA (2000 LIGHT YEARS) (1969), SUMMER IN THE CITY (1970), IM LAUF DER DER ZEIT oder aber DIE SCHÖNEN TAGE VON ARANJUEZ (2016). Zu Wenders' *slow cinema* vgl. den entsprechenden Beitrag von Jörn Glasenapp im vorliegenden Band.

32 Vgl. Philipp Scheid: *Raum / Akteure: Inszenierte Landschaften in den frühen Filmen von Wim Wenders*, Köln 2019, S. 152.

33 Vgl. Petit in: »Interview with Chris Petit and Keith Griffiths«.

34 Sicher nicht von ungefähr wählte Petit für sein Debüt daher den Titel RADIO ON.

35 Vgl. Petit in: »Interview with Chris Petit and Keith Griffiths«.

portieren.[36] Dem folgend unterstreicht dieser mit seinen damals populären Stücken der sich etablierenden Musikstile Post Punk und New Wave tatsächlich die Atmosphäre in RADIO ON und verstärkt zudem das Einfangen des Zeitgeistes.[37] So heben insbesondere die hypnotischen Synthesizer-Klänge Kraftwerks die Tristesse der englischen Landschaft und Roberts Einsamkeit hervor.[38] Wie Tom Whittaker festhält, spiegele sich auch im Soundtrack des Films die gesellschaftliche Befindlichkeit jener Jahre. Zudem begleite die Musik nicht allein die Bilder, sondern sei diesen gegenüber überaus eigenständig.[39] Petit habe somit, wie er einmal selbst resümierte, einen Spielfilm geschaffen, der aus »sounds with pictures«, statt, wie herkömmlich gedacht, »pictures with sounds«[40] bestehe.

3. *New German Cinema* aus England: RADIO ON als Derivat des Neuen Deutschen Films

Wie bereits vielfach angemerkt wurde, kann RADIO ON als Derivat der *New German Wave*, des Jungen bzw. Neuen Deutschen Films,[41] gesehen werden, dem er stilistisch in der Tat extrem nahe steht. In eine britische Kinotradition lasse er sich hingegen nicht vorbehaltlos einordnen,[42] was Petit implizit bestätigt, wenn er erklärt, er sei seit jeher stärker durch das junge deutsche als durch das britische Kino oder die Nouvelle Vague beeinflusst worden.[43] Die nur sehr kurzlebige British New Wave hatte sich nicht dauerhaft etablieren können und ebbte bereits Mitte der 1960er Jahre kurz nach ihrer Entstehung und nur wenigen Filmen wieder ab.[44] Petit hebt zudem hervor, dass er in seinem Werk bewusst auf Aspekte der sozialen Klasse bzw. deren Thematisierung verzichtet habe, um auf den sich bereits abzeichnenden Bedeutungsverlust der *social class* in der britischen Gesellschaft jener Zeit Bezug zu

36 Vgl. ebd.
37 Vgl. hierzu auch Penman: »A Seriously Good Soundtrack«.
38 Vgl. Whittaker: »Frozen Soundscapes in CONTROL and RADIO ON«, S. 430.
39 Vgl. ebd., S. 424–425.
40 Vgl. Petit in: »Interview with Chris Petit and Keith Griffiths«.
41 Zu Begriff und Geschichte des Neuen Deutschen Films vgl. nach wie vor Thomas Elsaesser: *Der Neue Deutsche Film: Von den Anfängen bis zu den neunziger Jahren*, München 1994.
42 Vgl. hierzu beispielsweise Sandhu: »Border Zones« sowie Chris Chang: »Event Horizon: Chris Petit's RADIO ON Returns from the Ether«, in: *Film Comment* (Mai/Juni 2007), S. 16.
43 Vgl. Petit in: »Interview with Chris Petit and Keith Griffiths«.
44 Vgl. Peter Hutchings: »Beyond the New Wave: Realism in British Cinema, 1959–63«, in: Robert Murphy (Hrsg.): *The British Cinema Book*, London 2009 (1997), S. 304–312.

nehmen.[45] Jener Bedeutungsverlust sollte im Rückblick tatsächlich prägend sein für die damalige Zeit in Großbritannien.[46] Somit lässt RADIO ON einen wesentlichen Aspekt der Filme der britischen New Wave außer Acht, weswegen man John Patterson wird zustimmen dürfen, der RADIO ON als Film ohne eine zu ihm passende Kinotradition im eigenen Land beschreibt.[47]

Mit weitgehender künstlerischer Kontrolle über sein Werk ausgestattet, wies sich Petit gleich mit seinem Debüt als Autorenfilmer aus. Von Wenders beeinflusst und am Neuen Deutschen Film orientiert, kann RADIO ON zurecht als ein britischer Ableger desselben gesehen werden – ein Umstand, den der Filmkritiker Sukhdev Sandhu prägnant betont: »In fact, it's possible to see RADIO ON [...] as a German film. Not only did Wim Wenders help to produce it, [...] but it had the look and texture of many films coming out of the German New Wave during the 1970s.«[48] Weiterhin akzentuieren verschiedene Aspekte innerhalb des Films die enge Beziehung zu Deutschland, so etwa die umfangreichen Dialoge in nicht untertiteltem Deutsch, der zweisprachige Abspann, der deutsch-britische Soundtrack und ein den Film eröffnendes Zitat der Band Kraftwerk.[49] Später sollte sich die Beziehung Petits zum deutschen Kino sogar noch weiter vertiefen, drehte er doch in West-Berlin in den 1980er Jahren zwei weitere Spielfilme unter Beteiligung von Wenders' Produktionsfirma.[50]

4. RADIO ON rediscovered

Bei seiner Veröffentlichung kam RADIO ON nur wenig Aufmerksamkeit zu, was nicht überrascht, blieb er doch ob der geringen Anzahl an Kopien einem begrenzten Arthouse-Publikum vorbehalten und wurde von der Kritik kaum wahrgenommen. Manch Rezensent bewertete ihn negativ,[51] andere hingegen lobten bereits damals seinen innovativen Charakter und seine Son-

45 Vgl. Petit in: »Interview with Chris Petit and Keith Griffiths«.

46 Vgl. Bronstein/Harris: *Empire, State, and Society*, S. 309–310.

47 Vgl John Patterson: »A Film without a Cinema«, in: *The Guardian* (2.10.2004), https://www.theguardian.com/books/2004/oct/02/featuresreviews.guardianreview13 [zuletzt aufgerufen am 5.2.2021]. Angemerkt sei an dieser Stelle noch, dass sich erst in den 1980er Jahren neuerlich und dauerhaft ein junger britischer Autorenfilm etablieren konnte. Vgl. diesbezüglich Michael O'Pray: »›New Romanticism‹ and British Avant-Garde Film in the Early 80s«, in: Murphy: *The British Cinema Book*, S. 343–349.

48 Sandhu: »Border Zones«, S. 12.

49 Siehe hierzu auch Patterson: »A Film without a Cinema«.

50 FLIGHT TO BERLIN (1983) und CHINESE BOXES (1984).

51 Vgl. Sandhu: »Border Zones«, S. 11.

derstellung innerhalb des britischen Kinos.[52] Erst durch eine Wiederaufführung durch das British Film Institute im Jahr 2004 und eine erste DVD-Ausgabe drei Jahre später fand Petits Frühwerk zu mehr Beachtung.[53] Darüber hinaus war bereits 1998 unter dem Titel RADIO ON (REMIX) ein experimenteller Essayfilm für den Sender HTV entstanden, in welchem Petit die Strecke von Roberts Reise 20 Jahre nach den Dreharbeiten erneut abfährt, um die Veränderungen der Drehorte einzufangen.[54]

Infolgedessen erkannte Wendy Ide in der *Times* später in Petit gar einen Kultregisseur des britischen Films und in RADIO ON ein *landmark picture* des Independentkinos,[55] womit sie sich in eine Reihe anderer Pressestimmen einfügte.[56] Entsprechend widmete das Buenos Aires International Festival of Independent Cinema Petit im Jahr 2010 nicht von ungefähr eine umfangreiche Retrospektive, ebenso die Hofer Filmtage fünf Jahre später sowie im Jahr 2018 das Filmfestival Porto / Post / Doc in Porto.

Grundsätzlich wäre es wünschenswert, dass RADIO ON, als ein britisches Derivat des Neuen Deutschen Films, auch einem größeren Publikum in Deutschland zugänglich gemacht würde. Obwohl er von Wenders co-produziert wurde, ist der Film hierzulande nur per Import als DVD erhältlich und bisher sehr selten im öffentlichen Fernsehen ausgestrahlt worden.[57] Des Weiteren wäre eine Wiederentdeckung des Films für ein deutsches Publikum im Rahmen der verschiedenen, umfangreichen Retrospektiven anlässlich Wenders' 75. Geburtstag im vergangenen Jahr zu begrüßen gewesen. Schließlich stellt gerade RADIO ON ein herausragendes, wenngleich leider wenig beachtetes Beispiel für seine Tätigkeit als Produzent und seinen Einfluss auf junge Filmschaffende dar.

52 Vgl. etwa Geoffrey Nowell-Smith: »RADIO ON«, in: *Screen*, Jg. 20 (1979/80), H. 3–4, S. 29–39.

53 Vgl. Jason Wood: »RADIO ON and the British Cinematic Landscape«, in: British Film Institute: *Booklet zur DVD-Ausgabe von* RADIO ON, S. 1–3, hier: S. 3.

54 Diesem entstammt auch das eingangs verwendete Zitat. So bezeichnete Petit seinen Debütfilm hier im Rückblick als »the first journey«.

55 Vgl. Wendy Ide: »Chris Petit: How to Become a Cult Director«, in: *The Times* (5.3.2010), https://www.thetimes.co.uk/article/chris-petit-how-to-become-a-cult-director-pfqd9cj8ks5 [zuletzt aufgerufen am 5.2.2021].

56 Vgl. beispielsweise Patterson: »A Film Without a Cinema«.

57 Laut Auskunft der Spitzenorganisation der Filmwirtschaft e. V. gegenüber dem Autor nur zweimal.

Golnaz Sarkar Farshi

Wim Wenders' Roadmovie-Trilogie als Evolution der Filmsemantik

Eine Annäherung mit Niklas Luhmann

1. Film-Sinn und Evolution: Wenders und Luhmann

Wim Wenders gehört zu den wenigen Regisseur*innen weltweit, die es seit nunmehr einem halben Jahrhundert schaffen, immer zeitgenössisch zu sein. Die Themen, mit denen er sich in seinen Filmen auseinandersetzt, und die ästhetischen und technischen Verfahrensweisen, mittels derer er diese Auseinandersetzungen führt, sind vielfältig. Entsprechend lässt sich sein kinematografisches Werk nicht einfach unter ein Genre oder eine Stilepoche subsumieren. Hier möchte ich mich ausschließlich mit dem Wenders der 1970er Jahre, dem Neuen Deutschen Filmemacher, beschäftigen und dabei zeigen, wie er durch seine Roadmovie-Trilogie zur semantischen Evolution des damaligen Kinofilms beigetragen hat. Die Filme, die diese Trilogie ausmachen, sind bekanntlich ALICE IN DEN STÄDTEN (1974), FALSCHE BEWEGUNG (1975) und IM LAUF DER ZEIT (1976). Von großer Bedeutung sind für mich aber nicht diese drei Filme an sich, sondern ihre Beziehung zur Neuen Deutschen Filmsemantik der 1960er und frühen 1970er Jahre. Wenders hat nämlich anhand dieser Filme, so die These, einen bemerkenswerten Schritt für die Evolution des Neuen Deutschen Films getan, indem er die abbrechende Ästhetik dieser Filmbewegung in eine innovative Kontinuität stabilisierte und die Bewegung von ihrem evolutionsbedingten Bezug auf die Sinnkrise von Papas Kino befreite. Die filmische Sinnkrise, von der hier die Rede ist, ist die gleiche, auf die das Oberhausener Manifest, wenn auch mit anderen Worten, schon 1962 Bezug genommen hatte.

Die hier eingesetzten, in der Filmwissenschaft etwas ungebräuchlichen Begriffe *Sinn*, *Semantik* und *Evolution* stammen aus Niklas Luhmanns Systemtheorie der Gesellschaft. Luhmann begreift die Gesellschaft als die Summe der Kommunikationen, unter denen Film keine Ausnahme ist.[1] Für ihn ist Kom-

1 Für Kommunikation als gesellschaftliche Operation vgl. Niklas Luhmann: *Ökologische Kommunikation: Kann die moderne Gesellschaft sich auf ökologische Gefährdungen einstellen?*, Wiesbaden 2004 (1986), S. 62–67.

munikation die Synthese von drei Verfahren, nämlich *Information*, *Mitteilung* und *Verstehen*. Wenn eine Handlung als Mitteilung wahrgenommen und eine Information davon hergeleitet wird, kann von Verstehen die Rede sein.[2] Nach einem Kinobesuch unterhalten sich die Zuschauenden unter anderem darüber, ob und wie sie den Film verstanden haben. Das liegt daran, dass Filme als Kommunikationen wahrgenommen werden. Dabei gilt der projizierte Film als Mitteilung. Dass die Zuschauenden einen Film verstanden haben, heißt, dass sie eine Information aus dem Film abgeleitet haben, wie beispielsweise: Dieser Film bestätigt die imperialistische Politik eines gewissen Landes; dieser Film setzt sich kritisch mit der NS-Vergangenheit auseinander; oder dieser Film erzählt die tragische Geschichte einer unmöglichen Liebe.

Eine Kommunikation zu verstehen, setzt unter anderem das Medium *Sinn* voraus. Sinn ist für Luhmann als die Einheit des Unterschieds *aktuell / potenziell* zu begreifen.[3] Kurz und knapp gesagt, ergibt eine Kommunikation immer nur dann Sinn, wenn sie eine von uns vorhergesehene, also potenzielle Struktur aktualisiert. Die Zuschauenden bei der Uraufführung des Lumière-Films L'ARRIVÉE D'UN TRAIN EN GARE DE LA CIOTAT (1896) etwa konnten das Erlebnis, das auf sie zukam, nicht erwarten. Aus diesem Grund ergab diese Erfahrung für sie in erster Linie kaum Sinn. Erst mit der *Redundanz* des Erlebnisses, sich in einem verdunkelten Raum hinzusetzen und bewegte Bilder anzuschauen, die auf eine Leinwand projiziert wurden, gewann die Kinoerfahrung einen eigenen Sinn. Später wurden die Erwartungen der Zuschauenden nicht mehr durch das bloße Kinodispositiv, sondern auch durch die Erfindung neuer Filmtechniken und die Einführung innovativer Filmästhetiken weiterentwickelt.[4] Die Summe der durch Redundanz stabilisierten Identitäten, die potenziell bei jeder aktuellen Kommunikation in einem sozialen System erwartet werden, heißt bei Luhmann *Semantik*.[5] Im Kontext des Films gilt beispielsweise das *continuity*-System als eine Semantik. Diese Semantik besteht aus dem Zusammenhang von einer gewissen Kameraführung, einem gewissen Toneinsatz und einer bestimm-

2 Für Luhmanns Kommunikationsbegriff vgl. Niklas Luhmann: *Soziale Systeme: Grundriß einer allgemeinen Theorie*, Frankfurt am Main 1991 (1987), S. 191–241.

3 Für den Luhmann'schen Sinnbegriff vgl. Niklas Luhmann: *Die Gesellschaft der Gesellschaft*, Frankfurt am Main 1998, Bd. 1, S. 44–59.

4 Die Idee, die historischen Entwicklungen der Filmsprache mit Luhmann als semantische Evolution zu denken, stammt von Lorenz Engell: *Bewegen Beschreiben: Theorie zur Filmgeschichte*, Weimar 1995, S. 101–124.

5 Für den Semantikbegriff bei Luhmann vgl. Giancarlo Corsi: »Semantik«, in: Giancarlo Corsi, Claudio Baraldi und Elena Esposito (Hrsg.): *GLU: Glossar zu Niklas Luhmanns Theorie sozialer Systeme*, Frankfurt am Main 1998 (1997), S. 168–170.

ten Montage, die gemeinsam im Dienst der fließenden und immersionsförderlichen Kommunikation einer Geschichte eingesetzt werden.[6] In der gleichen Weise kann von der Semantik des Film Noir, des *slow cinema*, des Westerns usw. die Rede sein.[7]

Das Oberhausener Manifest lehnte in erster Linie die »Geisteshaltung« des zeitgenössischen »konventionellen deutschen Films«[8] ab. Dieser konventionelle Film ist nichts anderes als der Heimatfilm mit seiner einzigartigen Semantik, dessen Tod von den Oberhausenern angekündigt wurde. Dieser Tod manifestiere sich in der schlechten finanziellen Lage des Kinos, die sich ihrerseits den sinkenden Zahlen der Kinogänger*innen verdankte. Sei es wegen der zunehmenden Popularität des Fernsehens oder sei es aufgrund der Tatsache, dass die potenziellen filmischen Zusammenhänge, die vom Heimatfilm aktualisiert wurden, den Erwartungen des Publikums nicht mehr entsprachen – die filmische Kommunikation musste im Westdeutschland der 1960er Jahre in eine Krise geraten.

Mit Luhmann würde »[d]ie Beschreibung als Krise [...] voraussetzen, daß darauf mit einer Änderung der Strukturen reagiert werden kann.«[9] Die Strukturänderung eines Kommunikationssystems findet im Rahmen seiner *Evolution* statt. Evolution bedeutet mit Luhmann, dass eine unvorhergesehene *Variation* in den Kommunikationen eines Systems in Erscheinung tritt, die das System überrascht. Wenn das System diese Variation *selegiert* und durch redundante Wiederholung *stabilisiert*, kann von einem evolutionären Fortschritt des Systems gesprochen werden. Die Evolution ist also für Luhmann die Synthese der Verfahren *Variation*, *Selektion* und *Stabilisierung*.[10]

Ausgehend von diesem kompakten systemtheoretischen Exkurs möchte ich zwischen Wenders[11] und der ersten Generation der Neuen Deutschen

6 Vgl. hierzu David Bordwell, Janet Staiger und Kristin Thompson: *The Classical Hollywood Cinema: Film Style and Mode of Production to 1960*, London 2005 (1985), S. 287–309. Die Autor*innen dieses Buchs beschreiben das *continuity*-System ausführlich, natürlich aber ohne es als eine Semantik zu begreifen.

7 Trotz der scheinbaren Überschneidungen der Filmsemantik mit dem Genre-Begriff möchte ich dafür plädieren, dass diese Begriffe, vor allem aufgrund ihrer funktional und theoretisch sehr unterschiedlichen Einsätze, nicht in eins gesetzt werden.

8 Vgl. hierzu den Text des Oberhausener Manifests in Ralph Eue und Lars Henrik Gass (Hrsg.): *Provokation der Wirklichkeit: Das Oberhausener Manifest und die Folgen*, München 2012, S. 15–16.

9 Niklas Luhmann: *Die Realität der Massenmedien*, Opladen 1996 (1995), S. 21.

10 Für Luhmanns Evolutionsbegriff vgl. Luhmann: *Die Gesellschaft der Gesellschaft*, S. 413–450.

11 Und zwar betrachte ich ihn als einen jener Filmemacher*innen, die zur Selektion und Stabilisierung der neuen Filmsemantik beitrugen. Neben ihm wären beispielsweise auch Rainer Werner Fassbinder, der Werner Herzog der 1970er Jahre, Margarethe von Trotta, Helke Sander oder Helma Sanders-Brahms zu nennen.

Filmemachenden[12] in den 1960er Jahren eine klare Grenze ziehen und dabei die Bedeutung von Wenders' Werken in den 1970er Jahren bei der Evolution des Neuen Deutschen Films herausstreichen. Meine These lautet dabei, dass sich die erste Generation hauptsächlich um die Einführung einer Variation zur Heimatfilm-Semantik bemühte. Aus diesem Grund möchte ich sie hier die *Abbruch*-Generation und ihre Filme *Abbruchfilme* nennen, weil sie vor allem darauf zielten, die Semantik des alten Films abzubrechen. Wenders hingegen nahm mit seiner Roadmovie-Trilogie einen wichtigen weiteren Schritt in Richtung Evolution der Filmsprache, indem er die von den Abbruchfilmen eingeführten Variationen durch seine Filme selegierte und stabilisierte. Seine Filme gelten also als *Aufbruchfilme*, weil sie sich nicht mehr ablehnend auf die alte Filmsemantik beziehen, um diese Semantik zu negieren, sondern stattdessen dafür sorgen, dass aus den strapazierten Variationen der ersten Generation eine neue, zusammenhängende Semantik entwickelt wird. Um den ästhetischen Beitrag von Wenders' Trilogie zum Aufbruch des Neuen Deutschen Films ausreichend betonen zu können, ist zunächst eine Exkursion zu den Abbruchstrategien der ersten Generation notwendig.[13]

2. Die Abbruchsemantik des Neuen Deutschen Films

Die Semantik des Heimatfilms, die von der ersten Generation des Neuen Deutschen Films abgebrochen wurde, bestand aus einem Zusammenhang von Filmelementen, der fürs Kommunizieren romantischer Komödien und dramatischer Geschichten mit etwas Krimi-Geschmack notwendig war. Diese Semantik war keine andere als die des *continuity*-Systems. Die Abbruchfilme der 1960er Jahre negierten die Informationen der Heimatfilm-Kommunikation sowie die dafür verwendete Semantik, indem sie Filme aktualisierten, die kaum aus den potenziellen Zusammenhängen des gängigen Heimatfilms hervorgingen. Genau darin, dass diese Filme für die Kinogänger*innen der 1950er Jahre keinen Sinn ergaben, bestand ihre Hauptinformation. Sie wollten näm-

12 Anzuführen wären hier etwa Alexander Kluge, Edgar Reitz, Jean-Marie Straub, Danièle Huillet, der Werner Herzog der 1960er Jahre und Ula Stöckl.

13 Mit der Roadmovie-Trilogie hat sich die Wenders-Forschung natürlich bereits intensiv befasst, eine Annäherung über die systemtheoretischen Überlegungen Luhmanns wurde allerdings noch nicht erprobt. Vgl. zur Roadmovie-Trilogie unter anderem Daniela Berghahn: »›Leben … ein Blick genügt doch‹: Der utopische Augenblick in Wim Wenders' *road movies*«, in: *Monatshefte*, Jg. 91 (1999), H. 1, S. 64–83 sowie Corina Erk: »›On the Road Again‹: Wim Wenders' Roadmovie-Stil als ästhetisch-narrative Kategorie und Produktionszusammenhang«, in: Jörn Glasenapp (Hrsg.): *Wim Wenders*, München 2018, S. 17–37, aber auch den Beitrag von Julian Weinert im vorliegenden Band.

lich auf eine Sinnkrise des Films verweisen und anhand ihrer Ästhetik zeigen, dass weder die Semantik noch der Inhalt des alten Films bei den jüngeren Kinobesucher*innen ankommen.

Der Abbruch der alten Filmsemantik lässt sich am deutlichsten auf der visuellen Ebene der Neuen Deutschen Filme der ersten Generation betrachten. Dabei wurden fast sämtliche Prinzipien der Kameraführung, die für die *continuity* der Heimatfilme kennzeichnend waren, abgebrochen. Die Einführung der Steadicam ermöglichte einerseits die freie und nicht-lineare Bewegung der Kamera. Doch hatte sie andererseits einen wackelnden Kader zur Konsequenz, und das selbst bei Einstellungen, die keine Bewegung beinhalteten. Dieser Effekt, der die Präsenz der Kamera als Betrachter am Set ständig signalisiert, ist beispielsweise bei Werner Herzogs LEBENSZEICHEN (1968) auszumachen. Herzog scheut sich in diesem Film auch nicht vor unkonventionellen Einstellungsgrößen. Gegen Ende des Films sehen wir etwa den verrückt gewordenen Stroszek in seinem Kastell in einer Totalen, als er droht, mit seinen Feuerwerksraketen auf die Sonne zu schießen. In dieser Einstellung ist seine Figur in der Ferne derart klein, dass sie kaum zu erkennen ist.

Alexander Kluge setzt andere Mittel ein, um die bestehende visuelle Semantik abzubrechen. In DIE UNBEZÄHMBARE LENI PEICKERT (1970) zum Beispiel marschieren Leni Peickert und ihr Kollege hin und her, während sie die finanziellen Möglichkeiten besprechen, den Zirkus mit einem Reformkonzept zu retten. Für die Kamera ist es aber in dieser Einstellung offenbar unmöglich, mit ihrem Tempo Schritt zu halten. Deswegen erscheinen die beiden Figuren, die sich schneller als die Schwenks der Kamera bewegen, teilweise unscharf, zudem kann sie die Kamera kaum richtig kadrieren: Sobald die schwenkende Kamera die beiden erreicht, verlassen sie den Kader, um in die Gegenrichtung zu gehen.

Ein weiteres ästhetisches Merkmal des Abbruchfilms besteht darin, spontan Ereignisse, Gegenstände oder Menschen am Set aufzuzeichnen, die ursprünglich nicht als Teil des Films gedacht waren und nicht den geringsten Beitrag zur Filmhandlung – wenn denn überhaupt eine vorhanden ist – leisten. Beispielsweise nahmen Ula Stöckl und ihr Kameramann in NEUN LEBEN HAT DIE KATZE (1968) teilweise das auf, »was ihnen jenseits des Drehbuchs gerade vors Objektiv kam [...]. So dokumentiert Stöckl en passant den Flugstart und die darauffolgende Bauchlandung eines Starfighters, eine Demonstration gegen den Vietnam-Krieg [usw.].«[14] In LEBENSZEICHEN ver-

14 Daniela Sannwald: »NEUN LEBEN HAT DIE KATZE«, in: Norbert Grob, Hans Helmut Prinzler und Eric Rentschler (Hrsg.): *Neuer Deutscher Film*, Stuttgart 2012, S. 123–129, hier: S. 126.

fährt Herzogs Kamera in ähnlicher Weise bei der Aufnahme der Gesichter der Kinder oder des Fischernetzknüpfers auf der griechischen Insel Kos, denen keinerlei Rolle im Rahmen der Handlung zukommt.

Des Weiteren sei auf die Tonebene der Abbruchfilme hingewiesen. Schon 1957 fand auf dieser Ebene eine Revolution statt, als Ottomar Domnick seinen avantgardistischen JONAS (1957) drehte, den der Filmkritiker Michael Althen als Beweis dafür erachtete, »wie modern die Bundesrepublik [der 1950er Jahre, G. S.F.] sein konnte, wenn sie nur wollte.«[15] In Domnicks Film operiert die Tonebene fast autonom: Eine männliche Voiceover-Stimme begleitet die Handlung nicht nur als Erzähler, sondern sie spricht teilweise als Jonas' innere Stimme oder als die jener Charaktere im Film, die Jonas ansprechen. Die diegetischen Geräusche dieses Films, wie etwa die Sirenen der Polizeimotorräder, wurden nicht am Set aufgezeichnet, sondern als elektronische Effekte im Studio dazumontiert. Diese Autonomie des Tons und seine Asynchronität mit der Bildebene wurden von den Neuen Deutschen Filmen aufgegriffen und weiterentwickelt. Die hervorgehobene Rolle der Voiceover-Stimmen in Kluges Filmen wie ABSCHIED VON GESTERN (1966), DIE ARTISTEN IN DER ZIRKUSKUPPEL: RATLOS (1968) und IN GEFAHR UND GRÖSSTER NOT BRINGT DER MITTELWEG DEN TOD (1974)[16] sowie die thematische und stilistische Freiheit, die diesen Stimmen beim Sprechen verliehen wird, sind beispielhaft dafür. Neben der Asynchronität von Ton und Bild traut es sich Kluge außerdem, in seinen Filmen für einige Sekunden totale Stille herrschen zu lassen. Herzog seinerseits bringt die Autonomie des Tons zu einem Extrem. In LEBENSZEICHEN kommen kaum Szenen ohne Musik vor. Der griechische Soundtrack läuft, anders als in klassischen Erzählfilmen, nicht im Hintergrund, um die Handlung zu untermalen, sondern sie dominiert oftmals die gesamte Tonspur. In einem weiteren Herzog-Film, nämlich FATA MORGANA (1971), beinhaltet die Tonspur nicht nur die Musik, sondern auch von einer weiblichen Stimme vorgelesene Stücke aus einer guatemaltekischen Erschaffungssaga, die keinen direkten Bezug zu den Bildern erkennen lassen. Dergestalt sorgt die Autonomie der Tonebene für eine Verfremdung der Kommunikation des Films und lässt ihn eher wie ein chaotisches Konglomerat aus audiovisuellen Impulsen wirken als ein zusammenhängendes Ganzes.

15 Michael Althen: »Man muss absolut modern sein«, in: *Frankfurter Allgemeine Sonntagszeitung* (28.2.2010), https://michaelalthen.de/texte/themenfelder/filmkritiken/jonas/ [zuletzt aufgerufen am 1.3.2021].

16 Letzteren realisierte Kluge gemeinsam mit Reitz.

Nicht zuletzt ist der abbrechende Ansatz der ersten Generation Neuer Deutscher Filmemachender bezüglich der Montage bemerkenswert. Häufige Jump Cuts oder die mehrmalig aufeinanderfolgende Wiederholung der gleichen Einstellung mit kleinen Variationen (wie es in DIE ARTISTEN IN DER ZIRKUSKUPPEL: RATLOS bei Lenis Zirkusproben oder in FATA MORGANA bei der Landung mehrerer Flugzeuge in der Einführungsszene der Fall ist) stellen in diesen Filmen, anders als in den Heimatfilmen, kein verbotenes Terrain mehr dar. Hinzu kommen die Einfügungen dokumentarischer Filmmaterialien, zum Beispiel aus der Zeit des ›Dritten Reichs‹ in DIE ARTISTEN IN DER ZIRKUSKUPPEL: RATLOS, als Reflexion über die Vergangenheit der deutschen Gesellschaft.

Diese Einfügungen sowie die obengenannten Abbrüche auf der Bild- und Tonebene lassen auf die Unmöglichkeit schließen, im Rahmen der Abbruchästhetik kohärente Geschichten zu erzählen. Die Filme bemühen sich vielmehr darum, Lebenssituationen darzulegen, kurze Anekdoten aus den Viten ihrer Charaktere direkt durch das Voiceover zu erzählen oder sich mit den *photogénischen* Aspekten der spontan entdeckten Gegenstände und Menschen zu beschäftigen.[17] Die Darsteller*innen dieser Filme, die ob des Fehlens einer realitätsnah inszenierten Geschichte von einer realistischen Darstellungsweise befreit agieren können, wirken oft erstarrt und ausdruckslos, sodass es für die Zuschauenden fast unmöglich ist, sich in diese Charaktere einzufühlen.

Diese kurze Exkursion lässt erkennen, dass die zeitgenössischen Zuschauenden der Abbruchfilme nie vorher wussten, womit sie bei ihrer Kinoerfahrung zu rechnen hatten, weil die Filme auf keiner stabilisierten Eigensemantik beruhten. Ihr Ziel bestand vielmehr darin, eine bestehende Semantik kritisch abzubrechen. Der Abbruchfilm bereitete den Grund dafür vor, dass eine neue Filmsemantik aus den Aschen von Papas Kino auferstehen konnte.

3. Wenders' Roadmovie-Trilogie: Aufbruch in Richtung einer neuen Filmsemantik

Die Distanz der Abbruchfilme zur Filmsemantik, die sie abzubrechen versuchten, wurde zwangsläufig mit der Zeit immer größer. Wenn der Gegenstand des Abbruchs nicht mehr in Sicht ist, wird aus der Abbruchsemantik allerdings eine schwer verständliche Kommunikation, die nur von wenigen

17 Vgl. dazu Jean Epstein: »Bonjour cinéma« (1921), in: Nicole Brenez und Ralph Eue (Hrsg.): *Jean Epstein: Bonjour Cinéma und andere Schriften zum Kino*, Wien 2008, S. 28–36, hier: S. 32.

Intellektuellen erschlossen werden kann. Letztere fahren somit durch den Besuch der als avantgardistische Kunstprodukte eingestuften Filme kulturelle Distinktionsgewinne ein.[18] Überspitzt formuliert: Es ging um das Erlangen eines höheren Prestiges für immer kleinere Zuschauer*innen-Gruppen und nicht mehr ums Verstehen einer Filmsprache, die ursprünglich mit dem Zweck etabliert wurde, eine frühere, in die Krise geratene Filmsemantik abzubrechen. Abbruch hat an sich keine Bedeutung, wenn er nicht direkt an die Semantik angeschlossen werden kann, die es mit ihm zu überwinden gilt. Wenders setzte mit seinem Aufbruchfilm genau dort an, wo der Abbruchfilm als reine Variation nicht mehr weiterkam und deswegen einer Stabilisierung bedurfte.

Zwischen 1974 und 1976 drehte Wenders seine Roadmovie-Trilogie, die von der Bruchstückhaftigkeit der Filme der ersten Generation des Neuen Deutschen Films aufbrach und sich gleichzeitig auf den Weg zur Stabilisierung ihrer Elemente im Rahmen einer neuen Semantik begab. Selbst wenn der direkte ästhetische Einfluss US-amerikanischer Roadmovies auf Wenders' Trilogie schwerlich zu ignorieren ist – so war Wenders etwa von Dennis Hoppers EASY RIDER (1969) regelrecht begeistert[19] –, sollen seine Filme hier eher als direkte Nachfolger des westdeutschen Abbruchfilms betrachtet werden und nicht als Fortschreibung der New-Hollywood-Ästhetik. Instruktiv sind in diesem Zusammenhang die Ausführungen von Robert Phillip Kolker und Peter Beicken, die die Zugehörigkeit und gleichzeitig den Unterschied des Wenders der 1970er Jahre zu der ersten Generation des Neuen Deutschen Films wie folgt konturieren: »The power of Kluge and Straub and Huillet was not lost on Wenders in his formative years. [...] But with his entrance into the world of commercial filmmaking, he took a different track and chose to challenge the viewer by other means, without direct, politically motivated confrontation or a structure of expression that seeks to alienate or disengage the viewer's emotions from the film text. Like Kluge and Straub and Huillet, Wenders sought a new methodology of the image and a new manner of addressing the film audience. But his image making and narrative strategy would be more personal and accessible, more

18 Vgl. hierzu auch Michaela Ast: *Der alte Film ist tot. Wir glauben an den neuen: Die Genese des Jungen Deutschen Films*, Marburg 2013, S. 52.

19 Vgl. hierzu Robert Phillip Kolker und Peter Beicken: *The Films of Wim Wenders: Cinema as Vision and Desire*, Cambridge 1997 (1993), S. 24 sowie Alexander Graf: *The Cinema of Wim Wenders: The Celluloid Highway*, London und New York 2002, S. 76, aber auch den Beitrag von Jörn Glasenapp zu 3 AMERIKANISCHE LP's (Wim Wenders und Peter Handke, 1969) im vorliegenden Band.

immediately emotional, and would be driven – directly or indirectly – by the American filmmakers (and, later, by the Japanese director Yasujiro Ozu) whose authority gave him imaginative strength.«[20]

Mit Wenders – und neben ihm könnten auch Rainer Werner Fassbinder, Helke Sander oder Margarethe von Trotta genannt werden – sollten die Filme in der BRD wieder beginnen, ohne einen abbrechenden Bezug auf die vergangene Filmsemantik Sinn zu ergeben. Es ließe sich behaupten, Wenders ›erziehe‹ die Erwartungen seines Publikums und vermittele ihm, was es von nun an wieder potenziell bei einem Kinobesuch erwarten kann. Er stellt mit seiner Roadmovie-Trilogie einen ästhetischen Zusammenhang zwischen den Filmelementen her, die durch ihre Zusammenhangslosigkeit von den Abbruchfilmen nicht stabilisiert werden konnten. Die zentralen Faktoren, die das Herstellen dieses Zusammenhangs ermöglichten und Wenders' Aufbruch in Richtung einer neuen, zusammenhängenden Semantik unterstützten, sind, *erstens*, die Fahrt und, *zweitens*, die Rückkehr zur Diegese.

Wenders entscheidet sich in seiner Roadmovie-Trilogie gegen das ›klassische‹ Geschichtenerzählen, was, wie wir gesehen haben, bereits dem Abbruchfilm attestiert werden konnte. Die Begründung für seine ausgeprägte Geschichtenskepsis, um nicht zu sagen: Geschichtenaversion, die mit wenigen Ausnahmen sein gesamtes Schaffen bis DER STAND DER DINGE (1982) kennzeichnet,[21] lautet wie folgt: »Die Manipulation, die nötig ist, um all die Bilder eines Films in eine Geschichte zu pressen, mag ich nicht; für die Bilder ist sie sehr gefährlich, denn tendenziell absorbiert sie, was an ›Leben‹ in ihnen steckt. Im Verhältnis von Geschichte und Bild ähnelt für mich die Geschichte einem Vampir, der versucht, dem Bild das Blut auszusaugen.«[22] In Wenders' Roadmovie-Trilogie geht es nicht um das Erzählen des Schicksals eines oder mehrerer Charaktere. Die Figuren dieser Filme treffen sich vielmehr auf einer weitgehend ziellosen, an Mäandern reichen Reise, sie begleiten einander für die Dauer des Films und trennen sich am Ende wieder. Trotz der fehlenden Geschichte halten die Filmelemente zusammen, und dies dank der Fahrt, die sie wie ein roter Faden ver-

20 Kolker / Beicken: *The Films of Wim Wenders*, S. 31–32.

21 Vgl. hierzu Jörn Glasenapp: *Wim Wenders:* PARIS, TEXAS, München 2019, S. 15–25 sowie ders.: »Vom Geschichtenverweigerer, der bisweilen Geschichten erzählt, zum Geschichtenerzähler, der bisweilen Geschichten verweigert: Wim Wenders und seine Spielfilme«, in: ders.: *Wim Wenders*, S. 3–16, aber auch Graf: *The Cinema of Wim Wenders*, passim.

22 Wim Wenders: »Unmögliche Geschichten« (1982), in: ders.: *Die Logik der Bilder: Essays und Gespräche*, Frankfurt am Main 2015 (1988), S. 68–77, hier: S. 71.

bindet und chronologisch hintereinander ordnet. Die thematische Kontinuität der Fahrt sorgt für eine visuell-ästhetische Kontinuität, die durch längere Einstellungen, analytische Montage und sanfte Schnitte in den Bewegungsrichtungen realisiert wird.

Allein eine gemeinsame Fahrtrichtung begründet die zufällige Zusammenkunft der Figuren, das heißt, ihre Begegnungen müssen nicht eigens durch eine dramatische Motivation legitimiert werden. In ALICE IN DEN STÄDTEN trifft der Journalist Philip Winter (Rüdiger Vogler) am New Yorker Flughafen auf Lisa van Damm (Lisa Kreuzer) und ihre neunjährige Tochter Alice (Yella Rottländer). Nach einer gemeinsamen Übernachtung findet Philip am Morgen eine Nachricht vor, in der ihn Lisa darum bittet, mit Alice nach Europa zu fliegen, während sie noch in den USA bleibt, um sich um ihre gescheiterte Beziehung zu kümmern. Philip und Alice warten einige Tage vergeblich in Amsterdam auf Lisa, und der Protagonist weiß nicht, wo er mit Alice hinsoll. Das Mädchen erinnert sich an eine Großmutter, die in Wuppertal lebt, hat aber keine Adresse von ihr, sondern nur ein Foto ihres Hauses. In einem Mietwagen begibt sich das Duo sodann auf die Suche nach dem Haus. Es gilt, wie es bei Norbert Grob treffend heißt, »zu einem Foto die entsprechende Realität [zu] finden.«[23]

In vergleichbar zufälliger Weise trifft in FALSCHE BEWEGUNG Wilhelm Meister (Rüdiger Vogler), der von seinem Leben im provinziellen Glückstadt frustriert ist und im Zug nach Bonn fährt, auf den Musiker Laertes (Hans Christian Blech) und die junge Artistin Mignon (Nastassja Kinski), mit denen er das Zugabteil teilt. Ihnen schließen sich in Bonn die Schauspielerin Therese (Hanna Schygulla), die Wilhelm zuvor bereits in einem vorbeifahrenden Zug gesehen hatte, und der österreichischer Dichter Bernhard Landau (Peter Kern) an. Zu fünft geht die Fahrt weiter, als Landau vorschlägt, gemeinsam zum Landsitz seines Onkels im Siebengebirge zu fahren. Von dort aus geht es nach Frankfurt. Während dieser und der darauffolgenden Fahrt zur Zugspitze verabschieden sich die Figuren, eine nach der anderen, von Wilhelm, den wir am Ende des Films – in einer Einstellung, die Caspar David Friedrichs »Der Wanderer über dem Nebelmeer« (1818) anzitiert – allein auf dem Gipfel sehen.

23 Norbert Grob: »›Es muß alles anders werden‹: Wim Wenders' frühe Filme«, in: Norbert Grob und Bernd Kiefer: *Bruch der Weltenlinie. Zum Kino der Moderne: Essays – Porträts – Hommagen*, Berlin 2016, S. 179–183 hier: S. 180.

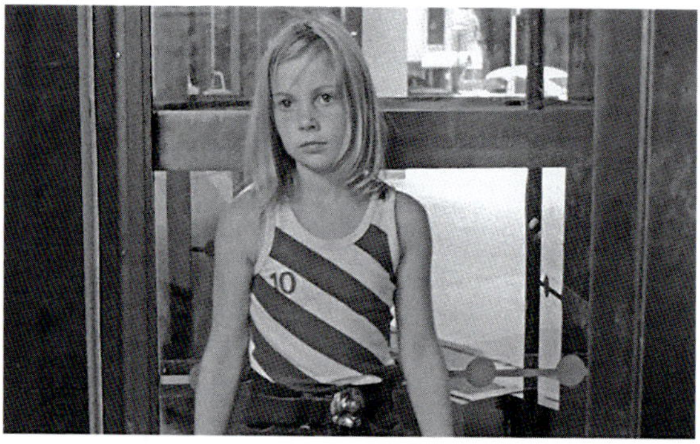

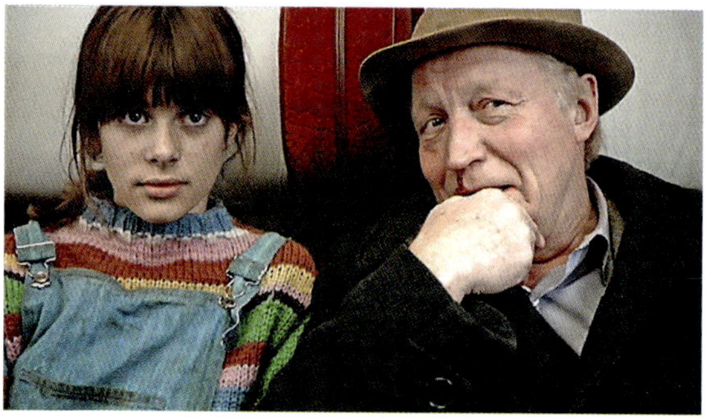

Zufallsbekanntschaften: Alice in ALICE IN DEN STÄDTEN sowie Mignon und Laertes in FALSCHE BEWEGUNG

Das zufällige Treffen von Bruno Winter (Rüdiger Vogler) und Robert Lander (Hanns Zischler) in IM LAUF DER ZEIT findet schließlich am Ufer der Elbe statt, als Robert vor Brunos Augen mit seinem VW Käfer selbstmörderisch in den Fluss rast. Bruno nimmt Robert in seinem umgebauten, ihm als Fortbewegungsmittel wie als Wohnung dienenden Möbelwagen mit. Die Strecke der gemeinsamen Fahrt wird von den Orten bestimmt, in deren Lichtspielhäusern Bruno Reparaturen durchzuführen hat. Diese befinden sich interessanterweise entlang der innerdeutschen Grenze. Die Reise durchs ›Zonenrandgebiet‹ endet schließlich an einem verlassenen amerikanischen Beobachtungsstand direkt an der Grenze, wo die beiden Männer ihre letzte gemeinsame Nacht verbringen. Es kommt zu intimen Gesprächen, aber auch zu einer wütenden Schlägerei. Am nächsten Morgen macht sich Robert allein auf und fährt mit dem Zug fort, während Bruno, parallel zur Eisenbahnstrecke, in seinem Wagen in die gleiche Richtung unterwegs ist.

Grob beschreibt IM LAUF DER ZEIT wie folgt: »Zwei Männer und ihre Reise durch Deutschland, von Provinzkino zu Provinzkino. Wobei das Äußere mit

Unterwegs in die gleiche Richtung, doch von nun an getrennt: Bruno und Robert in IM LAUF DER ZEIT

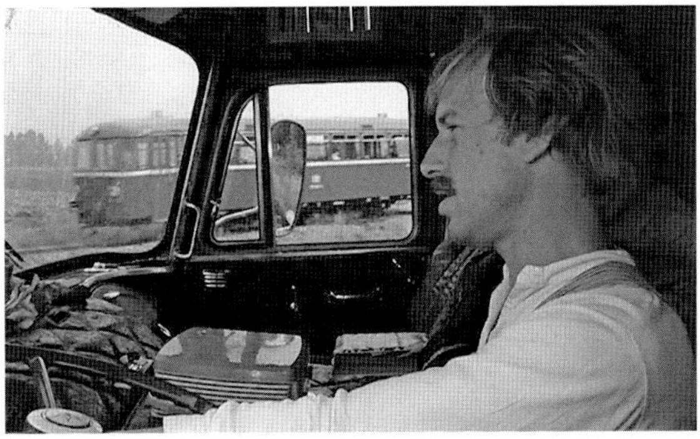

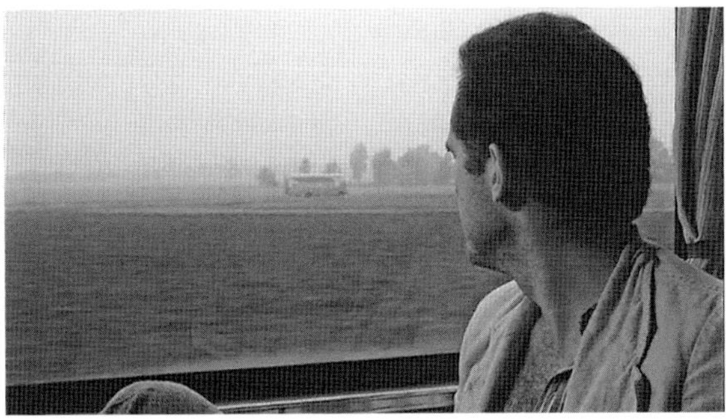

dem Inneren zusammenfällt.«[24] Angesichts der ›Geschichtenlosigkeit‹ gewinnen der Austausch und die Beziehungen zwischen den Filmcharakteren in der Roadmovie-Trilogie eminent an Bedeutung. Wenders lässt die Figuren einander auf einer Fahrt kennenlernen und dabei ihre Ängste, Ansichten, Wünsche und Ziele ausdrücken. Durch die zufälligen Begegnungen findet die scheinbare Ziellosigkeit der Fahrt einen Sinn. Es geht nämlich nicht so sehr darum, irgendwo anzukommen, sondern die Fahrt symbolisiert, wie es für das Roadmovie-Genre typisch ist, die Suche der Menschen nach sich selbst, nach einem Lebenssinn. Sie kommen zwar am Ende an keinen Zielort, aber ihre inneren Reisen finden Sinn und Zweck, indem sie endlich herausfinden, wie es mit dem Leben (im Falle von Robert und Bruno) oder mit dem Schreiben (im Falle von Philip und Wilhelm) weitergehen könnte. »Jede Suche nach etwas läuft vielleicht notwendig auf das Ergebnis hinaus, daß man das, was man gesucht hat, woanders gesucht hat, hinterher eigentlich bei sich

24 Norbert Grob: *Wenders*, Berlin 1991, S. 208.

selbst finden muß«,[25] so Wenders. Da es also nicht nur um die physische, die äußere Bewegung, sondern eher um die innere Entwicklung der Charaktere geht, nimmt sich Wenders' Kamera Zeit, um bei den einzelnen Figuren zu bleiben und sie nicht so sehr beim Handeln (zumal die Filme ohnehin äußerst handlungsarm sind), sondern beim Zuhören und Nachdenken zu beobachten. In der ersten halben Stunde von IM LAUF DER ZEIT tauschen etwa Bruno und Robert nur wenige Worte aus, sie werden aber in der Enge von Brunos Wagen mehrmals in einem Schuss-Gegenschuss-Verfahren gezeigt. Dergestalt lädt uns Wenders dazu ein, die Gedanken und Gefühle der Charaktere in der für beide neuen Situation zu erspüren.

Hatten die Abbruchfilme auf die gesellschaftliche Vergangenheit durch das Einfügen dokumentarischen Filmmaterials Bezug genommen, tragen bei Wenders die Figuren die Vergangenheit in sich mit. So geht es in IM LAUF DER ZEIT unter anderem um die Bewältigung nicht näher konturierter, ihnen in der Kindheit widerfahrener Versehrungen, um die sich Robert durch den Besuch seines Vaters, Bruno hingegen durch die Rückkehr zu seinem Elternhaus bemüht. Die Kontinuität, die Wenders in diesen Filmen erzeugt, entsteht demzufolge nicht nur auf der Ebene der Montage durch die Fahrt. Es besteht zudem eine zeithistorische Kontinuität, die diegetisch durch die gegenwärtige Bezugnahme der Filmfiguren auf ihre Vergangenheit hergestellt wird. Pointiert gesagt: Wenders' Figuren können erst dann in eine Zukunft aufbrechen, wenn sie ihre Vergangenheit verarbeitet haben.

Wenders' meditativer Fokus auf das Psychische und Psychologische, der es den Zuschauenden ermöglicht, sich kontemplativ in die Diegese und die Charaktere hineinzuversetzen, wäre im Abbruchfilm mit seinen sprunghaften Wechseln zwischen totaler Stille und dominanter Musik, zwischen Farb- und Schwarz-Weiß-Einstellungen, zwischen dokumentarischen Filmmaterialien und der Diegese unmöglich gewesen. Während die Abbruchfilme durch die genannten filmischen Verfahrensweisen die metadiegetische Ebene des Films stark profilierten, markiert Wenders' Trilogie eine entschiedene Rückkehr zur Diegese. Das heißt, Letztere und die Charaktere bilden nun wieder eine Einheit, die in den Abbruchfilmen der 1960er Jahre radikal dissoziiert worden war. Die Tonebene synchronisiert sich in diesen Filmen, dank der Zentralität der Diegese, erneut mit der Bildebene. Erinnert sei in diesem Zusammenhang an jene Szene zu Beginn von IM LAUF DER ZEIT, in der Bruno nach dem Starten des Wagens eine Single der Rockband Impro-

25 Peter W. Jansen: »Interview« (1991), in: Peter W. Jansen und Wolfram Schütte (Hrsg.): *Wim Wenders*, München und Wien 1992, S. 65–102, hier: S. 67–68.

ved Sound Limited in den mobilen Plattenspieler steckt, die als »on-the-air sound«[26] zu hören ist. Der Song wechselt erst dann ins Extradiegetische, wenn uns die Kamera Brunos Wagen von außen und *on the road* zeigt.

Schließlich lässt Wenders seine Figuren, ähnlich wie in den Abbruchfilmen, Aussagen laut vortragen. Obwohl unschwer zu erkennen ist, dass diese Aussagen oftmals eher an die Zuschauenden adressiert sind als an die diegetischen Figuren, wird ihr Ausdruck diegetisch begründet. Während zum Beispiel Leni Peickert in DIE ARTISTEN IN DER ZIRKUSKUPPEL: RATLOS Abschnitte aus Max Horkheimers und Theodor W. Adornos *Dialektik der Aufklärung* (1944) den Zuschauenden vorliest (in der Diegese hört nämlich niemand ihre extradiegetische Stimme), gibt es in FALSCHE BEWEGUNG jene Szene, in der der Industrielle (Ivan Desny) in der Nacht, bevor er sich erhängt, eine längere Rede zum Thema Einsamkeit hält. Seine Adressaten, nämlich der Zirkel müder Reisender um Wilhelm, sind dabei aber schon diegetisch bestimmt. Im Prolog von IM LAUF DER ZEIT erzählt ein älterer Kinobesitzer von den Zuständen seines Berufs in der Weimarer Republik, im Nationalsozialismus und in der Nachkriegszeit. Er fasst in seinem kurzen Dialog mit Bruno die Geschichte des deutschen Films zusammen, als ob die Zuschauenden diese Informationen benötigen würden, um die kritische Botschaft des Films bezüglich der Situation des bundesrepublikanischen Kinos und Films nachzuvollziehen. Auch der Epilog von IM LAUF DER ZEIT gilt als eine diesbezügliche Kritik. Hier beendet die Kinobesitzerin ihre Konversation mit Bruno mit der folgenden Aussage: »So, wie es jetzt ist, ist es besser, es gibt kein Kino mehr, als dass es ein Kino gibt, so wie es jetzt ist.« Natürlich hören wir, gleichsam durch den Dialog hindurch, Wenders, wie er die Zuschauenden und Verleihdirektor*innen adressiert und dafür plädiert, einen Ausweg aus der katastrophalen Kinosituation in Westdeutschland zu finden.[27] Dafür, wie dieser Ausweg aussehen könnte – und damit kommen wir zur eigentlichen Pointe –, hat Wenders mit IM LAUF DER ZEIT und der mit ihm erfolgten Komplettierung seiner Roadmovie-Trilogie einen äußerst tragfähigen Vorschlag gemacht. Die krisenhafte Semantik des als minderwertig wahrgenommenen alten Films wurde bereits in den 1960er Jahren abgebrochen, und die neuen, durch die Abbruchfilme eingeführten ästhetischen Elemente wurden von Wenders durch ihre zusammenhängende Wie-

26 Michel Chion: *Audio-Vision: Sound on Screen*. New York 1994 (1990), S. 76–77.

27 Zu IM LAUF DER ZEIT als Reflexion der damaligen Kinosituation in Westdeutschland vgl. Elisabeth K. Paefgen: *Film und Literatur der 1970er Jahre: Eine Studie zu Annäherung und Wandel zweier Künste*, Bielefeld 2016, S. 25–32.

derholung in drei aufeinanderfolgenden Filmen in eine neue Filmsemantik stabilisiert. Deswegen zerreißt Bruno am Ende des Films seine Liste der reparaturbedürftigen Lichtspielhäuser: Die Reparatur des deutschen Kinos wurde erfolgreich abgeschlossen.

3. Coda

Die Kommunikations- und Evolutionstheorie Niklas Luhmanns ermöglicht es, die ästhetische Entwicklung des deutschen Films als ein Kontinuum zu betrachten, in dem der Neue Deutsche Film eine schlagartige Variation markiert. Gleichzeitig können mit Luhmann die Etappen dieser Evolution ausdifferenziert und zusammenhängend beobachtet werden – mit der Folge, dass der Filmkorpus, der oft einheitlich als Neuer Deutscher Film bezeichnet wird, in sich unterschiedliche Tendenzen zu erkennen gibt. Während die erste Generation der Neuen Deutschen Filmemachenden in den 1960er Jahren darauf abzielte, die Semantik des alten Films abzubrechen, stabilisierte die zweite Generation, und dabei Wim Wenders als einer ihrer bedeutsamsten Akteure, die von den Abbruchfilmen eingeführten Variationen. Wenders legte, mit anderen Worten, auf die Trümmer des von den Abbruchfilmen niedergerissenen Films das Fundament einer neuen Filmsprache. Er nimmt in seiner Roadmovie-Trilogie die ästhetischen Elemente aus dem Abbruchfilm und stabilisiert sie in eine neue, zusammenhängende Semantik, die nicht mehr vergangenheits-, sondern eher zukunftsorientiert ist. Das tut Wenders, indem er der Fahrt und der Diegese jeweils ein thematisches und filmtechnisches Gewicht zuweist. Während der Abbruchfilm nur im Kontrast zu der Semantik Sinn ergab, die er abbrechen wollte, bahnt Wenders mit seiner Trilogie den Weg zu einem Film, der die vergangene Sinnkrise des Kinos bewältigt hat. Er entspricht damit in gewisser Weise den Figuren seiner Trilogie, die ihre Vergangenheit bewältigen und am Ende dazu bereit sind, sich auf die Fahrt in eine hoffnungsvolle Zukunft zu begeben.

Mirjam Schmitt

On the Road mit Adorno

Wim Wenders und die Kritische Theorie

Weniger auf Straßen als in kritisch durchdachten Bildwelten und cineastischen Welt- und Wunschbildern möchte ich in diesem versuchsweisen Mäandern zwischen der Kritischen Theorie Theodor W. Adornos und dem Film- und Wortwerk Wim Wenders' unterwegs sein. Nicht völlig ausgangs-, grenzen- und ziellos allerdings: Eine ebenso wenig unbemerkte wie ausgearbeitete Nähe zwischen dem exzessiv Selbstreflexion betreibenden Filmemacher und dem großen Kopf der Frankfurter Schule soll hier den Ausgangspunkt bilden, um dem begründeten Verdacht nachzugehen, dass die kulturkritischen Positionen Adornos einen nicht unbeträchtlichen Einfluss auf Wenders' Nachdenken über und seine Gestaltung von Film- und Bildwelten zu haben scheinen.[1] Dass dieser Eindruck alles andere als täuscht, bestätigt der zu einer Diskussionsrunde geladene Regisseur höchstpersönlich während der diesem Band zugrundeliegenden Tagung »Wim Wenders – Filmemacher, Fotograf, Grenzgänger« im August 2020: Ja, er habe Adorno gelesen, sei vor allem in der Zeit um 1968 von ihm und dem, was er auslöste, durchaus politisch geprägt gewesen, hätte das Kapitel aber – so skizziert Wenders – Anfang der 1970er Jahre hinter sich gelassen. Diesem adornitischen Nachhall gilt es hier gründlich und über die von Wenders definierte Zeitachse hinaus nachzuspüren, jedoch durchaus mit einer bewussten Begrenzung auf sein Frühwerk, ALICE IN DEN STÄDTEN (1974) dabei im Fokus, und dem Ziel, mit Adorno einen erkenntnisreichen, bisher kaum genutzten Blick[2] auf die von Wenders kritisch-reflexiv wie praktisch-kreativ in Angriff genommene Auseinandersetzung mit Bildwelten zu werfen: einen Blick auf Fernsehen und Reklame, auf Bildindustrien und -technologien, auf Film- und Kinobilder – aber auch auf (Selbst-)Widersprüche und Utopien, die sich in diesem von unterschiedlichen Wirkmächten durchdrungenen Bilderkosmos hartnäckig erhalten.

1 Den Hinweis darauf verdanke ich Jörn Glasenapp.

2 Einen multidirektionalen Zugriff auf Wenders mit Adorno nutzt bisher lediglich Peter Buchka: *Augen kann man nicht kaufen: Wim Wenders und seine Filme*, München und Wien 1983, passim.

1. Fernsehbilder, Reklamebilder

In Wenders' Gesamtwerk sind das Fernsehen, der Fernsehapparat oder die Fernsehenden zu einem mal intensiv, mal marginal verhandelten, in jedem Fall zu einem lang verfolgten und meist dezidiert kritisch angelegten Leitmotiv geworden: Dass Wenders' Fernseh- und Medienkritik spätestens in ALICE IN DEN STÄDTEN von einer verbal unverkennbaren und bildkompositorisch unübersehbaren Nähe zu Adornos kultursoziologischen Thesen zeugt und der Filmemacher noch eine Dekade später, nämlich im Jahr 1984, in seinem Essay »Der Amerikanische Traum« seinem Entsetzen über das US-amerikanische *television* im Jargon der adornitischen Kulturindustriekritik prosaisch Ausdruck verleiht, ist von der Forschung selbstverständlich nicht übersehen, aber doch nur peripher behandelt worden.[3]

Dabei durchzieht das Fernsehbild das intermediale Œuvre Wenders' von der ersten Einstellung an: nämlich mit einem der beiden einzig erhaltenen Shots seines verschollenen Erstlings SCHAUPLÄTZE (1967), der seinem Folgefilm SAME PLAYER SHOOTS AGAIN (1967) voransteht. Während der Fernsehapparat dort ebenso wie in SILVER CITY (1968) noch als Kulisse respektive der Vorliebe Wenders' für Rock 'n' Roll dient, blitzt im Langfilmdebüt SUMMER IN THE CITY (1970) und in DIE ANGST DES TORMANNS BEIM ELFMETER (1972) erstmals die für Wenders typische Dysfunktionalität des Fernsehers auf,[4] die sich in letzteren beiden Filmen in einem harmlosen Bildrauschen äußert und

3 Auf die argumentative Nähe von Wenders und dessen Figur Philip Winter zu Adornos Kulturindustrie- und Fernsehkritik weist jüngst und explizit Jörn Glasenapp hin: *Wim Wenders:* PARIS, TEXAS, München 2019, S. 30–31. Im Allgemeinen bleiben Analysen zu Fernsehkritik und -bild in Wenders' Werk recht marginal. Vereinzelte, beispielhafte Beschreibungen, Bemerkungen oder kurze Einordnungen derartiger Bildlagen finden sich unter anderem bei Matthias Ganter: *Wim Wenders und Jacques Derrida: Zur Vereinbarkeit des Filmschaffens von Wim Wenders mit Jacques Derridas dekonstruktiver Literaturtheorie*, Marburg 2003, S. 114–115 und 119, Alexander Graf: *The Cinema of Wim Wenders: The Celluloid Highway*, London 2002, S. 27–30 und Nora M. Alter: »Documentary as Simulacrum«, in: Roger F. Cook und Gerd Gemünden (Hrsg.): *The Cinema of Wim Wenders: Image, Narrative, and the Postmodern Condition*, Detroit 1997, S. 136–162, hier: S. 153–154. In Interviews befragt, äußert sich Wenders selbst zu seiner kritischen Einstellung dem Fernsehen gegenüber unter anderem in Andre Müller: »Das Kino könnte der Engel sein«, in: *Der Spiegel* (1987), H. 43, https://www.spiegel.de/spiegel/print/d-13525798.html [zuletzt aufgerufen am 21.2.2021], Reinhold Rauh: »Ein Gespräch mit Wim Wenders«, in: ders.: *Wim Wenders und seine Filme*, München 1990, S. 237–264, Gerd Gemünden: »I No Longer Trust the Narrative Power of Images: A Conversation with Wim Wenders«, unveröffentliches Manuskript, Berlin 1994, auszugsweise veröffentlicht in »Excerpts from Interviews with Wenders«, in: Gemünden / Cook: *The Cinema of Wim Wenders*, S. 60–86, hier: S. 84–85.

4 Zur Dysfunktionalität der Fernsehapparate bei Wenders schreibt Alexander Graf: »In many cases they are not working, their images are blank or else they have not even been unpacked, indicating that Wenders wants to use them thematically, but finds that what

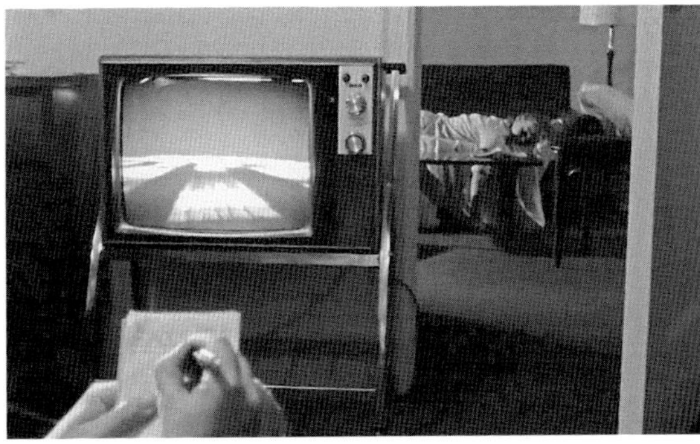

Wim Wenders' Alter Ego Philip Winter sinniert in ALICE IN DEN STÄDTEN über verkommene Fernsehbilder

in nachfolgenden Werken in komplexe, affizierende und weniger subtil angelegte[5] ›Störsignale‹ mündet, und sich damit gerade in eine wirkmächtige Funktionalität der Apparate verkehrt.

So spricht bereits aus Philip Winter (Rüdiger Vogler), in der Rolle des Drifters in ALICE IN DEN STÄDTEN, sehr konkrete Medienkritik. Vor dem Fernseher sinnierend, ereifert er sich: »Das Unmenschliche dieses Fernsehens ist gar nicht, dass es alles zerstückelt und mit Werbung unterbricht, obwohl das schlimm genug ist. Viel schlimmer ist, dass alles, was da gesendet wird, auf die Dauer selbst zur Reklame wird und zu einer Werbung für die bestehenden Zustände. Alle Bilder, die da gesendet werden, pegeln sich irgendwie ein auf eine widerliche Ausstrahlung, eine Art von angeberischer Verachtung. Kein Bild lässt einen in Ruhe, alle wollen etwas.«

Jörn Glasenapp verweist nicht nur diesbezüglich auf die eklatante verbale wie argumentative Nähe zu Adorno,[6] der in seiner Medienkritik die Kulturindustrie in ihrer Gesamtheit als anti-aufklärerisch, ideologisch durchsetzt und das affirmative Bewusstsein wie die (Selbst-)Entfremdung gleichermaßen fördernd charakterisiert.[7] Der Monolog des Wenders'schen Alter Egos Winter, der die fatalste Entwicklung der Fernsehbilder in ihrer Verkommen-

their screens show is not worth conveying to his own spectators. [...]. [T]he television image always seems to be blind and superficial, transporting nothing.« Graf: *The Cinema of Wim Wenders*, S. 29.

5 Auf die doch eher als polemisch denn als subtil zu bezeichnende Kritik Wenders' am Fernsehen verweist auch Glasenapp: *Wim Wenders:* PARIS, TEXAS, S. 34.

6 Vgl. ebd., S. 30–31.

7 Hierfür zentral die Texte: Theodor W. Adorno und Max Horkheimer: »Kulturindustrie: Aufklärung als Massenbetrug« (1944), in: Theodor W. Adorno: *Gesammelte Schriften*, Darmstadt 1998, Bd. 3, S. 141–191, Theodor W. Adorno: »Das Schema der Massenkultur« (1942/1969), in: ders.: *Gesammelte Werke*, Bd. 3, S. 299–335 sowie ders.: »Résumé über Kulturindustrie« (1963), in: ders.: *Gesammelte Schriften*, Darmstadt 1998, Bd. 10.1, S. 337–345.

heit als Reklamebilder und ihrer Bewerbung des Status quo festmacht, kann wohl kaum anders verstanden werden denn als ein adornitisches Echo. Anders ausgedrückt: Winters Sätze sind Wenders' Sätze sind Adornos Sätze.

Während Wenders in »Der Amerikanische Traum« in Bezug auf das Fernsehen moniert »ALLES, jedes Bild wurde [...] eingeebnet zu Reklame, hatte die FORM von WERBUNG«,[8] liest sich bei Adorno exemplarisch in seinem »Résumé über Kulturindustrie« (1963): »An den Mann gebracht wird allgemeines unkritisches Einverständnis, Reklame gemacht für die Welt, so wie ein jedes kulturindustrielles Produkt seine eigene Reklame ist.«[9] Wenn Winter den Fernsehbildern eine »Art von angeberischer Verachtung« vorwirft, hallt darin Adornos harsche Kritik an der sogenannten Massenkultur[10] nach: »Werden die Massen, zu Unrecht, von oben her als Massen geschmäht, so ist es nicht zum letzten die Kulturindustrie, die sie zu den Massen macht, die sie dann verachtet.«[11] Nicht minder deutlich weist Winters Beunruhigung angesichts der intentionsbeladenen Fernsehbilder auf eine von Adorno konstatierte Tendenz des Mediums Fernsehen wie der Kulturindustrie im Allgemeinen hin, »eine Tendenz«, die »das Bewußtsein des Publikums von allen Seiten zu umstellen und einzufangen«[12] weiß – oder in

8 Wim Wenders: »Der Amerikanische Traum« (1984), in: ders.: *Emotion Pictures: Essays und Filmkritiken*, Frankfurt am Main 1986, S. 138–170, hier: S. 153.

9 Adorno: »Résumé über Kulturindustrie«, S. 339. Zum Werbecharakter kulturindustrieller Produkte vgl. insbesondere auch Adorno / Horkheimer: »Kulturindustrie«, S. 185–191.

10 Ein Begriff, von dem sich Horkheimer und Adorno bekanntermaßen bewusst distanzieren, »um von vornherein die Deutung auszuschalten, die den Anwälten der Sache genehm ist: daß es sich um etwas wie spontan aus den Massen selbst aufsteigende Kultur handele, um die gegenwärtige Gestalt von Volkskunst. Von einer solchen unterscheidet sich die Kulturindustrie aufs äußerste«. Adorno: »Résumé über Kulturindustrie«, S. 337.

11 Ebd., S. 345.

12 Theodor W. Adorno: »Prolog zum Fernsehen« (1953), in: ders.: *Gesammelte Schriften*, Darmstadt 1998, Bd. 10.2, S. 507–517, hier: S. 507. Ebenso wie Wenders' und Winters Fernsehkritik richtet sich auch diese Studie Adornos – ebenso wie »Fernsehen als Ideologie« (1953) im selben Band, S. 518–532 – maßgeblich am amerikanischen Fernsehen aus. Auch wenn der Frankfurter dort »allgemeine Tendenzen der Kulturindustrie« walten sieht, will er sie nicht »blank auf das deutsche Fernsehen [...] übertragen.« Adorno: »Prolog zum Fernsehen«, S. 507. Der amerikanische Kulturimperialismus ist freilich von keinem der beiden unkommentiert geblieben, von Wenders sogar mit Vehemenz kritisiert worden: »You come back out of this nightmare that you are fleeing [den USA, M.S.] – to France, for example – turn on the television, and suddenly you can't believe your eyes – first you see commercials everywhere, and then this idiotic, just plain stupid American entertainment programming. You are sitting in Paris, once the cultural capital of the world, and now everyone is imitating in a helplessly dumb fashion this American crap you've just escaped. In Italy it's the same thing, so you travel to Germany, the last bastion of hope [...], and what do you see? The Federal Republic as well has only this one wish – to belong to this great, terrible America and finally become the fifty-first state in the U.S.« Gemünden / Cook: »Excerpts from Interviews with Wenders«, S. 84.

Wenders' Worten aus TOKYO-GA (1985): »Every shitty television set has become the center of the world.«

2. Bildmacht, Machtbilder

Dass das bloße Entertainment, so macht Wenders deutlich, zum eigentlich Politischen wird, zur »Fortsetzung der Politik mit anderen Mitteln«,[13] darf zweifelsohne als einhellige Zustimmung Adorno gegenüber verstanden werden, der kulturindustrielle Produkte generell in ihrer repetitiven Erscheinung begreift als Gegnerinnen des kritischen Denkens, des Widerstandes und der Individualität, als Anwältinnen des Status quo, die systemkonforme politische, kulturelle wie gesellschaftliche Einschreibungen im Dauerfeuer bejahen. Wenders bringt diesen von der Kritischen Theorie ausführlich beschriebenen Teufelskreis auf den Punkt: »DIE MACHT DER BILDER: DIE MACHT DER BESTÄTIGUNG: DIE BESTÄTIGUNG DER MACHT«, setzt er in »Der Amerikanische Traum« in große Lettern.[14]

Für die Figur Winter äußert sich das bedrohte Bewusstsein in einem Seh- und Hörverlust, den er beim Fernsehen erlebt. Beim Ansehen »dieses unmenschlichen Fernsehens« sei ihm »Hören und Sehen« vergangen, bemerkt er in New York Angela (Edda Köchl) gegenüber. Ein Sinnesschwund, den Adorno spätestens 1938 in seinem Aufsatz »Über den Fetischcharakter in der Musik und die Regression des Hörens« zu einem zentralen Element seiner Kulturindustriekritik formt und später auf die Rezeption (audio-)visueller Medien überträgt.[15] Unter Regression lässt sich bei Adorno im weitesten Sinne ein Kompetenz-, Erfahrungs- *und* Sinnverlust fassen, der sich am Publikum vollzieht und den die Beschaffenheit kulturindustrieller Produkte befördert.[16] Bezogen auf seine Fernsehkritik ist es somit kaum möglich, Fernsehbilder zu *sehen*, denn »die aufblitzenden und entgleitenden Bilder von Film und Television«, so heißt es im »Prolog zum Fernsehen« (1953), näherten »der Schrift sich an«, würden damit »aufgefaßt, nicht betrachtet«

13 Wenders: »Der Amerikanische Traum«, S. 163.

14 Ebd., S. 146.

15 Dass die Gräben zwischen Adorno und Wenders hinsichtlich populärer Musik unüberwindbar sind, daran besteht wohl kaum ein Zweifel. Schwer nachvollziehbar wäre für Adorno die Weigerung Wenders', die vom Filmemacher selbst zum Ausdruck gebrachte Kritik am amerikanischen Fernsehen und Studiosystem auf die Sphären der Pop- und Rockmusik auszudehnen.

16 Vgl. Theodor W. Adorno: »Über den Fetischcharakter in der Musik und die Regression des Hörens« (1938), in: ders.: *Gesammelte Schriften*, Darmstadt 1998, Bd. 14, S. 14–50.

und schließlich zum »Mittel der Regression«.[17] Das so provozierte Versagen des Gesichtssinns und die Lähmung des Reflexionsvermögens werden für Adorno wie Wenders zum manipulativen Moment.[18]

Als Filmemacher setzt Wenders seine verbale Kritik am Medium Fernsehen in einer Bild- und Filmsprache fort, die sich teils in der Dysfunktionalität, teils in der Überpräsenz der Apparate ausdrückt sowie in der direkten Interaktion mit Figuren, Orten und anderen Medien allegorische Züge annimmt. In ALICE IN DEN STÄDTEN finden sich diese Charakteristika vereint: Auf dem Röhrenbildschirm in einem New Yorker Hotel flimmern die nun eingepferchten Kinobilder John Fords, im Hintergrund sehen wir aufdringlich die Neonreklame der Straßen durchs Fenster blinken: Die Werbeunterbrechung von YOUNG MR. LINCOLN (John Ford, 1939) löst in Winter einen Wutanfall aus, der damit endet, dass der Apparat rauchend am Boden liegt.

Derartige Interaktionen, wie sie hier in Form ablehnender Aggression stattfinden, ziehen sich bis ins Spätwerk Wenders': Das Fernsehen wird, um nur einige Beispiele zu nennen, zum peinigenden Stromschlag in DER AMERIKANISCHE FREUND (1977), zum buchstäblichen Störsignal beim Gedankenlesen in DER HIMMEL ÜBER BERLIN (1987), personifiziert sich in THE MILLION DOLLAR HOTEL (2000) – wo die Machtverhältnisse zwischen Fernsehen und Publikum auf den Kopf gestellt werden – und quält eine altersschwache Dame in LAND OF PLENTY (2004), die nicht nur ans Bett, sondern an das einzige Programm gefesselt ist, das ihr defekter Apparat auszuspucken imstande ist.[19] Was uns wieder zurück zu ALICE IN DEN STÄDTEN führt, genauer zu Alice selbst (Yella Rottländer), dem Kind, das sich von der psychologischen Wirkmacht des Fernsehens noch im Traum nicht lösen kann. »Ich hab' den Fernseher angemacht«, gibt Alice im Hotel in Amsterdam ihren »komischen Traum« wieder, »hab' mich auf meine Schuhe gesetzt, hab' mich angebunden und dann kam auf einmal ein Gruselfilm. Dann hab' ich mich nicht mehr losbekommen. Und ich konnte den Fernseher nicht ausschalten. Ich konnte die Augen nicht zumachen, konnte mich nicht mehr entfesseln. Und dann

17 Adorno: »Prolog zum Fernsehen«, S. 514.

18 Adorno beruft sich mit dieser Erkenntnis auf Johann Wolfgang von Goethe, den er wie folgt zitiert und kommentiert: »›Im Theater wird durch die Belustigung des Gesichts und Gehörs die Reflexion sehr eingeschränkt‹ – Goethes Ahnung fände ihren Gegenstand erst an einem Gesamtsystem, in dem das Theater längst zu einem Museum von Vergeistigung ward, das aber dafür seine Konsumenten mit Kino, Rundfunk, illustrierten Zeitschriften […] ohne Unterlaß bearbeitet.« Ebd., S. 509–510.

19 Dass dem kräftigen Schlag des Protagonisten auf den Apparat zwar ein tatsächlicher Senderwechsel auch im Kopf des paranoiden, von stereotypen Vorurteilen belasteten Kriegsveteranen folgt, bedeutet nicht zwangsläufig, dass der Beschwerde der Bettlägerigen, es liefe andauernd dasselbe Programm, mit dem Programmwechsel Abhilfe verschafft sei.

musste ich mir den Film halt anschauen.«[20] Dass hier sogar der von Wenders stets idealisierte kindliche Blick in die Fänge des Fernsehens gerät, verleiht der Wenders'schen Kritik eine zusätzliche Schärfe: Der »Abbau des kindlich unbefangenen Blicks in der zweiten Hälfte des 20. Jahrhunderts«, so stellt Glasenapp fest, der »mit bis dato ungekannter Vehemenz betrieben wurde«, ist für Wenders unübersehbar die Folge »eine[r] zur Gänze zugerichtete[n] und ihrerseits zurichtende[n], insbesondere vom Fernsehen als ihrem Leitmedium dominierte[n] Bilderwelt.«[21] Eine Bilderwelt, so macht Alice' Traum überdeutlich, die für Wenders wie für Adorno zur »Fesselung des Bewußtseins«[22] beiträgt. Winter, dessen Aggression gegen den John Ford unterbrechenden Fernsehapparat durchaus als verzweifelter Versuch einer *Ent*fesselung gewertet werden kann – einer Entfesselung, die Alice im Traum misslingt –, wird ganz offensichtlich zum Sprachrohr für Wenders' Anklage an eine uns Sehzwänge auferlegende Fusion von Reklame- und Bilderwelt, die im Fernsehen, dem »Gift für die Augen«,[23] ihren Höhepunkt erreicht – eine Anklage, die Adorno zu erheben nicht minder müde wird.[24]

Dass es Wenders hierbei auch um das Sichtbarmachen einer Verstümmelung des Kinos geht, die nicht nur im zerstückelten Fernsehprogramm *en miniature*, sondern auch in der ästhetischen Angepasstheit der Filme ebenso wie in der ökonomischen Verdrängung der Lichtspielhäuser *en masse* stattfindet, ist bekannt. Ein Seitenblick zu Adorno, der in seinem »Prolog zum Fernsehen« einige Schlaglichter auf das Verhältnis von Kino und Fernsehen wirft, mag auch hier Verbindungslinien schaffen. Mit Bezug auf die unterschiedlichen Rezeptionsbedingungen beider Medien schreibt Adorno über das Bildschirmformat des heimischen Fernsehapparates der 1950er Jahre: »Einstweilen dürfte das Miniaturformat der Menschen auf der Fernsehfläche die gewohnte Identifikation und Heroisierung behindern. Die da mit Men-

20 Alice' Traum kommt Wenders' eigener albtraumhaften Erfahrung vom amerikanischen Fernsehen nahe: »[E]s war nicht die Tatsache des Fernsehens selbst, was mich in Besitz genommen hatte, es war WIE dieses Fernsehen funktionierte, dieses AMERIKANISCHE FERNSEHEN. Es war das unfaßbar laute, geschmacklose, ausgezockte, menschenverachtende Gebaren dieses Bildersystems, dem ich anfangs mit fasziniertem Entsetzen zusah und dem ich dann allmählich ausgeliefert war wie ein vor Schreck gelähmtes Tier auf der nächtlichen Landstraße den Autoscheinwerfern«. Wenders: »Der Amerikanische Traum«, S. 152.

21 Glasenapp: *Wim Wenders:* PARIS, TEXAS, S. 20.

22 Adorno: »Résumé über Kulturindustrie«, S. 345.

23 Wim Wenders in REVERSE ANGLE (1982), verschriftlicht zu finden in ders.: »REVERSE ANGLE: New York City March 1982« (o.J.), in: ders.: *Die Logik der Bilder: Essays und Gespräche*, Frankfurt am Main 2015 (1988), S. 32–34, hier: S. 33.

24 »Technisch so gut wie ökonomisch verschmelzen Reklame und Kulturindustrie«, schreiben Adorno und Horkheimer prägnant in »Kulturindustrie«, S. 187.

schenstimmen reden, sind Zwerge. Sie werden kaum in dem Sinn ernst genommen wie die Filmfiguren.«[25]

Angesichts der Tatsache, dass John Ford für Wenders eines der amerikanischen Regievorbilder schlechthin sein dürfte, lässt sich Winters Rage nicht nur als Reaktion auf den technisch-ästhetischen wie ökonomischen Affront gegen das Medium Kino lesen, sondern auch als eine Entrüstung über die entmachtete und gedemütigte, auf bloße Unterhaltung reduzierte Bildsprache eines von Wenders idealisierten amerikanischen Kinos verstehen. Das Fernsehen zeichnet er demnach nicht nur als Schad- und Störfaktor für menschliche, sondern gerade auch für kulturelle, genauer: cineastische Umwelten. Buchka kommentiert hierzu treffend, bei Wenders werde das Fernsehen »nicht verspottet, weil es der kommerzielle Feind des Kinos ist, sondern weil es dessen falsche Mittel bewußtlos vervielfacht«.[26]

3. Bildindustrie, Bildtechnologie – und nochmal: Reklame

Auf das Verhältnis von Kino und Fernsehen blickt Wenders bis in die 1980er Jahre hinein mit großer Sorge. Sie verdichtet sich in seiner dokumentarischen Orakelinszenierung CHAMBRE 666 (1982), in der er im Hotel Martinez in Cannes einige der großen der größten Regisseure von Michelangelo Antonioni über Rainer Werner Fassbinder bis Jean-Luc Godard einlädt, um sie zur Zukunft der Kinokunst und -sprache zu befragen. Diese Frage einleitend kommentiert Wenders, eine Fernsehästhetik habe die Filmästhetik ersetzt, der Stoff der Filme verliere sich in bloßer Selbstreferenzialität, ohne eine erfahrbare Verbindung zum Leben aufrechtzuerhalten, große Produktionen verschluckten die kleinen und das Kino sei neben dem Fernsehen zusätzlich vom aufsteigenden Videomarkt bedroht – standardisierte Produktionsbedingungen einer ganzen Bildindustrie bestimmten also mehr und mehr über die Gestaltungsmöglichkeiten des Films. Nun ist zwar die Fallhöhe der Kinokunst bei Adorno sicherlich um einiges geringer[27] – der Film

25 Adorno: »Prolog zum Fernsehen«, S. 509. Im Übrigen nimmt Adorno bereits zur Entstehungszeit des Textes das Bedürfnis nach und die Entwicklung hin zu möglichst großen Projektions- und Bildschirmflächen sehr ernst, sprich den Trend zum Heimkino, der heute in Form von immer großzügiger dimensionierten Flachbildschirmen oder gar qualitativ hochwertigen Beamern in zahlreichen Wohnzimmern Einzug gehalten hat. Vgl. ebd.

26 Buchka: *Augen kann man nicht kaufen*, S. 112.

27 Das dürfte der Hauptgrund sein, warum bis heute Adornos Beitrag zur Filmästhetik unterschätzt wird. Engagierte und ernstzunehmende Versuche innerhalb der Filmwissen-

gilt ihm als der »zentral[e] Sektor«[28] der Kulturindustrie –, weswegen ihm die »Behauptung, durch die Fernsehprogramme werde das Niveau [des Kinofilms, M.S.] noch weiter gesenkt«, doch eher als Suche nach einem »Sündenbock«[29] vorkomme. Und dennoch, so räumt er ein, »leuchtet die Behauptung ein, es werde durchs Fernsehen schlimmer und nicht besser, ähnlich wie seinerzeit die Erfindung der Tonaufnahme die ästhetische und gesellschaftliche Qualität des Films herabdrückte, ohne daß doch heute der stumme Film wieder zu erwecken, das Fernsehen abzuschaffen wäre.«[30] Was Wenders also zu Beginn der 1980er Jahre beschäftigt und ihn recht pessimistisch zu stimmen scheint, handelt Adorno seinerzeit im Kontext der Mediengeschichte als eine an den technologischen Fortschritt gekoppelte und ökonomisch bedingte, sich damit zwangsläufig wiederholende Sorge um das unvermeidliche Verblassen spezifischer Kunstsprachen, -formen und -techniken ab. Es ist die berechtigte Sorge eines Künstlers, dass das eigene Schaffen von der Technologie abgehängt, verschluckt wird, dass die neuesten Innovationen auf dem Gebiet der technischen Ausstattung über die Ästhetik des Werks bestimmen. In genau diesem Spannungsverhältnis von fortschreitender Technologie und ästhetischer Technik[31] sieht Adorno die größte Schwierigkeit, Filmschaffen als Kunst zu betreiben: Seine Annahme, dass die (Re-)Produktionstechnik die autonome Entwicklung der künstlerischen Technik wenn nicht verhindere, so doch unentrinnbar beeinflusse und zudem, ganz unabhängig von einer Marktlogik, das technisch bestimmte Wesen des Mediums Film dessen eigene Ästhetik sekundär werden lasse,[32] ist in seiner Auseinandersetzung mit Film zwar dominant, bleibt aber weder undialektisch durchdacht noch kann es isoliert von seinen Reflexionen über das moderne Kunstwerk betrachtet werden. Miriam Bratu Hansen verweist zu Recht und argumentativ herausragend darauf, dass dem Film bei Adorno gerade durch sein onto-

schaften, diesen Missstand zu überwinden, haben meines Erachtens Gertrud Koch und Miriam Bratu Hansen unternommen. Vgl. Gertrud Koch: »Mimesis und Bilderverbot in Adornos Ästhetik: Ästhetische Dauer als Revolte gegen den Tod«, in: *Babylon* (1989), H. 6, S. 33–45 und Miriam Bratu Hansen: *Cinema and Experience: Siegfried Kracauer, Walter Benjamin, and Theodor W. Adorno*, Berkeley, Los Angeles und London 2012, passim.

28 Adorno: »Résumé über Kulturindustrie«, S. 339.

29 Adorno: »Prolog zum Fernsehen«, S. 511.

30 Ebd.

31 Den Technikbegriff Adornos hier ausführlich zu behandeln, würde den Rahmen dieses Beitrags mehr als sprengen. Verwiesen sei deshalb hier auf Hansen, die in ihrer Monografie *Cinema and Experience* den Technikbegriff, seine Spannungsfelder und Kontexte in Bezug zum modernen Kunstwerk und Film fruchtbar analysiert.

32 Theodor W. Adorno und Hanns Eisler: »Komposition für den Film« (1947), in Theodor W. Adorno: *Gesammelte Schriften*, Darmstadt 1998, Bd. 15, S. 7–155, hier: S. 64.

logisch begründetes Zwangsverhältnis zur Technologie eine besondere Rolle innerhalb der modernen Kunst zukomme, ein Verhältnis, das in der Spannung zum Innerästhetischen sowohl eine negierende Kraft als auch eine eben diese Kraft neutralisierende Komplizenschaft ausbilden könne.[33] Zwei Schlüsse daraus sollen hier Verwendung finden:[34] Wenn selbst unabhängiges Filmschaffen weder dem Druck des Marktes noch der ontologischen Bestimmung einer durch und durch technisch vermittelten Filmkunst entkommen kann, liegt für Adorno erstens ein großes Potenzial des Films in einer Art Negation der technisch-medialen Selbsterwartung. Erkennbar wird dies unter anderem in seiner Sympathie gegenüber dem »ungeschickter[en]« Film, dem »Unbeholfenen, nicht Gekonnten, nicht der Wirkung Sicheren«[35] – Attribute, die er in »Filmtransparente« (1966) den ersten Versuchen des Neuen Deutschen Films zuschreibt –, den er aber dennoch deutlich abgrenzt vom autonomen Kunstwerk, wenn es heißt: »Während in der autonomen Kunst nichts taugt, was hinter deren einmal erreichtem technischen Standard herhinkt, haben gegenüber der Kulturindustrie, deren Standard das nicht Vorgekaute, nicht schon Erfaßte ausschließt, […] Gebilde ein Befreiendes, die ihre Technik nicht gänzlich beherrschen.«[36] Zum anderen aber wäre Adornos Ausspruch ernst zu nehmen, dass »nicht die Technik als solche für die Barbarei der Kulturindustrie verantwortlich zu machen«[37] wäre. Bezogen auf den Film wird er noch deutlicher: »Die Möglichkeiten, welche die technische Apparatur für Kunst in der Zukunft bietet, sind unabsehbar, und noch im verkommensten Film sind Augenblicke, wo diese Möglichkeiten sichtbar aufblitzen.«[38] Was nicht suggerieren soll, dass ein solches Bestreben für Adorno widerspruchsfrei und problemlos möglich wäre: Inwiefern diese Möglichkeiten utopische bleiben, steht auf einem anderen Blatt; immerhin aber wäre hier festzuhalten, dass sie von Adorno als Potenziale anerkannt werden, die es dem Film ähnlich wie der autonomen Kunst ermöglichen, die Verhältnisse umzukehren, das heißt die außerästhetische Technik derart zu beherrschen, dass sie nicht länger Zweck bleibt.

33 Vgl. Hansen: *Cinema and Experience*, S. 207.

34 Den dicht verwobenen, stets in einem dialektischen Verhältnis stehenden Aspekten und Elementen der Filmästhetik und Filmtheorie Adornos kann ich hier nicht gerecht werden. Für dieses Unternehmen beschränke ich mich deshalb darauf, einige relevante Schlaglichter zu werfen.

35 Theodor W. Adorno: »Filmtransparente« (1966), in: ders.: *Gesammelte Schriften*, Bd. 10.1, S. 353–361, hier: 353.

36 Ebd.

37 Adorno / Eisler: »Komposition für den Film«, S. 12.

38 Ebd.

In diesem Sinne wird Wenders im Laufe seiner Karriere die Aversion gegen technologische Fortschritte, wie sie uns in CHAMBRE 666 begegnet, durch einen distanzierteren, neu ausgerichteten Blick ersetzen: »Die Zukunft des Kinos liegt nicht mehr in seiner Vergangenheit. Oder, anders gesagt: Die Vergangenheit des Kinos weist uns keine Wege mehr in seine Zukunft«,[39] heißt es Jahrzehnte später in einem Vortrag im Rahmen einer Pariser Konferenz zur Zukunft des europäischen Films. Um was es Wenders in der Auseinandersetzung mit den »neuen Technologien« geht, ist, das »Handwerk« nicht den »Werkzeugen zu überlassen«, als Filmemacher nicht in einer Opferrolle zu verweilen, sondern einen Akt des Empowerment gegenüber der Technologie zu vollziehen: »lernen, sie zu benutzen«, anstatt sich von ihr benutzen zu lassen, und sie so »in den Dienst des Geschichtenerzählens zu stellen«,[40] lautet sein Appell an die Filmschaffenden Europas.

Diese Entwicklungslinie markiert auf zweifache Weise eines der Grundelemente des Wenders'schen Œuvres, nämlich den Drang oder die künstlerische Motivation, Veränderung als Idee formal-ästhetisch festzuhalten, als Praxis zu probieren und damit einen Gegenpol zu den standardisierten ›Industriebildern‹ zu setzen.[41] Ebenso wie Wenders jedoch die lähmende Unsicherheit angesichts immer neuer Technologien ablegt, ersetzt er einen guten Teil seines anfänglichen Idealismus durch einen selbstbewussten Pragmatismus. Die reale Schaffens- und Erwerbspraxis hält auch für einen Wim Wenders, der vom gegen Reklamebilder wetternden Idealisten zum rege Reklamebilder produzierenden Regisseur von Welt gerät,[42] die Dilemmata des Kunstschaffenden bereit, für den es ein Außerhalb der Kulturindustrie nicht geben kann. Und so liegen doch spürbare Meilen zwischen dem jungen Wim Wenders alias Philip Winter und dem Regisseur, der wenig (selbst-)kritisch – man mag zwischen den Zeilen eine gewisse Resignation lesen oder nicht – über das Verhältnis von Film- und Werbebildern nun spricht, als sei es ein ausgeglichenes, unproblematisches – hinsichtlich technologischer Neuerungen inspirierendes – und die Verschränkung von

39 Wim Wenders: »Die Entdeckung eines Universums. Was die neuen Technologien uns zu bieten haben« (2001), in: ders.: *A Sense of Place: Texte und Interviews*, Frankfurt am Main 2005, S. 97–106, hier: S. 97.

40 Ebd., S. 103 und 105.

41 Zur »Idee der Veränderbarkeit« als »ästhetisch-politisches Credo« siehe Buchka: *Augen kann man nicht kaufen*, S. 70.

42 Vgl.: Bärbel Unckrich: »Wim Wenders: ›Mancher Werbedreh hat mich gerettet‹«, in: *Horizont* (16.10.2015), https://www.horizont.net/agenturen/nachrichten/Exklusiv-Interview-Wim-Wenders-Mancher-Werbedreh-hat-mich-gerettet-136903 [zuletzt aufgerufen am 27.2.2021].

Film- und Werbefilmproduktion eine selbstverständliche, zumindest unausweichliche Notwendigkeit.[43]

Gefragt nach der Messlatte des Erfolgs von Werbespots, beschreibt Wenders in einem Interview ein Verhältnis der wechselseitigen Beeinflussung zwischen Film und Werbung: »Nachdem der Film [DER HIMMEL ÜBER BERLIN, M. S.] herauskam, habe ich gut und gern 20 Videoclips und Werbefilme gesehen, die voll abgekupfert waren. [...] Die Zeiten sind mehr oder weniger vorbei, dass Filme stilbildend auf Videoclips oder Werbefilme gewirkt haben. [...] Heute ist das ganz selten, heute läuft das eher umgekehrt, dass in Videoclips und Commercials Techniken ausprobiert und gezeigt werden, die man kurz danach in Spielfilmen wiedersieht.«[44] Seine nunmehr doch recht neutral anmutende, die Werbefilmproduktion gar als lehrreiche Komplizin eines Filmschaffenden kennzeichnende Aussage schlägt schließlich in einer Anekdote in einen – aus Sicht der frühen kritischen Einstellung Wenders' – regelrecht naiven Stolz um: »Ich saß eines Tages zufällig in München im Kino, als genau mein Werbefilm für den Klassiksender Bayern 4 lief. Das war so ein modernes Kino mit Dolby Stereo Sound und unheimlich viel Krach, und ein Werbefilm lauter als der andere, und dann kam ›meiner‹, bei dem nur Häuser zu sehen waren, aus denen klassische Musik erklang. Es wurde auf einmal ganz still im Kino, und hinter mir sagte ein Mädchen ganz leise zu seiner Freundin: ›Das war aber jetzt schön!‹«[45] Wenders scheint seine Beobachtungen, dass Fernseh- wie Kinobilder mehr und mehr der Reklame anheimfallen, nicht auf die eigenen Werbebilder übertragen zu wollen, die – mögen sie noch so sehr von den anderen Werbeclips hervorstechen – doch eines tun: Sie verdinglichen Kunst und zwar seine eigene. Die Fetischisierung des eigenen Werks, der eigenen Ästhetik – sogar der eigenen Bilder und der eigenen Person, denkt man an jüngere Werbespots wie jenen für das Produkt Samsung Galaxy Note II (2012), in denen Wenders selbst zum Wer-

43 Vgl. Wim Wenders in »Wim Wenders im Interview: Videoclips und Werbespots« (o. J.), in: ders.: *A Sense of Place*, S. 113–122. Zur finanziellen Notwendigkeit seines Tätigwerdens in der Werbebranche siehe auch Unckrich: »›Mancher Werbedreh hat mich gerettet‹«; zu Wenders' Werbeclip für Afri Cola vgl. Andreas Borcholte: »›Es muss schon alles sein‹«, in: *Spiegel Online* (29.5.2001), https://www.spiegel.de/kultur/kino/interview-mit-wim-wenders-es-muss-schon-alles-sein-a-136674.html [zuletzt aufgerufen am 27.2.2021] und Fridtjof Küchemann: »Wim Wenders Spot soll die Kultmarke Afri-Cola auffrischen«, in: *Frankfurter Allgemeine Zeitung* (27.5.2001), https://www.faz.net/aktuell/feuilleton/werbung-wim-wenders-spot-soll-die-kultmarke-afri-cola-auffrischen-121138.html [zuletzt aufgerufen am 27.2.2021].

44 Wenders: »Videoclips und Werbespots«, S. 119.

45 Ebd.

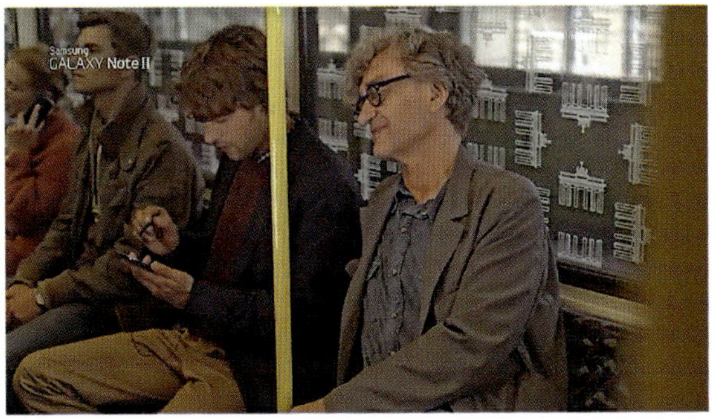

Wim Wenders als Werbegesicht in einem Spot des Unternehmens Samsung

begesicht und Der Himmel über Berlin im Sinne der Reklame zerstückelt wird[46]– übersieht er an dieser Stelle großzügig.

Und das nicht nur hier: Über den Auftrag eines deutschen Automobilherstellers erzählt Wenders, gereizt daran habe ihn, »dass das Ganze in der Verkleidung eines ›Spielfilmtrailers‹ daherkäme, dass man also ungefähr so an die Sache herangehen könnte, als sei es die erste Woche des Drehs von einem echten Roadmovie, welches es bloß nie geben würde.«[47] Die Entrüstung Wenders', die er noch in Reverse Angle kundtut, dass »die zeitgenössischen amerikanischen Filme […] mehr und mehr aus[sehen], wie ihre eigenen Reklametrailer«[48] – Adorno: »Jeder Film ist die Vorschau auf den nächsten […]: wer zu spät kommt, weiß nicht, ob er der Vorschau oder der Sache selbst beiwohnt«[49] –, formt sich um in eine Praxishaltung, die das Kino selbst zur bloßen Reklameform reduziert.

Wie invasiv die Bildsprache der Werbung umgekehrt in Wenders' Filmwerke vordringen kann, zeigt Glasenapp eindringlich an Paris, Texas. Er stellt nicht nur fest, »dass die südtexanische Wüstenlandschaft, die durch die Supertotalen des Filmanfangs so spektakulär in Szene gesetzt wird, die meisten Zuschauer weniger an Ford denn an Marlboro-Country erinnert haben

46 Vgl. hierzu (inklusive Videomaterial): Santiago Campillo-Lundbeck: »Wim Wenders wirbt auch im TV für Galaxy Note 2«, in: *Horizont* (17.9.2012), https://www.horizont.net/marketing/nachrichten/-Wim-Wenders-wirbt-auch-im-TV-fuer-Galaxy-Note-2-110096 [zuletzt aufgerufen am 1.3.2021] sowie Michael Reidel: »Samsung über Berlin: Wim Wenders wird zum Werbebotschafter«, in: *Horizont* (23.8.2012), https://www.horizont.net/marketing/nachrichten/-Samsung-ueber-Berlin-Wim-Wenders-wird-zum-Werbebotschafter-109566 [zuletzt aufgerufen am 1.3.2021].

47 Wenders: »Videoclips und Werbespots«, S. 120.

48 Wenders: »Reverse Angle«, S. 33.

49 Adorno / Horkheimer: »Kulturindustrie«, S. 187.

dürfte«, sondern bringt mit Blick auf das unübersehbare Product Placement eben jener, den Film als Sponsor mitfinanzierenden Zigarettenmarke den hier angesprochenen Widerspruch auf den Punkt: »dass Wenders, der wohl profilierteste Bildökologe des Weltkinos, mit PARIS, TEXAS, den von ihm geächteten Ausverkauf der Bilder in gewisser Weise selbst betreibe«.[50]

Die Bedrohung des Kinos als Kunst, die Gefährdung wahrer Bilder, so könnte man mit Adorno und an Wenders argumentieren, formiert sich in einem Angriff von außen und einer stetigen Selbstgefährdung, die so einfach nicht abzuwehren ist. Wenn Wenders in CHAMBRE 666 den aus politischen Gründen abwesenden Yilmaz Güney zu Wort kommen lässt, bricht dieser eben jenen Gedanken auf die Ebene der realen Schaffenspraxis innerhalb der Kultur- und enger der Bildindustrie herunter: »Es gibt zwei Aspekte des Kinos: die Industrie und die Kunst; beide sind nicht voneinander zu trennen. [...] Sobald ein junger Filmemacher mit kapitalistischen Produzenten arbeiten muß, verliert er seine Unabhängigkeit. Er muß sich dann in einem festen Rahmen bewegen und wird Teil eines dekadenten Kinos, statt weiter eine Hoffnung zu repräsentieren. Das genau ist die Tragödie: die des Künstlers und des Kinos.«[51]

4. Filmbilder, Bildutopien

Bei aller zwangsläufiger und selbstgewählter Verflechtung des Wenders'schen Schaffens in Bildindustrien und Werbewelten – sein Werk will einem Kino verschrieben sein, das zeigt, »was offen ist für Veränderung«, für ihn »der einzige politische Akt, zu dem Kino fähig ist: die Idee von Veränderung

50 Glasenapp: *Wim Wenders:* PARIS, TEXAS, S. 34–35.

51 Zitiert wird hier nach der verschriftlichten Übersetzung von CHAMBRE 666 in Wim Wenders: »CHAMBRE 666« (o.J.), in: ders.: *Die Logik der Bilder*, S. 35–45, hier: S. 45. Diese Tragödie des zur Ware degradierten Kinofilms sowie des Existenzkampfes des Kulturortes Kino beobachtet Wenders im Übrigen schon 1969 in »Verachten, was verkauft wird«, einem kurzen Essay über seine ernüchternde, drei Monate andauernde Erfahrung innerhalb der Filmverleihbranche: »Ich habe in dieser Zeit die Schließung von etwa einem Dutzend Kinos miterlebt: indem die Karteikarten durchgestrichen wurden. Ich habe die Vertreter und die Disponentinnen über Filme reden hören wie über Frühkartoffeln und Schlachtpreise [...]. Ich habe Kinobesitzer gesehen, die vor Wut gezittert haben, oder geweint haben oder händeringend gefleht haben. Tatsächlich gezittert, geweint, gefleht haben. Sie haben die Filme nicht bekommen, die ihre Kinos noch hätten füllen können. Dafür haben sie Filme buchen müssen und Verträge erfüllen müssen, die ihnen den Bankrott garantiert haben.« Wim Wenders: »Verachten, was verkauft wird« (1969), in: ders.: *Emotion Pictures*, S. 52–53, hier: S. 52–53.

wachzuhalten«,[52] ein unbestreitbar adornitisches Motiv. Dabei benennt Wenders ganz klar die Ambivalenzen des Films: »Er kann etwas sichtbar machen, er kann aber auch etwas unsichtbar machen. Ein Film kann einem wirklich die Augen zumachen, jeder Film; viele Filme machen überhaupt nichts anderes. Man kommt heraus und ist für die nächsten Tage blind. [...] Und andere Filme, da kommt man heraus und ist offener als je zuvor in seinem Leben für die ganze Welt.«[53] Das *Sehen*, der Sinn, der uns für Wenders wie für Adorno von den anfangs beschriebenen Fernsehbildern genommen wird, soll sich im Kino regenerieren. Bei Wenders findet dies häufig auf einer doppelten Ebene statt: auf der formal-ästhetischen für den Zuschauer wie auf der diegetischen für seine Figuren. Beide durchlaufen, so wird Wenders häufig verstanden, eine Art sinnlichen Heilungsprozess. Anhand von Wenders' Begeisterung, die Jahrzehnte nach ALICE IN DEN STÄDTEN im Audiokommentar wieder aufflammt, wenn das Fernrohr, durch das Alice vom Empire State Building blickt, dem Flug eines zufällig die Kadrierung kreuzenden Vogels folgt, wird deutlich, wie sich ein solches befreites Sehen gestaltet: Indem das Zufällige, das von Adorno benannte »Nichtintentionale«, Einzug in unterschiedliche Lagen des Films hält, entgeht es dem »Fluch der Vorentschiedenheit«[54] massenkultureller Produkte.

Während Adorno seine Utopie des Kunstfilms als eine die subjektive Erfahrung wiederherstellende und ihrem technologischen Ursprung trotzende Kraft theoretisch definiert, begeht Wenders, so scheint es, versuchsweise praktische Wege, um eine solche Wirkung filmsprachlich in Bewegung zu setzen. Vor allem seine frühen Roadmovies wie ALICE IN DEN STÄDTEN mögen in ihrer Visualität an Adornos Ideal einer filmischen Ästhetik erinnern, die sich in einem »Zug der Bilder« manifestiert, ähnlich dem, der vor dem inneren Auge abläuft und durch ein »Innehalten in der Bewegung«[55] besticht.

Wenders will Filme machen, »die eigentlich gar nicht objektiv da vorn auf der Leinwand bestehen und die keinen Zwang ausüben auf den Zuschauer, sondern ihm einen freien Blick gewähren.«[56] Und er will keine Filme machen, die »immer mit dem Finger auf etwas zeigen und sagen: das siehst

52 Wim Wenders: »Die Wahrheit der Bilder« (1989/91), in: ders.: *The Act of Seeing: Texte und Gespräche*, Frankfurt am Main 1992, S. 57–87, hier: S. 67–68.
53 Wim Wenders: »Das Wahrnehmen einer Bewegung« (1988), in: ders.: *The Act of Seeing*, S. 37–56, hier: S. 46.
54 Adorno: »Schema der Massenkultur«, S. 310.
55 Adorno: »Filmtransparente«, S. 355.
56 Wenders: »Das Wahrnehmen einer Bewegung«, S. 42.

du jetzt und nichts anderes! und das ist so und so zu verstehen!«[57] Damit wendet er sich dezidiert gegen eine Bildsprache, die Adorno als Hieroglyphenschrift innerhalb der Massenkultur beschreibt.[58] Dabei ist Wenders klar, dass eine »Bedeutungsfreiheit der sinnlichen Wahrnehmung die blanke Utopie [ist]. Aber gleichzeitig muss man darauf bestehen, daß es diese Utopie gibt.«[59] Bei aller Widersprüchlichkeit, die sich in seiner Karriere, in seinem Denken und Schaffen abzeichnet, dass er am »utopische[n] Filmemachen schlechthin«,[60] am Versuch, rein sinnlich zu erzählen, lange festhält, darf ihm selbst in dem hier gesteckten Rahmen eines adornitisch-kritischen *revisiting* hoch angerechnet werden. Ob Wenders aber – wie Peter Buchka 1983 noch vor dem mit PARIS, TEXAS gelingenden internationalen und kommerziellen Durchbruch des Regisseurs urteilt – tatsächlich eben jener »Idee vom Filmemachen [...] stur und idealistisch nachhängt«,[61] ist im heutigen Rückblick eine Frage, die man in einer aufs Mittel- und Spätwerk ausgedehnten Revision sicherlich stellen dürfte. Ist man gewillt, der Aktualität der kritischen Position Adornos und dem Urteil Buchkas zu trauen, dass sich Wenders »verschätzt hat«, dass sein Ideal »unter den gegebenen Umständen mit keinem Plan einer Karriere zu versöhnen [ist] – in Hollywood nicht und in Europa nicht«, kommen doch angesichts der Entwicklung seiner Karriere, innerhalb derer er weit davon entfernt ist, »mit List und Beharrlichkeit in den Nischen der Filmindustrie [zu] überleben«,[62] Zweifel auf: nämlich daran, ob Wenders – dessen »selfreflexive, intellectual discourse betrays a preoccupation with a personal morality, or moral code, that he attaches to film and cinema«[63] – seinen selbst definierten Wertekurs als utopisch-bewegter Filmemacher nicht doch verlassen haben könnte.

57 Ebd.

58 Eine gründliche Auseinandersetzung mit den komplexen Schrifttropen Adornos findet sich bei Miriam Hansen: »Mass Culture as Hieroglyphic Writing: Adorno, Derrida, Kracauer«, in: *New German Critique* (1992), H. 56, S. 43–73 sowie dies.: *Cinema and Experience*, hier insbesondere S. 219–223.

59 Wenders: »Die Wahrheit der Bilder«, S. 84–85.

60 Ebd.

61 Buchka: *Augen kann man nicht kaufen*, S. 23.

62 Ebd.

63 Graf: *The Cinema of Wim Wenders*, S. 1.

Sven Weidner

Hotels und Motels bei Wim Wenders

Überlegungen zu ALICE IN DEN STÄDTEN, PARIS, TEXAS und THE MILLION DOLLAR HOTEL

1. Wenders und die Räume

Mit höchstmöglicher Akribie, Detailversessenheit und dem explorativen, spekulativen wie vorausschauenden Blick des Fotografen hat Wim Wenders für PARIS, TEXAS (1984) lange vor Drehbeginn jene Schauplätze bereist, die sich durch seinen Film in unserem kollektiven Bildergedächtnis nachhaltig festgezurrt haben. Er wollte nach eigenem Bekunden keineswegs, wie man annehmen könnte, Motivsuche betreiben; vielmehr sei es ihm darum gegangen, das Licht im amerikanischen Westen und die spezifischen geografischen Gegebenheiten kennenzulernen.[1] En passant hat er überdies den Charakter, die spezifische Atmosphäre oder vielmehr die ›Seele‹ und Semantik jener Orte und Räume dort eingefangen. Sein zum Klassiker avanciertes Fotobuch *Written in the West*, das er 1987 publizierte, legt hiervon eindrucksvoll Zeugnis ab.

Keine Frage: Räume, ganze Raumkaskaden,[2] alternierende Räume, Räume, die durchdrungen und durchschritten werden, werden bei Wenders en masse zum (bisweilen dominanten) Thema, dem er sich bekanntlich auch in einigen seiner Texte, etwa dem Vortrag »In Defense of Places« (2002), gewidmet hat. Und diese aufgeladenen wie mythisierten – stellenweise idealisierten – Räume werden von seinen Filmfiguren manchmal geliebt, manchmal gehasst, manchmal auch indifferent außer Acht gelassen. Immer aber korrespondieren sie mit

1 Das konstatiert Wenders unter anderem in dem ihm gewidmeten Dokumentarfilm WIM WENDERS, DESPERADO (Eric Friedler und Andreas Frege, 2020). Vgl. diesbezüglich auch seine Ausführungen in Wim Wenders: »Interview zwischen Wim Wenders und Alain Bergala«, in: ders.: *Written in the West Revisited: Photographien aus dem amerikanischen Westen*, München 2015 (1987), S. 7–18.

2 Man denke an die Opulenz der heterogenen Bilder in PARIS, TEXAS, die nicht nur die Opposition Stadt versus Natur / Wüste thematisieren, sondern die gleichsam vielschichtige Anordnung der Raumeinheiten Wüste–Los Angeles–Houston mit dem Highway als jeweiligem Verbindungsstück. Diese triadische Aufteilung ist etwa für die Dramaturgie relevant und spiegelt den psychologischen Status der Hauptfigur Travis (Harry Dean Stanton) wider. Vgl. hierzu ausführlich Jörn Glasenapp: *Wim Wenders:* PARIS, TEXAS, München 2019.

den Akteuren, mit der Story, mit der Sehnsucht der einzelnen Charaktere; mithin stehen sie im deutlichen Kontrast zum Lakonismus der Dialoge der Figuren. Insbesondere Wenders' in den USA angesiedelten Filme sind kaum vorstellbar ohne opulente, satte, breitformatige Totalen und Supertotalen, ohne lange, der Raumerschließung dienende Fahrten. Dies zu betonen, ist, als wollte man Eulen nach Athen tragen.

Im Wenders'schen Kosmos – und das gilt vor allem für die frühe wie mittlere Schaffensphase – sind die Figuren immer wieder *on the road*.[3] So auch in den ersten beiden Filmen, auf die in diesem Aufsatz einzugehen sein wird, wobei ALICE IN DEN STÄDTEN (1974) ohne Einschränkung dem Genre des Roadmovies zugerechnet werden kann. Dass das Motel respektive Hotel als temporärer Übernachtungs- und Aufenthaltsort in diesem eine zentrale Bedeutung entfaltet, ist selbsterklärend.[4] Die Rolle, die ihm in ALICE IN DEN STÄDTEN und PARIS, TEXAS sowie dem späten, außerhalb des Roadmovie-Genres stehenden THE MILLION DOLLAR HOTEL (2000) zufällt, soll im vorliegenden Beitrag genauer analysiert werden, wobei sich Folgendes herauskristallisieren wird: dass die Motels und Hotels in ihren jeweiligen topografischen, sozialen wie zeitlichen Gefügen völlig unterschiedlich semantisiert sind und dass das Zusammenwirken des filmischen Raums mit den jeweiligen Protagonisten und der Handlung hierdurch einen jeweils anderen Impetus erhält. Um den Filmsichtungen gleichsam ein kontextualisierendes ›Fundament‹ zu liefern, wird eine kursorische Bestandsaufnahme vorangestellt, die die historische Dimension und Einbettung des Motels in den Kulturdiskurs der USA skizzieren und den Konnex ›Motel / Hotel und Film‹ in seinen Grundzügen vorstellen soll.

3 Vgl. natürlich zumal die sogenannte Roadmovie-Trilogie, bestehend aus ALICE IN DEN STÄDTEN (1974), FALSCHE BEWEGUNG (1975) und IM LAUF DER ZEIT (1976), zu dieser wiederum Daniela Berghahn: »›Leben ... ein Blick genügt doch‹: Der utopische Augenblick in Wim Wenders' *road movies*«, in: *Monatshefte*, Jg. 91 (1999), H. 1, S. 64–83 sowie Corina Erk: »›On the Road Again‹: Wim Wenders' Roadmovie-Stil als ästhetisch-narrative Kategorie und Produktionszusammenhang«, in: Jörn Glasenapp (Hrsg.): *Wim Wenders*, München 2018, S. 17–37, aber auch die Beiträge von Golnaz Sarkar Farshi und Julian Weinert im vorliegenden Band.

4 Wenders setzt zu der Idee des Motels oder alternativ Hotels als Aufenthaltsort in seinem Film IM LAUF DER ZEIT einen Kontrapunkt. Die beiden Hauptcharaktere Bruno Winter (Rüdiger Vogler) und Robert Lander (Hanns Zischler) nutzen auf ihrer Reise quer durch die Bundesrepublik entlang der deutsch-deutschen Grenze nämlich einen umgebauten MAN-Möbelwagen, in dem sie auch nächtigen. Zu einer Ausnahme kommt es, wenn die beiden im Hinterzimmer eines bereits geschlossenen Kinos schlafen und mit alten Filmapparaten konfrontiert werden. Der Film reflektiert, wie wir wissen, nicht nur das Leben und die Welt, sondern auch das Kino, seine Geschichte und sein (vermeintliches) Sterben. Vgl. hierzu vor allem Elisabeth K. Paefgen: *Film und Literatur der 1970er Jahre: Eine Studie zu Annäherung und Wandel zweier Künste*, Bielefeld 2016, S. 25–32.

2. Motels und Hotels im kulturellen, historischen und filmischen Kontext

2.1 Das Motel als ambivalenter Teil US-amerikanischen Kulturguts

Enorme Distanzen, ein florierender Handel sowie der wirtschaftliche Austausch zwischen den einzelnen Bundesstaaten, insbesondere aber der geradezu unstillbare Wunsch nach uneingeschränkter Mobilität, die die viel beschworene Freiheit impliziert, waren verantwortlich für die Entstehung von Motels. Diese unterstrichen nicht nur die Idee der bei Amerikanern überaus geschätzten Unabhängigkeit, sie wurden auch schnell fester Bestandteil US-amerikanischer Lebensweise und Kultur. Das Motel ist aber nach Bruce Bégout nicht allein ein »bloßes Versatzstück des *american way of life*, sondern es konkretisieren sich in ihm neue urbane Lebensformen, die ganz von Mobilität, Umherirren und erlebter Armut überwölbt sind.«[5] Bégout greift mit dem Hinweis auf die »erlebte Armut« einen Aspekt heraus, der seit Bestehen des Motels mit diesem assoziiert wird. Neben den bekannten Trailer-Parks sind es die billigen Motels, die als letzte bezahlbare Möglichkeit, als *last exit* gleichsam, für das amerikanische Prekariat fungieren und somit zu sozialen Brennpunkten am Rande der urbanen Peripherien werden. Flankiert wird aber diese Konstante von der Tatsache, dass Motels von Anbeginn der Ruch des Illegalen, des Gefährlichen, des Abseitigen, mithin des Unheimlichen anhaftet. Völlig zu Recht stellt Bégout fest: »Anfänglich für […] Touristen bestimmt, sollten die Motels sehr schnell zu Orten werden, die von weniger ehrenwerten Intentionen beherrscht wurden: geheimer Treffpunkt für unerlaubte Liebesbeziehungen, Unterschlupf für einheimische oder auf der Flucht befindliche Kriminelle, Versteck für gesetzlich verbotene Waren etc.«[6] Das Motel wird hier zweifellos zu einer unkomfortablen, wenig einladenden Zone erklärt, die im Lichte der Anonymität und der geografischen Abgeschiedenheit mit allerlei Negativem aufwartet und der mit zwiespältigen Gefühlen begegnet werden muss. Vom Bild der praktischen, zweckmäßigen und soliden Unterkunft bleibt in dieser Betrachtung herzlich wenig übrig. Das Motel war gleichwohl schon immer ein Ort der Ambivalenz, der Anonymität, der Schattenseiten: Es kann keineswegs auf die alleinige Funktion der simplen Übernachtungsmöglichkeit reduziert werden.

5 Bruce Bégout: *Motel: Ort ohne Eigenschaften*, Zürich und Berlin 2013 (2003), S. 15.
6 Ebd., S. 29.

Motels sind anonyme Begegnungsstätten, die – modern gesprochen – Multitasking können; aufgrund ihrer geografischen Lage, nämlich fast immer an den Highway gebunden, ihrer architektonischen Anordnung und ihrer tendenziell eher simplen Ausstattung können sie – im Gegensatz beispielsweise zu einem Luxushotel – ein überaus heterogenes Publikum bedienen. Es existieren demnach zahlreiche Variationen hinsichtlich der Gäste und deren verschiedenen Gründe für den Besuch im Motel.[7] Es kann ohne Weiteres festgehalten werden, dass das Motel ein Ort mit hohem enigmatischen Potenzial ist, was, wie wir später in der Rückkoppelung mit den zu besprechenden Filmen von Wenders sehen, durchaus mit seinen Figuren korreliert.

Bégout rekurriert schließlich noch auf den von Michel Foucault entwickelten Begriff der Heterotopie, der im Diskurs um Rauminterpretationen lohnenswerte Einsichten zur Diskussion stellt. Heterotopien sind nach Foucault »wirkliche Orte, wirksame Orte, die in die Einrichtung der Gesellschaft hineingezeichnet sind, sozusagen Gegenplatzierungen oder Widerlager, tatsächlich realisierte Utopien, in denen die wirklichen Plätze innerhalb der Kultur gleichzeitig repräsentiert, bestritten und gewendet sind, gewissermaßen Orte außerhalb aller Orte, wiewohl sie tatsächlich geortet werden können.«[8] Mit Blick auf die Differenz zur Utopie argumentiert er: »Weil diese Orte ganz andere sind als alle Plätze, die sie reflektieren oder von denen sie sprechen, nenne ich sie im Gegensatz zu den Utopien die Heterotopien.«[9]

7 In Alfred Hitchcocks PSYCHO (1960) wird dem Motel gleich eine doppelte Funktion zugewiesen. Einerseits ist es Zufluchtsort und Versteck für Marion Crane, die eine hohe Geldsumme unterschlagen hat und deshalb dringend die Stadt verlassen muss. Andererseits ist es ein Ort des Schreckens, des Horrors, da der Besitzer Norman Bates ein schizophrener Mörder ist, der neben Marion weitere Menschen umbringt. Eine lesenswerte Auseinandersetzung mit Hitchcocks Film, die diesen im Zeichen des Niedergangs des Motels liest, bietet Elsa Court: *The American Roadside in Émigré Literature, Film, and Photography: 1955–1985*, Cham 2021, S. 105–142. Generell eignet sich das Motel aufgrund seiner abgeschiedenen Lage in zumeist dünn besiedelten Gebieten, die in der Nacht extrem dunkel sind, par excellence für Filmgenres wie Horror, Crime, Mystery oder Thriller. Die fehlende Integration in ein halbwegs funktionierendes zivilisatorisches Gefüge, wie es selbst in einer dörflichen Gemeinde vorhanden ist, fehlt komplett, während der unmittelbar an die meisten Motels angrenzende Highway Emotionen der Furcht und Angst evozieren kann. Als schwer einzuschätzender Strom, bereist von Unbekannten, die aus der Anonymität auftauchen und in dieser wieder verschwinden, ist er ein schwer kalkulierbarer Faktor. In der Summe erschaffen diese Raumkomponenten ideale Voraussetzungen für die angesprochenen Genres.

8 Michel Foucault: »Andere Räume« (1967), in: Karlheinz Barck u.a. (Hrsg.): *Aisthesis: Wahrnehmung heute oder Perspektiven einer anderen Ästhetik*, Leipzig 1992, S. 34–46, hier: S. 39.

9 Ebd.

Foucault, der in seiner Untersuchung den institutionellen Charakter von Heterotopien voraussetzt, spricht im Weiteren von »Illusions- und Kompensationsheterotopien«,[10] wobei mit Blick auf das Motel und seine jeweiligen Kontextualisierungen im Film primär das Konzept des Illusionsraums relevant zu sein scheint. Idealiter offeriert der Illusionsraum – oder die Illusionsheterotopie – ein Höchstmaß an Illusion, um hierdurch eine andere und unbedingt der realen Welt enthobene Realität zu schaffen, wenn auch nur temporär. Das Motel kann durchaus als Illusionsraum deklariert werden, suggeriert es doch nicht selten eine Art von Privatheit, eine Autonomie im Sinne von absolutem Mobilsein mit dem Freiheit verheißenden Highway in unmittelbarer Nähe, eine unantastbare Abgeschiedenheit sowie Sicherheit und schlussendlich die Annahme, sich in einem irgendwie anonymisierten wie geschlossenen System zu bewegen, in das keiner von außen eindringen kann. Für Foucault ist auch das Kino eine Heterotopie und, wenn man so will, der Foucault'sche Illusionsraum par excellence.[11]

Das Motel ist sehr wahrscheinlich eine jener Institutionen, die am wenigsten mit dem Wandel der Zeit Schritt halten oder sich neuen Trends und Tendenzen anpassen mussten. Ihrer Architektur nach sind Motels amorphe Gebilde, zeitlos, unterschiedslos, mithin gesichtslos, ausgelegt in erster Linie auf Funktionalität. Bégout schlussfolgert: »Das Motel, eine Welt ohne Spuren oder Prägungen, in der alles Vergangene alsbald überholt ist, reinigt sich jeden Morgen selbst von der durchziehenden Menschheit, die es beschmutzen könnte.«[12] In diesem Sinne kann das Motel als entindividualisierte Begegnungsstätte gesehen werden, die auf das Vorübergehende, auf das zeitlich Überschaubare angelegt ist und jedwede eindeutige Bedeutungszuweisung verweigert. Das Motel bewegt sich somit im Ungefähren, im Vagen, wie übrigens viele Figuren bei Wenders auch. Unverrückbar bleibt bei alledem das Spannungsfeld, in dem sich das Motel im Sinne der Raumdeutung bewegt: Es oszilliert zwischen pragmatischer wie gleichförmiger Architektur, Funktionalität, Desillusion und Anonymität, also reiner Pragmatik einerseits und Verdächtigem, Enigmatischem, Undurchschaubarem, Gefahrvollem andererseits.

10 Ebd., S. 45.
11 Vgl. ebd., S. 42.
12 Bégout: *Motel*, S. 56.

2.2 Das Hotel im kulturellen wie filmischen Kontext

Das Hotel – und dies bestätigt auch das ihm gewidmete Filmgenre[13] – ist ein Ort des Über- und Durchgangs, des Durchlässigen, des ständigen Wechsels. Lars Wilhelmer nennt Hotels »Transit-Orte – Orte, an denen sich Menschen aufhalten, ohne zu bleiben.«[14] Dieser Fakt des Vorübergehenden beeinflusst und bestimmt im Wesentlichen das Agieren wie Interagieren seiner Bewohner und macht das Hotel zu einem Ort, an dem die Begegnung mit dem Außer- wie Ungewöhnlichen wahrscheinlicher ist als anderswo. Ein Aufenthalt auf Zeit – mit dem zumeist konkreten Wissen um dessen genau datiertes Ende – versetzt den Hotelgast in die reizvolle Position, freier zu handeln, unkalkuliert, ohne einengende Rücksichtnahmen um mögliche Konsequenzen, da es keine hemmenden oder regulierenden Kräfte wie Nachbarn oder Mitbewohner gibt.

Daneben ist das Hotel ein neutraler Ort, der unvorbelastet von einer persönlichen Vorgeschichte zunächst einmal erinnerungslos ist und demzufolge Raum bietet, unvoreingenommen Abwägungs- wie Diskussionsprozesse einzuleiten, die wiederum abgekoppelt sind von den alltäglichen Mechanismen, von den repetitiven Routinen, denen sich das Individuum im Alltag unterziehen muss. Und nicht nur jedem Anfang, sondern auch allem Neuen wohnt ein Zauber inne: Jede neue Hotelerfahrung bietet eine breite Palette von Erfahrbarkeiten; diese reicht von der ethnischen Pluralität der Gäste über die Aufhebung des gewohnten Tagesrhythmus bis hin zum Eintauchen in die vollkommene Anonymität, die auch die eigene Identität in einem neuen Licht erscheinen lässt.

13 Dieses wird von Philipp Brunner ausführlich definiert. Ihm zufolge bestimme sich ein Hotelfilm zunächst über den spezifischen Schauplatz, also das Hotel und seine Architektur. Das Hotelpersonal sei regelhaft in die Handlung eingebunden und interagiere mit den Hotelgästen. Daneben gebe es verschiedene, oftmals parallele Handlungsstränge und ein größeres Figurenarsenal, das mithin aus verschiedenen, oftmals divergierenden sozialen Milieus bestehe. Kennzeichnend für den Hotelfilm sei außerdem, dass man oft mit entwurzelten Figuren konfrontiert sei, die mehr oder minder eine Randexistenz führen. Vgl. Philipp Brunner: »Hotelfilm«, in: *Lexikon der Filmbegriffe*, https://filmlexikon.uni-kiel.de/index.php?action=lexikon&tag=det&id=4737 [zuletzt aufgerufen am 29.1.2021]. Beinahe alle diese Charakteristika treffen auf die in diesem Beitrag behandelten Hotels in den Filmen von Wenders nicht zu, weshalb sie keine Hotelfilme im Sinne des Genres darstellen. Zwar sind die meisten der Bewohner in THE MILLION DOLLAR HOTEL tatsächlich entwurzelt; dass sie jedoch in einem Hotel leben, das eigentlich gar keines ist, spielt eine untergeordnete Rolle. Alle hotelspezifischen Elemente fehlen und das Hotel ist, genau besehen, nur ein Quasihotel.

14 Lars Wilhelmer: *Transit-Orte in der Literatur: Eisenbahn – Hotel – Hafen – Flughafen*, Bielefeld 2015, S. 7.

Gewissermaßen ist das Hotel ein Mikrokosmos des übergeordneten Lebenskosmos, der sich im Hotel nicht nur spiegelbildlich wiederfindet, sondern sich weiter- oder sogar neu entwickelt; analog zur Bühne sind es kleine oder große Dramen und Komödien, die sich im Hotel abspielen, sodass dem folgenden Befund von Alfons Maria Arns uneingeschränkt zugestimmt werden kann: »Einer der beständigsten, weil dramaturgisch und inszenatorisch ergiebigsten Schauplätze in Spielfilmen ist von Beginn an die Welt des Hotels. Ein Universum, das aufgrund seiner räumlich wie sozial hoch verdichteten Abgeschlossenheit, Pluralität und Internationalität wie geschaffen scheint für das weltumspannende Medium Kino.«[15] Untermauert werden muss hier noch einmal die angesprochene »Abgeschlossenheit«, da sie ein zentraler Garant in der Diskussion um das Hotel als Filmort ist. In vielen Filmen, die sich im Hotel abspielen, gerät der Zuschauer in eine abgesonderte Welt, die im Abgleich mit der realen Außenwelt innerhalb der Filmdiegese wenig bis gar keine Berührungspunkte aufweist. Denken wir an L'ANNÉE DERNIÈRE À MARIENBAD (Alain Resnais, 1961), THE SHINING (Stanley Kubrick, 1980), BARTON FINK (Joel und Ethan Coen, 1991), THE GRAND BUDAPEST HOTEL (Wes Anderson, 2014) oder auch THE MILLION DOLLAR HOTEL, so müssen wir feststellen, dass wir in völlig abseitige, mithin anachronistische, labyrinthische, surreale Welten mehr oder minder entführt werden, in Welten, die andere Maßstäbe setzen und den glatten Gegenentwurf zum Bekannten darstellen.[16] Keineswegs ist aber dieser – durchaus ebenfalls heterotop zu nennende – Gegenentwurf ein provokant aufgeladener oder eine polemische Replik am Vorhandenen. Die Hotels sind Gralshüter von Geheimnissen, von in den Tiefen verborgenen Geheimnissen oder Verwerfungen, über die sie wachen. Jede Zeitlichkeit scheint aufgehoben, das Hotelpersonal inkarniert eine eingeschworene Gemeinschaft, die den Hotelgast manchmal als lästig, manchmal auch als Eindringling in eine besonders schützenswerte Welt sieht. Selbstredend sind Hotelgäste wie Barton Fink oder jene in Marienbad weitab vom prototypischen Hotelgast. Mit anderen Worten: Das Hotel bildet in diesen Filmen eine diffuse, schwer erklärbare Welt ab, deren Protagonisten – einem Märchen gleich – verschlungene Wege beschreiten.

15 Alfons Maria Arns: »Luxus, Horror, Illusionen: Das Universum des Hotels im Film«, in: Hans-Michael Bock, Jan Distelmeyer und Jörg Schöning (Hrsg.): *Film-Bühne Hotel: Begegnungen in begrenzten Räumen*, München 2016, S. 11–24, hier: S. 11.

16 Die Liste der Filme, die in die angesprochene Kategorie passen, könnte nahezu endlos fortgesetzt werden. Es sind hier jene Filme ausgewählt worden, die als repräsentativ gelten dürfen, wenn es um skurrile wie surreale und realitätsferne Hotelwelten geht.

Das Hotel ist im Film analog zum Motel bisweilen Refugium oder Zufluchtsort und Schutzraum.

Erwähnung finden muss in diesem Kontext das Kino als Raum, in dem imaginierte Welten auf die Leinwand projiziert werden. »Hotels wie Kinos sind Orte der Vortäuschung, des Glanzes und der Oberflächen, Herbergen der Freizeit- bzw. Unterhaltungsindustrie, die ihren Besuchern gegen Geld die Flucht in alternative Lebens- und Identitätsentwürfe versprechen. Hier wie dort versammeln sich fremde Menschen verschiedener Nationalität, Schicht, Zugehörigkeit und unterschiedlichen Alters, um sich für bestimmte Zeit auf eine Scheinwelt zu fixieren.«[17] Michelle Koch trifft mit ihrer Analogie zwischen Hotel und Kino, insbesondere in puncto »Scheinwelt«, ins Schwarze. Hotels sind oftmals auch Orte der Reichen und Prominenten und als solche Illusionsmaschinerien, die ähnlich dem Film – oder genauer dem Filmtrailer – mit allerlei Versprechen und Verheißungen den Gast oder Zuschauer locken wollen. Für Koch sind es indes »Orte des Kapitals«.[18] Und genau dieses Kapital entscheidet schlussendlich über die Partizipationsmöglichkeiten jedes Einzelnen.[19] Hotels sind zweifelsohne auch Surrogat für die Leerstellen des Lebensalltags.

Versucht man, Distinktionsmerkmale zwischen dem Motel und dem Hotel herauszuarbeiten, ist ein Blick in Bégouts oben bereits bemühten Motel-Essay hilfreich: »Während man beim Aufenthalt in einem Hotel ständig mit der geographischen und historischen Originalität von Ort und Persönlichkeiten konfrontiert wird, wird die Idee tatsächlicher Einzigartigkeit beim Leben in einem Motel gänzlich aufgegeben.«[20] Dem Argument kann man sich insofern anschließen, als gezeigt wurde, dass Hotels in der Regel bzw. idealiter darauf abheben, dem Gast ein hohes Maß an Behaglichkeit zuteilwerden zu lassen, während beim Motel eindeutig die Funktionalität im Vordergrund steht. Beide Orte implizieren Raumkonzepte, die unterschiedlich ausgerichtet sind, und beide entfalten ihre jeweiligen Erzählräume – auch Wenders' Filme bestätigen dies.

17 Michelle Koch: »Drehtür in eine andere Welt: Täuschungen, Enttäuschungen und Verwandlungen im Film-Hotel«, in: Bock / Distelmeyer / Schöning: *Film-Bühne Hotel*, S. 25–39, hier: S. 25.

18 Ebd., S. 26.

19 Ebd.

20 Bégout: *Motel*, S. 33.

3. Philip Winter in den Motels: ALICE IN DEN STÄDTEN

Als Auftakt von Wenders' Roadmovie-Trilogie ist ALICE IN DEN STÄDTEN ihr einziger Film, der zumindest zum Teil in Amerika spielt, jenem Land also, in dem das Roadmovie nicht nur geboren wurde, sondern mit dem es bis heute aufs Engste assoziiert wird.[21] Bewegt sich der – wir kennen das von Wenders' Helden – eher wortkarge und unnahbare Philip Winter (Rüdiger Vogler) in den USA noch in einer Passage durch die dortige Kultur, die er mit einer Mischung aus Indifferenz, Lethargie, eruptiver Gereiztheit und erkennbarem Entdeckungswillen rezipiert, weist sein Trip durch Deutschland einen markant anderen Charakter auf: Die Bewegung im Raum, nun an der Seite von der neunjährigen Alice (Yella Rottländer), geht mit einer Annäherung ans eigene Selbst, wenn nicht gar einer Selbsterkenntnis einher.[22]

Ohne Bedenken lässt sich Winter als ein ganz und gar typischer Wenders-Held charakterisieren, zumindest wenn man sich an den Beschreibungsversuch von Thomas Elsaesser hält. Wenders' Protagonisten seien, so führt dieser aus, »adventurers, not of action, but of observation, introspection, of their own passivity, and of their own self-exile from life.«[23]

Winters Aufenthalte in den Motels spielen sich innerhalb der ersten 15 Minuten des Films ab; was dann folgt, sind Hotelaufenthalte in New York und anschließend überwiegend ein Pensionsaufenthalt in Wuppertal, dem ersten wichtigen Etappenziel auf der Suche nach Alices Großmutter. Sowohl das Hotel in New York als auch die Pension in Wuppertal sind weder nennenswert inszeniert noch architektonisch exponiert, so dass sie als Räume im Gesamtgefüge des Films keine wesentliche Rolle spielen. Sie sind pragmatische wie funktionale Durchgangszonen ohne semantischen Mehrwert.

21 Vgl. hierzu das nach wie vor wichtigste Standardwerk zum Roadmovie, David Laderman: *Driving Visions: Exploring the Road Movie*, Austin 2006 (2002), sowie Neil Archer: *The Road Movie: In Search of Meaning*, London und New York 2016. Siehe aber auch Glasenapp, der die Charakteristika des Genres als ursprünglich US-amerikanisches Genre darstellt und dessen historische Entwicklungen mit ihren Gegenläufigkeiten nachzeichnet, wobei er auf die Filme von Wenders und dessen Ausgestaltung des Genres rekurriert. Glasenapp: *Wim Wenders:* PARIS, TEXAS, S. 53–70.

22 Vgl. in diesem Zusammenhang auch Norbert Grob. Ihm zufolge gehen die Helden der frühen Wenders-Filme, und so auch Philip Winter, »auf Reisen, auf denen sie sich dem Äußeren stellen, um mehr über ihr Inneres zu erfahren.« Norbert Grob: »›Es muß alles anders werden‹: Wim Wenders' frühe Filme«, in: Norbert Grob und Bernd Kiefer: *Bruch der Weltenlinie. Zum Kino der Moderne: Essays – Porträts – Hommagen*, Berlin 2016, S. 179–183 hier: S. 181.

23 Thomas Elsaesser: »Spectators of Life: Time, Place, and Self in the Films of Wim Wenders«, in: Roger F. Cook und Gerd Gemünden (Hrsg.): *The Cinema of Wim Wenders: Image, Narrative, and the Postmodern Condition*, Detroit 1997, S. 240–256, hier: S. 246.

Deshalb ist es im vorliegenden Kontext sinnvoll, den Fokus auf die Motels zu richten.

Bevor Winter ein solches ansteuert, ist er zunächst ein Erkundender der amerikanischen Konsumkultur. Ohne offenkundiges Ziel lenkt er seinen Wagen den Highway entlang, ausgestattet mit einer Polaroidkamera, mit der er ähnlich einem Sammler Objekte einfängt, die ihm vor die Linse geraten. Ein System mag es dabei geben, für den Zuschauer erschließt es sich indes nicht. Zusehends wird sein Blick explorativ. Bilder reihen sich zu Bilderketten, darauf zu sehen sind Tankstellen, verschiedene Stores, Autohäuser, Reklameschilder und Motels, die immer wieder erscheinen.[24] Die Entscheidung Wenders', den Film in Schwarz-Weiß zu drehen mit einem grobkörnig anmutenden Anfang, könnte beinahe als boshafter Akt gelten, werden der Glanz und die Abundanz amerikanischer Massenkultur dergestalt doch drastisch reduziert. Am Abend kommt Winter im Motel an, und jene Einstellung, die zeigt, wie er in die Moteleinfahrt biegt, ließe sich als eine Reminiszenz an Alfred Hitchcocks PSYCHO (1960) deuten, genauer: an jene Szene, in der Marion Crane in die Einfahrt von Bates Motel fährt. Beide Male ist der Bildausschnitt – man blickt durch die Frontscheibe – wegen der Kopflehne des Fahrersitzes und des Kopfes der fahrenden Person extrem gequetscht und komprimiert. Der klassische *over-the-shoulder shot* baut die Verbindung zwischen Subjekt und Objekt auf. Die spannungsgeladene Geigenmusik, die sich während der Sequenz in Hitchcocks Film zunehmend aufbaut und sukzessive steigert, zielt natürlich auf eine andere Dramaturgie, als es bei Wenders der Fall ist.

Das Motel selbst ist dann fast ausschließlich von innen zu sehen. Was Koch in Bezug auf das Hotel bemerkt – »Die Raumgestaltung kontrolliert, lenkt und begrenzt Bewegungen und Blicke«[25] –, kann ohne Weiteres auch auf das Motel und im Speziellen auf die folgende Szene übertragen werden: Winter findet ein klassisches zweckmäßiges Motelzimmer vor, das der Fernseher ob seiner Größe regelrecht dominiert. Die Vorhänge sind zugezogen, die Außenwelt ist sorgsam von der Innenwelt getrennt. Ein Blick von außen, selbst ein flüchtiger, wird verwehrt. Diese Abkapselung, dieses Abgeschirmt-

24 Zur Fotografie in ALICE IN DEN STÄDTEN vgl. unter anderem Jessica Nitsche: »Bilder, die die Welt bedeuten: Wim Wenders' Figuren der Fotografie im Film«, in: Glasenapp: *Wim Wenders*, S. 75–91, passim und Dagmar von Hoff: »Die Poetologie der Medien: Kinematografische Reflexionen. Wim Wenders: ALICE IN DEN STÄDTEN (1973)«, in: Stefan Keppler-Tasaki und Elisabeth K. Paefgen (Hrsg.): *Was lehrt das Kino? 24 Filme und Antworten*, München 2012, S. 370–388, hier: S. 378–386, aber auch den Beitrag von Katharina Rajabi in diesem Band.

25 Koch: »Drehtür in eine andere Welt«, S. 26.

US-Kultur in Reinform: Inventar eines US-Motels und grelles Neonlicht in ALICE IN DEN STÄDTEN

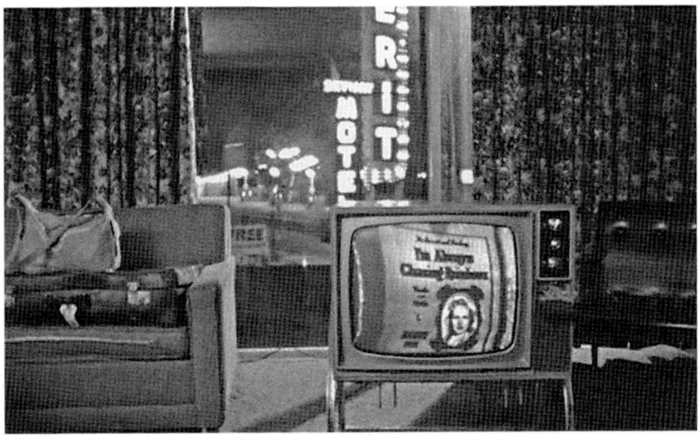

sein, dieses Eingehen in die Anonymität der Unterkunft gehört zum Paradigma des Motels. Just nachdem Winter die Gardinen aufgezogen hat – als Beobachtender und Fotograf in Personalunion will er sein Umfeld erkunden –, gibt das Fenster den Blick auf grell leuchtende Reklametafeln und andere angedeutete Motels frei. Die Lichter kontrastieren mit dem Dunkel der Nacht, und der Highway entschwindet zentralperspektivisch in die Tiefen des Bildausschnitts bzw. der amerikanischen Weiten. Interessant ist auch die Präzision des durchkomponierten Bildaufbaus, der sich hier in die klassische Trias Vorder-, Mittel- und Hintergrund aufteilt.

Das Motel ist Erforschungsobjekt für Winter, der das Zimmer en détail absucht. Wie seinem Protagonisten, der getrost als Alter Ego des Regisseurs durchgehen kann, geht es Wenders darum, den Kulturraum USA mit all seinen Manifestationen zu durchforsten, zu ordnen und zu vergleichen mit einer als behäbig empfundenen BRD. Zweifelsohne ist ALICE IN DEN STÄDTEN – diesbezüglich kann Norbert Grob bedenkenlos zugestimmt werden – ein »entdeckender Film«, in dem »die Kamera sich voller Neugierde auf die Welt richtet.«[26] Im Rahmen der sich frei und unverfugt entwickelnden Handlung fungiert das Motel als Ort des Verweilens und Ausharrens, des im weitesten Sinne Prokrastinierens, denn der Protagonist weiß, dass ihm in New York in gewissem Maße Ungemach ob der nicht vollendeten Auftragsarbeit droht. Abgesehen davon ist das Motel hier freilich integraler Bestandteil der gleichförmigen, von Winter als entmenschlicht wahrgenommenen US-amerikanischen Massenkultur, die für den einstigen USA-Enthusiasten

26 Vgl. Norbert Grob: *Wenders*, Berlin 1991, S. 11–12.

Wenders – auch hiervon legt der Film Zeugnis ab – mittlerweile erheblich an Strahlkraft verloren hat.[27]

4. Raum der Reflexion: Paris, Texas

Harry Dean Stantons Äußeres, seine markanten, teils schon verlebten, aber enorm expressiven Gesichtszüge, sein Habitus und seine Fähigkeit zum durchdringenden wie leeren Blick prädestinieren ihn geradezu zur Rolle des Travis, der ein Solitär in vielerlei Hinsicht ist. Und dieser Travis, nur scheinbar misanthrop, durchquert die Wüste, unter gleißender Sonne und mutterseelenallein, mit einem fast leeren Kanister Wasser in der Hand, beäugt von einem gravitätischen Raubvogel. Der Raum, in dem sich das alles abspielt, ist die unerbittliche wie unwirtliche Wüste im Süden von Texas an der Grenze zu Mexiko, und mittels der Vogelperspektive und der anschließenden Totalen wird die Dimension des Raums und dessen Bedeutung noch einmal eigens hervorgehoben. Der Raum und die Figuren gehen eine beständige Korrelation ein, eine reziproke wie bereichernde Beziehung.

Elementar ist in Paris, Texas einmal mehr das Motiv des Unterwegsseins,[28] denn Travis ist im Grunde seines Herzens ein Rastloser bzw. Reisender, wie sich am Ende des Films noch einmal mit aller Prägnanz herausstellen wird. Die einzelnen Reiseabschnitte sind immer auch Reisen zum eigenen Ich, und die jeweils zurückgelegten Strecken werden von mal mehr, mal weniger bedeutungsvollen Aufenthalten in Motels oder Hotels unterbrochen, der Fluss der Handlung dergestalt rhythmisiert. Travis unternimmt zwei lange Fahrten, eine zusammen mit seinem Bruder Walt (Dean Stockwell) von Terlingua – unweit des Big-Bend-Nationalparks gelegen – nach Los Angeles, und eine zusammen mit seinem Sohn Hunter (Hunter Carson) von Los Angeles nach Houston. Beide Strecken werden mit dem Auto zurückgelegt, und beide Male nächtigen die Figuren in verschiedenen Motels, da sich Travis vor dem Fliegen sträubt. In Houston schließlich nehmen Vater und Sohn ein Hotel, in dem es zum finalen Wiedersehen von Hunter mit seiner Mutter Jane (Nastassja Kinski) kommt.

27 Vgl. hierzu auch den Beitrag von Glasenapp zu 3 amerikanische LP's (Wim Wenders und Peter Handke, 1969) im vorliegenden Band.

28 Glasenapp stellt anhand der Reiseetappen der Figuren heraus, dass das Mobilitätsbestreben in Paris, Texas primär den Männern überlassen bleibt. Vgl. Glasenapp: *Wim Wenders: Paris, Texas*, S. 63.

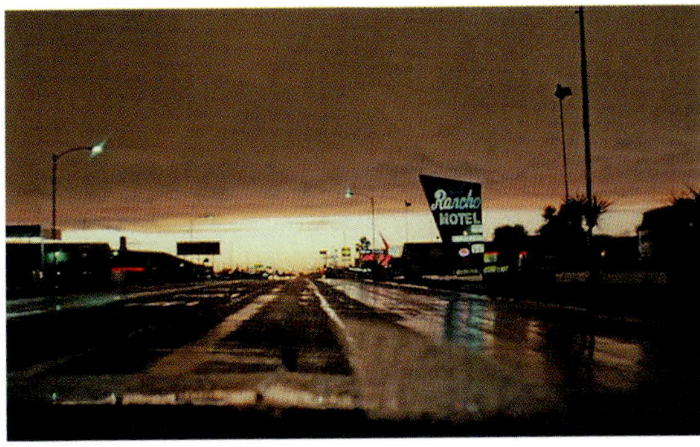

Ästhetisierende Aufnahme des Highways samt der ihn säumenden Motels aus PARIS, TEXAS

Das Erzähltempo differiert zwischen beiden Reisen enorm. Während der Reise nach Los Angeles übernachten Travis und sein Bruder vornehmlich in jenen prototypischen Motels, die man aus zig Roadmovies kennt: spartanisch, zweckmäßig am Highway gelegen. Vielfach sind sie zunächst in der Totalen gefilmt, werden somit zum Referenz- wie Orientierungspunkt in den Weiten der texanischen Landschaft. Auf der Brüderreise ästhetisiert Wenders mithin den Highway und die am Rande liegenden Motels, indem er, durch die Frontscheibe filmend, jenen farbenschweren wie traumtrunkenen Schwebemoment einfängt, der nach einem Gewitter bei gleichzeitiger Abenddämmerung ein regelrechtes Farb- wie Lichterspektakel freisetzt. Der Highway und die Motels präsentieren sich hier im Einklang mit den Naturereignissen und bilden gemeinsam mit ihnen eine bizarre wie spannungsvolle ›Bilderbuchwelt‹ ab.

Für Travis, der anfangs kaum zu kommunizieren vermag,[29] ist das Motel nach langer Abwesenheit ein erster Berührungspunkt gleichsam mit dem, was man Zivilisation nennen könnte. Die Anonymität wie Abgeschiedenheit und die vollkommene Reduktion auf das Allernötigste, der pure Pragmatismus – allesamt Elemente, die das Motel, neben anderen Charakteristika, beschreiben – kommen Travis, der sich graduell wieder in das Leben integrieren möchte, entgegen. Wenn Bégout konstatiert: »Das ganze Leben in einem Motel fordert zum Untertauchen förmlich auf. Geheimnisse und Banalität bestehen dort nebeneinander und bilden einen neuen Raum, in dem das Mysterium neben irgendwelchen alltäglichen Offensichtlichkeiten steht«,[30] dann könnte das mit Blick auf Wenders' Film bedeuten, dass das

29 Vgl. hierzu ebd., S. 10 und 45–48.
30 Bégout: *Motel*, S. 181.

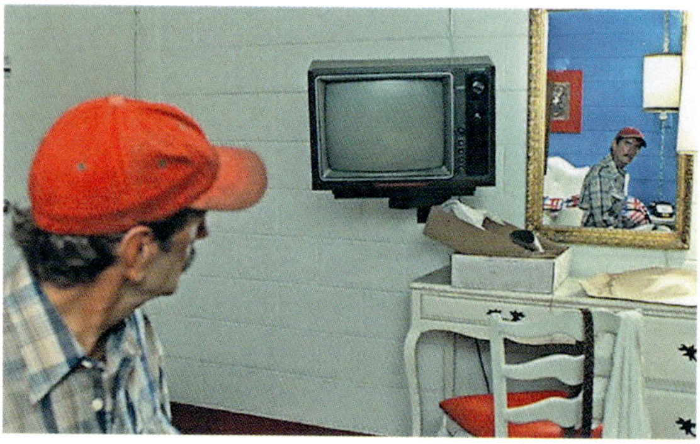

Travis' Blick in den Spiegel als Initialzündung seines Reflexionsprozesses

Motel für den Protagonisten eine Art Fluchtort darstellt, in dem er dem Zugriff der Gesellschaft (noch) nicht ausgesetzt ist, er sich diesem (noch) entziehen kann.

Das Motel ist indes auch Schutz- und Reflexionsraum, in dem Travis zu sich selbst finden wird. Wie ein verängstigtes Tier nimmt er auf dem Bett Platz, verschwindet dann aber wieder ins Offene der Landschaft, um kurz darauf von seinem Bruder erneut gefunden zu werden. Wenn er sich im Spiegel sieht, sieht er einen Fremden, uneins mit sich selbst und seiner Umwelt.

Die Enge des Motelinneren kontrastiert mit der schier nicht enden wollenden Weite des uns, nicht aber Travis fremden Außen, auf das die offene Tür den Blick freigibt – gleichsam als Aufforderung an den rastlosen Helden, die Wagnisse des Lebens anzunehmen, oder aber als Versuchung, sich erneut in die Wüste, aus der er gekommen ist, zu verabsentieren. Wer will, mag an die berühmte erste Einstellung aus The Searchers (1956) denken, dem Meisterwerk des von Wenders so sehr bewunderten John Ford, in dem die sich öffnende Tür die Spannung zwischen einem Innen und Außen bzw. Häuslichkeit und Unbehaustheit aufs Stärkste profiliert.[31]

Die Gespräche zwischen den Brüdern, die Selbsterkundung von Travis, das Ansteuern verschiedener Motels, die langen Passagen durch die karge Landschaft von Texas, New Mexico und Arizona bis nach Kalifornien sorgen für ein gedrosseltes Erzähltempo und eine Dehnung der Zeit, was Travis

31 Natürlich hat die Forschung Travis und Ethan Edwards, den ebenfalls rastlosen Helden aus Fords Film, bereits mehrmals zueinander in Beziehung gesetzt. Vgl. hierzu etwa Robert Phillip Kolker und Peter Beicken: *The Films of Wim Wenders: Cinema as Vision and Desire*, Cambridge 1997 (1993), S. 44, 56, 116–119 und 136, Horst Fleig: *Wim Wenders: Hermetische Filmsprache und Fortschreiben antiker Mythologie*, Bielefeld 2005, S. 43–47 sowie Glasenapp: *Wim Wenders:* Paris, Texas, S. 9–10.

entgegenkommt. Schließlich scheut er die Konfrontation mit seinem Sohn und dem Leben generell.

Auf Travis' Reise mit Hunter nach Houston wird ebenfalls in Motels übernachtet, denen jedoch keinerlei größere Bedeutung beigemessen wird. Vielfach sind sie Teil eines angeschlossenen, ebenso gesichtslosen wie uniformen Unterhaltungsparks, gleichsam charakterlose Appendices. Travis ist nun in Eile, zudem glaubt er mittlerweile zu wissen, was er zu tun hat. Insofern ist ein Ort der Reflexion oder des Rückzugs weder vonnöten noch gewünscht. Das Meridian-Hotel schließlich, auf das die Handlung von PARIS, TEXAS zuläuft und in dem die von Travis arrangierte Übergabe Hunters an Jane erfolgt, präsentiert sich – im Gegensatz zur ausgestellten Gefühlsintensität des Wiedersehens von Mutter und Sohn – als atmosphärisch kalte, anonyme Unterkunft mit einer breitwandigen, bis zum Boden reichenden Fensterfront, die einen Ausblick auf das nächtliche Houston bietet. Nicht mehr, aber auch nicht weniger.

5. Tollhaus im Off des *American Dream*: THE MILLION DOLLAR HOTEL

Seine Besprechung von THE MILLION DOLLAR HOTEL beginnt Richard Falcon mit folgendem Statement: »Ever since his 1987 film WINGS OF DESIRE, Wim Wenders has repeatedly claimed to be a storyteller rather than an ›image-maker‹. This curious tension (always central to his work) makes its presence felt during the impressive opening of THE MILLION DOLLAR HOTEL. A digitally enhanced helicopter-mounted camera floats us angelically across the LA skyline, allowing us to relish the marriage of the images with the U2 ballad ›The First Time‹. This opening is Wenders' calling card, blending a superb rock soundtrack, lovingly observed Americana, a prodigious visual sense and an openness to the tools of the digital age.«[32] Eine Geschichte – zumindest eine wirklich plausible – liefert uns Wenders mit THE MILLION DOLLAR HOTEL nicht, und ebenso wenig sind es spektakuläre Bilder, die hier bestimmend sind. Wenders' Film, den er selbst einmal als »screwball tragedy«[33] bezeichnete, bezieht seine Kraft vielmehr aus dem Situativen, aus

32 Richard Falcon: »THE MILLION DOLLAR HOTEL«, in: *Sight and Sound* (Mai 2000), http://old.bfi.org.uk/sightandsound/review/444 [zuletzt aufgerufen am 29.1.2021].

33 Vgl. Wim Wenders: »Screwball Tragedy«, in: *Spiegel online* (7.2.2000), https://www.spiegel.de/kultur/kino/wim-wenders-wim-wenders-screwball-tragedy-a-63277.html [zuletzt aufgerufen am 29.1.2021].

der Freude am Absurd-Grotesken, am Abseitigen, am Märchenhaften und ›Träumerischen‹.[34] Keines seiner Bilder wird Eingang in unser filmisches Bildgedächtnis finden wie etwa jenes von Travis, der in PARIS, TEXAS desorientiert die Wüste durchquert, oder möglicherweise auch jenes von Howard Spence (Sam Shepard), der in Wenders' Post-Western DON'T COME KNOCKING (2005) mitten auf der Straße auf einem von allerlei Hausrat umgebenen Sofa sitzt und von Kameramann Franz Lustig in Ballhaus'scher Manier umkreist wird.[35]

Das Hotel ist hier eher ein sozialer Raum für Outcasts, Marginalisierte und jene, die sich den von der Gesellschaft oktroyierten Normierungen entgegenstellen bzw. entziehen. Der Topos des Traums hilft auch in Bezug auf die nähere Bestimmung der Hotelkonzeption weiter. Allerdings ist zunächst festzuhalten, dass es so gut wie kein Hotelpersonal gibt und nur wenige Hotelgäste außerhalb der Kerngruppe um das zentrale Liebespaar, Tom Tom (Jeremy Davies) und Eloise (Milla Jovovich). Dies widerspricht den an ein Hotel gestellten Erwartungen und ist ein erstes Indiz für die Realitätsenthobenheit des titelgebenden Gebäudes, in dessen Sphäre der von Mel Gibson gespielte FBI-Agent Skinner eintritt, als käme er aus einer anderen Welt. Es geht um die Aufklärung einer vermeintlichen Mordgeschichte, die es bis zum Schluss an Nachvollziehbarkeit mangeln lässt. Abgesehen davon scheint in diesem seltsamen Hotel, dessen Innenräume zumeist dunkel und wenig ausgeleuchtet wirken – hier ergeben sich offenkundige stilistische Bezüge zum Film noir –, eine ›normale‹ Zeitlichkeit nicht wirklich zu existieren. Sind nicht fehlende Plausibilitäten, merkwürdig-skurrile Figuren und das Aussetzen einer orientierungsstiftenden Zeitlichkeit zentrale Ingredienzen, aus denen unsere Träume gemacht sind? Könnte man also nicht behaupten, das Million Dollar Hotel beherberge nicht nur Traumwandler, Traumfiguren und Träumer, sondern es sei selbst Teil eines Traums – eines Traums freilich, der mit dem *American Dream* wenig bis nichts zu tun hat?

Bemerkenswert ist die liebevoll betriebene, detailversessene Zurschaustellung der Anatomie des Hotels, die schon in den ersten Sekunden des Films einsetzt, wenn das Hotelschild in all seiner Überdimensioniertheit in einer Hubschrauberaufnahme abgefilmt wird. Die Kamera umkreist dann im Weiteren die riesenhaft anmutende, aber schon reichlich in die Jahre gekommene Metallkonstruktion, die die Lettern des Hotelnamens stützt. Jede ein-

34 Vgl. Felix Lenz: »Vom begehrlichen Suchen zum differenzierten Erzählen: Wenders' späte US-Spielfilme«, in: Glasenapp: *Wim Wenders*, S. 92–110, hier: S. 97.

35 Vgl. zu dieser Szene den Beitrag von Matthias Hurst im vorliegenden Band.

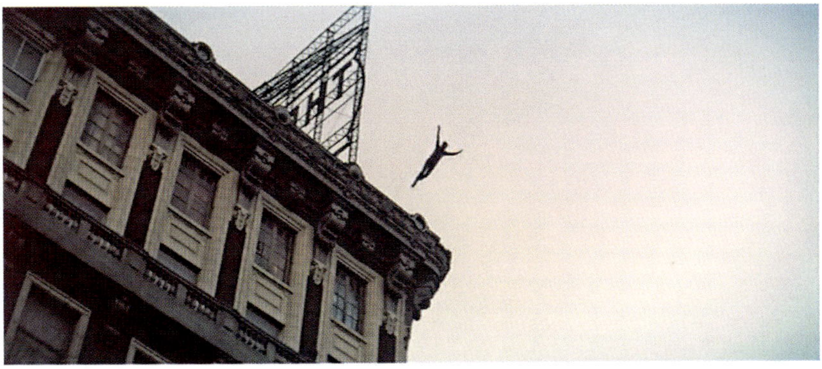

Tom Tom springt vom Dach des Million Dollar Hotels

zelne Verstrebung, aber auch das Dach mit den diversen maroden Antennen wird von der Kamera gleichermaßen registriert. Ebendort läuft Tom Tom mit suizidalen Absichten in Zeitlupe auf den Abgrund zu, und während seines langen Falls zu Boden fährt die Kamera vertikal Stockwerk für Stockwerk von oben nach unten ab. Jedes Zimmer kann man einsehen, in jedem spielen sich Dinge unterschiedlichster Art ab, Erinnerungen an Hitchcocks Rear Window (1954) dürften sich bei manchem Zuschauer einstellen. Gekontert wird der Fall etwas später, wenn Tom Tom und Skinner mit dem nicht sonderlich vertrauenswürdig anmutenden Lift nach oben fahren und dem Zuschauer Einblicke in verschiedene Hotelbereiche gewährt werden, die vor allem eines belegen: Das Hotel, dessen lange Flure ins Labyrinthische hinüberspielen, hat schon erheblich bessere Zeiten erlebt. Zudem ist es ein Tollhaus erster Güte, bewohnt von bizarren, völlig aus der Spur und Zeit gefallenen Individuen, die sich ihren eigenen Lebenskosmos in diesem zutiefst heterotopischen Refugium etabliert haben.[36] Felix Lenz spricht im Hinblick auf das Hotel von einem »soziale[n] Brennpunkt«.[37] Ein Brennpunkt ist es allemal, aber nicht in dem Sinne, dass hier überwiegend Charaktere aus unterprivilegierten Gesellschaftsschichten zusammentreffen. Vielmehr ist es eine Ansammlung nicht so recht erwachsen gewordener Menschen, die ihren Platz nicht im ›realen‹ Leben, sondern im Hotel gefunden haben. Dorthin

36 Zur heterotopen Qualität von Wenders' Million Dollar Hotel vgl. Stan Jones: »Cinematic Topographies in Time–Space: Wim Wenders' Hotels«, in: David B. Clarke, Valerie Crawford Pfannhauser und Marcus A. Doel (Hrsg.): *Moving Pictures / Stopping Places: Hotels and Motels on Film*, Lanham u.a. 2009, S. 183–208, hier: S. 202.

37 Lenz: »Vom begehrlichen Suchen zum differenzierten Erzählen«, S. 97.

haben sie sich – vielleicht auch als Absage an die Gesellschaft – zurückgezogen, dort gehen sie, die »outcasts of the Hollywood-propagated ›American Dream‹«,[38] ihren (verlorenen) Träumen nach. Mit anderen Worten: Das Hotel ermöglicht ihnen so etwas wie ein auf Dauer gestelltes Kindsein.

38 Alexander Graf: *The Cinema of Wim Wenders: The Celluloid Highway*, London und New York 2002, S. 138.

Katharina Stahl

Insel zwischen den Zeiten

Wim Wenders, Buena Vista Social Club und die Musik(-dokumentation)

1. Buena Vista Social Club und der Kuba-Boom

Wim Wenders' 1999 erschienener Dokumentarfilm Buena Vista Social Club markiert insofern eine Zäsur im Schaffen des Regisseurs, als er die Abwendung von jenem subjektiv-partizipatorischen, hochgradig selbstreflexiven Stil markiert, der seine früheren Dokumentarfilme Nick's Film (1980), Tokyo-Ga (1985) und Aufzeichnungen zu Kleidern und Städten (1989) kennzeichnet. Wie auch in den beiden nachfolgenden Musikdokumentationen BAP– Viel passiert (2002) und The Soul of a Man (2003) tritt Wenders nicht aktiv in Erscheinung, sondern stellt die Musiker*innen ins Zentrum des filmischen Geschehens[1] – im Falle des Buena Vista Social Clubs jene kubanischen Altmeister*innen mit ihrem US-amerikanischen Produzenten Ry Cooder, deren gleichnamiges Album 1997 ein großer internationaler Erfolg wurde.[2]

Cooder, der für Wenders bereits die Musik zu dessen Film Paris, Texas (1984) geschrieben und eingespielt hatte, war es auch, der das Filmprojekt anstieß, als er den deutschen Regisseur 1998 nach Havanna einlud, um dort die Aufnahmen zum Soloalbum von Ibrahim Ferrer, *Buena Vista Social Club Presents Ibrahim Ferrer* (1999), zu begleiten. Lediglich unterstützt von einer kleinen Crew, begann Wenders bereits am ersten Tag mit dem Dreh – ohne festes Konzept und zum ersten Mal ausschließlich mit Digitalkamera.[3] Die

1 Vgl. Michael Ranze: »Maßgeschneidert: Die Dokumentarfilme von Wim Wenders«, in: Volker Behrens (Hrsg.): *Man of Plenty: Wim Wenders*, Marburg 2005, S. 45–68, hier: S. 60.

2 Vgl. allmusic.com: »*Buena Vista Social Club*«, in: *allmusic.com*, https://www.allmusic.com/album/buena-vista-social-club-mw0000595469/awards [zuletzt aufgerufen am 20.1.2021] und Judy Cantor-Navas: »*Buena Vista Social Club* Readies ›Lost and Found‹ Album, Final Tour«, in: *billboard.com* (19.3.2015), https://www.billboard.com/articles/columns/latin/6509172/buena-vista-social-club-lost-found-new-album/ [zuletzt aufgerufen am 21.1.2021].

3 Vgl. Wim Wenders: »Vorwort«, in: Wim Wenders und Donata Wenders (Hrsg.): Buena Vista Social Club*: Das Buch zum Film*, München 1999, S. 11–20, hier: S. 11 und Borders Books and Music und Wim Wenders: »Excerpts from an Interview with Wim Wenders and Borders Books and Music«, https://web.archive.org/web/20010218181926/http://www.wim-wenders.com/movies/movies_spec/buenavistasocialclub/borders_interview.htm [zuletzt aufgerufen am 20.1.2021].

Dokumentation, die am Ende eines intensiven Arbeits- und Schnittprozesses stand – aus einer Materialsammlung von 80 Stunden entstand letztlich ein Film von etwas über eineinhalb Stunden[4] –, wurde unter anderem mit dem Europäischen Filmpreis, dem Deutschen Filmpreis und einer Oscar-Nominierung ausgezeichnet.[5]

Wenders' Film machte die Gruppe einem noch breiteren Publikum, jenseits der am World-Music-Genre Interessierten, bekannt und trug maßgeblich zum Siegeszug des populärkulturellen, Ende der 1990er Jahre in Europa einsetzenden Kuba-Booms bei.[6] Dabei prägte er nicht nur den deutschen und europäischen Blick auf die Gruppe Buena Vista Social Club, sondern auch auf den sozialistischen Inselstaat entscheidend – gemäß dem in seinem Untertitel formulierten Anspruch, zugleich eine Darstellung von »Cubas Musik, Cubas Menschen, Cubas Poesie« zu leisten.

Arno Frank Eser, der das (populär)kulturell tradierte Bild des lateinamerikanischen Landes als »eine Aneinanderreihung von Mythen und Vorurteilen, eine Mixtur aus Träumen und Projektionen«[7] charakterisiert, weist darauf hin, dass das Album *Buena Vista Social Club* und Wenders' im Anschluss entstandener Dokumentarfilm durch ihre Fokussierung auf die alternden, als Charakterköpfe inszenierten Musiker*innen auf eine populäre Kombination zweier wirkmächtiger Kuba-Mythen rekurriere – »die von Sympathie und Nostalgie«.[8] Neben Analysen und Besprechungen, welche die Annäherung an die Musiker*innen als respektvoll und behutsam würdigen,[9] erhielt BUENA VISTA SOCIAL CLUB von Seiten des Feuilletons und im Rahmen kul-

4 Vgl. ebd.

5 Vgl. Wim Wenders Stiftung: »BUENA VISTA SOCIAL CLUB«, in: *wimwendersstiftung.de*, https://wimwendersstiftung.de/film/buena-vista-social-club/ [zuletzt aufgerufen am 20.1.2021].

6 Zum durch BUENA VISTA SOCIAL CLUB maßgeblich beförderten Kuba-Boom in Deutschland und Europa vgl. Arno Frank Eser: »Eine faszinierende Melange: Nachwort von Arno Frank Eser«, in: Maya Roy: *Buena Vista: Die Musik Kubas*, Heidelberg 2000, S. 192–209, hier: S. 192–198, Jennifer Ruth Hosek: *Sun, Sex and Socialism: Cuba in the German Imaginary*, Toronto, Buffalo und London 2012, S. 22 und Ranze: »Maßgeschneidert«, S. 56–58.

7 Eser: »Eine faszinierende Melange«, S. 193.

8 Ebd.

9 Vgl. etwa Ranze: »Maßgeschneidert«, S. 57–58: »Wenders sieht in die Gesichter alter Männer, die viel erlebt haben, in Vergessenheit gerieten und sich nun an einem sehr späten Erfolg erfreuen. [...] Das Hauptaugenmerk des Regisseurs gilt den Menschen und ihrer Geschichte.« Ähnliches lesen wir bei Frank Schnelle: »Seine Lebendigkeit und Emotionalität schuldet BUENA VISTA SOCIAL CLUB vor allem der Vitalität und Energie von Musikern, für die ein Märchen wahr geworden ist und die immer noch agieren, als könnten sie ihr Glück gar nicht fassen.« Frank Schnelle: »Kritik zu BUENA VISTA SOCIAL CLUB«, in: *epd-film.de* (1.6.1999), https://www.epd-film.de/filmkritiken/buena-vista-social-club [zuletzt aufgerufen am 20.1.2021].

tur- und filmwissenschaftlicher Auseinandersetzungen dezidierte Kritik an einer Tradierung eurozentrischer bis neokolonialer Perspektiven.[10]

In seiner Bedeutung für die Rezeption der Gruppe Buena Vista Social Club und der kubanischen Musikkultur steht Wenders' Film jedoch in einer langen Tradition von Musikdokumentationen, wie sie Carsten Heinze in seiner Untersuchung der Perspektiven des Musikdokumentarfilms beschreibt: Dieses Subgenre lenkt seinen Blick nicht nur auf »die Frage der Repräsentation, des Einsatzes und der Bildfindung bzw. Versinnbildlichung von Musik«,[11] sondern produziert selbst »nationale wie internationale Kulturgeschichte(n) und Mythen«,[12] wodurch es Deutungsmuster der Relationen zwischen Sozial- und Musikgeschichte anbietet.[13]

Während Bill Nichols den Dokumentarfilm in seinem Standardwerk *Introduction to Documentary* aufgrund der das Genre bestimmenden, auch durch den subjektiven Blick der Filmemacher*innen beförderten Spannung aus Faktualität und Fiktionalität als »a fiction (un)like any other«[14] bezeichnet, trifft dies nach Heinze im besonderen Maße auf Musikdokumentationen zu: Diese setzen sich nicht nur mit einem kulturellen Feld auseinander, das ohnehin von einem besonderen Verhältnis zwischen Fakten und Fiktionen, Authentizitätsansprüchen und Inszenierungspraktiken geprägt ist, sondern leisten über ihre narrative Organisation zudem einen entscheidenden Beitrag zur Wahrnehmung und Bewertung von Künstler*innen, Szenen und Musikkulturen.[15] Durch ihre aktive Mitwirkung an der Produktion von Musikhistorie und den diese prägenden Assoziationsräumen und Narrativen verfolgen Musikdokumentationen, auch mittels des Akts der Aufzeichnung von Musik und Musikereignissen sowie der Konzentration auf und gleichzeitigen

10 Vgl. etwa Maya Roy: *Buena Vista: Die Musik Kubas*, Heidelberg 2000, S. 184–187, Tanya Katerí Hernández: »Buena Vista Social Club: The Racial Politics of Nostalgia«, in: Michelle Habell-Pallán und Mary Romero (Hrsg.): *Latino/a Popular Culture*, New York und London 2002, S. 102–121, Marivic Wyndham und Peter Read: »Buena Vista Social Club: Local Meets Global and Lives Happily ever after«, in: *Cultural Geographies*, Jg. 10 (2003), H. 4, S. 498–503 oder Bettina Bremme: »Wenders' Hommage an Cooder: Buena Vista Social Club. Ein Film voller Klischees«, in: *lateinamerika-nachrichten.de*, https://lateinamerika-nachrichten.de/artikel/wenders-hommage-an-cooder/ [zuletzt aufgerufen am 20.1.2021].

11 Carsten Heinze: »Perspektiven des Musikdokumentarfilms«, in: Carsten Heinze und Laura Niebling (Hrsg.): *Populäre Musikkulturen im Film: Inter- und transdisziplinäre Perspektiven*, Wiesbaden 2016, S. 153–190, hier: S. 154.

12 Ebd., S. 155. Heinze präzisiert an dieser Stelle: »Sie liefern (kanonisierte) Geschichten einzelner Musikgenres und schaffen teilweise das, was nach postmoderner Diagnose überwunden zu sein schien: ›grands recits‹.« Ebd., S. 156.

13 Vgl. ebd., S. 153–156.

14 Bill Nichols: *Introduction to Documentary*, Bloomington 2017 (2001), S. xi.

15 Vgl. Heinze: »Perspektiven des Musikdokumentarfilms«, S. 170–171.

»transzendenten Überhöhung«[16] von Musiker*innen als Inkarnationen einzigartiger Musikkulturen, dabei nicht zuletzt eine Agenda der Aufhebung von Raum und Zeit:[17] Musik, Musikkünstler*innen und Musikkulturen erfahren in der Musikdokumentation nicht nur ihre Konservierung und somit gleichsam ihre »Einbalsamierung«[18] im Medium Film, vielmehr schafft das Format für seine Rezipient*innen »zugleich auratisierte kollektive Projektions- und Identifikationsflächen«.[19]

Die Auseinandersetzung mit dem Phänomen der Zeit steht auch im Zentrum von Wenders' BUENA VISTA SOCIAL CLUB, wobei sich dieser Prozess ungleich komplexer gestaltet als die bloße Beobachtung der kubanischen Musiker*innen und ihrer Lebenswelt mit »nostalgische[m] Blick«,[20] wie ihn etwa Cristina Moles Kaupp dem Film bescheinigt. Vielmehr unternimmt BUENA VISTA SOCIAL CLUB in der Tradition des von Heinze analysierten Subgenres der Musikdokumentation den Versuch der Überwindung der Zeit – und der damit verbundenen Überführung der Musik der Altmeister*innen um Ibrahim Ferrer und Compay Segundo in die Sphäre des Überzeitlichen. Kuba wird dabei als Insel zwischen den Zeiten inszeniert, als in seinem Anachronismus gleichzeitig von allgegenwärtigem Verfall und dem Fortschreiten der Geschichte bedrohter Ort. In dem Versuch, das ›authentische Kuba‹ auf der Leinwand festzuhalten, trägt Wenders' Dokumentation selbst zu dessen Konstruktion bei – nicht zuletzt durch die Gleichsetzung der kubanischen Musikkultur mit den Klängen des Buena Vista Social Clubs. Die filmische Verhandlung des Themenkomplexes ›Zeit‹, des Spannungsfelds aus Vergänglichkeit und Bewahrung, Verfall und Konservierung, lässt sich dabei auf drei Ebenen analysieren: *erstens*, in der narrativen Gestaltung des Films, die auf das Konzert des Buena Vista Social Clubs in der New Yorker Carnegie Hall und damit der Aufnahme der Gruppe in den internationalen ›Musik-Olymp‹ zustrebt, *zweitens*, in der Annäherung an die alternden Musiker*innen und die in Erosion begriffene kubanische Musikkultur sowie, *drittens*, in der Darstellung der Metropole Havanna und der kubanischen Lebenswelt der Musiker*innen.

16 Ebd., S. 163.
17 Vgl. ebd., S. 162.
18 Ebd., S. 163.
19 Ebd.
20 Cristina Moles Kaupp: »Wim Wenders' Besuch bei den Alten von Kuba: Wim Wenders liefert farbenfrohes Bildmaterial zur erfolgreichsten musikalischen Exkursion seines Seelenverwandten Ry Cooder«, in: *Spiegel online* (14.6.1999), https://www.spiegel.de/kultur/kino/filmkritik-wim-wenders-besuch-bei-den-alten-von-kuba-a-27166.html [zuletzt aufgerufen am 20.1.2021].

2. Endstation Olymp: Zur narrativen Gestaltung des Films

Auf der Ebene der narrativen Gestaltung kann BUENA VISTA SOCIAL CLUB als Variante des Konzertfilms kategorisiert werden, bedenkt man die zentrale Bedeutung der beiden internationalen Auftritte der Gruppe in Amsterdam und New York für Erzählstruktur und Story der Musikdokumentation.[21] Wie auch Jennifer Ruth Hosek in ihrer Untersuchung *Cuba in the German Imaginary* beobachtet, strebt die Narration des Films auf das Konzert der Gruppe in der New Yorker Carnegie Hall zu, die in den letzten Filmminuten mit dem im Verfall begriffenen Havanna konterkariert wird.[22] Die alternden Künstler*innen entziehen sich durch den Auftritt in jenem für die neuere Musikgeschichte so zentralen, von Wenders selbst als Ziel- und Endpunkt der filmischen Erzählung, als »Olymp, [...] Krönung, Wiedergutmachung und Abschluss«[23] bezeichneten Ort nicht nur selbst dem Vergessen, sondern überführen auch ihre Musik, welche durch die Begleitung von Filmsequenzen der kubanischen Hauptstadt gleichsam eine Überformung als authentischer Klang des kubanischen Lebens erfährt, in eine der zentralen Stätten und damit in den Kanon der internationalen Musikkultur.

Das zum Endpunkt eines, in den Worten Wenders', von ihm beobachteten »Märchens«[24] stilisierte New Yorker Konzerterlebnis erfährt dabei ebenso eine Überformung wie das erste Auslandskonzert der Gruppe in Amsterdam, welches als wichtiges Strukturelement in der filmischen Narration fungiert und dabei zudem durch den Einschub von in Havanna gefilmten Szenen zwischen den Konzertaufnahmen eine atmosphärische Verdichtung erfährt: In den ersten 80 Minuten der Musikdokumentation wechseln sich Aufnah-

21 Den Konzertfilm charakterisieren Heinze und Bernd Schoch: »Im Mittelpunkt steht das Musikereignis selbst. Diese Form des Musikdokumentarfilms lebt von der ›livehaftigen‹ Aura des unmittelbaren Miterlebens und der Illusion des Dabeiseins. [...] Der Konzertfilm lebt von der Intensität und Spannung der Performance und arbeitet mit abwechselnden Nah-, Total- und Großaufnahmen, die die Musiker in ihren schweißtreibenden Aktionen und ihrer Virtuosität beobachten. Dadurch wird der Filmzuschauer in einen unmittelbaren Erlebnisraum gezogen. Konzertfilme ermöglichen die Teilhabe an vergangenen oder gegenwärtigen Musikereignissen und haben dadurch auch eine erinnerungskulturelle wie vergemeinschaftende Dimension.« Carsten Heinze und Bernd Schoch: »Musikfilme im dokumentarischen Format: Zur Geschichte und Theorie eines Subgenres des Dokumentarfilms«, in: *Rundfunk und Geschichte*, Jg. 38 (2012), H. 1–2, S. 32–58, hier: S. 49–50.

22 Hosek: *Sun, Sex and Socialism*, S. 38.

23 Ralph Eue: »Wie ein Gastspiel im Olymp«, in: *Berliner Morgenpost* (17.6.1999), zitiert nach Ranze: »Maßgeschneidert«, S. 60.

24 Vgl. Marcus Rothe: »Von Havanna in die Carnegie Hall«, in: *Freitag.de* (2.7.1999), https://www.freitag.de/autoren/der-freitag/von-havanna-in-die-carnegie-hall [zuletzt aufgerufen am 23.3.2021].

men der performenden Band im Konzerthaus Le Carré mit in Havanna gefilmten Szenen ab, die ersten Klänge des Buena-Vista-Klassikers »Chan Chan« werden von Bildern der Hafenpromenade Malecón begleitet. Ibrahim Ferrers und Omara Portuondos Präsentation der Duette »Silencio« und »Dos Gardenias« werden wiederum in zwei verschiedenen Modi der Performanz von Musik gezeigt: Auf der internationalen Bühne in Amsterdam und während der Aufnahme in den EGREM Studios in Havanna. Auf Kuba gemachte Aufnahmen – Szenen aus den Straßen Havannas ebenso wie Studioaufnahmen und Interviews mit den Künstler*innen – leiten deren Auftritte auf der Amsterdamer Bühne ein bzw. folgen auf diese, wobei es die Musik des Buena Vista Social Clubs ist, die beide (Bild-)Welten miteinander verbindet. Fungieren die Klänge der Combo während der Konzert- und Liveaufnahmen als intradiegetischer Sound, werden sie in Aufnahmen des kubanischen Alltags zur extradiegetischen Filmmusik und somit gleichsam zum ›Soundtrack‹ Kubas umgeformt.

Das Konzert in Amsterdam wird nicht nur im Medium Film festgehalten und somit zu einem gewissen Grad für die Rezipient*innen immer wieder mit- und nacherlebbar gemacht. Vielmehr bietet der Film ein Plus an Informationen über die Gruppe – und an auratischem Gehalt, zum Beispiel, wenn in den *performances* auf den internationalen Bühnen die in der vorangegangenen Szene gezeigten Darbietungen der von den Buena-Vista-Musiker*innen interpretierten Stücke in den Straßen Havannas nachwirken. Das einmalige Konzerterlebnis erfährt im Medium des Films somit seine technische Reproduktion, gleichwohl unternimmt Wenders' Dokumentation – in einer Gegenbewegung zu Walter Benjamins Einlassungen zum Medium Film – den Versuch, die spezifische auratische Wirkung des Ereignisses durch den audiovisuellen Bezug auf das Agieren der Musiker*innen im Kontext ihrer kubanischen Lebenswelt nicht nur zu bewahren, sondern sogar zu verstärken.

Wie Hosek anmerkt, kann das Konzert durch die auf der Ebene der Filmbilder postulierte Vereinigung der in den USA lebenden Exil-Kubaner*innen und der aus dem sozialistischen Inselstaat angereisten Musiker*innen – Letzteren wird während einem der emotionalen Höhepunkte des Konzerts, in Filmminute 97, von einer in den USA lebenden Landsfrau eine kubanische Flagge überreicht – als Ausdruck der Stabilität einer von politischen Differenzen unberührten kubanischen Kulturnation gelesen werden.[25] Die der

25 Wenders erläutert die Szene in einem Interview: »Die Carnegie Hall war natürlich zur Hälfte voll mit Exilcubanern, die von Anfang bis Ende geheult haben. Und einer ist dann am Schluß mit der Fahne vorgelaufen, und dann 'ham alle geheult, auf der Bühne und

Die Wiedervereinigung der beiden Kubas in der New Yorker Carnegie Hall

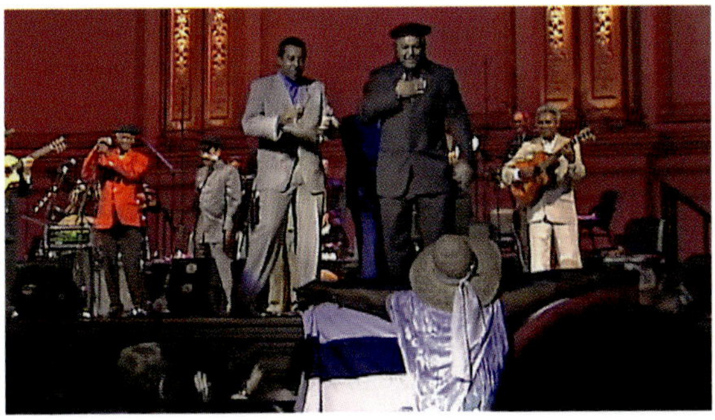

Ära des vorsozialistischen Kuba entstammende Musik des Buena Vista Social Clubs wird somit als überzeitliche, auch unter den Bedingungen des Kapitalismus beständige Inkarnation des kubanischen Nationalcharakters inszeniert: »Through the logic of a common culture, an imaginary, innocent past is reunited with a market-based present.«[26]

3. Lazarus in Havanna: Musik und Musiker*innen im Modus des Dokumentarischen

Wenders' Annäherung an die Musiker*innen erfolgt vorwiegend in einem Modus der Beobachtung: Der Regisseur selbst tritt nicht aktiv in Erscheinung und verzichtet zudem auf die Einbindung von Voiceover-Kommentaren, überlässt die filmische Bühne also ganz den Musiker*innen. In den mit diesen geführten Interviews erfahren die Rezipient*innen nur wenige biografische Details, ihre Erzählungen beschränken sich auf Anekdoten aus ihrer Kindheit, Alltagsbeobachtungen oder Berichte darüber, wie sie ihre Liebe zur Musik entdeckt haben. Informationen über die teils äußerst beweg-

unten. [...] Das ganze Konzert war ein bißchen ein politisches Statement.« Wim Wenders: »Ich fühle mich voll als ein Don Quixote‹: Wim Wenders über Cuba, Fidel Castro, den deutschen Film, Hollywood und ›Dogma 95‹«, in: *artechock.de*, https://www.artechock.de/film/text/interview/w/wenders_1999.htm [zuletzt aufgerufen am 20.1.2021].

26 Hosek: *Sun, Sex and Socialism*, S. 37. Hosek bemerkt an dieser Stelle, dass Wenders' transnationale Filme von Forschung und Kritik zwar nicht als Kommentare der politischen und sozialen Situation Deutschlands wahrgenommen werden, verweist aber im Fall von BUENA VISTA SOCIAL CLUB auf Anknüpfungspunkte einer entsprechenden Lesart: »Cast as a foreign, primitive nation, Cuba refigures a dubious pre-war Germany and shores up often unspeakable attitudes about the appropriate future of the larger FRG.« Ebd., S. 37.

ten Karrieren der Buena-Vista-Mitglieder[27] thematisiert die Musikdokumentation ebenso wenig, wie sie den Versuch unternimmt, die Gruppe in die Musikgeschichte Kubas einzuordnen. Nur einer der Organisatoren des Projekts, Juan de Marcos González, erwähnt in Minute 69 kurz den Begriff Son, auf dessen Historie und Entwicklung im weiteren Verlauf allerdings nicht weiter eingegangen wird.[28] Stattdessen ist im Kontext ihres musikalischen Schaffens, auch von Seiten der im Film interviewten Musiker*innen wie Omara Portuondo und de Marcos González, wiederholt unspezifisch von »*der* kubanischen Musik«[29] die Rede, die durch den Erfolg des Buena-Vista-Albums ebenso einen Aufschwung erfuhr wie die Bandmitglieder, jene, in den Worten de Marcos González' »Größen der kubanischen Musik, die praktisch vergessen waren.«[30] Gerade durch den Verzicht auf nähere Informationen unternimmt der Film allerdings eine Verkürzung, wird doch die Musik des Buena Vista Social Clubs, primär der Son der vorrevolutionären Batista-Ära, mit der kubanischen Musik per se gleichgesetzt – eine Engführung, die durch die Begleitung der in den Straßen Havannas unternommenen Filmaufnahmen durch die Musik des Buena Vista Social Clubs noch verstärkt wird. Maya Roy fasst die von Kenner*innen der kubanischen Musikhistorie formulierte Kritik an dieser vom Film unternommenen Gleichsetzung zusammen: »Über kulturelle Empfindlichkeiten hinaus gilt die Kritik vor allem der Tatsache, dass der einseitige Blickwinkel dazu führt, die kubanische Musik in einem vermeintlichen und mythischen ›goldenen Zeitalter‹ der fünfziger Jahre erstarren zu lassen.«[31] Eine solche Darstellung der vermeintlich authentischen kubanischen Musik als von der fortschreitenden Zeit ebenso wie von den Einflüssen anderer (Musik-)Kulturen unberührt

27 Einen guten Überblick hierzu bietet etwa Thomas Mießgang: *Der Gesang der Sehnsucht: Die Geschichte des* Buena Vista Social Club *und der kubanischen Musik*, Köln 2000.

28 Zur Geschichte des Son vgl. ebd., S. 189: »Der Son entstand in der zweiten Hälfte des 19. Jahrhunderts im kubanischen Osten […] und verband Elemente der afrikanischen Musik der Bantu und spanische Liedformen. 1909 kam der Son nach Havanna […]. Der endgültige Durchbruch gelang in den zwanziger Jahren.«

29 Vgl. Portuondos und de Marcos González' Aussagen in der 21. bzw. 70. Filmminute.

30 So de Marcos González in Filmminute 69. Ebenso bezeichnet Cooder die Musiker*innen in der 77. Minute als »zwar vergessen, aber glücklich, spielen zu können.«

31 Roy: *Buena Vista*, S. 185. Wie Kritiker*innen herausgestellt haben, erfolgt in BUENA VISTA SOCIAL CLUB zudem keine Verhandlung aktueller Tendenzen der kubanischen Musikkultur(en). Roy verweist auf den Umstand, dass insbesondere jüngere kubanische Musiker*innen ihre Irritation darüber äußerten, dass die kubanische Musik in Wenders' Dokumentation mit dem Sound einer bestimmten Epoche, dem vorrevolutionären Kuba, gleichgesetzt und der von dieser Interpretation geprägte Weltmarkt in der Folge aktuellen Entwicklungen in der kubanischen Musiklandschaft gegenüber wenig Interesse zeigen würde. Vgl. ebd., S. 183–187.

entwirft, wie es Tanya Katerí Hernández formuliert, das Bild eines Kuba als »a new frontier to be discovered and conquered.«[32]

Die Erschließung jener neu zu entdeckenden Kultur folgt dabei nicht etwa gemäß einem ethnografischen Zugang, versucht nicht, die Musikkultur Kubas oder die Biografien der Musiker*innen zu ergründen. Vielmehr ist der Dokumentarfilm an deren Persönlichkeiten interessiert.[33] Die Historie und der gegenwärtige Zustand des namensgebenden Buena Vista Social Clubs, einem der wichtigsten Auftrittsorte für Musiker*innen im vorsozialistischen Kuba,[34] sind entsprechend von geringerem Interesse als Compay Segundos Ausführungen über die Zubereitung einer Suppe: Kaum hat das Filmteam in der fünften Filmminute dank Hinweisen von Anwohner*innen das ehemalige Veranstaltungshaus gefunden, zeigt die Kamera das baufällige Gebäude nur kurz. Sogleich folgen ein Schnitt und die Aufnahme des sich zwanglos mit Passanten unterhaltenden Musikers. Diese kurze Episode spiegelt dabei die dominante Zielrichtung des Films: Nicht die Auseinandersetzung mit der Musikgeschichte steht in dessen Zentrum, sondern vielmehr die Vermittlung bzw. Erzeugung einer spezifischen Atmosphäre, wie sie nicht zuletzt in der Darstellung der Musiker*innen zum Ausdruck kommt. Die Frage nach den authentischen Individuen hinter den sich auf der Bühne und vor der Kamera selbst inszenierenden Künstler*innen-*personae* stellt sich die Musikdokumentation nicht, vielmehr begleitet die Kamera den Zigarre rauchenden Compay Segundo auf seinen Ausflugsfahrten im Oldtimer und zeigt Omara Portuondo als Zentrum singender Kubaner*innen – womit gängige Klischees bezüglich des globalen Südens nicht hinterfragt, sondern vielmehr als authentische Eindrücke des kubanischen Alltags reproduziert werden: »The elderly Cuban musicians and their community possess elements ›lost‹ to the industrialized world: a spirit of cooperation, non-materialism, a ›natural‹ oneness with place and time. In the street scenes the musicians interact with the people as part of one singing community.«[35]

Mag die Ergründung der kubanischen Musikhistorie nicht die primäre Zielrichtung des Dokumentarfilms sein, stehen die Musiker*innen gleichwohl in erster Linie *als Musiker*innen* in dessen Zentrum: als Altmeister*innen in der Beherrschung der Gesänge und Instrumente während der Konzerte, im Studio oder im Rahmen von Darbietungen in den Straßen Havannas –

32 Hernández: »Buena Vista Social Club«, S. 112.
33 Vgl. Ranze: »Maßgeschneidert«, S. 60.
34 Vgl. Mießgang: *Der Gesang der Sehnsucht*, S. 116–117 und Roy: *Buena Vista*, S. 177.
35 Hosek: *Sun, Sex and Socialism*, S. 37.

etwa mit Blick auf Omara Portuondos Darbietung ihrer Sangeskunst vor den EGREM Studios ab Minute 21 oder Barbarito Torres' virtuoses Gitarrenspiel auf der Bühne des Le Carré in der 66. Filmminute.[36] Die Dokumentation stellt den Buena Vista Social Club somit als *All-Stars*-Ensemble vor, als einmalige Verbindung originärer Virtuos*innen. Der Aspekt der doppelten Performanz – einerseits der Musik und andererseits der in der Kunst der Selbstinszenierung geübten Musiker*innen –, wie ihn Heinze als zentrales Element von Musikdokumentationen charakterisiert,[37] erfährt in BUENA VISTA SOCIAL CLUB indes keine tiefergehende Verhandlung. Vielmehr trägt Wenders' Film, die Termini Heinzes aufgreifend, zur »Einbalsamierung«[38] und »transzendenten Überhöhung«[39] der bereits im fortgeschrittenen Alter stehenden Musiker*innen bei, indem er sie als letzte Vertreter*innen und damit zugleich Inkarnationen einer im Verschwinden begriffenen, wenn auch nicht näher definierten Musikkultur ausweist. Gleich dem von den Toten auferstandenen Lazarus, der auf Kuba in Personalunion mit Lazarus dem Bettler und der afrokubanischen Gottheit Babalú Ayé als *San Lázaro* verehrt[40] und den Rezipient*innen als persönlicher Schutzheiliger Ibrahim Ferrers vorgestellt wird, erleben auch die im Rahmen der filmischen Narration als nahezu vergessen ausgewiesenen Musiker*innen durch das Buena-Vista-Projekt ihre Rückkehr in das Licht der kubanischen wie der internationalen Öffentlichkeit.

Dabei ist es der Produzent und Gitarrist Ry Cooder, der als *Mastermind* und Initiator des Buena Vista Social Clubs vorgestellt wird: Nicht nur werden die ersten Klänge des auf der Bühne des Le Carré präsentierten Hits »Chan Chan« ab Minute Sieben von Aufnahmen des mit dem Motorrad Havanna erkundenden Cooders und seines Sohnes Joachim begleitet. Auch die letzte Filmminute besteht aus Nahaufnahmen des sich zum Abschied vor dem New Yorker Publikum verneigenden Cooders, dessen zentrale Rolle in der Erfolgsgeschichte des Buena Vista Social Club somit noch einmal dezi-

36 Vgl. auch Eser: »Eine faszinierende Melange«, S. 196–197.

37 Heinze: »Perspektiven des Musikdokumentarfilms«, S. 171. Wie Heinze mit Blick auf die Rolle von Musiker*innen in Musikdokumentationen postuliert, »verdoppeln sich hier die performativen Aspekte, da MusikkünstlerInnen stets mit künstlich-künstlerischen Identitäten auftreten, sich per se selbst inszenieren und das Mediale als zentrale Ausdrucksform ihrer Kunst nutzen. So ist das Schauspielerische und Performative ein wichtiger Aspekt der Selbstdarstellung.« Ebd., S. 171.

38 Ebd., S. 163.

39 Ebd.

40 Vgl. Katherine J. Hagedorn: »Long Day's Journey to Rincón: From Suffering to Resistance in the Procession of San Lázaro / Babalú Ayé«, in: *British Journal of Ethnomusicology*, Jg. 11 (2002), H. 1, S. 43–69, hier: S. 44.

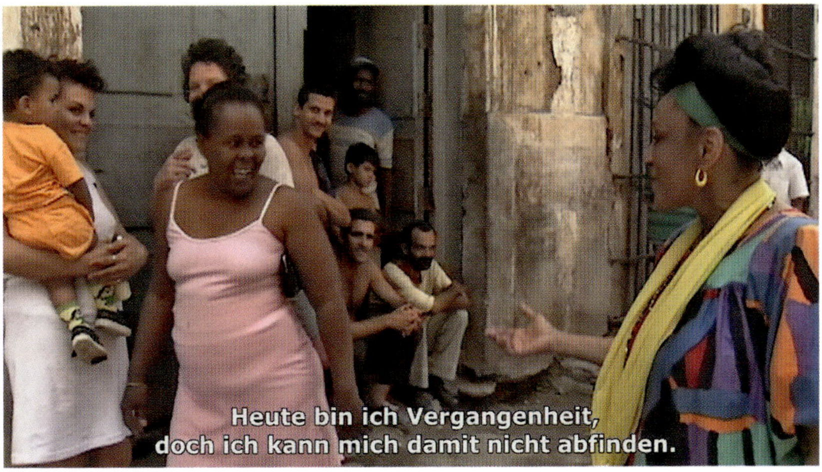

Der Klang der Straße: Omara Portuondo vor den EGREM Studios

diert betont wird: Der letzte Applaus der internationalen Kulturszene und die letzte Einstellung des Films gelten ihm.[41] Dem US-amerikanischen Musiker kommt es zudem zu, im Kontext von Interview-Sequenzen die Entstehung des Projekts und des gleichnamigen Albums zu erläutern – wobei das von ihm in diesem Rahmen präsentierte Narrativ der Buena-Vista-Genese auf dezidierte Kritik gestoßen ist. Nicht nur wird von Seiten der Kritiker*innen auf den Umstand verwiesen, dass der Mit-Organisator und Tres-Spieler de Marcos González bereits vor diesem Projekt mit späteren Buena-Vista-Mitgliedern das Album *A todo Cuba le gusta* (1997) produziert hatte, die Musiker*innen, unter ihnen Ibrahim Ferrer und Rubén González, also keinesfalls erst durch Cooder zurück an ihre Instrumente und ins Aufnahmestudio geholt wurden.[42] Marivic Wyndham and Peter Read kritisieren in diesem Kontext zudem die Inszenierung Cooders als »senior partner«[43] der kubanischen Musiker*innen, während Hernández der Musik-

41 Vgl. auch Bremme: »Wenders' Hommage an Cooder«.

42 Hernández: »Buena Vista Social Club«, S. 104. Auch de Marcos González selbst hat sich nach Erscheinen des Films diesbezüglich kritisch geäußert: »Vielleicht klingt es ja besser für das amerikanische oder europäische Publikum, wenn da steht ›Ry Cooder in Havanna‹ und dass er die Sachen ins Rollen gebracht hat, aber das ist nun einmal eine Lüge.« Knut Henkel: »Wim Wenders kann kein Spanisch: Der wahre Kopf des *Buena Vista Social Club* über die seltsame Darstellung in den Medien«, in: *lateinamerika-nachrichten.de*, https://lateinamerika-nachrichten.de/artikel/wim-wenders-kann-kein-spanisch/ [zuletzt aufgerufen am 20.1.2021].

43 Wyndham/Read: »Buena Vista Social Club«, S. 502.

dokumentation eine dezidiert eurozentrische Perspektive auf Kuba und seine Musikkultur vorwirft: »The narrative's focus on Cooder serves to create a colonial myth of Cooder as ›discoverer / conqueror‹ of native resources that have gone unappreciated and are more effectively channeled by a North American figure.«[44]

Kuba erscheint in Wenders' Dokumentarfilm als ein Ort, der sich dem Zugriff der Moderne zwar entziehen konnte, in der Folge aber vom Verlust der eigenen Kultur bedroht ist – zwar erhalten wenige Virtuos*innen die authentische Musikkultur am Leben, sind aber nicht nur vom Vergessen, sondern, ob ihres hohen Alters, auch vom eigenen Tod bedroht. Entsprechend begleitet die Kamera ab der 50. Filmminute ein Gespräch zwischen Ry Cooder und Ibrahim Ferrer, in dessen Verlauf sie sich darüber austauschen, dass der kubanische Komponist Ernesto Duarte, Autor des Liedes »Como Fue«, bereits vor der Formierung des Buena Vista Social Clubs verstorben sei. Der Kamera gegenüber erklärt Cooder daraufhin seine Motivation, weitere Künstler*innen aus der goldenen Zeit des Son ausfindig zu machen und in die Musikgruppe einzubinden. Das Projekt Buena Vista Social Club wird somit als ein Kampf gegen die Zeit präsentiert, wobei die Überführung der authentischen kubanischen Musikkultur in das neue Jahrtausend, so das im Rahmen des Dokumentarfilms vermittelte Narrativ, in erster Linie dank des tatkräftigen Engagements Ry Cooders gelingt.

4. »[E]in schwarzes Loch ist das schon«:[45] Die filmische Annäherung an Havanna und Kuba

Als neben den gealterten Musiker*innen weitere zentrale Akteurin der Dokumentation fungiert die – ebenfalls sichtlich gebrechliche – Metropole Havanna. Ab der siebten Filmminute zeigt die Kamera die verfallenen Häuserfassaden an der Hafenpromenade Malecón und begleitet Compay Segundo auf der Suche nach dem originalen, mittlerweile baufälligen Buena Vista Social Club. Durch die in den letzten Filmminuten stattfindende Parallelisierung der anachronistisch anmutenden Straßenszenen aus Havanna, geprägt von alten Autos und schlechter Infrastruktur, und Eindrücken aus New York, der finalen Station der Musiker*innen, wird die kubanische Hauptstadt als Kontrapunkt zu der modernen US-amerikanischen Metropole inszeniert.

44 Hernández: »Buena Vista Social Club«, S. 105.
45 Wenders: »›Ich fühle mich voll als ein Don Quixote‹«.

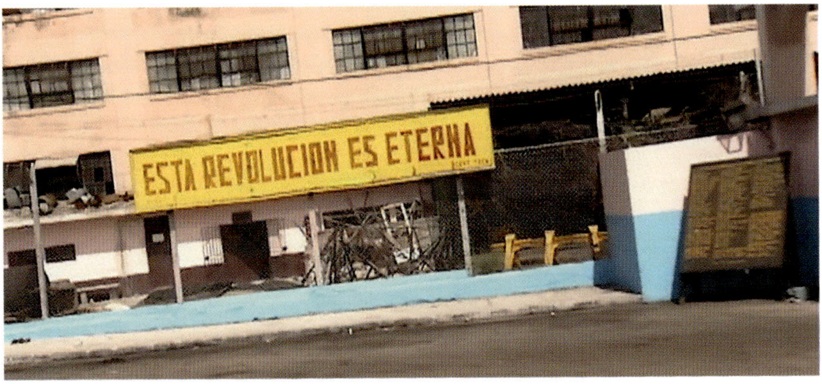

Zwischen Ewigkeit und Verfall: Straßenszene aus Havanna

Während sich der Film jeglichen Kommentars zur politischen Situation enthält – der Regisseur hat auf mögliche Konsequenzen für die Musiker*innen verwiesen[46] –, entwirft er auf der Ebene der Filmbilder Havanna als Inbegriff jenes von Wenders bezeichneten »sozialistische[n] Traum[s], der sich selber ad absurdum geführt hat«.[47] Die Parole »Esta revolución es eterna« ziert eine verwitterte Plakatwand, in einem prominent angebrachten Schriftzug an einer Hausfassade fehlt das R im Nachnamen Karl Marx'.

Zwar zeigt ein kubanischer Fotograf dem Filmteam in den ersten Filmminuten Aufnahmen aus der Anfangszeit der sozialistischen Ära: der Malecón während der Kuba-Krise, Fidel Castro vor dem Lincoln Memorial in Washington sowie Castro und Che Guevara beim Golfspielen. Gleichwohl leitet diese kurze Szene nicht zu einer vertieften Auseinandersetzung mit der politischen oder sozialen Situation Kubas über, vielmehr tragen die Aufnahmen zur Etablierung einer spezifischen Atmosphäre bei.[48] Gerade seine Faszination für den auf der Ebene der Filmbilder postulierten anachronistischen Charakter des Landes bei gleichzeitiger Einbindung typischer, die Erwartungshaltung eines westlichen Publikums befriedigender Bilder haben dem Film den Vorwurf der Verklärung und Romantisierung Kubas einge-

46 Vgl. ebd.
47 Rothe: »Von Havanna in die Carnegie Hall«.
48 Wyndham und Read erklären die nur oberflächliche Thematisierung der kubanischen Geschichte mit dem Bestreben des Films, in erster Linie die Geschichte der Wiederentdeckung nahezu vergessener Künstler*innen erzählen zu wollen: »Such phenomena are quietly bypassed because (we are led to suppose), the film is not a political documentary«. Wyndham / Read: »Buena Vista Social Club«, S. 502.

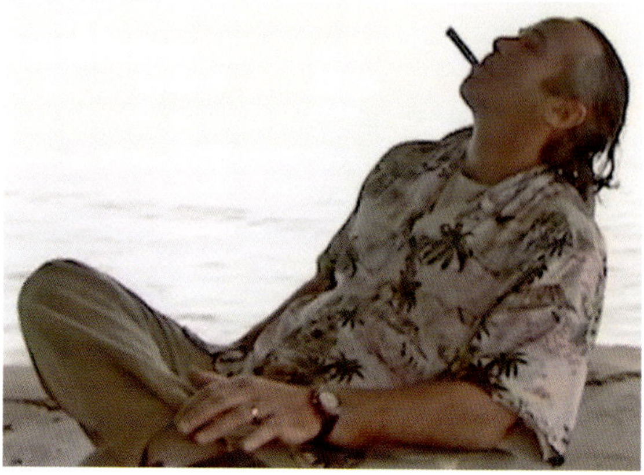

Son, Strand, Zigarren: Ry Cooder in Kuba

bracht.[49] So wird die Tonspur zum beschwingten »Cienfuegos« ab Minute 35 von Filmaufnahmen einer Zigarren-Manufaktur, auf den Straßen spielenden Kindern und einer Zigarre paffenden Frau begleitet, während an anderer Stelle Compay Segundo rauchend in einem Oldtimer durch Havanna gefahren wird und Ry Cooder, mit zurückgelegtem Kopf ebenfalls eine Zigarre genießend, am Meer eine Live-Performance verfolgt. Die eigens für den Film arrangierten Darbietungen einzelner Buena-Vista-Künstler*innen erfahren indes auch insofern ein bewusstes *Staging*, als sie noch vom Glanz des vorsozialistischen Kubas zeugen – etwa des Pianisten Rubén González' in einem herrschaftlichen Palais ab Minute 40 oder, ab Minute 55, des Kontrabassisten Orlando López in einem verlassenen Restaurant. Kuba präsentiert sich in diesen Szenen als jener unwirkliche Ort zwischen den Zeiten, als den ihn Wenders in einem Interview beschrieben hat: »[E]s ist schon unglaublich anachronistisch. Das ganze Land ist so ein merkwürdiges Zeitloch. Es liegt ja da auch am Bermuda-Dreieck. [...] [E]in schwarzes Loch ist das schon.«[50]

Weitere Annäherungen an den Alltag der Kubaner*innen werden nicht unternommen. Zwar stattet das Filmteam Ibrahim Ferrer und seiner Frau einen Besuch in deren Wohnung ab, wobei der Musiker von der Bedeutung *San Lázaros* für sein Leben berichtet und, in der 34. Filmminute, die Meinung äußert, dass die Kubaner*innen allen Grund zur Dankbarkeit hätten: »Wenn wir auf Besitz aus wären, gäbe es uns schon lange nicht mehr. [...]

49 So bezeichnet etwa Bettina Bremme die Musikdokumentation als einen »Film voller Klischees«. Bremme: »Wenders' Hommage an Cooder«.

50 Wenders: »›Ich fühle mich voll als ein Don Quixote‹«.

Wir sind zwar ein kleines Volk, aber wir sind stark. Wir haben es geschafft durchzuhalten. Im Guten und im Schlechten.« Statt eine weiterführende Auseinandersetzung mit jener Feststellung Ferrers zu unternehmen, verwertet die filmische Narration diese im Folgenden als Überleitung zu jener weiter oben bereits thematisierten Sequenz in der 35. Minute, die Szenen aus der Zigarren-Fabrik und aus den Straßen Havannas mit den Klängen des die Heimat besingenden »Cienfuegos« unterlegt. Die Musik des Buena Vista Social Clubs fungiert an dieser Stelle als Trägerin und Ausdruck jenes der Armut trotzenden Lebensgefühls, wobei sie zugleich eine transzendente Überhöhung als Essenz Kubas selbst erfährt – gemäß Joachims Cooders in Filmminute 72 formulierter Charakterisierung der Insel: »Here's nothing but pure musical energy«. Entsprechend werden die Filmaufnahmen der von allgegenwärtigem Verfall geprägten Straßen mit den rhythmischen Klängen des Buena Vista Social Clubs unterlegt, wodurch die Musik der gealterten Künstler*innen, die, wie Compay Segundo und Omara Portuondo, in den Straßen erkannt und von Anwohner*innen in ihrer Darbietung begleitet werden, als untrennbar mit der kubanischen Lebenswelt verbunden erscheint, als zeitloser Bestandteil der von der Zeit als sichtlich geschunden inszenierten Insel.

5. Fazit: Eine (Musik-)Kultur zwischen den Zeiten

Wenders' Dokumentarfilm präsentiert das Projekt Buena Vista Social Club nicht nur als Instrument der Bewahrung einer einzigartigen Musikkultur, sondern unternimmt auch selbst den Versuch, seinen Teil zur Bewahrung der Ausstrahlung und des musikalischen Könnens der bereits im hohen Alter stehenden Ausnahmekünstler*innen beizutragen. Dabei kommt dem Aspekt der Performanz von Musik in unterschiedlichen Modi – ob in den Straßen Havannas, im Aufnahmestudio oder auf der Konzertbühne – eine besondere Rolle zu. Gleichwohl beschränkt sich der Film nicht auf die Dokumentation der Musik und des künstlerischen Schaffens der Buena-Vista-Mitglieder. In der von Heinze beschriebenen Tradition der Musikdokumentation trägt Wenders' Buena Vista Social Club vielmehr selbst aktiv zur Tradierung spezifischer Narrative und Deutungsmuster bei: Die Klänge der Combo werden als Inbegriff der kubanischen Musik per se und, durch das Zusammenwirken von Filmmusik und -bildern, als Soundtrack des kubanischen Lebens inszeniert, in dessen allgegenwärtigem Verfall die Musik als eine der wenigen Konstanten agiert. Somit trägt Wenders' Musikdokumentation nicht nur ihren Teil zur Konstruktion des Mythos Buena Vista Social Club, sondern auch des internationalen Blicks auf Kuba bei.

Eine besondere Rolle spielt hierbei die filmische Auseinandersetzung mit dem Phänomen der Zeit. Identifiziert Heinze den Versuch der Bewahrung und gleichzeitigen Überwindung der Zeit als eines der maßgeblichen Charakteristika des Subgenres der Musikdokumentation, unternimmt auch BUENA VISTA SOCIAL CLUB den Versuch der filmischen Aufhebung von der Zeit gesetzter Grenzen: Nicht nur strebt die narrative Gestaltung des Films auf das finale Konzert der Gruppe in der Carnegie Hall zu, wodurch sich die alternden Musiker*innen gleichsam in letzter Minute in die internationale Musikhistorie einschreiben. Ihre kubanische Lebenswelt wird indes als Ort dargestellt, der sich in einem, wenn auch ästhetischen, Verfall befindet, dabei aber noch vom Glanz einer früheren Epoche zeugt. Die Vertreter*innen des Buena Vista Social Clubs erfahren durch die Inszenierung ihres musikalischen Könnens sowie ihres Status' als Inkarnationen der authentischen kubanischen Musikkultur ihre »Einbalsamierung«[51] im Medium Film. Dabei wird Ry Cooder in der filmischen Narration die Rolle des *Masterminds* zugewiesen, dem es gelingt, die in ihrer Heimat fast schon vergessenen Musiker*innen zurück ins Aufnahmestudio zu holen und sie letztlich in das Pantheon des internationalen, freilich im globalen Norden situierten Musik-Olymps, die Carnegie-Hall, zu überführen.

Die Frage nach den Konsequenzen dieses im Rahmen des Films tradierten Narrativs auf die Rezeption der Gruppe Buena Vista Social Club und der kubanischen Musikhistorie zeugt dabei nicht zuletzt von der bedeutsamen Rolle von Musikdokumentationen in der Etablierung spezifischer Perspektiven auf Musik und Musikhistorie – und der Notwendigkeit deren kritischer Analyse.

51 Heinze: »Perspektiven des Musikdokumentarfilms«, S. 163.

Katharina Rajabi

Arbeit an der Oberfläche

Wenders, Antonioni und die Fotografie

Die Fotografie beschäftigt Wim Wenders bekanntermaßen zeitlebens. Neben der Praxis, dem Fotografieren selbst, womit er bereits in der Kindheit begonnen hat[1] und von dessen zunehmender Produktivität in den letzten Jahrzehnten zahlreiche Ausstellungen und Foto-Bände zeugen, setzt er sich immer wieder auch in seinen Filmen mit der Fotografie auseinander. Schon in seinem frühen Film Alice in den Städten (1974) kommt dem Medium eine entscheidende und, wie sich rückblickend sagen lässt, wegweisende Rolle zu. Mehr als drei Jahrzehnte später macht Palermo Shooting (2008) das Medium zum zentralen Thema und verhandelt die Problematiken und das Potenzial der Fotografie ästhetisch wie diskursiv.[2] Ausgehend von Palermo Shooting möchte ich im Folgenden Wenders' filmischer ›Theorie‹ der Fotografie[3] nachgehen und dabei im Fokus insbesondere auf die Momente Zeit, Wirklichkeit, Reflexivität sowie das Verhältnis von Bild und Erzählen rückblickend verschiedenen Fluchtlinien folgen: zunächst zurück an den Anfang, den ›Nullpunkt‹ der Fotografie im Wenders'schen Film in Alice in den Städten, dann der Auseinandersetzung mit Michelangelo Antonioni sowohl in der Referenz auf Blow Up (1966) als auch in der Zusammenarbeit in Al di là delle nuvole (1995), und zuletzt Wenders' eigener fotografischer Tätigkeit nachgehend. Die Fotografie als Metapher und Reflexionsmedium der Wahrnehmung operiert für Wenders an der Oberfläche einer Realität, die zwischen Opazität und Transparenz, zwischen Impermeabilität und Durchlässigkeit changiert: Die Arbeit des fotografischen Bildes erweist sich als (immer prekäre) Möglichkeit, deren Tiefe

1 Vgl. etwa Wim Wenders: »Was Bilder heute bewirken« (2003), in: ders.: *A Sense of Place: Texte und Interviews*, Frankfurt am Main 2005, S. 68–96, hier: S. 87.

2 Zu nennen ist hier außerdem der Dokumentarfilm Das Salz der Erde (2014) über den von Wenders sehr geschätzten brasilianischen Fotografen Sebastião Salgado, auf den ich hier jedoch nicht eingehen werde, da es mir vor dem Hintergrund des von Wenders im Zusammenhang mit der Fotografie immer problematisierten Verhältnisses von Bild und Erzählen gerade um die Fotografie in Wenders' Spielfilmen geht.

3 Jessica Nitsche spricht in diesem Zusammenhang von Wenders' »filmische[r] Erforschung des fotografischen Mediums«. Jessica Nitsche: »Bilder, die die Welt bedeuten: Wim Wenders' Figuren der Fotografie im Film«, in: Jörn Glasenapp (Hrsg.): *Wim Wenders*, München 2018, S. 75–91, hier: S. 75–76.

zu ergründen.[4] Die Oberfläche, an der die Fotografie ansetzt, ist die Wirklichkeit in ihrer Materialität und bei Wenders immer räumlich konzeptualisiert, als Landschaft, als Ort.[5] Als »Schauplätze« oder vielmehr »Schau-Plätze«[6] sind diese räumlichen Figurationen der Wirklichkeit nicht nur Objekt der Fotografie, sondern überhaupt erst Bedingungen ihrer Möglichkeit. Daneben droht für Wenders in der Oberfläche aber auch immer die Oberflächlichkeit: glatt, »glänzend«[7], im Bild lediglich zum »Hintergrund«, zur »Kulisse«[8] verkommend.[9] Jedoch ist die Oberflächlichkeit nicht etwa Qualität der Oberfläche selbst, sondern resultiert vielmehr aus der fehlenden Auseinandersetzung mit ihr. Genau diese Auseinandersetzung stellt für Wenders die Aufgabe der Fotografie dar, die also immer eine aktive ist: Die Arbeit der Fotografie ist es, sich einzulassen, sich *einzustellen* auf die Oberfläche der Wirklichkeit, um ihre Geschichte/n ins Bild aufzunehmen.[10] Wenders' Reflexion der fotografischen Arbeit an der Oberfläche, so wird zu zeigen sein, richtet sich zunächst insbesondere auf das Ausloten des Verhältnisses von Bild und Geschichte, das in der Auseinandersetzung mit Antonioni zur Klärung kommt, und fokussiert später die Verpflichtung auf die und gegenüber der Wirklichkeit.

4 Beiläufig verwendet Jessica Nitsche ebenfalls den Ausdruck von der ›Arbeit an der Oberfläche‹, jedoch lediglich bezogen auf die ›Oberflächlichkeit‹ des Fotografen Finn in PALERMO SHOOTING. Vgl. Jessica Nitsche: »›The fear of life is the fear of death‹: Die Konstellation von Tod, Fotografie und Film in Wim Wenders' PALERMO SHOOTING«‹ in: dies. (Hrsg.): *Mit dem Tod tanzen: Tod und Totentanz im Film*, Berlin 2015, S. 127–152, hier: S. 130.

5 Vgl. Wim Wenders: »In Defense of Places« (2002), in: ders.: *A Sense of Place*, S. 7–38, hier: S. 36. Und so lautet der Titel einer seiner Ausstellungen und des zugehörigen Foto-Bandes auch: *Bilder von der Oberfläche der Erde*, München 2003.

6 Wenders: »In Defense of Places«, S. 8.

7 Ebd., S. 33.

8 Ebd., S. 9.

9 Man könnte versucht sein, an Siegfried Kracauers Entwurf der Oberfläche, wie er etwa zu Beginn von »Das Ornament der Masse« steht, und deren Zusammenhang mit dem (fotografischen und filmischen) Bild zu denken, doch verbleibt dort die Oberfläche immer ›oberflächlich‹, Ausdruck des Zerfalls, wohingegen sie bei Wenders grundsätzlich affirmiert wird. Vgl. zur Oberfläche bei Kracauer Inka Mülder-Bach: »Der Umschlag der Negativität: Zur Verschränkung von Phänomenologie, Geschichtsphilosophie und Filmästhetik in Siegfried Kracauers Metaphorik der Oberfläche«, in: *Deutsche Vierteljahrsschrift für Literaturwissenschaft und Geistesgeschichte*, Jg. 62 (1987), H. 2, S. 359–373.

10 Vgl. beispielsweise Wenders: »In Defense of Places«, passim. In diesem Zusammenhang wird auch deutlich, inwiefern der Fotografie für Wenders eine konservierende, bewahrende Funktion zukommt. Vgl. dazu auch: George Kouvaros: »As If It Were for the Last Time: Wim Wenders – Film and Photography«, in: *New German Critique*, Jg. 42 (2015), H. 2, S. 81–95.

1. Schuss-Gegenschuss: Die Fotografie als Reflexionsmedium (Palermo Shooting)

Palermo Shooting: Schon der Filmtitel markiert, wie in der Forschung bereits mancherorts bemerkt,[11] die auch auf geläufige theoretische Positionen rekurrierende Verbindung von Fotografie und Tod. Diese Nähe artikuliert der von Dennis Hopper verkörperte Tod in der Konfrontation mit dem Protagonisten und Fotografen Finn (Campino) am Ende des Films: »Sie [die Fotografie, K.R.] zeigt den Charakter meiner Arbeit deutlicher als nur irgendetwas.« Und: »›Der Tod bei der Arbeit‹ – man sollte die meisten Fotografien so nennen.«[12] Die Fotografie ist »Kehrseite des Lebens, Kehrseite des Lichts«, ihr Negativ. Dies begründet sich aus dem spezifischen Verhältnis der Fotografie zur Zeit bzw. ihrer spezifischen Zeitlichkeit, Wenders selbst spricht von der Offenbarung der »Zeit bei der Arbeit«[13] in der Fotografie als »eine [ihrer] Grundkonditionen«.[14] Im Festhalten eines Augenblicks ist sie Stilllegung, Mortifikation und zeigt zugleich das immer schon Vergangene. Insbesondere Roland Barthes arbeitet sich an dieser Verbindung von Fotografie und Tod ab, ist doch *Die helle Kammer* (1980) in erster Linie ein Trauertext, eine Auseinandersetzung mit dem Tod der Mutter – auch in dieser Hinsicht scheint Palermo Shooting auf Barthes anzuspielen.[15] Ihre besondere zeitliche Struktur, das Nebeneinander von Präsenz und Vergangenheit, von Gewesensein und Nicht-Mehr sowie einem futurischen Index des Gewesenseinwerdens, verdichtet sich bei Barthes zum eigentlichen *punctum* der Fotografie schlechthin: dem *punctum* der Zeit, das aus jeder Fotografie heraus den Betrachter besticht.[16] Und so spricht der Tod bei Wenders: »Der

11 Vgl. etwa Nitsche: »›The fear of life is the fear of death‹« sowie Nitsche: »Bilder, die die Welt bedeuten«.

12 Bezeichnenderweise ist gerade Hopper in der Rolle des Tom Ripley, wie Wenders selbst bemerkt, in einem früheren Film, Der amerikanische Freund (1977), nach Philip Winter eine weitere Wenders'sche Figur, die fotografiert, und zwar ausgerechnet sich selbst in Serie. Vgl. Wim Wenders: *Die Zeit mit Antonioni: Chronik eines Films*, Frankfurt am Main 1995, S. 94.

13 Wim Wenders: »The Frozen Frame« (2003), in: ders.: *A Sense of Place*, S. 58–67, hier: S. 65.

14 Ebd.

15 Es sei in diesem Zusammenhang auch auf Wenders' Freund Peter Handke verwiesen, der in *Wunschloses Unglück* (1972) ebenfalls, und zu Beginn des Textes insbesondere im Versuch der Annäherung über Fotografien, den Tod der Mutter bearbeitet.

16 Vgl. Roland Barthes: *Die helle Kammer: Bemerkung zur Photographie*, Frankfurt am Main 1986 (1980), S. 105–106. Dort heißt es: »Dieses neue *punctum*, nicht mehr eines der Form, sondern der Dichte, ist die ZEIT, ist die erschütternde Emphase des Noemas (›*Es-ist-so-gewesen*‹), seine reine Abbildung.« Und kurz darauf: »Ich lese gleichzeitig: das wird sein und das ist gewesen.«

Tod ist ein Pfeil aus der Zukunft, der auf dich zufliegt.« Doch genau diesem Pfeil, der Konfrontation mit dem Tod und damit auch dem Leben versucht Finn, der Fotograf, qua *Gegenschuss* zu entkommen. Seine Fotografie verbleibt dabei jedoch (und das auch schon vor der ersten Begegnung mit dem personifizierten Tod) an der Oberfläche der Dinge, reproduziert und perpetuiert diese, ohne sich tatsächlich mit ihr auseinanderzusetzen, an ihr zu *arbeiten*. Für Finn gibt es kein Dahinter: »Die Dinge *sind* nur Oberfläche«, behauptet er gegenüber seinen Studierenden. Reine Oberfläche, die beliebig manipuliert, bearbeitet, verändert, neu zusammengesetzt werden kann, sich vielmehr in ihrer nachträglichen Konstruktion überhaupt erst konstituiert. Finns Fotografie setzt nicht mehr an einer Wirklichkeit an, die es zu ergründen gilt, sondern entnimmt ihr lediglich Details, um sich ihr Bild selbst, unabhängig von ihr, zu schaffen. Dies macht insbesondere die Szene deutlich, in der er mit seinen Assistenten die umfassende Überarbeitung einer seiner Fotografien bespricht, bei der von Lichteinfall und Spiegelungen bis hin zum Himmel wesentliche Bildelemente verändert werden sollen, und die das ursprüngliche Bild zum bloßen Gerüst werden lässt, auf das nach Belieben appliziert wird, was der Erschaffung einer eigenen Oberfläche dient. Dass Finn ausgerechnet die Zeit, die doch der Fotografie immer schon inhärent ist, gerade durch die Bildbearbeitung in der Überblendung verschiedener Tageszeiten sichtbar machen will, offenbart seine Entfremdung von Fotografie und Wirklichkeit zugleich, das fotografische Bild wird zum Spektakel. Damit verbindet der Film einen fortschrittskritischen Impuls: Es ist auch die Digitalisierung des Mediums, das eigentlich wesenhaft an die Wirklichkeit gebunden ist, die zu einem Abgleiten an, einer Abkehr von der Wirklichkeit führt und damit zu einer Krise der Wahrnehmung. »Seitdem«, so hält der Tod Finn vor, »muss man sich nicht mehr darauf verlassen, was da ist und das führt euch geradezu zur Manipulation. [...] Du verlierst damit das Eigentliche. Du übersiehst es einfach.«[17]

17 Dabei ist es, so gilt es zu betonen, weniger die digitale Fotografie an sich, die durch den Film einer Kritik unterzogen wird, sondern vielmehr der ›oberflächliche‹ Umgang mit ihr. Eine damit zusammenhängende grundlegende Skepsis gegenüber technischen Neuerungen charakterisiert Wenders' Reflexionen über das fotografische und filmische Medium etwa in Wim Wenders: »Nicht außer 8 lassen was es alles gibt«, in: ders.: *4 Real & True 2: Wim Wenders. Landschaften. Photographien*, München 2015, S. 228–245 und zuletzt die Überlegungen zu Handyfotografie und Selfie in Wim Wenders: *Sofortbilder: 403 Polaroids und 36 Geschichten dazu*, München 2017, S. 309–315. Demgegenüber stehen nicht nur eigene Arbeiten, die mit den Neuerungen der Medientechnik arbeiten, und dies sogar ganz besonders innovativ, wie etwa PINA (2011), sondern auch trotz Kritik etwas stärker emphatisch den technischen Fortschritt bejahende Aussagen, etwa in Wenders: »Was Bilder heute bewirken« oder Wim Wenders: »Die Entdeckung eines Universums: Was die

Der Film inszeniert hier die Fotografie als eine Reflexionsfigur der Wahrnehmung im zweifachen Sinne: Zum einen werden in ihr perzeptive Mechanismen und Problemstellen ansichtig, zum anderen betont Wenders ihre Reflexivität, die aus dem von ihr gegebenen Bild immer schon zurückwirft, zurückblickt, zurückverweist auf die Umstände ihres Entstehens: Im Schuss der Gegenschuss. So schreibt Wenders im Vorwort zu seinem Foto-Band *Einmal*: »Das Photographieren ist […] ein Akt in zwei Richtungen: nach vorne und nach hinten […] So wie der Jäger sein Gewehr anlegt, auf das Wild vor ihm zielt, den Abzug zieht, und wenn sich dann die Kugel aus dem Gewehr löst, von dem Rückschlag nach hinten geworfen wird, so wird auch der Photograph zurückgestoßen, auf sich selbst, wenn er den Auslöser drückt. Ein Photo ist immer ein doppeltes Bild: Es zeigt seinen Gegenstand und – mehr oder weniger sichtbar, ›dahinter‹, den ›Gegenschuss‹: das Bild des Photographierenden im Moment der Aufnahme.«[18] Was sich in diesem Gegenschuss zeigt, bezeichnet Wenders immer wieder als die ›Haltung‹, die ›Einstellung‹ des Fotografierenden:[19] Im Begriff der Einstellung verschränken sich zum einen die Haltung, die »innere Bereitschaft des Photographierenden«,[20] durchaus im Sinne einer »Moral«[21], und die Bildgenese, die »Kadrierung« und »wie die Kamera eingestellt ist, in den Licht- und Zeitwerten«:[22] »Es ist kein Zufall, daß dasselbe Wort sowohl die Haltung definiert als auch das in dieser Haltung produzierte Bild. Jede ›Einstellung‹ (also jedes Bild) reflektiert in der Tat die ›Einstellung‹ (Haltung) dessen, der dieses Bild aufgenommen hat.«[23] Diese Haltung, die sich in Bezug auf die Fotografie zugleich aus ihrer Grund-

neuen Technologien uns zu bieten haben«, in: ders.: *A Sense of Place*, S. 97–106. Interessanterweise äußert sich gerade Antonioni in Wenders' am Rande der Filmfestspiele in Cannes entstandener dokumentarischer Umfrage zur Zukunft des Kinos CHAMBRE 666 (1982) in Bezug auf technische Entwicklungen optimistisch und plädiert für die Anpassung an diese (vgl. Abdruck der Kommentare: »CHAMBRE 666«, in: Wim Wenders: *Die Logik der Bilder: Essays und Gespräche*, Frankfurt am Main 1988, S. 35–45, hier: S. 43–45), und Wenders wiederum zeigt sich davon in besonderem Maße beeindruckt. Vgl. Wim Wenders: »Abschied von der dröhnenden Stimme des alten Kinos« (1982), in: ders.: *Die Logik der Bilder*, S. 53–67, hier: S. 63 sowie Wenders: *Die Zeit mit Antonioni*, S. 13.

18 Wim Wenders: »›To shoot pictures …‹«, in: ders.: *Einmal: Bilder und Geschichten*, München 2001 (1994), S. 7–16, hier: S. 7.

19 Etwa in Wim Wenders: »Unmögliche Geschichten« (1982), in: ders.: *Die Logik der Bilder*, S. 68–77, hier: S. 7, in Wim Wenders: »Die Wahrheit der Bilder« (1991), in: ders.: *The Act of Seeing: Texte und Gespräche*, Frankfurt am Main 1992, S. 57–87, hier: S. 86–87, in Wenders: »›To shoot pictures …‹«, S. 8–9 sowie in Wenders: »Nicht außer 8 lassen was es alles gibt«, S. 234.

20 Ebd.

21 Wenders: »Die Wahrheit der Bilder«, S. 87.

22 Wenders: »›To shoot pictures …‹«, S. 8.

23 Ebd., S. 9.

konstitution als indexikalisches Medium ergibt,[24] ist für Wenders dezidiert auf die Wirklichkeit ausgerichtet, ist »Respekt«[25], ja Verpflichtung ihr gegenüber. Das »Ethos«[26] des Fotografen liegt für Wenders in der Formel »Nicht außer 8 lassen was es alles gibt«.[27] Der dem Bild immer inhärente Gegenschuss, der »Rückschlag« offenbart damit »die Einstellung [des Photographierenden] zu dem, was da vor ihm lag«,[28] und diese ist es, die Finn in PALERMO SHOOTING durch den Tod aufgezeigt wird: »Wir zeichnen alles auf aus der Gegenperspektive«, spricht er – und führt dies Finn an einem Kaiserpanorama vor, in dem sich analoge Technik und selbstreferenzieller metafilmischer Verweis verbinden.[29] In Finns Versuchen, den Tod mit seiner Kamera einfach ›abzuknallen‹, wie es in ALICE IN DEN STÄDTEN heißt, spiegelt sich also seine ihm durch den Tod vorgehaltene Einstellung: »Du hast das Leben nicht gewürdigt.« »Die Angst vor dem Leben ist die Angst vor dem Tod.« Nur in der fotografischen Arbeit an der, und das heißt Konfrontation und Auseinandersetzung mit der Wirklichkeit (dem Leben, dem Tod), die niemals nur reproduzierend an der vermeintlich undurchlässigen, grundlosen Oberfläche verharrt, zeigt sich eine Haltung, die sich dem Leben und damit dem Tod stellt, indem sie sich gegenüberstellt. So ist des Todes Forderung an Finn am Ende des Films: »Zeig mich den Menschen, dass sie mich in sich selbst erkennen können, dass sie in meinem Gesicht ihr eigenes Antlitz erblicken«. Er verschwindet schließlich, während Finn ihn am Ende des Films aufnehmen soll »so wie ich bin«, folgerichtig im blendenden Gegenlicht.

2. Bild und Geschichte (ALICE IN DEN STÄDTEN)

Der Fotograf Finn teilt die Angst vor dem Leben / dem Tod mit Wenders' früherem fotografierenden Protagonisten Philip Winter (Rüdiger Vogler): Wenders schreibt von ihm als »einem der ausgezogen war, das Fürchten zu

24 Inwiefern sich hier – in Bezug auf die Indexikalität – potenziell eine Differenz zwischen analoger und digitaler Fotografie ergibt, verhandelt Wenders in »Nicht außer 8 lassen was es alles gibt«, passim. Daher spricht er auch von der »ursprünglichen photographischen Haltung, in der sich alles um die Wirklichkeit dreht.« Ebd., S. 244.

25 Wenders: »Die Wahrheit der Bilder«, S. 87.

26 Wenders: »Nicht außer 8 lassen was es alles gibt«, S. 245.

27 Ebd., S. 228.

28 Wenders: »›To shoot pictures ...‹«, S. 9.

29 Der Film, so wird hier offenbar, bietet in der Technik der Montage von Schuss und Gegenschuss die Möglichkeit, diese Reflexivität noch deutlicher sichtbar zu machen. Genau damit spielt auch die Schlussszene in PALERMO SHOOTING in ihrem Schnitt sowie der räumlichen Inszenierung des Blickwechsels, der Konfrontation zwischen Finn und dem Tod.

lernen, sich dabei aber mit Polaroid-Photos vor dem Fürchten schützte und sich anhand dieser Bilder ständig bewies, daß es ihn noch gab.«[30] Doch tatsächlich sind die Bilder nur scheinbarer Schutz, verdeutlichen vielmehr die *eigentliche* Furcht: sich im Bild auf die Wirklichkeit, die Oberfläche und die *Geschichte* wirklich einzulassen. Während PALERMO SHOOTING eine existenzielle Krise, eine Krise der Wahrnehmung als Krise des Mediums Fotografie verhandelt, scheint in ALICE IN DEN STÄDTEN zunächst die Fotografie *an sich* Ausdruck der Krise zu sein: Statt, wie beauftragt, über die amerikanische Landschaft zu schreiben, fertigt Winter zahllose Polaroids an. Damit werden Erzählen und Bild also zunächst als Gegensätze verstanden in Bezug auf die Auseinandersetzung mit der Wirklichkeit. Der auch im Film selbst affirmierte Beweischarakter der Fotografie bleibt ausschließlich auf die Existenz des Wahrnehmenden gerichtet, an der vom Abbild immer verschiedenen Wirklichkeit gleitet er ab. In der Fotografie, so wird vor allem aus dem Gespräch zwischen Winter und Angela (Edda Köchl) nach seiner Rückkehr nach New York deutlich, offenbart sich für Winter eine Krise der Repräsentation, sie wird zum Ausdruck der Verunsicherung über die Wirklichkeit und die eigene Existenz, die seine Bilder bezeugen sollen.[31] Und so wird der Impuls zu fotografieren zugleich zum hilflosen Versuch, der Realität der Dinge ›beizukommen‹, sie zu vernichten: »To shoot pictures. Erschießen. Alles abknallen, was man nicht aushält.« Dennoch ist die Fotografie von Beginn des Films an Medium des Begehrens, Medium der Sehnsucht: »Under the boardwalk, down by the sea, on a blanket with my baby, that's where I wanna be«,[32] singt Philip Winter in der Eingangssequenz, während er – offenbar in Serie – Polaroids anfertigt. Anwesenheit und Abwesenheit, deren Verschränkung für Barthes das *Noema* der Fotografie ausmacht,[33] werden hier zugleich beschworen. Die für das Begehren konstitutive Verbindung von Präsenz und Entzug verdeutlicht, weshalb die Fotografie als Mittel und Ausdrucksform in ihrer Faszination und der Hoffnung auf eine gelingende ›Einstellung‹ auf Wirklichkeit und Geschichte nicht aufgegeben werden

30 Wenders: *Einmal*, S. 168.

31 So hält Angela Winter vor: »Das Hören und Sehen vergeht einem, wenn man das Gefühl von sich selbst verloren hat. Und das hast du doch schon lang verloren. Und deshalb brauchst du immer wieder Beweise, Beweise dafür, dass es dich wirklich noch gibt. [...] Und deshalb machst du auch dauernd diese Fotos. Da hast du dann was in der Hand. Wieder ein Beweis dafür, dass du es warst, der was gesehen hat.«

32 Im Original der Drifters heißt es »where I'll be«. Statt dieser Gewissheit steht bei Wenders also der bloße Wunsch. Dies umso markierter, da sich Winter ja tatsächlich ›under the boardwalk‹ befindet und damit die Diskrepanz zwischen Realität und Begehren offenbar wird: Winter ist anwesend und abwesend zugleich.

33 Vgl. Barthes: *Die helle Kammer*, S. 87.

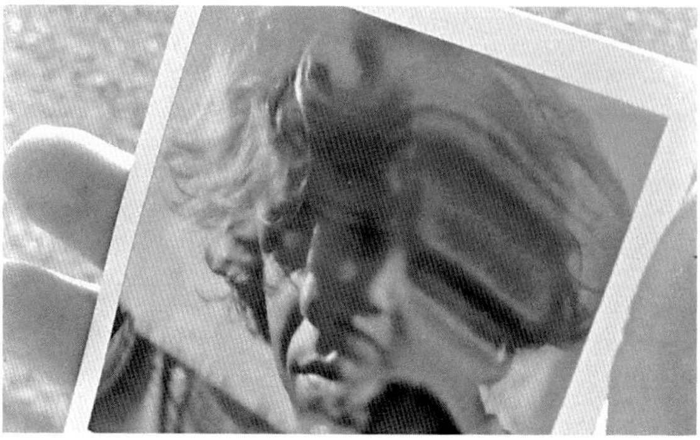

Im Schuss der Gegenschuss in ALICE IN DEN STÄDTEN

kann. Vielmehr arbeitet der Film zunehmend an ihr. Zwar fotografiert Winter seit dem Verlassen der USA kaum noch (das bemerkt auch Alice [Yella Rottländer]), doch scheint gerade dies Auswirkungen zu haben auf die ›Haltung‹ des Fotografen. Das erste Bild nach dem Abflug, aus dem Flugzeugfenster heraus geschossen, inszeniert die Oberfläche, die Struktur der Wolken, und ist beinahe eine Zusammenarbeit mit Alice, die das Polaroid während des Entwicklungsvorgangs in der Hand hält.[34] Im nächsten filmisch inszenierten fotografischen Akt ist es Alice, die zur Fotografin wird und Winter fotografiert, damit er »wenigstens weiß, wie [er] aussieh[t]«, wenn er ihr schon keine Geschichte von sich erzählen kann. Diese Fotografie zeigt sich dann tatsächlich als Reflexionsmedium, im Schuss der Gegenschuss: Alices Gesicht spiegelt auf dem abgebildeten Gesicht Winters, die Einstellung in der Einstellung.

Das Verhältnis zur Wirklichkeit erfährt – auch durch Alice[35] – gegenüber dem Anfang des Films eine zunehmende Wendung: Das fotografische Abbild, die Fotografie des Hauses von Alices Großmutter, führt tatsächlich zurück in die Wirklichkeit, auch wenn sich diese von der Vorstellung unterscheiden mag, die das Abbild transportiert hat. So wird hier zwar eine Absage an die Repräsentationsfähigkeit der Fotografie erteilt, aber zumindest ihre Referenzialität affirmiert, die einzige fotografische Gewissheit, dass das Abgebildete zwar vergangen, aber doch irgendwann, irgendwo da gewesen

34 Und das fertige Bild schließlich kommentiert: »Das ist ein schönes Bild. Es ist so leer.«

35 Die schon bevor sie Winter aus der ›Gegenperspektive‹ mit der Intention aufnimmt, ihn seines Daseins zu versichern, im Flugzeug während des Galgenmännchen-Spiels auf die Wirklichkeit insistiert: »Traum. Solche Wörter gelten nicht. Nur Sachen, die es wirklich gibt.«

sein muss.[36] In der letzten Fotografie im Film scheint auch der Fotograf Winter selbst zu einer neuen ›Einstellung‹ zu kommen: Die Personengruppe im Sucher wird nicht einfach ›abgeknallt‹, sondern ihre Dynamik, ihre ›Oberfläche‹ (die Struktur der Wellen, Alices Haare, durch die der Wind fährt, die Gesichter der drei Personen, aber auch die Geräusche der Fähre, das von Sibylle Baier gesungene Lied, dessen Worte immer deutlicher zu verstehen sind) wahrgenommen, bis der für ihn signifikante Moment eintritt: Alice dreht ihr Gesicht zur Kamera. In dieser Arbeit, dieser Haltung zur Wirklichkeit, die sich durch »Offenheit«[37] ihr gegenüber auszeichnet, sich wahrnehmend auf sie einlässt, findet sich letztlich auch der Weg zur Geschichte. Zur Geschichte, wie Wenders schreibt, »im zweifachen Sinne des Wortes, als Historie und als Fiktion«,[38] die nicht einfach aus der Oberfläche des Ortes tritt, sondern gerade im Ansetzen des fotografischen Bildes überhaupt erst zur Erscheinung kommt. Das problematisierte Verhältnis von Bild und Geschichte[39] erfährt auf der Grundlage der veränderten Auseinandersetzung mit der Wirklichkeit die Andeutung einer Versöhnung: Die Möglichkeit von Geschichte/n ergibt sich angesichts des Bildes gerade nicht aus der Serialisierung einzelner Fotografien – wie es der wechselnd durchgesehene Polaroid-Stapel mit den Bildern von Winters Reise am Anfang des Films verdeutlicht –, sondern ist potenziell der einzelnen Fotografie, die sich der Oberfläche tatsächlich stellt, immer inhärent. Im Festhalten eines Augenblicks hebt sie diese zwar aus der Zeit und damit der Linearität. Doch in der *Einstellung* im zweifachen Sinne, die sich wirklich auf sie einlässt,[40] transportiert sich der Kern ihrer Geschichte (Historie) und einer Geschichte (Fiktion), deren Leerstellen in Bezug auf das Davor und das Danach in der Betrachtung auserzählt werden können. In diesem Sinne beginnt für Wenders also jede Geschichte mit dem Bild,[41] und so findet Winter schließlich über eine Änderung der Einstellung zur Oberfläche der Wirklichkeit sowie der Einstellung des Bildes zurück zur Geschichte und zum Schreiben.

36 Genau dies artikuliert Barthes in der Formel des *ça-a-été*.

37 Wenders: »Unmögliche Geschichten«, S. 73.

38 Wenders: »In Defense of Places«, S. 36.

39 Vgl. zu diesem »Kerndualismus des Wenders'schen Kinos« Jörn Glasenapp: »Vom Geschichtenverweigerer, der bisweilen Geschichten erzählt, zum Geschichtenerzähler, der bisweilen Geschichten verweigert: Wim Wenders und seine Spielfilme«, in: ders. (Hrsg.): *Wim Wenders*, S. 3–16, hier: S. 4.

40 In diesem Zusammenhang spricht Wenders auch immer wieder davon, dem Ort ›zuzuhören‹ (vgl. etwa Wenders: »Was Bilder heute bewirken«, S. 94), »auf[zu]zeichne[n], was der Ort zu sagen hat.« Wenders: »In Defense of Places«, S. 36.

41 Vgl. Wenders: »Unmögliche Geschichten«, S. 68.

3. An der Oberfläche: Geschichte als Fiktionspotenzial (Al di là delle nuvole)

Nirgends im Film wurde das Spannungsverhältnis von Fotografie, Wahrnehmung und Wirklichkeit und das narrative und fiktionale Potenzial der Fotografie, das sich in der Arbeit des Bildes entfaltet, so inszeniert wie in Michelangelo Antonionis Blow Up, der zugleich auch besonders deutlich macht, inwiefern die Fotografie ›Arbeit an der Oberfläche‹ sein kann: Zum einen ist hier Oberfläche die Oberfläche der Wirklichkeit, die ihre Geschichte als narrativ-fiktionales Potenzial ins Bild überträgt, in der jedoch ebenfalls die Oberflächlichkeit droht. Nach den Modeshootings und deren künstlichen, glatten Kulissen arbeitet der Fotograf Thomas im Park an der Oberfläche der Landschaft, in der sich die später retrospektiv zu rekonstruieren versuchte Geschichte als Potenzial verortet. Antonionis Kamera partizipiert an dieser Arbeit, stellt sich mit Thomas auf diese Oberfläche ein: auf die Struktur des Grases, des Laubes der Bäume, durch die der Wind fährt, der Baumrinde, des Zauns, daneben auch auf den Ton, das Rauschen der Blätter. Zum anderen inszeniert der Film die Oberfläche auch als Oberfläche des Abbildes in seiner Materialität, in der Struktur und Körnung der Bildfläche.[42]

Für Palermo Shooting, der Antonioni gewidmet ist, ist Blow Up wichtige Referenz, die mehrfach zitiert wird – besonders explizit in der Szene, in der Finn die Fotografie, die er vom Tod gemacht hat, immer stärker vergrößert, bis dessen Antlitz deutlich sichtbar ist, enthüllt doch in Blow Up die Vergrößerung im übertragenen Sinne ebenfalls den Tod. Insbesondere in der Darstellung des Verhältnisses der Fotografie zur Wirklichkeit als Oberfläche wird auf Blow Up Bezug genommen: Hier wie dort steht die Gefahr der Oberflächlichkeit, der hingenommenen, distanzierten, bloß reproduzierten, ›unbearbeiteten‹ und dadurch undurchlässigen Oberfläche und des damit zusammenhängenden Wahrnehmungsmodus der Teilnahmslosigkeit. Wie auch in Blow Up wird dies in Palermo Shooting über die Figur des Fotografen und dessen Arbeit, etwa in der Modefotografie, verhandelt.[43]

42 Zur Oberfläche (in) der Vergrößerung vgl. auch Michelangelo Antonioni: »Identificazione di un regista« (1985), in: ders.: *Fare un film è per me vivere: Scritti sul cinema*, Venedig 2009, S. 216–225, hier: S. 217.

43 Mit der Fotografin Letizia Battaglia führt Palermo Shooting eine Gegenfigur dazu ein, die in ihrer Arbeit vor allem den Tod abbildet und bezeichnenderweise Finn fotografisch festhält. Vgl. dazu auch Nitsche: »›The fear of life is the fear of death‹«, S. 138–139.

Das Verhältnis von Bild und Geschichte als Historie und Fiktion, das in Blow Up in Bezug auf die Frage ›Was ist geschehen?‹ oder ›*Wie* ist es gewesen?‹[44] ebenfalls an der Oberfläche problematisiert wird, stellt sich bei Antonioni, anders als beim frühen Wenders, trotz allem nie wirklich als Gegensatz[45] – vielleicht auch, da für ihn hinsichtlich der Frage nach der Geschichte der sprachliche Diskurs eine untergeordnete Rolle spielt, während Geschichte und Erzählen für Wenders, auch wenn sie vom Bild ausgehen, immer zugleich der Sprache verhaftet zu sein scheinen. Eine Konzeptualisierung der Fotografie in ihrer Arbeit an der Oberfläche der Wirklichkeit, welche die Geschichte als Narrations- und Fiktionspotenzial in der Frage nach dem *Wie* in dieser Oberfläche verortet, wie Blow Up sie vornimmt, wird für die Neuausrichtung des Verhältnisses von Bild und Geschichte in Alice in den Städten entscheidend: Die Arbeit am Bild, die der Film darstellt und zugleich selbst leistet, ermöglicht eine neue ›Einstellung‹, die auch für Wenders selbst zunehmend aus der starren Opposition zu führen scheint.[46] Palermo Shooting schließlich verhandelt im Zusammenhang mit der Fotografie gerade nicht mehr primär die Frage nach der Geschichte, sondern tritt gewissermaßen einen Schritt dahinter zurück und refokussiert das dieser zugrundeliegende Verhältnis der Fotografie zur Wirklichkeit.

Die Palermo Shooting vorausgegangene filmische Thematisierung der Fotografie in der Zusammenarbeit mit Antonioni in Al di là delle nuvole konsolidiert diese Verbindung von Bild und Geschichte in der Inszenierung der Oberfläche. Wenders konzipierte und inszenierte die Rahmenerzählung zur Verbindung der Episoden, die auf Kurzgeschichten bzw. kurzen Prosaskizzen Antonionis[47] basieren, bei denen dieser selbst – mit behutsamer Hilfe von Wenders und anderen – Regie führte. Dabei wird das Verhältnis von Fotografie und Narration / Fiktion filmisch umgesetzt: Wenders schafft für diesen Rahmen einen von John Malkovich verkörperten Regisseur auf der Suche nach Geschichten für einen neuen Film. Diese Geschichten entbergen sich hinter bzw. in den Orten, die er aufsucht, sie enthüllen sich und werden

44 Ist doch im Barthes'schen Noema der Fotografie *ça-a-été* das *Wie* gerade nicht enthalten, anders als es die deutsche Übersetzung »Es-ist-*so*-gewesen« (Barthes: *Die helle Kammer*, S. 38, Herv. K. R.) suggeriert.

45 Vgl dazu etwa auch Michelangelo Antonioni: »La realtà e il cinema diretto« (1963), in: ders.: *Fare un film è per me vivere*, S. 53–55.

46 Jörn Glasenapp nennt in diesem Zusammenhang die zunehmende fotografische Tätigkeit Wenders' seit den 1980er Jahren, die es ihm als Regisseur ermöglicht habe, sich stärker auf das Erzählen einlassen zu können. Vgl. Jörn Glasenapp: *Wim Wenders:* Paris, Texas, München 2019, S. 40.

47 Michelangelo Antonioni: *Quel bowling sul Tevere*, Turin 1983.

zugleich von ihm mitgeschaffen, indem er an diesen Orten fotografiert, in der ›Arbeit an der Oberfläche‹. Dazu heißt es in der Rahmung zu Beginn des Films: »Ich bin kein Philosoph, im Gegenteil. Im Grunde meines Wesens hänge ich vor allem an Bildern. Die Wirklichkeit habe ich erst entdeckt, als ich anfing zu fotografieren. Durch die Fotografie wurde die Oberfläche der Dinge um mich herum durchlässig und ich versuchte zu entdecken, was hinter ihnen stand.«

Wie Wenders in seinen Aufzeichnungen zu den Dreharbeiten schreibt, basieren die Voiceovers des Regisseurs, also Wenders' Figur, mit dem er auch die Tätigkeit des Fotografierens teilt, ausnahmslos auf Notizen oder Aussagen Antonionis.[48] In der von Wenders konzipierten, in Gedanken Antonionis sprechenden Figur überlagern sich also beide Regisseure. Zugleich gilt es jedoch auch hervorzuheben, dass Antonionis und Wenders' jeweilige ›Einstellungen‹ nicht einfach differenzlos gleichzusetzen sind. Daran erinnert auch Wenders selbst, wenn er schreibt, »dass die Philosophie, die dahintersteht, nicht ganz die meine ist.«[49] Dies zeigt sich insbesondere in der Wertung der Wirklichkeit. Während sich für Antonioni die Wirklichkeit überhaupt erst in der Wahrnehmung und der Fotografie tatsächlich zeigt, ist die Fotografie für Wenders eine Verpflichtung gegenüber einer Wirklichkeit, die dieser immer zuvorkommt. Im Verhältnis von Wirklichkeit und Wahrnehmung ist für Antonioni die Wahrnehmung primär, durch die sich der Zugang zur Wirklichkeit eröffnet, für Wenders die Wirklichkeit, der die Wahrnehmung durch das Bild gerecht werden soll.

In der Inszenierung der Arbeit an der Oberfläche steht indes in AL DI LÀ DELLE NUVOLE das Verhältnis von Bild und Geschichte im Fokus. Bereits die erste Szene im Flugzeug ist Referenz auf die Polaroid-Szene in ALICE IN DEN STÄDTEN: Die Kamera fährt über die Oberflächen der Wolken, jenseits derer sich hier die Geschichten finden, und über das Voiceover wird in der gesamten Sequenz, welche die Rahmenhandlung des Films eröffnet, die Oberflächenthematik verhandelt. Auf der Bildebene korrespondiert dem die Inszenierung der ›Einstellung‹ des Regisseur-Fotografen gegenüber der Oberfläche der Wirklichkeit im auch in der filmischen Einstellung gespiegelten Spiel

48 Wenders: *Die Zeit mit Antonioni*, S. 17. Wenders' Aufzeichnungen legen nahe, dass es sich dabei vor allem um bislang unveröffentlichtes Material zu handeln scheint. Antonionis Schriften zum Film sind vor allem veröffentlicht in Antonioni: *Fare un film è per me vivere*. Frühere Filmkritiken und Artikel zum Film sind publiziert in Michelangelo Antonioni: *Sul Cinema*, Venedig 2004. Skizzen und Arbeiten zu nicht vollendeten Projekten versammelt der Band Michelangelo Antonioni: *I film nel cassetto*, Venedig 1995.

49 Wenders: *Die Zeit mit Antonioni*, S. 94. Überhaupt waren die Dreharbeiten und auch der Schnitt, wie Wenders' Aufzeichnungen verdeutlichen, durchaus von Spannungen begleitet.

Jenseits der Oberfläche (AL DI LÀ DELLE NUVOLE)

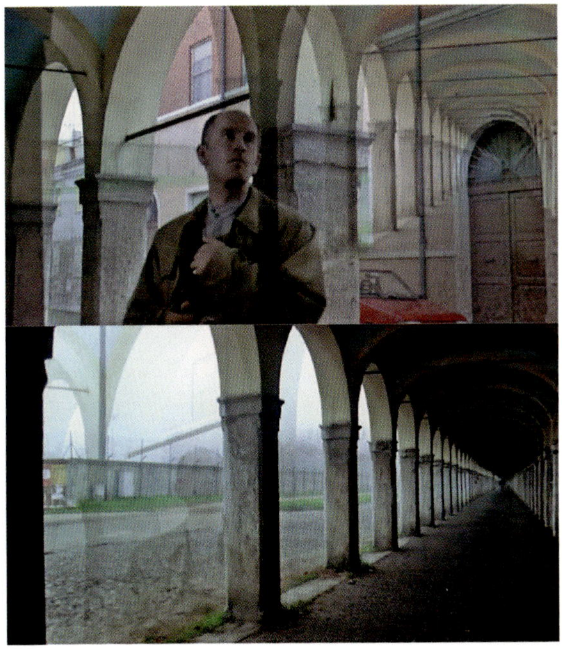

von Schuss und Gegenschuss: Der mit der Kamera ausgestattete Blick des Regisseurs findet beim Gang durch Ferrara sein Gegenüber in der Landschaft, dem Raum.[50] Die Konzentration auf die Oberfläche in der Arbeit der Kamera, die den Nebel, die Struktur des abblätternden Putzes an der Wand eines Gebäudes, die Säulenarchitektur der für die Emilia so charakteristischen Arkaden ins Bild nimmt, lässt diese durchlässig werden, aus ihrem Inneren tritt die Geschichte: Die Protagonistin (Inés Sastre) der ersten Episode entsteigt aus dem Fluchtpunkt des Bildes und in der Überblendung von Schuss, Gegenschuss und erster Einstellung der neuen Sequenz der Oberfläche.

Auch am Ende der ersten Episode Antonionis, wenn Wenders' Rahmung diese erste Geschichte abschließt, wird deutlich, inwiefern hier Geschichte und Oberfläche der räumlich figurierten Wirklichkeit in Beziehung zueinander gesetzt werden, wenn die Kamera im übertragenen Sinn und auf extradiegetischer Ebene und der Regisseur im buchstäblichen Sinn und auf intradie-

50 Interessanterweise merkt Wenders an, »wie wenig Schnitt / Gegenschnitt-Sequenzen es in [Antonionis] Filmen gibt, und wie sehr [er] uns immer in langen, komplizierten Kamerabewegungen durch seine Geschichten geführt hat.« Wenders: *Die Zeit mit Antonioni*, S. 22. Dieser Beobachtung wäre in größerem Rahmen nachzugehen.

getischer Ebene die Oberfläche, die markante Fassade des Palazzo Diamanti,[51] abtasten, die in ihrer Struktur sichtbar gemacht wird. Auch innerhalb der von Antonioni inszenierten Episoden bearbeitet die Kamera immer wieder verschiedene Oberflächen: Gebäudefassaden, Glas, Fenster, Haut.[52] Zuletzt wird in der Rahmung der letzten Episode ebenfalls über die Montage von Schuss und Gegenschuss die Konfrontation zwischen (intra- und extradiegetischer) Kamera und Oberfläche inszeniert: Der Blick und der Fotoapparat des Regisseurs richten sich auf eine Tür – klar definiert in ihrer hölzernen Materialität, Eingang eines Gebäudes, dessen Fassadenoberfläche (Verfärbungen, Fenstergitter, glänzendes Klingelschild) die Einstellung ebenfalls inszeniert –, die sich schließlich öffnet und die letzte Geschichte austreten lässt.

Mit der Oberfläche verhandelt AL DI LÀ DELLE NUVOLE, so wird deutlich, immer auch die Frage nach dem Dahinter. Am Ende des Films heißt es dazu schließlich: »Aber wir wissen, dass hinter jedem Bild, das wir aufdecken und zeigen, ein anderes steckt, das der Wirklichkeit noch näher kommt. Und dass dahinter noch eines verborgen ist und hinter diesem wieder eins und so weiter. Bis zu dem wahrhaftigen Bild, jener absoluten, rätselhaften Wirklichkeit, die nie jemand erblicken wird.« Für Antonioni zumindest scheint der letzte Referent oder gar das Signifikat unweigerlich und immer im Entzug begriffen, ist die einzige ›Wahrheit‹ der Wirklichkeit in der Arbeit an deren Oberfläche zu finden. Für Wenders hingegen, so lässt sich mit Blick auf PALERMO SHOOTING sagen, scheint es eine von Wahrnehmung und Bild unabhängige Wahrheit der Wirklichkeit zu geben, der die Fotografie gerecht werden muss. Wie AL DI LÀ DELLE NUVOLE vor Augen führt, ist jedoch beiden die Einstellung auf die Oberfläche gemein, die diese in der fotografischen Arbeit an ihr durchlässig macht und Geschichte/n erscheinen lässt.

4. Reflexion der Oberfläche und Eintreten ins Bild

Zuletzt führt die Frage nach der Durchlässigkeit ein letztes Mal zurück zu PALERMO SHOOTING, um von dort aus ein kurzes Schlaglicht auf Wenders' eigene fotografische Arbeit zu werfen. In der Diskussion mit seinen Studie-

51 Dort fand 2013 eine Ausstellung zu Antonionis Werk in Bezug auf die Künste statt. Vgl. den Ausstellungskatalog: Dominique Paini (Hrsg.): *Lo sguardo di Michelangelo: Antonioni e le arti*, Verona 2013.

52 Vgl. zur Oberfläche in den Antonioni-Episoden im Kontext einer Poetologie des Dazwischen Lisa Gotto: »Suchflüge: JENSEITS DER WOLKEN«, in: Jörn Glasenapp (Hrsg.): *Michelangelo Antonioni: Wege in die filmische Moderne*, Paderborn 2012, S. 273–293.

Wim Wenders: »Entrance, Houston, Texas« (1983)

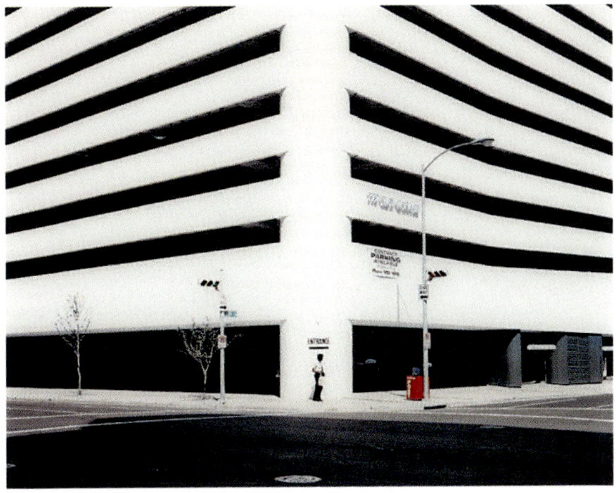

renden postuliert Finn die Trennung des Bildes von einer ihr vorausgehenden Wirklichkeit und die Opazität und Undurchlässigkeit der Oberfläche. Die Fotografie ist für ihn keiner materiellen Wirklichkeit verpflichtet, ja, erst durch Nachbearbeitung »könnte [sie] ein Bild werden.« Die über seine ›Haltung‹ erzürnte Studentin legt eine seiner Arbeiten auf den Projektor und will von ihm wissen, »was für Sie hier hinter der Oberfläche steckt.« Seiner Antwort (»Nichts. Die Dinge *sind* nur Oberfläche«) entgegnet sie: »Wenn nichts hinter den Dingen hervortreten kann, dann brauchen wir sie auch nicht zu fotografieren.« Tatsächlich ist die projizierte Fotografie ein Hinweis auf die Position, die der Film hier einnimmt. Es handelt sich dabei um eine Arbeit von Wenders selbst: »Entrance, Houston, Texas« (1983).[53] Ausgerechnet eine Fotografie mit dem Titel »Entrance« soll also Finn zufolge Beweis für die Substanzlosigkeit und Undurchlässigkeit der Oberfläche sein? In der Tat inszeniert dieses Bild nichts als Oberfläche, jedoch gerade nicht als Oberflächlichkeit. Seine ›Einstellung‹ im doppelten Sinne offenbart die Arbeit an einer Oberfläche, deren Grund, deren Substanz sie bestätigend umspielt.

Das abgebildete Parkhaus erscheint auf der Fotografie zunächst in seiner wechselnden Struktur der Öffnungen und abweisenden Wände. Als Transitort repräsentiert es Permanenz (des Gebäudes) und Vergänglichkeit (seines Inneren) zugleich. In der Wahl der Perspektive, die eine Ecke des Gebäudes als zentrale vertikale Achse setzt, wirkt dieses auf den Betrachter in seiner Monumentalität abweisend, zugleich verlockt die Aufschrift ›Entrance‹ im

53 Die Fotografie ist unter anderem Teil der *Bilder von der Oberfläche der Erde*.

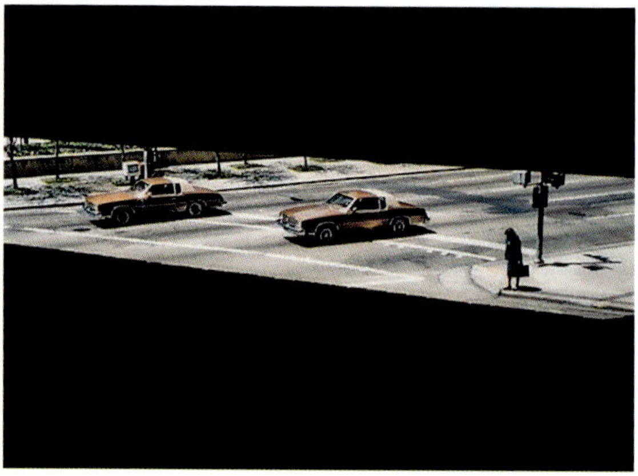

Wim Wenders: »Two Cars and a Woman Waiting, Houston, Texas« (1983)

Fluchtpunkt der Fotografie, unterstützt durch einen wegweisenden Pfeil, zur Bewegung, zum Eintreten in das Bild. Nicht zuletzt setzt sich das in der Einladung zum Perspektivwechsel offenbar werdende reflexive Moment in einer zweiten Fotografie fort und um, die aus der Gegenperspektive, also aus dem Inneren des Parkhauses aufgenommen ist.

Wiederum gibt das Bild den Blick frei auf die Oberfläche der Dinge und die in ihnen enthaltenen, durch die Einstellung der Kamera sichtbar werdenden Geschichten als Fiktionspotenziale. Über die zwei Fotografien, gewissermaßen Schuss und Gegenschuss, schreibt Wenders: »Am meisten angetan hatte es mir ein Parkhaus, wegen seiner Zeilenstruktur von außen, und wegen des Cinematoscope-Blickes, den es von innen ermöglichte.«[54] Mit der schwarze Schrift oder auch geschwärzten Text auf weißem Grund implizierenden ›Zeilenstruktur‹ der ersten Fotografie wird auch dort Geschichte auf der Oberfläche verortet. Der ›Cinematoscope-Blick‹ der zweiten Fotografie ergibt sich aus der ›Einstellung‹, hier auch als quasi-filmisches Framing der schwarzen Ränder verstanden, die in der Ausrichtung auf die Oberfläche Geschichte ins Bild setzt: »Die Frau dort auf dem Bürgersteig, wartete in der Hitze auf ein grünes Licht, als plötzlich zwei identische Wagen heranfuhren. Edward Hopper, so weiß ich aus seiner Biografie, ging viel und gerne ins Kino. Sicher hat er auch den einen oder anderen frühen Hitchcock gesehen.«[55] Eine Geschichte, die in der Suche des Davor und des Danach, im Nachgehen der Frage nach dem *Wie*, wiederum zu ihrer filmischen Auserzählung auffordert.

54 Wenders: *Einmal*, S. 144.
55 Wenders: *4 Real & True 2*, S. 36.

Petra Anders

Welcome to the Freakhouse?

Disability bei Wim Wenders

1. Ein neuer Blick

Wie es der Titel der vorliegenden Ausführungen bereits ankündigt, widmen sich diese einem Thema bei Wim Wenders, das von der Forschung bislang noch nicht einmal in Ansätzen behandelt wurde: Disability. Der englischsprachige Haupttitel rekurriert auf Todd Solondz' eigenwillige Coming-of-Age-Komödie WELCOME TO THE DOLLHOUSE aus dem Jahre 1995, und ohne Zweifel gäbe es viele Möglichkeiten, aus dieser Anspielung Leitlinien für die weiteren Überlegungen zu generieren: Beispielsweise werden Solondz' wie Wenders' Filme, etwas pauschal gesagt, sowohl von der Kritik als auch vom Publikum gerne entweder geliebt oder drastisch verrissen. Auf inhaltlicher Ebene böten sich darüber hinaus mit vergleichendem Blick speziell auf Wenders' Film THE MILLION DOLLAR HOTEL (2000) Hypothesen dazu an, wie sich die Hauptfiguren, Wenders' Tom Tom und Solondz' Dawn Wiener, zu gesellschaftlichen Abgründen oder gegenüber Trostlosigkeit verhalten, ob sie die Außenseiterrolle zum Opfer macht und ob es sich bei beiden eben nicht um Identifikationsfiguren handelt und sie daher ambivalent und unbequem wirken. Die Hauptthesen dieses Beitrags beziehen sich aber auf Behinderung. Sie lauten: Eine postulierte oder tatsächliche Verbindung bzw. Verknüpfung von Behinderung mit Kindlichkeit erzeugt Zusammenhänge, die aus Sicht der Disability Studies zu kritisieren sind. Bei Wenders werden aber auch gesellschaftliche Dimensionen im Umgang mit Disability deutlich. Wie wir sehen werden, sind es zumal Stigmatisierung und Heilungsbestrebungen, die diesbezüglich in den Blick geraten.

In Bezug auf THE MILLION DOLLAR HOTEL ist in mancher Rezension von Freaks oder einer Freakshow die Rede,[1] und das nicht ohne Grund. Schließlich spricht selbst der Regisseur von dem titelgebenden Hotel unter ande-

1 Vgl. beispielsweise Guntram Vogt: »Nach dem Kino: THE MILLION DOLLAR HOTEL«, in: Volker Behrens (Hrsg.): *Man of Plenty: Wim Wenders*, Marburg 2005, S. 78–105, hier: S. 84–85 oder Cristina Moles Kaupp: »Wim Wenders: THE MILLION DOLLAR HOTEL«, in: *Spiegel online* (9.2.2000), https://www.spiegel.de/kultur/kino/bildersattes-spannungsspiel-wim-wenders-the-million-dollar-hotel-a-63589.html [zuletzt aufgerufen am 24.2.2021].

rem als »eine[r] Art Irrenhaus« bzw. »Narrenhaus«.[2] Dennoch deuten nicht zuletzt Wenders' offene Aussagen bezüglich Disability im Rahmen der am 7. und 8. August 2020 vom Lehrstuhl für Literatur und Medien der Otto-Friedrich-Universität Bamberg organisierten Tagung »Wim Wenders – Filmemacher, Fotograf, Grenzgänger« darauf hin, dass ein monolithischer *enfreakment*-Vorwurf an die Adresse des Filmemachers erheblich zu kurz greift. Es verhält sich komplexer, und es gibt aus der Sicht der Disability Studies auch Dinge wertzuschätzen. Erhellend ist in diesem Zusammenhang nicht nur Leonard Cassutos Feststellung, dass »[t]he figure of the freak literally embodies the fundamental opposition that disability studies has aimed first to expose and understand, and then to redefine and redirect: namely, the conflict between an able-bodied ›us‹ and a disabled ›them‹.«[3] Für sogenannte »normates«, einem von Rosemarie Garland-Thomson unter Bezugnahme auf Erving Goffman geprägten Begriff, folgt daraus ein Identitätskonzept, das auf Überlegenheit baut. Es handelt sich um »an idealized social identity based on dominant identity categories. Normate-based thinking gained power in comparison with unconventional bodies of all kinds.«[4] Daher sind die Disability Studies, so wie sie Dan Goodley auffasst, so wichtig: »Dis/ability studies keep disablism and ableism, disability and ability in play with one another, to explore their co-construction and reliance upon one another.«[5] Kurzgefasst und angelehnt an Goodley handelt es sich bei »disablism« um die generelle Abwertung von Behinderung, wohingegen es sich bei Ableismus um eine tiefgreifende und weitreichende Orientierung der Gesellschaft am Maßstab der »able-bodiedness« handelt.[6]

Die vorliegende Auseinandersetzung mit Wenders' Filmen, mit der ich die Thematisierung von Behinderung in ihnen erstmals als forschungsrelevantes Feld konturieren und bewerten möchte, ist auch als eine Form der Anerkennung zu verstehen, selbst wenn sie in einigen Punkten kritisch bleibt. Zudem darf nicht vergessen werden, dass hier von 2021 aus auf Filme geschaut wird, die teilweise bereits in den 1970ern oder 1980ern entstanden sind. Seitdem hat sich der – nicht nur wissenschaftliche – Blick auf Disability und den filmischen Umgang mit ihr stark verändert.

2 Vgl. den Audiokommentar von THE MILLION DOLLAR HOTEL auf der Arthaus-Edition.

3 Leonard Cassuto: »Freak«, in: Rachel Adams, Benjamin Reiss und David Serlin (Hrsg.): *Keywords for Disability Studies*, New York und London 2015, S. 85–89, hier: S. 85.

4 Ebd., S. 87.

5 Dan Goodley: *Dis/ability Studies: Theorising Disablism and Ableism*, Abingdon und New York 2014, S. xiii.

6 Vgl. die Kapitel zu »Disablism« und »Ableism«, ebd., S. 3–20 und S. 21–34.

Ausgehend von THE MILLION DOLLAR HOTEL, möchte ich im Folgenden auf Wenders' zusammen mit Peter Handke realisierte Spielfilme DIE ANGST DES TORMANNS BEIM ELFMETER (1972), FALSCHE BEWEGUNG (1975) und DER HIMMEL ÜBER BERLIN (1987) sowie auf die späte Dokumentarfilmhommage an den Fotografen Sebastião Salgado, DAS SALZ DER ERDE (2014), eingehen, in denen behinderte Figuren bzw. Personen vorkommen. Darüber hinaus wird das *opus magnum* des Regisseurs zur Diskussion stehen, der von ihm selbst als »das ultimative Road Movie«[7] titulierte BIS ANS ENDE DER WELT (1991), den der Regisseur auf besagter Tagung zumindest implizit als so etwas wie seinen Hauptbeitrag im Bereich Disability profilierte. Was angesichts der Reihe der genannten Filme bereits an dieser Stelle konstatiert werden darf, ist demnach: Disability spielt im Filmwerk von Wenders, und zwar im frühen wie im späten, eine gewisse, mitunter durchaus beachtliche Rolle. Meine Ausführungen verstehen sich somit auch und vor allem als eine Einladung, die Bemühungen um das Verständnis von Wenders' Werk in dieser Richtung fortzusetzen.[8]

2. THE MILLION DOLLAR HOTEL und der Topos des behinderten Kindes

Mit Blick auf THE MILLION DOLLAR HOTEL bietet Horst Fleig in seiner das mythologische Fundament des Wenders'schen Spielfilmschaffens aufschließenden Monografie viele Deutungsebenen an. Sie reichen für ihn »über

7 So Wenders auf der Homepage der Wim Wenders Stiftung, http://wimwendersstiftung.de/film/bis-ans-ende-der-welt/ [zuletzt aufgerufen am 24.2.2021].

8 Bevor ich mit meiner Auseinandersetzung mit Wenders' Filmen beginne, möchte ich einige einführende Texte empfehlen, in denen die Interessen der Disability Studies sowie der Film- und/oder Medienwissenschaft in Kombination verfolgt werden: Colin Barnes: *Disabling Imagery and the Media: An Exploration of the Principles for Media Representations of Disabled People*, Halifax 1992, https://disability-studies.leeds.ac.uk/wp-content/uploads/sites/40/library/Barnes-disabling-imagery.pdf [zuletzt aufgerufen am 24.2.2021], Martin F. Norden: *The Cinema of Isolation: A History of Physical Disability in the Movies*, New Brunswick 1994, Thomas B. Hoeksema und Christopher R. Smit: »The Fusion of Film Studies and Disability Studies«, in: Christopher R. Smit und Anthony Enns (Hrsg.): *Screening Disability: Essays on Cinema and Disability*, Lanham 2001, S. 33–43 oder Elizabeth Ellcessor und Bill Kirkpatrick: »Studying Disability for a Better Cinema and Media Studies«, in: *JCMS: Journal of Cinema and Media Studies* Jg. 58 (2019), H. 4, S. 139–144. Zur Rolle von Behinderung im Film sei aktuell auch auf den Podcast von Die Neue Norm verwiesen. Jonas Karpa, Raul Krauthausen und Judyta Smykowski: *Stereotyp oder authentisch? Behinderung im Film*, Podcast, Die Neue Norm (2020), https://www.br.de/mediathek/podcast/die-neue-norm/stereotyp-oder-authentisch-behinderung-im-film/1804990 [zuletzt aufgerufen am 24.2.2021].

filmgeschichtliche Anspielungen und andere Zwischenschichten wie die Evokation der Märchen ›Dornröschen‹ und ›Schneewittchen‹ bis hinunter zur fundamentalen, die manifeste Filmhandlung tragenden hermetischen Schicht der von Wenders neu erzählten Hermes-Aphrodite-Geschichte.«[9] Der Begriff »Subtext« genüge jedenfalls nicht zur Charakterisierung, da darunter »inzwischen alles Mögliche verstanden wird, die relativ leicht verständliche Anspielung oder das bloße Bildungszitat ebenso wie ironische Diktion, politisch gewagte Konterbande oder bloß kommerzielle Manipulation.«[10] Fleig bezeichnet Wenders schließlich als »Meister [...] indirekter und filmgeschichtlich oft beträchtlich zeitversetzter Erwiderung und Argumentation.«[11] Guntram Vogt wiederum verwehrt sich mit seinem transkribierten Dialog zweier Personen, die sich über den – von der Kritik größtenteils nicht eben positiv aufgenommenen – Film THE MILLION DOLLAR HOTEL unterhalten, mehrmals gegen negative Rezensionen. »Es käme«, so Person B zu Person A in dem Dialog, »darauf an, dieses oberflächliche Meinungsreden mit einer möglichst genauen Wahrnehmung zu konfrontieren. Also [sollte man, P. A.] versuchen, vom Filmischen zu sprechen und nicht von Inhaltssurrogaten und Ähnlichem. Das heißt, von der Kamera- und den Ton-Erzählformen, den narrativen Strängen oder Ebenen.«[12] Interessanterweise fällt in besagtem Gespräch auch der Begriff »Freakshow«.[13]

Aus meiner Sicht als Disability-Studies-Forscherin ist THE MILLION DOLLAR HOTEL mit seiner kindlichen behinderten Hauptfigur namens Tom Tom (Jeremy Davies) zunächst einmal ein anstrengender Film. Und das hat wenig damit zu tun, dass er sich nicht entscheiden zu können scheint, was er sein und welche Assoziationen er beim Publikum wecken will. Ist es ein Gangsterfilm bzw. Whodunit, ein verschrobenes Märchen, ein Fiebertraum oder möglicherweise gar eine Satire? Alle diese und weitere Lesarten erscheinen mir bei diesem heterogen gestalteten und offensiv zur Genrehybridisierung neigenden, von Wenders selbst einmal als »screwball tragedy«[14] apos-

9 Horst Fleig: *Wim Wenders: Hermetische Filmsprache und Fortschreiben antiker Mythologie*, Bielefeld 2005, S. 13.

10 Ebd.

11 Ebd., S. 286.

12 Vogt: »Nach dem Kino«, S. 85.

13 Ebd., S. 84–85.

14 Vgl. Wim Wenders: »Screwball Tragedy«, in: *Spiegel online* (7.2.2000), https://www.spiegel.de/kultur/kino/wim-wenders-wim-wenders-screwball-tragedy-a-63277.html [zuletzt aufgerufen am 24.2.2021]. Angesprochen auf die recht zahlreichen komischen Szenen in THE MILLION DOLLAR HOTEL, erklärte Wenders auf der Bamberger Tagung, dass er während des Drehs des Films kurzzeitig daran gedacht habe, diesen als vollgültige Komödie zu realisieren.

trophierten Film möglich. Für mich stellt sich aber vor allem die Frage, ob der Regisseur gar Assoziationen zu Tod Brownings berühmt-berüchtigtem, aus Sicht der Disability Studies aber gewiss höchst problematischen Film FREAKS aus dem Jahre 1932 hat wecken wollen.[15] Immerhin arbeiten beide Filme mit Heterotopien im Foucault'schen Sinne – THE MILLION DOLLAR HOTEL mit dem auf den Hund gekommenen Gebäude, das dem Film seinen Titel leiht, FREAKS mit dem Zirkus –, und beide statten ihre ›Anders-‹ bzw. ›Gegenwelten‹ mit dem passenden nonkonformistischen Personal, ihren je unterschiedlichen ›freakigen‹ Gestalten, aus.[16] Bei Wenders wäre da neben Dixie (Peter Stormare), der sich für den fünften Beatle hält und ständig Songzeilen der Fab Four in sein Sprechen integriert, und dem Kunstdieb Geronimo (Jimmy Smits), der Gemälde anderer mit Teer übermalt, etwa an die reichlich verhuscht wirkende, zur Autodestruktivität neigende Eloise (Milla Jovovich) zu denken, die durch ihr bisheriges Leben – weswegen genau, erfahren wir nicht – beschädigt und meistens ohne Schuhe unterwegs ist. Sie gibt damit ein Bild der barfüßigen ›Besonderheit‹ ab, das unter anderem auch Til Schweiger in seiner Romanze BARFUSS (2005) bemüht.[17] Zu denken wäre aber auch an den von Hollywoodsuperstar Mel Gibson gespielten FBI-Agenten Skinner, der, »halb Frankenstein, halb Superman«,[18] ebenfalls exzentrisch und vergangenheitsversehrt ist – ihm wuchs als Kind ein dritter Arm aus dem Rücken, was ihn zum ›Freak‹ stempelte. Skinner taucht am Ort des Geschehens auf, um den vermeintlichen Mord an einem gewissen Israel ›Izzy‹ Goldkiss (Tim Roth) aufzuklären. Auch dieser lebte im Million Dollar Hotel, und das obwohl es sich bei ihm um den Sohn eines jüdischen Medienmoguls handelte. Unter dessen großem Ego, so die laienpsychologi-

15 Vgl. hierzu Petra-Andelka Anders: *Behinderung und psychische Krankheit im zeitgenössischen deutschen Spielfilm: Eine vergleichende Filmanalyse*, Würzburg 2014, S. 47–48, darüber hinaus aber auch Norden: *The Cinema of Isolation*, S. 115–119, Matthias Christen: *Der Zirkusfilm: Exotismus, Konformität, Transgression*, Marburg 2010, S. 138–143 sowie Beate Ochsner: *DeMONSTRAtion: Zur Repräsentation des Monsters und des Monströsen in Literatur, Fotografie und Film*, Heidelberg 2010, S. 255–286.

16 Zur Heterotopie vgl. Michel Foucault: »Die Heterotopien« (1966), in: ders.: *Schriften zur Medientheorie*, Frankfurt am Main 2013, S. 119–127 sowie ders.: »Von anderen Räumen« (1967), in: Jörg Dünne und Stephan Günzel (Hrsg.): *Raumtheorie: Grundlagentexte aus Philosophie und Kulturwissenschaften*, Frankfurt am Main 2015 (2006), S. 317–327. Zu Wenders' Million Dollar Hotel als Heterotopie vgl. Stan Jones: »Cinematic Topographies in Time-Space: Wim Wenders' Hotels«, in: David B. Clarke, Valerie Crawford Pfannhauser und Marcus A. Doel (Hrsg.): *Moving Pictures / Stopping Places: Hotels and Motels on Film*, Lanham u.a. 2009, S. 183–208, hier: S. 202.

17 Vgl. zu Schweigers Film Anders: *Behinderung und psychische Krankheit im zeitgenössischen deutschen Spielfilm*, insbesondere S. 223 und 353–355.

18 So Wenders im Audiokommentar von THE MILLION DOLLAR HOTEL.

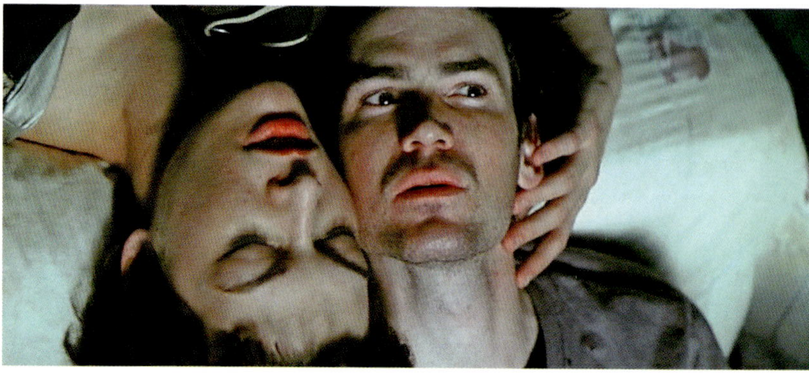

Die ›alten Kinder‹ Tom Tom und Eloise in THE MILLION DOLLAR HOTEL

sche Deutung Skinners, die dennoch so manches für sich haben könnte, zerbrach Izzy und wurde zum Junkie und Outcast- bzw. Gossen-Poeten, der unter anderem im destruktiven Sex ein Ventil für sein Leid findet.

Und schließlich wäre da natürlich der von Jeremy Davies gespielte Protagonist des Films, das ›alte Kind‹ bzw. der »groß gewordene kleine Junge«[19] Tom Tom. Die Verknüpfung von Kindlichkeit und sogenannter geistiger Behinderung, die in Wenders' Film nicht wirklich aufgelöst wird, ist aus Sicht der Disability Studies sehr kritisch zu beurteilen. Dies gilt auch dann, wenn Fleig sich argumentativ mit dem Verweis auf eine »Kindgottheit«[20] behilft, die mit Anderen nur ein Spiel treiben würde,[21] oder wenn der Regisseur die Anlage seiner Hauptfigur wie folgt konturiert: »A fundamental decision reached by Jeremy [Davies, P.A.] and me at the very outset of our work was not to portray Tom Tom as ›retarded‹, but as a simple, young man, who had remained a child, as friendly as can be, without a trace of any evil thought, but with nothing but devotion to everyone and everything around.«[22] Denn das Aussehen von Tom Tom sowie seine Art, sich zu bewegen oder zu reden, ›markieren‹ ihn als das, was mancher im umgangssprachlichen Deutsch als ›bekloppt‹ bezeichnen würde. Zugleich hat er – man ist versucht zu sagen: natürlich – eine ›heilende‹ Wirkung auf Eloise, die expli-

19 Ebd. Zum ›alten Kind‹ bei Wenders vgl. Jörn Glasenapp: *Wim Wenders:* PARIS, TEXAS, München 2019, S. 47.
20 Fleig: *Wim Wenders*, S. 256.
21 Ebd.
22 Wim Wenders in Wim Wenders und Donata Wenders: *The Heart Is a Sleeping Beauty:* THE MILLION DOLLAR HOTEL. *A Film Book*, München 2000, S. 117.

zit als solche ausgewiesene Dornröschenfigur des Films, um deren ›Erwecken‹ sich ihr ›Prinz‹ Tom Tom bemüht.[23]

Die Selbstbezeichnungen, die Tom Tom als Erzähler aus dem Off von sich gibt – so tituliert er sich beispielsweise als »slow in the head«, ständig »dumb stuff« für andere machend, oder sagt Dinge wie: »Talk about dumb, sure, my name will come up« –, erscheinen zunächst ebenso problematisch, offenbaren bei genauerer Betrachtung aber eine gesellschaftliche Dimension. Denn sie lassen vor allem einen internalisierten Ableismus sowie internalisierte Stigmata überdeutlich zutage treten. Eine konzise Definition für internalisierten Ableismus gibt Ashley Harris Whaley. Sie betont: »Internalized Ableism refers to the phenomenon of disabled people believing prejudices about themselves that become internalized by daily living in an ableist society.«[24] Hiermit konform geht Fiona Kumari Campbell, bei der es heißt: »Internalised ableism means that to emulate the norm, the disabled individual is required to embrace, indeed to assume, an ›identity‹ other than one's own.«[25] Stigmatisierung aufgrund von Behinderung und Ableismus sind also eng miteinander verknüpft. Die abwertenden Autocharakterisierungen Tom Toms spiegeln folglich nicht nur gänzlich vergleichbare Äußerungen seiner ›Mitbewohner‹ wider. Sie zeigen auch, dass in diesem so alternativ anmutenden Kosmos, der sich von der Gesellschaft ›losgesagt‹ hat, Fremdbestimmung bestehen bleibt. Der negative Kreislauf aus Selbst- und Fremdbezeichnung, der sich daraus ergibt, ist außerdem sowohl bei Tom Tom als auch seinen ›Mitbewohnern‹ automatisiert worden.[26] Besonders wichtig ist diesbezüglich, was Lerita Coleman Brown als »web of complexities and paradoxes« bezeichnet. Sie führt dazu aus: »Stigma represents a view of life; a set of personal and social constructs; a set of social relations and social relationships; a form of social reality. Stigma has been a difficult concept to conceptualize because it reflects a property, a process, a form of social categorization, and

23 Dass Wenders seinen Film zumal als ein modernes Märchen versteht, profiliert er unter anderem im aufwändig gestalteten Fotobuch zum Film. Hier weist er das titelgebende Gebäude mit Formulierungen wie »Once upon a time there was an enchanted hotel …« oder »It was the home of a prince and a princess …« aus und unterstreicht damit einmal mehr den Heterotopiecharakter des Hotels. Vgl. ebd., S. 13 und 29.

24 Ashley Harris Whaley zitiert nach Nisha K. Kulkarni, https://nishakkulkarni.com/blog/2020/9/2/internalized-ableism [zuletzt aufgerufen am 24.2.2021].

25 Fiona Kumari Campbell: *Contours of Ableism: The Production of Disability and Abledness*, Houndmills und New York 2009, S. 26.

26 Zu diesem Mechanismus vgl. Lerita Coleman Brown: »Stigma: An Enigma Demystified«, in: Lennard J. Davis (Hrsg.): *The Disability Studies Reader*, New York und Abingdon 2013, S. 147–160, hier: S. 151.

an affective state.«[27] Vor allem aber besitzt die dominante Gruppe, wie Coleman Brown unter Bezugnahme auf Goffman passend herausarbeitet, die Möglichkeit, zu entscheiden, welche »human differences« als erwünscht und welche als unerwünscht gelten.[28]

Bei aller offensichtlichen Übertreibung bzw. Überzeichnung, der wir in Wenders' Film gerade bei der Figurengestaltung begegnen, entsteht bei mehrheitlich nichtbehinderten Zuschauern und Rezensenten so doch geradezu zwangsläufig das Gefühl, sich glücklich schätzen zu können, dass man Tom Toms ›Schicksal‹ nicht teilt. Er ist damit ein filmisches Beispiel für diejenigen, die stigmatisiert werden und den ihnen zugewiesenen Status akzeptieren statt ihn zu hinterfragen. Hierzu passend betont Goodley, Ableismus »clings to its own and expels outsiders.«[29] Coleman Brown wiederum schildert die daraus erwachsenden individuellen Folgen, wenn sie vermerkt: »The negative identity that ensues becomes a pervasive personality trait and inhibits the stigmatized person from developing other parts of the self.«[30]

Schlussendlich wird an Tom Tom und der möglichen Reaktion auf ihn im mehrheitlich nichtbehinderten Publikum ein gesellschaftlicher bzw. sozialer Mechanismus deutlich. Dieser kann auch dann greifen, wenn die hermetisch verschlüsselte Deutungsebene, die Fleig äußerst akribisch nachweist, gilt.[31] Denn mag man Eloise und Tom Tom auch mit Göttern aus der griechischen, ägyptischen oder gar indischen Mythologie vergleichen, so behalten die Selbst- und Fremdbezeichnungen für Tom Tom, die diesen als ›zurückgeblieben‹ ausweisen, ihre Relevanz. Zu guter Letzt bringt sich Tom Tom, nachdem er die von ihm Angebetete prinzgemäß ›aufgeweckt‹ hat, um. Dies bestätigt einmal mehr die Extreme, die sich im Untersuchungskorpus meiner Monografie *Behinderung und psychische Krankheit im zeitgenössischen deutschen Spielfilm* (2014) als typisch herauskristallisiert haben, wenn eine behinderte Figur im Film in Erscheinung tritt: Entweder wird sie geheilt oder sie stirbt, wobei es, sarkastisch ausgedrückt, noch ›besser‹ ist, wenn sie sich selbst das Leben nimmt.[32] Dieser Befund lässt sich auch durch Fleigs Überlegungen zur

27 Ebd., S. 147.

28 Vgl. ebd., S. 148.

29 Goodley: *Dis/ability Studies*, S. 21.

30 Coleman Brown: »Stigma«, S. 154.

31 Vgl. Fleig: *Wim Wenders*, S. 246–275.

32 Vgl. Anders: *Behinderung und psychische Krankheit im zeitgenössischen deutschen Spielfilm*, S. 59 und 97. Das Phänomen, dass behinderte Figuren geheilt werden, lässt sich auch in vielen neueren Filmen und TV-Serien beobachten. Bisher gilt weitgehend noch: Ausnahmen, die wichtig sind, bestätigen die(se) Regel. Auch Raul Krauthausen thematisiert das Phänomen, dass Behinderung im Film durch Tod oder durch Heilung aufgelöst wird. Vgl. Karpa / Krauthausen / Smykowski: *Stereotyp oder authentisch?*

artistischen Kameraarbeit in der Sturzszene letztendlich nicht entkräften. So schreibt er: »Bezeichnenderweise aber wird der Blick der Kamera dieses Mal nicht verdunkelt, wie etwa für den verblutenden Gangster in ALABAMA (1969) und den erschossenen Regisseur Munro im STAND DER DINGE (1982).«[33] Stattdessen, so führt er weiter aus, »geht der Kamerablick nach dem Flash sogleich hoch ins Himmelblau, das heißt in hermetischer Lesart weiter zum Standort unseres Erzählers, des Luftgottes Hermes.«[34] Der nächste Kniff folgt umgehend: »Für die manifeste ›realistische‹ Version freilich beugen sich sogleich die Gesichter der Unfallzeugen zur Kamera herunter.«[35] Keine Frage: Zwischen Fleigs Lesart und der ›offensichtlicheren‹ Deutung aus Sicht der Disability Studies, wie ich sie vorgelegt habe, liegen Welten.

Machen wir am Ende dieses Abschnitts nun noch chronologisch einen großen Sprung zurück in Wenders' Spielfilmschaffen, und zwar zu dessen Handke-Adaption DIE ANGST DES TORMANNS BEIM ELFMETER aus dem Jahre 1972, in dem Behinderung in erheblich beiläufigerer Weise behandelt wird als in THE MILLION DOLLAR HOTEL. Freilich kommt auch in ihm der Topos des behinderten Kindes zum Einsatz, denn ein stummer Schüler wird vermisst. An einer Stelle auch als »verkrüppelt« bezeichnet, tritt er kein einziges Mal in Erscheinung. Man sieht nur ein Foto von ihm in einer Zeitung, ansonsten wird nur über ihn gesprochen. Auch er verstirbt, ob durch einen Unfall oder durch Mord bleibt bis zum Schluss ungeklärt. Neben dem Schüler und der Tatsache, dass die Kinder, die in dem Dorf zur Schule gehen, von einem Dorfbewohner als »sprachbehindert« tituliert werden, ist in diesem Zusammenhang auch jener sprachlos bleibende Bursche (Rüdiger Vogler) erwähnenswert, der in einer Szene Getränke ausliefert und ›zurückgeblieben‹ wirkt. Man sieht: Es sind Nebenfiguren mit Behinderung, die in der Diegese von DIE ANGST DES TORMANNS BEIM ELFMETER, gleichsam am Rand, auftauchen, womit der frühe Wenders eine Forderung der Disability Studies erfüllt, derzufolge Disability im Film nicht nur, wie in THE MILLION DOLLAR HOTEL, frontal eingesetzt werden sollte.[36] Darüber hinaus wird am stummen Schüler deutlich, welche Zuschreibungen eine Gesellschaft vornehmen kann, wenn das ›Schicksal‹ eines behinderten Kindes nicht abschließend zu klären ist.

33 Fleig: *Wim Wenders*, S. 245.
34 Ebd.
35 Ebd.
36 Vgl. hierzu Anders: *Behinderung und psychische Krankheit im zeitgenössischen deutschen Spielfilm*, S. 376 und 442.

3. Von Stummen, Blinden und Engeln

Betrachtet man das eigenwillige, an Johann Wolfgang von Goethes Bildungsroman *Wilhelm Meisters Lehrjahre* (1795/96) angelehnte Roadmovie FALSCHE BEWEGUNG, so erscheint Disability hier auf den ersten Blick gegenüber DIE ANGST DES TORMANNS BEIM ELFMETER einigermaßen zurückgenommen zu sein. Zunächst einmal wirkt es gewitzt, in der Exposition einen Mann, der durch Blindenstock, große Armbinde und braune Brille als ›blind‹ gekennzeichnet wird, in Richtung Hauptfigur ›blicken‹ zu lassen, die soeben eine Fensterscheibe zum Bersten gebracht hat. Interessanterweise wird das Motiv später wiederholt, indem sich eine der Figuren mittels Armbinde und dunkler Brille als ›blind‹ ausgibt, um dergestalt Geld zu erbetteln – eine Betrugsmasche, die zu verwenden sich Filmemacher aus Sicht der Disability Studies gut überlegen sollten. Schließlich könnte dadurch der Verdacht genährt werden, es handele sich bei Behinderung auch in der Realität ab und an nur um etwas Vorgetäuschtes. Andererseits bildet Wenders auf diese Weise erneut eine gesellschaftliche Dimension ab, in diesem Fall den Impuls, das Ausmaß von Behinderung zu hinterfragen: Kann ein Blinder wirklich nichts sehen?

Mignon, die junge, von der damals 13-jährigen Nastassja Kinski gespielte Frau, auf die der Protagonist Wilhelm im Zug trifft, spricht nicht, vollführt stattdessen Kunststücke und handelt merkwürdig distanzlos. Sie erinnert ob ihrer Kindlichkeit und ihres ›märchenhaften‹ Wesens entfernt an Tom Tom. Das Reden – und nicht zuletzt das Reden über sie – übernimmt ihr älterer Begleiter (Hans Christian Blech), wobei sich nicht endgültig klären lässt, ob Mignon nun wirklich stumm ist. In einer Szene scheint sie immerhin pfeifen zu können.[37] Mit Blick auf die Parallelen zu THE MILLION DOLLAR HOTEL sei noch erwähnt, dass Wenders in FALSCHE BEWEGUNG wie in seinem Film von 2000 mit einem verschrobenen Figurenkollektiv arbeitet, nur dass es diesmal nicht an einen heterotopen Ort gebunden ist, sondern gemäß der Genrekonventionen des Roadmovies auf Fahrt geht.

Der wichtigste Aspekt aus Sicht der Disability Studies ist jedoch, dass in FALSCHE BEWEGUNG nahezu alle Figuren, selbst absolute Nebenfiguren wie der Mann am Fenster, der sehr laut von einem »Segelflugzeug im Gehirn« redet, körperlich und/oder seelisch verletzt wirken, mit der beredten Ausnahme Mignons. Auch dieser Kunstgriff ist aus Sicht der Disability Studies

37 Zum Motiv der Stummheit bzw. Sprachlosigkeit bei Wenders, das zumal zu Beginn von dessen PARIS, TEXAS (1984) so dominant auftaucht, vgl. auch Glasenapp: *Wim Wenders:* PARIS, TEXAS, S. 10 und 45–47.

zumindest diskutabel, da er Behinderung nach dem Motto ›Sind wir nicht alle ein bisschen behindert?‹ beliebig werden lässt; zudem droht die »lived experience«[38] behinderter Menschen negiert zu werden. Dabei ist Disability ein Teil der Identität, unabhängig davon, ob Behinderung sichtbar ist oder nicht oder ob die betroffenen Menschen selbst sie annehmen oder ablehnen.

Steht Disability bei Wenders zur Diskussion, darf sein ebenfalls in Zusammenarbeit mit Handke realisiertes »Filmgedicht«[39] DER HIMMEL ÜBER BERLIN nicht außen vor gelassen werden. Es zeigt mehrere Szenen mit behinderten Menschen, dazu zählen unter anderem – angesichts Wenders' von Beginn an profilierten Kindheitsfokussiertheit wohl nicht zufällig – ein Kind mit Beinschienen oder eines im Rollstuhl. Sie werden nur ganz kurz, gleichsam en passant gezeigt, erscheinen also weniger als (ein) Thema des Films, sondern als allgemeiner Bestandteil der von Wenders' Kameramann Henri Alekan so virtuos eingefangenen urbanen Lebensrealität im Berlin der späten 1980er Jahre. Darüber hinaus spricht einer der Engel über eine blinde Frau, ein Mann sinniert über seinen Sprachfehler, und schließlich verdient noch Homer (Curt Bois), der alte Erzähler und Poet, Erwähnung, der mit einem Regenschirm unter anderem im Niemands- und Brachland des ehemaligen Potsdamer Platzes unterwegs ist und einen verwirrten Eindruck macht.

Wie in DIE ANGST DES TORMANNS BEIM ELFMETER wird Behinderung in DER HIMMEL ÜBER BERLIN also nicht frontal eingesetzt, sie wird schlicht als Teil menschlicher Existenz behandelt. Damiel (Bruno Ganz), der Engel, der Mensch sein bzw. werden will, könnte auch ›am eigenen Leib‹ eine Behinderung erfahren, doch entweder er schreckt davor nicht zurück oder er denkt über diese Dimension des Menschseins nicht weiter nach, was wiederum sehr menschlich wäre. Zu dieser Beobachtung passt, dass Damiel bereits in der 15. Minute Cassiel (Otto Sander), seinem ›Engel-Buddy‹, gegenüber äußert, dass er seiner »Geistesexistenz« überdrüssig sei. Mit Leiblichkeit geht aber eben auch die Möglichkeit einer Behinderung einher, zudem ermöglicht sie den Suizid, wie der – durch und durch vertikal ausgerichtete[40] – Film anhand des Sprungs eines Mannes von einem Hochhausdach zeigt, den Cassiel mit einem lauten und erschütterten »Nein«-Ausruf quittiert. Dass Wenders auf der Bamberger Tagung zu bedenken gab, auch die Engel seien

38 Vgl. hierzu beispielsweise S. Kay Toombs: »The Lived Experience of Disability«, in: *Human Studies*, Jg. 18 (1995), H. 1, S. 9–23.

39 Wim Wenders: »In Defense of Places« (2003), in: ders.: *A Sense of Place: Texte und Interviews*, Frankfurt am Main 2005, S. 7–38, hier: S. 15.

40 Vgl. hierzu Jörn Glasenapp: »Der Bunker und das Zirkuszelt: Zur Vertikalität in Wim Wenders' DER HIMMEL ÜBER BERLIN«, in: *Weimarer Beiträge*, Jg. 64 (2018), H. 2, S. 258–268.

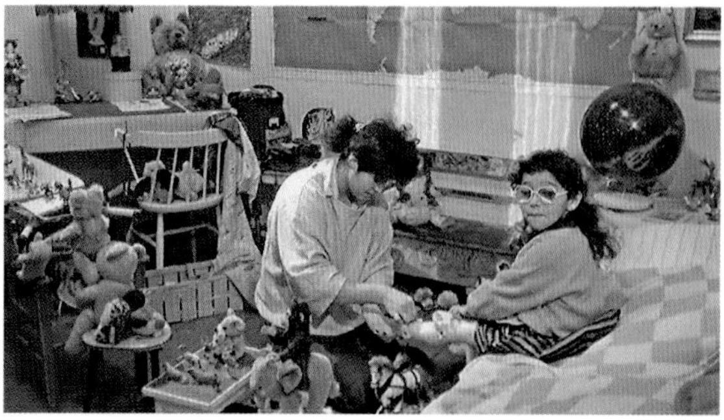

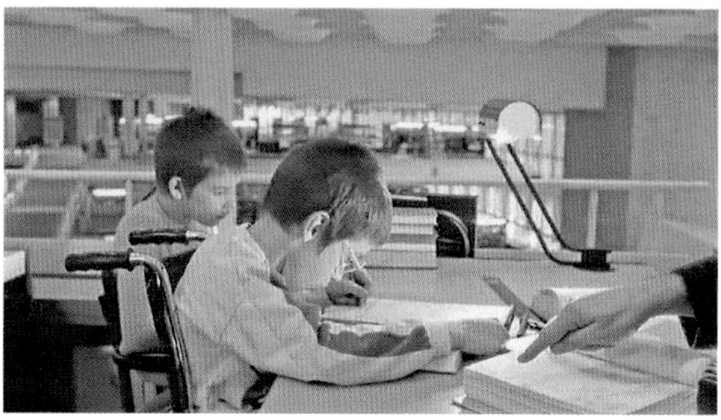

Kinder in DER HIMMEL ÜBER BERLIN

behindert, da sie zum Beispiel nicht wüssten, wie Kaffee schmeckt, sei an dieser Stelle ausdrücklich vermerkt.

Wenn es um Disability geht, ist Wenders selbst besonders BIS ANS ENDE DER WELT wichtig, sein wohl bis heute ehrgeizigster und teuerster Film, mit dem er nicht zuletzt seiner blinden Tante, der er sehr nahe stand, ein implizites Denkmal setzen wollte.[41] Von Kritik und Publikum wenig geliebt, darf das episch ausladende Science-Fiction-Roadmovie, in dem die für Wenders typische Kritik an der von ihm damals zu »eine[r] der schwerwiegenden großen Zivilisationskrankheiten«[42] erklärten Bilderflut mit einer Reflexion über konkrete und metaphorische Blindheit einhergeht,[43] als ein bemerkens-

41 Ebendies erklärte er wiederholt, zuletzt auf der Bamberger Tagung.

42 Peter W. Jansen: »Interview« (1989/1991), in: Peter W. Jansen und Wolfram Schütte (Hrsg.): *Wim Wenders*, München und Wien 1992, S. 65–102, hier: S. 70.

43 Vgl. diesbezüglich besonders Lena Wetenkamp: »›Am Ende gab es nur noch Bilder‹: Blindheit und Bilderflut in Wim Wenders' BIS ANS ENDE DER WELT (1991)«, in: Alexandra Tacke: *Blind Spots: Eine Filmgeschichte der Blindheit vom frühen Stummfilm bis zur Gegenwart*, Bielefeld 2016, S. 163–179. Zur Bild- und Bilderflutkritik in BIS ANS ENDE DER WELT vgl. Fabienne Liptay: *Telling Images: Studien zur Bildlichkeit des Films*, Zürich und Berlin 2016, S. 221–257.

werter Beitrag im Rahmen einer Kinogeschichte der Blindheit gelten.[44] Im Zentrum steht, wie so oft bei Wenders, eine Familiengeschichte, ihr lokaler Fluchtpunkt ist Australien. Dorthin nämlich hat sich der Forscher und (ehemalige) Augenarzt Dr. Henry Farber (Max von Sydow) zurückgezogen, um seiner blinden Frau Edith (Jeanne Moreau) mithilfe einer von ihm entwickelten helmartigen Kamera das Sehen zu ermöglichen. Seine Erfindung erscheint zugleich Entscheidungsträgern in anderen Ländern begehrenswert, so dass sie alles daran setzen, sie in die Finger zu bekommen. Damit wiederum ist Bis ans Ende der Welt auch als eine Art Parabel über die Wichtigkeit des Sehens für Sehende zu verstehen. Schließlich sind sie es, die ihm im Film größte und damit sogar politische Bedeutung beimessen.

Auf individueller Ebene erweist sich die Blindheit Ediths zum einen als Antriebsfeder des Handelns für ihren Ehemann und ihren Sohn Sam (William Hurt), zum anderen als Katastrophe für die individuellen Beziehungen: Sam kämpft um die Anerkennung und Liebe des ihm in ödipaler Rivalität gegenüberstehenden Vaters,[45] indem er die über alle Welt verstreute Verwandtschaft aufsucht, um sie mit der Kamera aufzunehmen, damit die Mutter sie endlich sehen kann. Schließlich riskiert er gar sein eigenes Augenlicht und verletzt sich, so dass er zeitweise einen Stock braucht und humpelt. Sein Vater indes widmet gar sein ganzes Leben dem Ziel, die Behinderung von Edith zu ›umgehen‹ bzw. zu ›überwinden‹. Sowohl Vater als auch Sohn werden, sei es durch eine hypertrophe Elternbindung, sei es durch Ehrgeiz, ›blind‹ für die Wünsche von Edith, oder, wie es bei Stefan Kolditz mit Blick auf Dr. Farbers technische Errungenschaft pointiert und treffend heißt: »Aus der Maschine, die Blinde sehend macht, wird eine, die Sehende blind macht.«[46]

Auch in Bis ans Ende der Welt stirbt die behinderte Figur, und alle professionellen wie familiären Anstrengungen, Edith das Augenlicht wiederzugeben, misslingen. Das ist Edith ebenso klar wie den Zuschauern, und doch hat sie nicht nur in diesem Moment eine Größe, die behinderten Figuren auf der Leinwand für gewöhnlich nicht zuerkannt wird: Sie weiß, dass es ihren Mann ebenso wie ihren Sohn zerstören würde, wüssten sie um ihrer beider Scheitern. Bemerkenswerterweise geht es Edith selbst gar nicht ums *Sehen*, sondern stattdessen ums *Kennen*, und darin ist sie kompetent: Sie kennt bzw. erkennt die Natur und Umgebung ebenso wie die Personen, allen

44 Konturen einer solchen liefert Tacke: *Blind Spots*.

45 Vgl. hierzu Glasenapp: *Wim Wenders:* Paris, Texas, S. 56.

46 Stefan Kolditz: »Kommentierte Filmografie«, in: Peter W. Jansen und Wolfram Schütte (Hrsg.): *Wim Wenders*, München und Wien 1992, S. 103–314, hier: S. 300.

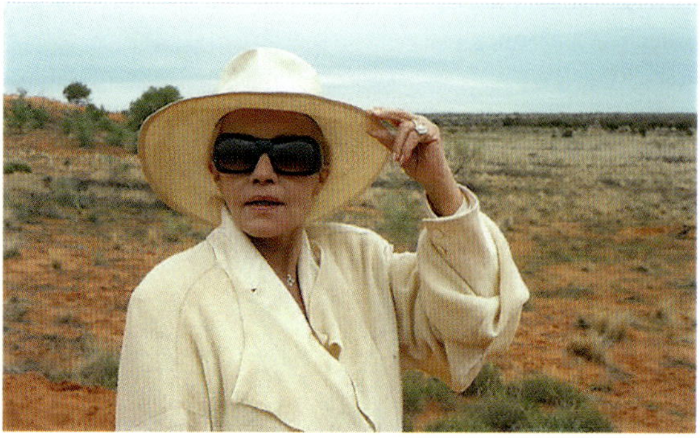

Die blinde Edith in
Bis ans Ende der Welt

voran ihren Ehemann, ›blind‹. Mit dieser Haltung ist Edith ein fiktionales Beispiel für Goodleys positives Verständnis von Disability: »Disability asks us to consider what we value in life. Disability is potentiality: a moment, an event, a calling and an encounter. Disability is also a signifier: a term that calls out for signifieds and meanings to be attached.«[47] Daher verwundert es zunächst einmal nicht, dass in Wenders' Film bisweilen Phrasen und Sprichwörter zum Einsatz kommen – etwa wenn vom Herzen die Rede ist, das anders als die Augen sehe –, die einer Überhöhung von Behinderung Vorschub leisten. Dennoch ist es aus der Perspektive der Disability Studies wichtig, dass dieses Kennen oder Erkennen, wie es Edith zu eigen ist, nicht zu einer Form des Sehens geadelt wird, die einen blinden Menschen zum wahrhaft ›Sehenden‹ stilisiert.[48]

An dieser Stelle könnte es erhellend sein, Rod Michalko, einen führenden Disability-Studies-Theoretiker, zu Wort kommen zu lassen, der sich selbst als »blind white guy«[49] bezeichnet und betont, dass es keinen Automatismus zwischen Blindheit und gutem Gehör gebe. Mit der ihm eigenen Vehemenz hebt Michalko hervor, wie sehr sehende Menschen sich des Sehens vergewissern müssen: »You need to show one another that you can see, in a sense. It's beautiful to ›watch‹ from a blind point of view. Sighted people are so busy demonstrating they can see that sometimes it's humorous. Other times, it's

47 Goodley: *Dis/ability Studies*, S. xi.

48 Dass der Film hierzu stark tendiere, befindet Wetenkamp, die Edith eine »prophetische Gabe« und damit »Fähigkeiten« attestiert, »die die ihrer Mitmenschen übersteigen.« Wetenkamp: »›Am Ende gab es nur noch Bilder‹, S. 167.

49 Michalko im Rahmen einer vom Hastings Center organisierten, digital ausgerichteten Veranstaltung. Vgl. The Hastings Center: »Navigating: On Disability, Technology, and Experiencing the World« (29.9.2020), https://www.thehastingscenter.org/navigating-on-disability-technology-and-experiencing-the-world/ [zuletzt aufgerufen am 24.2.2021].

sad.«[50] Genau das zeigt sich bei Vater und Sohn Farber, wohingegen die blinde Edith da schon viel weiter ist. Vielleicht würde sie Michalko sogar zustimmen, der sagt: »I think we use different types of technology for gaining access to the world but [...] I view my blindness as political, technology for me is also how do I bring blindness into the world. I have done this all my life and not found ways I am satisfied [with, P. A.] yet, bringing blindness [into this world, P. A.] as a distinct way of being. To bring my world into your world.«[51] Er führt weiter aus: »Technology for me is how I bring blindness in the world that's different from the sighted way of understanding it. It could be [seen, P. A.] more as a difference rather than a deficit.«[52] Damit schildert der kanadische Disability-Studies-Vertreter letztendlich ein ganz anderes Verständnis vom Verhältnis von Behinderung, Technik und (Welt-) Politik, als es in Wenders' Film zum Tragen kommt. Möglicherweise wäre die Farber-Familie ja nicht derart gescheitert, hätte sie Edith bestimmen lassen, wie mit ihrer Behinderung umgegangen werden sollte.

Kommen wir zum Abschluss noch auf eines der Spätwerke von Wenders zu sprechen, den gemeinsam mit Juliano Ribeiro Salgado realisierten, vielfach ausgezeichneten und von der Kritik hochgelobten Dokumentarfilm Das Salz der Erde aus dem Jahre 2014. Es handele sich bei ihm, so Wenders auf der Bamberger Tagung, um »ein[en] Film, der sich über Fotos beugt.« Hierzu passend ist die erste behinderte Person, die in ihm auftaucht, eine blinde Tuareg-Frau, die der brasilianische Fotograf Sebastião Salgado, der Vater von Wenders' Co-Regisseur, auf einer seiner vielen langen Fotoreisen abgelichtet hat. Durch Wenders' Stimme aus dem Off erfahren die Zuschauer, dass der Regisseur dieses Foto vor vielen Jahren erworben habe und fast jeden Tag ansehe, da es über seinem Schreibtisch hänge. Das Bild taucht später im Film, und zwar als einziges Bild, erneut auf, wodurch, wie zufällig, noch einmal auf seine Bedeutung für Wenders verwiesen wird. Außerdem wird in Das Salz der Erde über die Geburt des zweiten Sohnes des Fotografen, Rodrigo, gesprochen. Wir erfahren, dass er auf die Eltern zwar zunächst ›normal‹ wirkte, durch medizinische Untersuchungen dann aber schnell klar wurde, dass er das Down-Syndrom hat; zudem wird darauf verwiesen, dass er in einer eigenen Welt lebe und ohne Worte kommuniziere. Mehr erfahren wir nicht. Daher stellen sich Fragen: Hat dieses Kind seinen Vater ebenso sehr vermisst wie sein älterer nicht behinderter Bruder Juliano,

50 Ebd.
51 Ebd.
52 Ebd.

wenn der Fotograf auf Reisen war? Hat der Vater, während er seinem Drang, soziales Unrecht, Krieg und Katastrophen oder aber die Schönheit der Natur zu fotografieren nachgab, den behinderten Sohn vermisst? Was ist aus Rodrigo geworden? Wo und mit wem ist dieses behinderte Kind groß geworden? Ist es Kind geblieben? All diese Fragen bleiben unbeantwortet, und mag es auch selbstredend die Freiheit des Porträtierten und der beiden Regisseure sein, hier Lücken zu lassen, auffällig, und das nicht nur aus der Perspektive einer Disability-Studies-Forscherin, sind sie allemal.

Jörn Glasenapp

»This place is full of ghosts.«

Wim Wenders und Butte, MT

Wim Wenders' Beziehung zu Butte [ausgesprochen: bju:t] hat eine lange Geschichte.[1] Sie beginnt 1978, als der Regisseur HAMMETT (1982) vorbereitet, seinen Neo-Noir-Film über den von ihm so sehr geschätzten US-amerikanischen Kriminalschriftsteller Dashiell Hammett. Aus einem alten Interview, das dieser kurz vor seinem Tod gab, erfährt Wenders, dass Poisonville, der Schauplatz aus Hammetts *Red Harvest* (1929), eine reale Vorlage hat, und zwar die Bergarbeiterstadt Butte, wo der »dean of the ›hard-boiled‹ school«[2] in jungen Jahren einmal als Pinkerton-Detektiv im Einsatz war. Wenders, dem Hammetts fulminanter Romanerstling als »Buch [s]eines Lebens«[3] gilt, ist wie elektrisiert. Er setzt sich ins Auto und fährt von San Francisco, wo er damals lebt, rauf nach Montana, um Butte in Augenschein zu nehmen. Er findet eine eigentümliche Stadt vor, die ihn, den für topophile Anflüge nur allzu anfälligen Filmemacher, aufs Nachhaltigste fasziniert: »So eine Stadt hatte ich noch nie gesehen! Hier kamen das Ruhrgebiet, New York und die Alpen auf das Aberwitzigste zusammen. Stillgelegte Minen, Fördertürme und Grubenschächte wie aus dem Pott, wo ich aufgewachsen war, Hochhäuser aus der Jahrhundertwende, wie auf dem Broad-

1 Wenders informiert über diese vielerorts. Vgl. vor allem Wim Wenders: »About Butte«, in: *Montana: The Magazine of Western History*, Jg. 56 (2006), H. 4, S. 61–63, ders.: »Butt-ee-ful«, in: Sam Shepard und Wim Wenders: DON'T COME KNOCKING: *Das Buch zum Film*, Berlin 2005, S. 4–7 und ders.: »Mein DON'T COME KNOCKING-ABC« (2005), in: ders.: *A Sense of Place: Texte und Interviews*, Frankfurt am Main 2005, S. 295–317, hier: S. 295–296, aber auch ders.: »DON'T COME KNOCKING: Interview mit Wim Wenders«, in: *OutNow.CH* (4.8.2005), https://outnow.ch/amp/News/2005/08/04/Dont-Come-Knocking-Interview-mit-Wim-Wenders [zuletzt aufgerufen am 1.10.2020] sowie Wenders' entsprechende Ausführungen in GOING PLACES (Willem Droste, 2006), der Dokumentation zur Entstehung von DON'T COME KNOCKING. Sie findet sich unter den Extras der Bonus-DVD der Arthaus-Edition von Wenders' Film.

2 Als solchen bezeichnete ihn die New York Times. Zitiert nach Troy Brownfield: »*Black Mask* Turns One Hard-Boiled Hundred«, in: *The Saturday Evening Post* (24.4.2020), https://www.saturdayeveningpost.com/2020/04/black-mask-turns-one-hard-boiled-hundred/ [zuletzt aufgerufen am 1.10.2020].

3 Wim Wenders: »Das Buch meines Lebens: Über *Red Harvest* von Dashiell Hammett«, in: *kurier.at* (13.2.2016), https://kurier.at/freizeit/wim-wenders-ueber-red-harvest-von-dashiell-hammett/180.607.355 [zuletzt aufgerufen am 1.10.2020]. An anderer Stelle bezeichnet er es als sein Lieblingsbuch der amerikanischen Literatur. Vgl. Wenders: »About Butte«, S. 61.

way, dabei auf einer Höhe von fast 2000 Metern, und dahinter als Kulisse die schneebedeckten Gipfel der Rocky Mountains.«[4] Sein Traum, HAMMETT dort zu drehen, lässt sich nicht realisieren, ebenso wie der Plan einer *Red-Harvest*-Adaption, für die Butte als Drehort auserkoren worden wäre. Die Rechte für die Verfilmung bleiben ihm verwehrt. Jahrzehnte, in denen der Regisseur die Stadt in schöner Regelmäßigkeit besucht (und fotografiert), gehen ins Land, und der Wunsch, in ihr einen Film zu machen, hält sich beharrlich – bis er sich endlich mit DON'T COME KNOCKING erfüllt, Wenders' Post-Western aus dem Jahre 2005. Mit ihm setzt Wenders Butte ein kinematografisches Denkmal, und um dieses Denkmal soll es auf den folgenden Seiten gehen.

1. Wenders, die Orte und die Städte

Hatte Wenders in seinen frühen und frühmittleren Texten, allen voran in dem programmatisch betitelten Vortrag »Unmögliche Geschichten« (1982), das konfliktgeladene Gegenüber von Bild und Story als Kerndualismus (nicht nur) seiner eigenen Filme herausgestrichen und hierbei auf die Gefahr verwiesen, das Bild könnte zum bloßen ›Lasttier‹ der ›vampirartigen‹ Story verkommen,[5] so stellt er in späteren Texten vermehrt auf einen anderen, wenn auch verwandten Gegensatz ab. Noch immer ist es die Story, von der die Gefahr der Vereinnahmung bzw. Indienstnahme ausgehe, doch drohe diese nun nicht mehr den Bildern, sondern dem Ort bzw. Schauplatz, der bei einer Story-Dominanz, wie sie beispielsweise für das klassische Hollywood-

4 Wenders: »Mein DON'T COME KNOCKING-ABC«, S. 296.

5 Entsprechend heißt es in dem besagten Text: »Die Manipulation, die nötig ist, um all die Bilder eines Films in eine Geschichte zu pressen, mag ich nicht; für die Bilder ist sie sehr gefährlich, denn tendenziell absorbiert sie, was an ›Leben‹ in ihnen steckt. Im Verhältnis von Geschichte und Bild ähnelt für mich die Geschichte einem Vampir, der versucht, dem Bild das Blut auszusaugen. Bilder sind sehr empfindlich, ein bißchen wie Schnecken, die sich zurückziehen, wenn man ihre Fühler berührt. Sie wollen nicht wie ein Pferd arbeiten; sie wollen nichts tragen und transportieren: weder Botschaft noch Bedeutung, weder Ziel noch Moral. Genau das wollen aber Geschichten.« Wim Wenders: »Unmögliche Geschichten« (1982), in: ders.: *Die Logik der Bilder: Essays und Gespräche*, Frankfurt am Main 2015 (1988), S. 68–77, hier: S. 71. Zur Geschichtenskepsis Wenders', die sich in seinem frühesten und frühen Schaffen oftmals in einer regelrechten Geschichtenverweigerung äußert, vgl. Jörn Glasenapp: *Wim Wenders:* PARIS, TEXAS, München 2019, S. 15–25, ders.: »Vom Geschichtenverweigerer, der bisweilen Geschichten erzählt, zum Geschichtenerzähler, der bisweilen Geschichten verweigert: Wim Wenders und seine Spielfilme«, in: ders. (Hrsg.): *Wim Wenders*, München 2018, S. 3–16 sowie Graf: *The Cinema of Wim Wenders*, passim, aber auch Fabienne Liptay: *Telling Images: Studien zur Bildlichkeit des Films*, Zürich und Berlin 2016, S. 221–227.

Kino kennzeichnend ist, nur allzu leicht austauschbar und zum Kulissendasein verdammt werde. Laut Wenders nämlich sind Stories notorisch expansiv. Sie »wollen [...] allen Raum, um sich selbst zu erzählen, der Ort, der nicht bloß Hintergrund bleiben, sondern miterzählen will, ist schon Konkurrent.«[6] Dies gibt er in dem Vortrag »In Defense of Places« (2002) zu bedenken, einem seiner schönsten und für seine Filmpoetik wichtigsten Texte, in dem er den Ort zur »treibende[n] Kraft«, zum »Motor«, ja zur »Seele« seiner eigenen Filme erklärt. Bis auf wenige Ausnahmen – Wenders nennt die in einer Westernkulisse bei Madrid bzw. auf einem Hollywood-Studiogelände gedrehten Der scharlachrote Buchstabe (1972) und Hammett, die ob ihrer »fehlende[n] Ortsansässigkeit«[7] gleichermaßen zu künstlerischen Flops wurden – seien sie alle »so entstanden [...]: Von Orten ausgehend, die erzählt werden wollten, die den Wunsch hatten, sich mitzuteilen, ich würde sogar so weit gehen zu sagen: Die ihre Geschichte *in Auftrag gaben.*«[8]

Wenders lässt sich also als entschieden raum- bzw. ortsfixiert charakterisieren, wobei leicht zu erkennen ist: Passend zu seiner Anfang der 1990er Jahre gemachten Behauptung, das Kino sei »der adäquate Spiegel der Städte [...] und der Menschen, die in diesen Städten wohnen«,[9] sind es zumal urbane Räume, die eine »unwiderstehliche Anziehungskraft«[10] auf ihn ausüben. Keine Frage: Wenders ist ein »Spezialist auf dem Gebiet des filmischen ›Städtebaus‹«,[11] und wie es Silver City (1968), seine noch während der Studienzeit an der HFF (Hochschule für Fernsehen und Film München) entstandene, ohne jede Story auskommende phänomenologische München-Studie, belegt, geben sich seine diesbezüglichen Ambitionen schon zu Beginn seiner Karriere unmissverständlich zu erkennen. Zahlreiche weitere Stadtporträts folgen: von Tokio (Tokyo-Ga [1985] und Aufzeichnungen zu Kleidern und Städten [1989]), Berlin (Der Himmel über Berlin [1987]), Lissabon (Lisbon Story [1994]), Havanna (Buena Vista Social Club [1999]) und Palermo (Palermo Shooting [2008]), das heißt von Metropolen bzw. Städten mit ›weltstädtischem Charakter‹, zu denen die nordwestlich des

6 Wim Wenders: »In Defense of Places« (2003), in: ders.: *A Sense of Place*, S. 7–38, hier: S. 16.

7 Ebd., S. 33.

8 Ebd., S. 29.

9 Wim Wenders: »The Urban Landscape« (1991), in: ders.: *The Act of Seeing: Texte und Gespräche*, Frankfurt am Main 1992, S. 116–128, hier: S. 116.

10 Wenders: »In Defense of Places«, S. 11.

11 Philipp Scheid: *Raum / Akteure: Inszenierte Landschaften in den frühen Filmen von Wim Wenders*, Köln 2019, S. 124. Entsprechend gut kann er mit dem Label »Stadtregisseur« leben, das ihm Peter W. Jansen in einem 1989 geführten Interview verleiht. Vgl. Peter W. Jansen: »Interview« (1989/1991), in: Peter W. Jansen und Wolfram Schütte (Hrsg.): *Wim Wenders*, München und Wien 1992, S. 65–102, hier: S. 73.

Yellowstone National Park *in the middle of nowhere* liegende Provinzstadt Butte natürlich überhaupt nicht gehören will. In anderer Hinsicht passt sie indes durchaus in die Reihe, denn wie den meisten der von ihm filmisch erkundeten Städte begegnet Wenders auch ihr als ein Nicht-Einheimischer bzw. Fremder.[12]

Möglicherweise ist es gerade sein Außen-Stehen, das den Regisseur bei seinen urbanen Erkundungen in die Lage versetzt, filmisch einzufangen, was wir als die Atmosphäre der Stadt zu bezeichnen gewohnt sind. Wir meinen nämlich damit »das, was für den Bewohner gerade alltäglich und selbstverständlich ist und das der Einheimische durch sein Leben ständig mitproduziert, das aber erst für den Fremden als Charakteristikum auffällt«,[13] so Gernot Böhme, der sich wie kein anderer um eine Bestimmung des Atmosphäre-Begriffs verdient gemacht und sich in diesem Zusammenhang auch mit der Atmosphäre der Stadt befasst hat. Man habe diese, vermerkt er, strikt vom Image der Stadt zu unterscheiden, denn Letzteres sei »das bewusst nach außen gekehrte Bild ihrer selbst bzw. die Gesamtheit der Vorurteile, die man draußen von einer Stadt hat«, wohingegen »unter Atmosphäre einer Stadt etwas Charakteristisches verstanden [wird], d. h. etwas, was einer Stadt eigentümlich ist, das, worin sie individuell ist und das sich deshalb auch in allgemeinen Begriffen nicht mitteilen lässt. Das soll aber nicht heißen, dass man über die Atmosphäre einer Stadt nicht reden könnte [...], sondern nur, dass die Atmosphäre etwas ist, das man spüren muss, um zu verstehen, worum es in solchen Reden eigentlich geht. Die Atmosphäre einer Stadt ist eben die Art und Weise, wie sich das Leben in ihr vollzieht.«[14] Etwas weiter unten kommt Böhme auf filmisch generierte Stadtatmosphären zu sprechen, was ihn wiederum zu Wenders führt, der sich, indem er die Atmosphäre der Stadt selbst zum Thema seiner Filme macht, maßgeblich vom Gros seiner Regiekollegen unterscheide. Die nämlich bedienten sich städtischer Atmosphären zwar durchaus häufig, doch mit dem alleinigen Ziel, eine gewisse Atmo für das von ihnen als ›Eigentliches‹ Angesehene, das wie auch immer geartete dramatische Geschehen, entstehen zu lassen.[15] Man sieht: Der Gegensatz von Ort bzw. Schauplatz und Story, von dem zu Beginn des Abschnitts die Rede war, begegnet uns, wenn auch in leicht verschobener Weise, hier erneut.

12 Allein in Berlin hat Wenders mehrere Jahre gelebt.

13 Gernot Böhme: *Architektur und Atmosphäre*, München 2013 (2006), S. 131.

14 Ebd., S. 131–132.

15 Vgl. ebd., S. 137.

Lässt man noch einmal die von Wenders filmisch erkundeten Städte Revue passieren, so erkennt man schnell: Butte fällt nicht allein ob seiner vergleichsweise sehr geringen Größe und Bedeutung aus der Reihe, sondern auch aufgrund des Umstands, dass es zwar durchaus ein Image hat, nicht aber eines, das außerhalb eines vergleichsweise engen Umkreises, sagen wir von Montana oder dem Nordwesten der USA, nennenswert verbreitet wäre. Dass dies einmal anders war, soll uns hier noch nicht interessieren. Während sich Wenders also bei der Produktion von DER HIMMEL ÜBER BERLIN, TOKYO-GA oder LISBON STORY mit einem wohletablierten, zudem globalen und nicht zuletzt auch filmisch generierten ›Bild‹ bzw. Stereotypen- und Vorurteilskonglomerat der jeweils im Zentrum stehenden Stadt auseinanderzusetzen hatte, fiel dieser Aspekt bei DON'T COME KNOCKING und Butte weg. Hier konnte er gleichsam frei bzw. befreit aufspielen. Vor allem gab es, sieht man von AN INJURY TO ONE (2002), Travis Wilkersons vielfach ausgezeichneter, ebenso düsterer wie klassenkämpferischer Dokumentation über die Arbeitskämpfe in Butte im Jahr 1917 und deren Konsequenzen, ab, keine auch nur annähernd erwähnenswerte filmische Auseinandersetzung mit der – in literarischer Hinsicht im Übrigen durchaus einigermaßen bespielten[16] – Stadt, und das sehr zur Freude Wenders'. Schließlich hatte dieser, wie er anlässlich des Kinostarts von DON'T COME KNOCKING in einem Interview zu Protokoll gab, über die Jahre das Gefühl entwickelt, »es [Butte, J. G.] irgendwie zu besitzen. Niemand kannte die Stadt. Jedesmal fragte ich die Einwohner beinahe eifersüchtig, ob inzwischen jemand dort einen Film plant. Doch immer war die Antwort, dass sich niemand für Butte interessiert, und ich war erleichtert.«[17]

Dieses Desinteresse seitens der Filmschaffenden besteht bis heute, und so ist DON'T COME KNOCKING, wenn es um die künstlerisch ernstzunehmende filmische Darstellung Buttes im Spielfilm geht, man also ein Werk wie beispielsweise das B-Movie-Biopic EVEL KNIEVEL (Marvin Chomsky, 1971) über den in Butte geborenen Motorradstuntman Robert Craig ›Evel‹ Knievel außen vor lässt, bis heute Solitär geblieben. Und da sich Wenders' Film an der Kinokasse als ein veritabler Flop herausstellte – die für den Regisseur

16 Neben Hammetts *Red Harvest* und *The Story of Mary MacLane* (1902), dem Skandalerfolg der als »wild woman of Butte« gehandelten Mary MacLane, wäre hier beispielsweise an Gertrude Athertons *Perch of the Devil* (1914), Myron Brinigs *Wide Open Town* (1931) oder Pauls Toutonghis *Evel Knievel Days* (2012) zu denken. Vgl. zur Literatur-, aber auch Filmgeschichte Buttes Aaron Parrett: *Literary Butte: A History in Novels and Film*, Charleston 2015. Ob Parretts Behauptung, nur wenige US-Städte von der Größe Buttes könnten ein vergleichbar breites literarisches Erbe vorweisen (vgl. ebd., S. 155), zutrifft, sei dahingestellt.

17 Vgl. Wenders: »DON'T COME KNOCKING«.

durchaus beachtlichen Produktionskosten von ca. elf Millionen Dollar wurden nicht im Entferntesten eingespielt –, dürfte auch er kaum dafür gesorgt haben, Buttes Image oder, vorsichtiger, Wenders' mit diesem Image so ziemlich konform gehendes Bild der Stadt hinaus in die Welt zu tragen. Die Frage, wie Letzteres gestaltet ist und wie es im Kontext von DON'T COME KNOCKING funktional wird, soll uns auf den folgenden Seiten beschäftigen, doch um sie zu beantworten, tun wir gut daran, unseren diesbezüglichen Ausführungen ein kurzes stadtgeschichtliches Porträt Buttes voranzustellen.

2. Wie Butte zu Poisonville wurde

Hinweise darauf, dass Wenders' ›Ortssinn‹ in besonderer Weise für das Ruinöse und/oder Auf-den-Hund-Gekommene sensibilisiert ist, für ›reale‹ Orte also, die, in temporaler bzw. geschichtlicher Hinsicht eminent aufgeladen, ganz im Zeichen des Nicht-mehr stehen, finden sich im Werk des Regisseurs zuhauf. Man denke hier beispielsweise an IM LAUF DER ZEIT (1976), der seine beiden introvertiert-maulfaulen Helden auf ihrer Reise durch das vom wirtschaftlichen Niedergang gezeichnete ›Zonenrandgebiet‹ inklusive seiner von der Fernsehkonkurrenz bedrohten Provinzkinos begleitet, an DER AMERIKANISCHE FREUND (1977), dessen todkranker Protagonist passenderweise in einem wie übriggeblieben anmutenden, zum baldigen Abriss anstehenden Wohnblock am Hamburger Hafen wohnt, an DER STAND DER DINGE (1982) mit seinem spektakulären Hauptschauplatz, einer direkt an der portugiesischen Küste liegenden, sturmverwüsteten Hotelruine, die, so Wenders, »mit Macht ein Film werden [wollte]«,[18] an DER HIMMEL ÜBER BERLIN (1987), in dem der von russischen Zwangsarbeitern errichtete, jedoch nie fertiggestellte, zumal im Innern arg zerstörte Hochbunker Pallasstraße den Drehort für den Film im Film abgibt, oder aber an THE MILLION DOLLAR HOTEL (2000), dessen titelgebendes, in Downtown Los Angeles gelegenes Gebäude einstmals die Schönen und Reichen beherbergte, zum Zeitpunkt der Entstehung von Wenders' Film aber längst zu einer Art Asyl für Verrückte, Kleinkriminelle, Alkoholiker und Drogensüchtige verkommen war.

Was für das Million Dollar Hotel galt – *erstens*, dass es bessere Zeiten gesehen hatte und, *zweitens*, dass man, zumal angesichts seines Namens, kaum umhin konnte, es als steingewordenes Sinnbild für den Ausverkauf des *Ame-*

18 Wim Wenders: *Einmal: Bilder und Geschichten*, Frankfurt am Main 1994, S. 32.

Unbekannter Fotograf: Uptown Butte, 1922

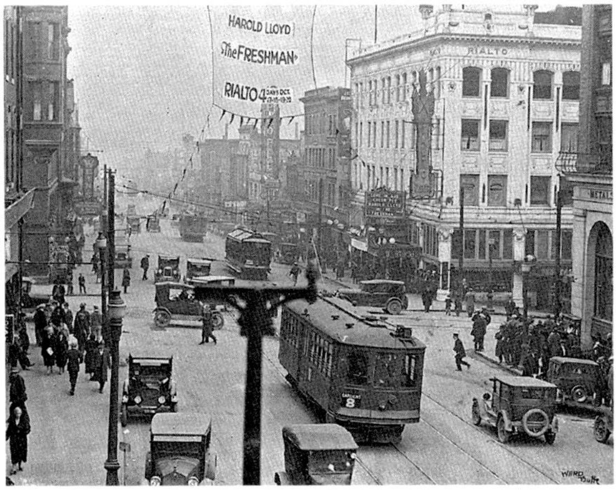

rican Dream zu begreifen, gegen den Wenders bereits Mitte der 1980er Jahre polemisierte[19] –, durfte, als der Regisseur es erstmals besuchte, aber auch noch, als er DON'T COME KNOCKING dort drehte, für Butte ebenfalls veranschlagt werden, und das uneingeschränkt. Bis zum heutigen Tag – der Verfasser hat die Stadt Ende September 2019 und März 2020 besucht – ist Butte nur mehr ein Schatten seiner selbst, was vielleicht am anschaulichsten sein frappanter Bevölkerungsschwund belegt, das heißt die Tatsache, dass in der Stadt, die derzeitig knapp über 30.000 Bewohner zählt, um 1918 nicht weniger als knapp 100.000 Menschen lebten, was sie zur größten Stadt zwischen Minneapolis und Spokane machte. Ihren damals ganz und gar großstädtischen, um nicht zu sagen: metropolitanen Charakter, den wir eher mit Städten wie San Francisco, Chicago oder gar New York verbinden, gibt eine Fotografie aus dem Jahr 1922 wieder, die uns das geschäftige Treiben an der – auch in DON'T COME KNOCKING vorkommenden – Kreuzung von Park und Main Street in Buttes Uptown[20] präsentiert. Zu diesem Zeitpunkt war Butte knapp 60 Jahre alt.

Das Licht der Welt erblickte Butte Mitte der 1860er Jahre, und zwar, wie so manch andere amerikanische Stadt im Westen, als Goldgräbercamp. Schon bald allerdings wurde vorwiegend nach Silber geschürft, doch auch

19 Vgl. Wim Wenders: »Der Amerikanische Traum« (1984), in: ders.: *Emotion Pictures: Essays und Filmkritiken*, Frankfurt am Main 1986, S. 139–170.

20 Dass das Zentrum Buttes Up- und nicht, wie in nordamerikanische Städten üblich, Downtown heißt, ist dem Umstand geschuldet, dass es am Berghang, das heißt im wörtlichen Sinne »up« bzw. über der Reststadt, liegt.

diese Phase währte nur kurz, denn spätestens ab Mitte der 1880er Jahre dominierte nur mehr ein Bodenschatz die Geschicke der Stadt: Kupfer. Oder um es mit Mary Murphys Worten zu sagen: »Butte grew from a heart of copper.«[21] Das Edelmetall war ob der damals mit aller Kraft vorangetriebenen Elektrifizierung der Vereinigten Staaten – man denke hier nur an Strom-, Telegrafen- und Telefonkabel – heißbegehrt, und die Stadt in Montana hatte es im Überfluss im Angebot, was ihr schon bald den Spitznamen »the richest hill on earth« einbrachte. Zweifellos: Dass die USA so rasch den Status einer Weltmacht erlangen konnten, verdankte sich in nicht unerheblichem Maße Butte, das die Nation geradezu wortwörtlich unter Strom setzte und darüber hinaus das Messing für jene Granaten lieferte, mit denen der Erste und Zweite Weltkrieg gewonnen wurden.

Belief sich die Zahl der Bergarbeiter 1884 auf ca. 1.000, so fuhren Mitte der 1910er Jahre nicht weniger als 16.000 Kumpel täglich in die Minen ein.[22] Dem Ruf des *American Dream* folgend, der sich in der boomenden Stadt vermeintlich leichter als anderswo realisieren ließ, stammten sie aus aller Herren Länder, unter anderem England, Irland, Wales, Kroatien, Serbien, Italien, Finnland und China, und brachten ihre jeweiligen kulturellen Traditionen und Gebräuche mit. Das heißt, wie die USA selbst avancierte Butte zu einem durch und durch kosmopolitanen *melting pot*, der im ganz und gar landwirtschaftlich orientierten Montana selbstredend völlig *out of place* wirkte. Mit der Bevölkerung und dem Reichtum wuchsen die Ambitionen, der Größe und Bedeutung der – damals noch vielen als hässlichste Stadt der Welt geltenden – Stadt auch in baulicher Hinsicht Ausdruck zu verleihen. »With an eye to the larger world and inspired by the grandeur of larger cities«, so Ellen Crain und Lee Whitney, »Butte shed its mining-camp image and metamorphosed into a metropolis.«[23] Zahlreiche repräsentative Gebäude entstanden, so beispielsweise das als Kaufhaus dienende sechsstöckige Hennessy Building (1898), der achtstöckige Hirbour Tower (1901), Buttes erster ›Wolkenkratzer‹, die vom renommierten Architekten Cass Gilbert entworfene Metals Bank (1908) oder aber das mondäne Finlen Hotel (1924), dem das berühmte Hotel Astor am New Yorker Times Square als Vorbild diente. Stars wie Sarah

21 Mary Murphy: *Mining Cultures: Men, Women, and Leisure in Butte, 1914–41*, Urbana und Chicago 1997, S. 2. Zu den Ursprüngen und der frühen Entwicklung Buttes vgl. neben Murphys Studie auch Ellen Crain und Lee Whitney: *Images of America: Butte*, Charleston 2009, S. 7, Richard I. Gibson: *Lost Butte, Montana*, Charleston 2012, S. 15–16 sowie Parrett: *Literary Butte*, S. 22–23.

22 Vgl. ebd., S. 23.

23 Crain / Whitney: *Images of America*, S. 25.

Bernhardt, Ethel Barrymore oder Charlie Chaplin traten auf Buttes Bühnen auf,[24] etwa auf jener des legendären Grand Opera House (1889), das 1.100 Zuschauern Platz bot und damit geradezu klein im Vergleich zum 1901 eröffneten Broadway Theatre wirkte, welches mit seinen 2.175 Sitzen damals als größter Theaterbau westlich Chicagos galt.

Der spektakuläre Aufstieg Buttes währte gut drei Dekaden, genauer: bis zum Ende des Ersten Weltkriegs, das einen heftigen Einbruch der Kupfernachfrage zur Folge hatte. Minen mussten schließen, der Bevölkerungsschwund setzte ein, und so lebten 1930 nur mehr 57.000 Menschen in der Stadt. Zu dieser Zeit begann die Great Depression, die eine drastische Schwächung der Kaufkraft der Amerikaner bewirkte und somit – in Autos, Kühlschränken und anderen technischen Konsumgütern wird in hohem Maße Kupfer verbaut – den Bedarf an Buttes zentralem Wirtschaftsgut ebenfalls sinken ließ. Sorgte der Eintritt der USA in den Zweiten Weltkrieg sowie der wirtschaftliche Boom der Nachkriegsjahre für einen zeitweiligen Nachfrageanstieg, so ließ sich die Talfahrt der Stadt nicht aufhalten. Auch die Umstellung vom Untertagebergbau zum effizienteren *open-pit mining* bzw. die 1955 erfolgte Eröffnung der sogenannten Berkeley Pit konnte hieran nichts ändern, und doch hatte sie für die Stadt die allergrößten Konsequenzen. Denn die Berkeley Pit wuchs und wuchs, so dass ihr bis zu ihrer Schließung im Jahr 1982 mehrere Stadtteile sowie der bei der Bevölkerung äußerst beliebte Freizeitpark Columbia Gardens weichen mussten. Butte erlangte Berühmtheit als »city that ate itself«,[25] ja, zeitweilig wurde gar der Abriss der Uptown mit ihrer historischen Bausubstanz in Erwägung gezogen.[26]

Zusehends unter Leerstand leidend, hatte Letztere ohnehin schon einen hohen Aderlass zu zahlen, unter anderem aufgrund einer nicht abreißen wollenden Reihe von Großbränden in den 1960er und 1970er Jahren, die vielfach durch Brandstiftungen verursacht wurden. Es galt, Versicherungsgelder einzustreichen.[27] Da sich Neubauten nicht lohnten, blieb der Grund, auf dem die niedergebrannten Gebäude gestanden hatten, leer. Das heißt, Parkplatz

24 Vgl. Gibson: *Lost Butte, Montana*, S. 47–52 sowie Crain / Whitney: *Images of America*, S. 37.

25 Vgl. Brian James Leech: *The City That Ate Itself: Butte, Montana and Its Expanding Berkeley Pit*, Reno und Las Vegas 2018, zudem aber auch ders.: »Boom, Bust, and the Berkeley Pit: How Insiders and Outsiders Viewed the Mining Landscape of Butte, Montana«, in: *IA: The Journal of the Society of Industrial Archeology*, Jg. 37 (2006), H. 1/2, S. 153–170, hier: S. 157: »By the late 1960s and early 1970s [...] the Berkeley Pit had become a normalized part of the landscape, with locals viewing ›the pit as a kind of omnipotent creature, as a corpus with needs that simply must be fed.‹«

26 Vgl. hierzu Gibson: *Lost Butte, Montana*, S. 115–117 sowie Leech: »Boom, Bust, and the Berkeley Pit«, S. 158–159.

27 Vgl. Gibson: *Lost Butte, Montana*, S. 99–105.

auf Parkplatz entstand. Noch heute fällt in Buttes vergleichsweise autofreier Uptown die enorme Dichte an – letztlich nicht benötigten – Parkplätzen ins Auge, die meistenteils anzeigen, wo einst die Flammen wüteten.[28] Davon, dass Wenders bei seinem ersten Butte-Besuch im Jahr 1978 zufälligerweise Zeuge der Löscharbeiten eines Großbrandes wurde, legen einige Fotos Zeugnis ab, die er damals machte.[29] Und dass in DON'T COME KNOCKING völlig unvermittelt zwei Feuerwehrwagen mit heulenden Sirenen durchs Bild rasen, darf getrost als Anspielung auf Buttes unrühmliches Brandstiftungskapitel betrachtet werden.

Doch zurück zur Berkeley Pit, die auch nach ihrer Stilllegung keineswegs aufhörte, eine Bedrohung für das nunmehr postindustrielle Butte darzustellen. Im Gegenteil: Sie tut es bis heute, und zwar als Epizentrum einer der größten der sogenannten *Superfund sites* der Vereinigten Staaten.[30] Nachdem ihr Betrieb ein- und ihre Pumpen abgestellt worden waren, sorgte Regenwasser, vor allem aber das durch das Tausende Kilometer lange unter der Stadt gelegene Stollennetz herbeifließende, hochgradig toxische Grundwasser für ein allmähliches Volllaufen der 1.600 Meter langen, 800 Meter breiten und 540 Meter tiefen Grube, deren Wasserspiegel nach wie vor steigt. Welch eine enorme Gefahr von ihr ausgeht, vermag ein tragisches, seinerzeit durch die Presse gehendes Ereignis vom November 2016 zumindest anzudeuten: Um Schutz vor einem Schneesturm zu suchen, landete ein großer Schwarm von Schneegänsen auf dem unter anderem arsen-, blei-, zink-, mangan- und kadmiumhaltigen Wasser, das die Vögel, wie sie es auf ihren Reisen gewohnt sind, tranken. Einen Tag später fand man mehr als 3.000 verendete Tiere, deren Mägen, Därme und Hälse extreme Läsionen aufwiesen.[31]

Stellte die Berkeley Pit in den 1950er Jahren noch eine Art Attraktion dar, auf die mancher durchaus stolz war – schließlich konnte man hier dem Kapi-

28 Vgl. auch ebd., S. 107 und 122.

29 Vgl. auch Wenders: »About Butte«, S. 63, ders.: »Butt-ee-ful«, S. 4 sowie ders.: »Mein DON'T COME KNOCKING-ABC«, S. 296.

30 Superfund ist ein Programm der US-amerikanischen Umweltschutzbehörde EPA (Environmental Protection Agency), über das die Untersuchung, Sicherung und Sanierung von gesundheitsgefährdender Boden- und Gewässerverschmutzung in den Vereinigten Staaten finanziert und organisiert wird. Im Zentrum des Programms stehen vor allem inaktive und aufgegebene Flächen mit Altlasten, insbesondere giftigen Abfällen. Derzeitig werden gut 1.300 Standorte als *Superfund sites* identifiziert. Vgl. hierzu die EPA-Homepage, https://www.epa.gov/superfund [zuletzt aufgerufen am 1.10.2020].

31 Vgl. hierzu Justin Noble: »Postcards from the Edge«, in: *Topic Magazine* (2018), H. 14, https://www.topic.com/postcards-from-the-edge [zuletzt aufgerufen am 1.10.2020]. Ein vergleichbarer Vorfall hatte sich bereits 1995 ereignet. Damals starben hunderte Tiere. Vgl. hierzu Leech: »Boom, Bust, and the Berkeley Pit«, S. 162, aber auch Wilkersons Butte-Dokumentation AN INJURY TO ONE.

talismus ganz handfest bei der Arbeit zusehen –, und zeigte sich die sie betreibende Anaconda Company sichtlich darum bemüht, die Grube durch eine entsprechende PR in ein »symbol of the infinite abundance that made possible the ›American way of life‹«[32] zu verwandeln, so ist sie heutzutage vor allem dreierlei: eine tickende Zeitbombe, eine gigantische klaffende Wunde in der Landschaft und eine Stätte der Beschämung. Dergestalt stellt sie dem an der Natur Raubbau betreibenden Kapitalismus das denkbar schlechteste Zeugnis aus und zieht dennoch bzw. gerade deswegen Touristen an. Ca. 35.000 Menschen sind es, die das giftige Wahrzeichen von Butte jährlich besuchen,[33] jener Stadt, der Dashiell Hammett einst in seinem Romandebüt *Red Harvest* den Namen »Poisonville« gab.

3. Der Weg nach Butte

Protagonist von Don't Come Knocking ist der von dem amerikanischen Schauspieler, Dramatiker und Pulitzerpreisträger Sam Shepard verkörperte Howard Spence, ein Filmschauspieler weit jenseits der Fünfzig, der schon einmal entschieden bessere Tage gesehen hat. Seine Domäne ist der Western, ein Genre, das, wie er, seine beste Zeit längst hinter sich hat.[34] Dass es diesen Howard Spence nun nach Butte führt, »[a] ghost town of huge proportions«,[35] wie Wenders schreibt, und dass er den langen Weg dorthin noch dazu in einem reichlich aus der Zeit gefallenen, aus den 1950er Jahren stammenden mintfarbenen Packard-Clipper-Straßenkreuzer unternimmt, passt demnach ins Bild. Keine Frage: Die Handlung von Wenders' und Shepards Film vollzieht sich ganz unter der Ägide des Nicht-mehr, freilich ohne dass, wie es für Post-Western durchaus üblich ist – erinnert sei an David Millers Lonely Are the Brave (1962), Junior Bonner (Sam Peckinpah, 1972) oder den bisweilen und mit gewissem Recht mit Wenders' Film verglichenen The

32 Timothy J. LeCain: »›See America the Bountiful‹: Butte's Berkeley Pit and the American Culture of Consumption«, in: *Montana: The Magazine of Western History*, Jg. 56 (2006), H. 4, S. 5–17, hier: S. 7. Vgl. zudem Leech: »Boom, Bust, and the Berkeley Pit«, S. 156.

33 Vgl. Noble: »Postcards from the Edge«. Zur Berkeley Pit als Touristenattraktion vgl. neben Noble auch Leech: »Boom, Bust, and the Berkeley Pit«, S. 164–166.

34 Auf der Tagung »Wim Wenders – Filmemacher, Fotograf, Grenzgänger«, die, organisiert vom Lehrstuhl für Literatur und Medien der Otto-Friedrich-Universität Bamberg, am 7. und 8. August 2020 stattfand, bezeichnete Wenders den Western ob seiner nahezu vollständigen Ausblendung indigener Perspektiven einerseits und seines offenkundigen Rassismus andererseits als »ein historisches Genre, das sich überlebt hat.«

35 Wenders: »About Butte«, S. 62. Vgl. auch ders: »Mein Don't Come Knocking-ABC«, S. 296.

ELECTRIC HORSEMAN (Sydney Pollack, 1979)[36] –, der Nostalgie-Akkord allzu kräftig angeschlagen werden würde.

Als wir Howard das erste Mal begegnen, ist er von Butte noch gut 1.000 Kilometer entfernt. Er befindet sich in Utah, genauer: im nahe bei Moab gelegenen Arches National Park, und zwar zu Pferde und auf der Flucht. Der schnelle Galopp lässt Dringlichkeit vermuten, von der jedoch nicht ernsthaft die Rede sein kann, wie wir sogleich erfahren: Howards Ritt durch die Wüste ist nämlich bloß ein Reißausnehmen von den Dreharbeiten eines Westerns namens *Phantom of the West*, das heißt zunächst einmal nichts anderes als eine Form von Arbeitsverweigerung, für die der zu Alkohol- und Drogenexzessen neigende, zudem Anzeichen von Sexsucht zeigende Westernschauspieler seit Jahrzehnten schon bekannt und berüchtigt ist. Die Tatsache, dass es bei dem Film im Film augenscheinlich um ein allenfalls drittklassiges, nicht zuletzt hochgradig genderklischiert operierendes Machwerk handelt – Wenders gilt der Western lange schon generell als ein »Machogenre«[37] –, lässt uns implizit darauf schließen, dass sein Star, Howard, längst nicht mehr zu den Größen der Filmbranche zählt; darüber hinaus verleiht sie seiner Flucht von künstlerischer Warte aus durchaus Plausibilität.[38]

Wie bei Travis, seinem bei allen Unterschieden denn doch sehr nahen Verwandten aus PARIS, TEXAS,[39] haben wir es bei Howard mit einem entwurzelten Mann und Einzelgänger ohne Zuhause zu tun, »der irgendwo in der Wüste aus dem Nichts auftaucht und in die Zivilisation zurückkehrt.«[40] Ihr Vorposten ist Cisco, eine kleine Siedlung nordöstlich des Arches Natio-

36 Vgl. etwa Philip French: »DON'T COME KNOCKING«, in: *The Guardian* (30.4.2006), https://www.theguardian.com/film/2006/apr/30/philipfrench6 [zuletzt aufgerufen am 1.10.2020]. Zum Vergleich beider Filme nur so viel: Auch bei Pollack geht es um einen abgehalfterten ›Cowboy‹-Star, in diesem Fall einen ehemaligen Rodeoreiter. Auch er ist Alkoholiker, auch er macht sich zu Pferde auf und davon, auch er wird verfolgt. Besondere Aufmerksamkeit verdient in diesem Zusammenhang eine kurze Einstellung aus DON'T COME KNOCKING, die sich leicht als Wink in Richtung Pollack deuten ließe. Sie zeigt einen offenbar betrunkenen, durch die neonlichterstrahlte Glücksspielstadt Elko reitenden Cowboy und könnte direkt aus THE ELECTRIC HORSEMAN stammen, in dem der Ritt seines Titelhelden durch die Lichterflut von Las Vegas den visuellen Höhepunkt darstellt. Dass in Howards Trailer das Bild eines Rodeoreiters auf einem bockenden Pferd hängt, sei an dieser Stelle ebenfalls erwähnt.

37 Wenders auf der Bamberger Tagung.

38 Dass in Wenders' Filmen immer wieder Filmdrehs Thema sind, ist hinlänglich bekannt. In den meisten Fällen werden sie freilich ab- oder unterbrochen, sei es, weil Schauspieler (DON'T COME KNOCKING) oder Produzenten (DER STAND DER DINGE [1982], THE END OF VIOLENCE [1997]) verschwinden oder sich die künstlerischen Überzeugungen des Regisseurs (LISBON STORY) ändern.

39 Vgl. hierzu Glasenapp: *Wim Wenders:* PARIS, TEXAS, S. 105–106.

40 So Wenders über Travis. Wim Wenders: »Wie ein Blindflug ohne Instrumente: Über die Drehorte von PARIS, TEXAS« (1984), in: ders.: *Die Logik der Bilder*, S. 85–86, hier: S. 85.

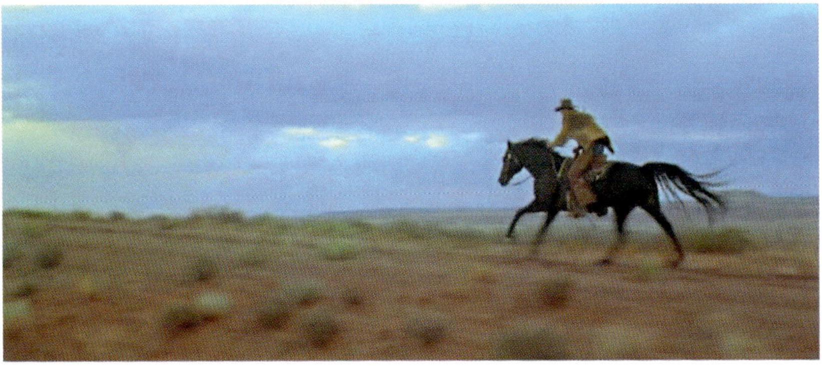

Auf der Flucht

nal Park, in der in den 1940er Jahren ca. 200 Menschen lebten, zur Zeit der Dreharbeiten von Wenders' Film aber nur mehr sechs. Mit anderen Worten: Der Film, der vom Nicht-mehr erzählt und dessen Handlung auf die »ghost town of huge proportions« Butte zuläuft, startet mit einer ihrer kleinen Schwestern, einer ›ghost town of tiny proportions‹, die schon den Roadmovies VANISHING POINT (Richard C. Sarafian, 1971) und THELMA & LOUISE (Ridley Scott, 1991) als Location diente und deren Einwohnerzahl sich mittlerweile auf Eins reduziert hat.[41] Hier tauscht Howard, der sich kurz zuvor, am Lagerfeuer sitzend, durch seine ersten Worte »Not dead – How can I be not dead« selbst zum *ghost* erklärt hatte, seine reichlich operettencowboyhaft wirkende Kostümierung gegen weniger auffallende Kleidung ein. Sodann begibt er sich – zunächst zu Fuß, dann per Leihwagen und schließlich per Interstate Bus – nach Elko, einer Kleinstadt in Nevada, wo er aufgewachsen ist und nach wie vor seine weit über 80-jährige Mutter wohnt. Sie bietet ihm, dem ›verlorenen Sohn‹, Unterschlupf, vor allem aber versieht sie seine Flucht mit einem Ziel bzw. wandelt sie in eine Suche um, und zwar durch eine Information, die ihn völlig unvorbereitet trifft: Er hat ein Kind von einer Frau, mit der er vor ca. 30 Jahren in Butte während der Dreharbeiten zu seinem ersten Film, einem Western namens *Just like Jesse James*, ein Verhältnis hatte.

Wir sehen: Wenders' Film arbeitet mit einem geradezu klassisch zu nennenden Ruf zum Abenteuer, auf den Howard, wie es sich für einen Helden

41 Verwiesen sei an dieser Stelle auf Wenders' Einlassungen zum Phänomen *ghost town*, die Berthold Steinhilbers Fotobuch *Geisterstädte in Amerikas Westen* (2003) als Vorwort dienen. Vgl. Wim Wenders: »Geist der Städte« (2003), in: ders.: *A Sense of Place*, S. 51–57.

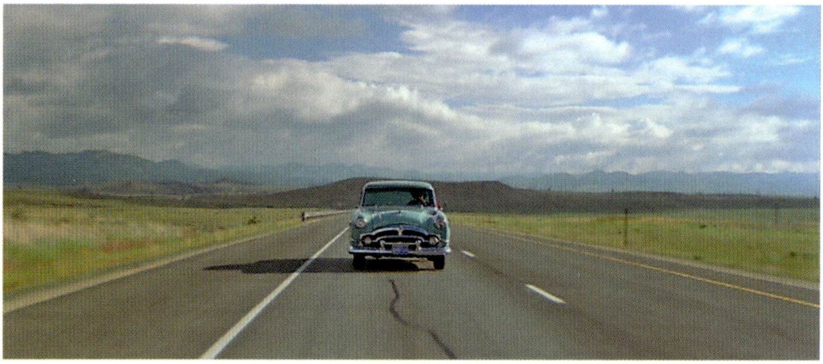

Auf dem Weg nach Butte

gehört, zunächst mit Abwehr reagiert (»I never got anybody pregnant!«). Letztlich jedoch bricht diese rasch zusammen, so dass er sich noch am selben Tag hinterm Steuer des oben erwähnten Packard Clipper, dem Wagen seines verstorbenen Vaters (den er am Ende des Films an seinen Sohn weitergeben wird), nach Montana aufmacht. Eine veritable, wenn auch vergleichsweise unspektakulär verlaufende Heldenreise beginnt, die Howard in seine eigene Vergangenheit führt – schließlich begann in Butte seine Karriere als Filmstar mit all ihren negativen Folgen –, von der er sich aber insgeheim erhofft, dass sie ihm, dem sich in einer Sackgasse Befindlichen, einen Ausweg aus Letzterer bzw. eine neue Zukunft erschließt. Unter Rekurs auf Joseph Campbell und dessen wahrscheinlich wirkmächtigsten Adepten, den ›Drehbuchratgeberpapst‹ Christopher Vogler, denen zufolge die – von ihnen als universell begriffene – Heldenreise als heilsamer Subjektivierungs- bzw. spiritueller Regenerationsprozess zu gelten hat, könnte man auch sagen: In Butte, der wenn nicht sterbenden, so doch arg auf den Hund gekommenen Stadt, in der er, wie wir später erfahren werden, nicht nur ein, sondern gleich zwei Kinder zeugte, sucht der auf den Hund gekommene, wie so viele andere Wenders-Helden auch mit dem Rilke'schen Imperativ »Du musst dein Leben ändern« konfrontierte Held nichts Geringeres als seine Wiedergeburt.[42]

42 Vgl. Joseph Campbell: *Der Heros in tausend Gestalten*, Frankfurt am Main 1978 (1949) sowie Christopher Vogler: *Die Odyssee der Drehbuchschreiber, Romanautoren und Dramatiker: Mythologische Grundmuster der Heldenreise für Schriftsteller*, Berlin 2018 (1998). Ferner sei zur Heldenreise im Film empfohlen: Michaela Krützen: *Dramaturgie des Films: Wie Hollywood erzählt*, Frankfurt am Main 2004. Wenn es um Wiedergeburt bzw. die Abkehr von einem wie auch immer verfehlten Leben geht, zählen zu Howards nahen Verwandten im Wenders'schen Œuvre beispielsweise die Protagonisten aus LAND OF PLENTY (2004),

4. Gespenstisch und ›hopperesk‹

Wie Travis aus PARIS, TEXAS macht sich Howard auf die Suche nach einer Frau, mit der er einst ein Kind zeugte und die er jahrelang aus den Augen verloren hat. Und wie Travis führt auch er ein Foto bei sich, das vermuten lässt, ihrer beider Beziehung sei zum Zeitpunkt der Aufnahme glücklich gewesen.[43] Doch hat er noch eine weitere Aufnahme im Gepäck, genaugenommen handelt es sich um eine Fotopostkarte. Zu sehen ist auf ihr jener Abschnitt der Main Street von Butte, in dem diese von der Park Street gekreuzt wird. Prominent im Bild ist neben der oben bereits erwähnten, hochaufragenden Metals Bank das auf dem Foto hell erleuchtete M&M, ein Diner mit Bar, das, bereits 1890 eröffnet, in Butte jahrzehntelang einen geradezu legendären Ruf genoss und mit seiner Art-Deco-Fassade aus den 1940er Jahren sowie dem spektakulären Neon-Schild über dem Eingang nach wie vor zu den bekanntesten Gebäuden der Stadt zählt.[44] Dass, wie es das Drehbuch vermerkt,[45] das Foto in den 1950er Jahren entstanden ist, lassen zumal die zahlreichen Autos erkennen. Sie sorgen denn auch für den größten Kontrasteffekt, wenn Wenders, um den Niedergang der Stadt über einen Früher-Jetzt-Vergleich markant auszuflaggen, von der in Detailaufnahme präsentierten und fast den gesamten Frame ausfüllenden Postkarte direkt auf jene Totale umschneidet, die denselben Straßenzug aus etwa gleicher Perspektive in Szene setzt. Allein wir befinden uns nun nicht mehr in den 1950er Jahren, sondern in der Gegenwart des Films. Auf der Main Street, immerhin einer der zentralen Geschäftsstraßen der Stadt, herrscht gähnende Leere, so gut wie keine Autos sind zu sehen, nur eine Handvoll Menschen ist unter-

PALERMO SHOOTING (2008) und EVERY THING WILL BE FINE (2015), vor allem aber Mike Max, der Held aus THE END OF VIOLENCE, dessen Veränderung Wenders an die Bekehrung vom Saulus zum Paulus anlehnt. Vgl. hierzu auch Wim Wenders: »Wim Wenders im Interview: AM ENDE DER GEWALT«, in: ders.: *A Sense of Place*, S. 268–270, hier: S. 269. Parallelen zu Howard fallen rasch ins Auge: Wie dieser ist Mike im Filmbusiness tätig – und zwar als ein auf die Finanzierung trashiger Actionfilme spezialisierter Starproduzent –, auch er hat den Kontakt zu seinen Mitmenschen verloren, auch er darf als süchtig, und zwar kommunikationssüchtig, gelten.

43 Dass im Falle von PARIS, TEXAS der Eindruck täuscht, habe ich an anderer Stelle dargelegt. Vgl. Glasenapp: *Wim Wenders:* PARIS, TEXAS, S. 65–66.

44 Kurz vor dem Dreh von DON'T COME KNOCKING war das M&M, in dem Wenders bei seinen vielen Butte-Besuchen regelmäßig gegessen hatte, zugemacht worden, doch für Wenders' Film wurde es ›revitalisiert‹ – und ist seitdem wieder in Betrieb. Vgl. Wenders: »DON'T COME KNOCKING«.

45 Vgl. Sam Shepard und Wim Wenders: »Drehbuch«, in: dies.: DON'T COME KNOCKING, S. 16–80, hier: S. 45.

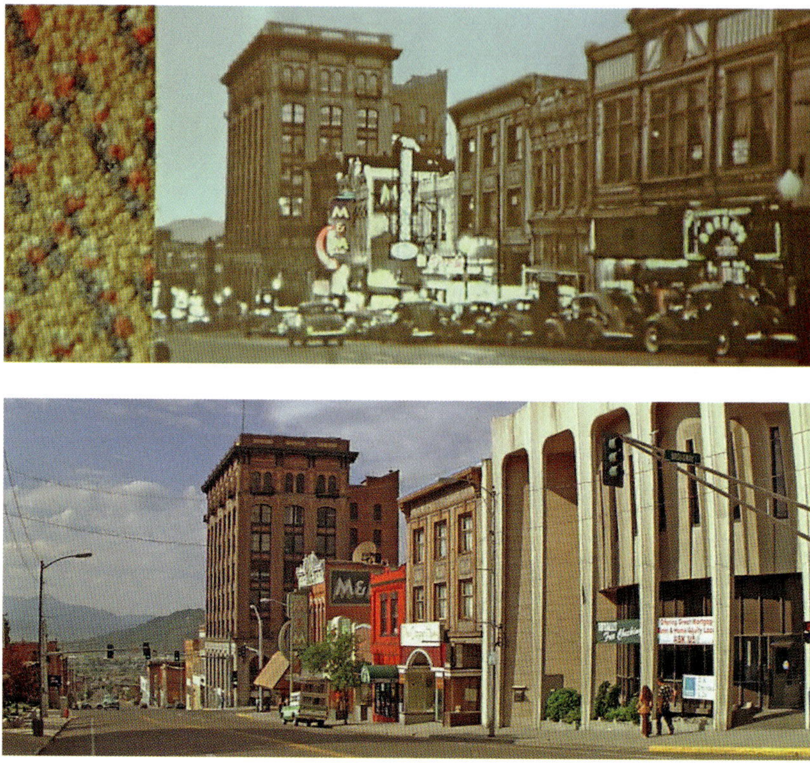

Vom Butte der 1950er Jahre zum Butte der Gegenwart

wegs. Im Drehbuch ist von »Geisterstadt«[46] die Rede, und die hat Howard mittlerweile erreicht, sehen wir doch, wie sich uns sein Oldtimer, der auf der Postkarte selbstverständlich nicht weiter aufgefallen wäre, aus der Tiefe des Bildes nähert, um gegenüber vom M&M zum Halten zu kommen. Bezeichnenderweise geschieht dies just in dem Moment, in dem eine junge Mutter mit Kind auf dem Arm die Straße überquert, womit uns der Film noch einmal sehr subtil an den Grund von Howards Trip nach Montana erinnert.

Der erste Eindruck, den wir von Butte gewinnen, bestätigt sich im Folgenden fortlaufend: Die Stadt wirkt entleert – und damit nicht zuletzt gespenstisch, zumindest wenn man sich an Mark Fishers einschlägige Annäherung an das Gefühl des Gespenstischen hält. Ihr zufolge hefte es sich

46 Ebd.

bevorzugt an »von Menschen teilweise verlassene Landschaften«[47] und stelle sich dann ein, »wenn entweder etwas da ist, wo nichts sein sollte, oder wenn nichts da ist, wo doch etwas sein sollte.«[48] Unverkennbar gilt Letzteres für das vor Leerstand strotzende Butte, dessen großstädtische Gebäude, breite Straßen und weitläufige Parkplätze mit dem Nicht- bzw. Kaum-Vorhandensein von Menschen und Autos partout nicht zusammengehen wollen. Eine, wenn man so will, gespenstische Inkongruenz prägt somit Wenders' Butte,[49] das, wie es Doreen (Jessica Lange), Howards einstige Geliebte, konstatiert, »just full of ghosts« sei. Dies wiederum wird auch vom tatsächlichen Butte gern behauptet, und das nicht nur, weil es mit einem der bekanntesten *haunted houses* der Vereinigten Staaten aufwartet. Und zwar handelt es sich hierbei um das noch heute als Touristenattraktion geltende Dumas-Bordell, das, 1890 eröffnet und bis 1982 ständig in Betrieb, als kümmerlicher Rest von Buttes einstmals berühmtem, unter anderem von Chaplin[50] besuchten Rotlichtviertel übrig geblieben ist. Von dem Gebäude wird behauptet – und Wenders wird dies gewusst haben, als er Don't Come Knocking drehte –, es werde vom Geist einer gewissen Elinor Knott heimgesucht, einer von ihrem Geliebten verlassenen und darauf unter mysteriösen Umständen zu Tode gekommenen ehemaligen Besitzerin des Bordells.[51] Ohne die Parallelen hier überstrapazieren zu wollen, sei dennoch vermerkt: Mag Doreen auch nicht gestorben sein, so wurde auch sie, die die »ghosts« der Stadt verbal heraufbeschwört und mittlerweile wie Knott ein berühmtes Etablissement Buttes, und zwar das M&M, leitet, von ihrem Geliebten, Howard, einst verlassen.

Bleibt das Dumas Brothel in Don't Come Knocking außen vor und unerwähnt, so geraten zahlreiche andere leerstehende, unbewohnte bzw. un-

47 Mark Fisher: *Das Seltsame und das Gespenstische*, Berlin 2017 (2016), S. 11.

48 Ebd., S. 75.

49 Weitere Inkongruenzen und Nicht-Passungen, aber auch regelrechte Implausibilitäten finden sich im Film zuhauf: Man denke hier nur an die Satellitenschüssel sowie die modernen Briefkästen in Cisco, die so gar nicht zu den Autowracks und verfallenen Hütten der Geisterstadt passen wollen, an Howards Wiedersehen mit seiner Mutter, das nicht im Entferntesten darauf schließen lässt, dass beide jahrzehntelang keinen Kontakt zueinander gehabt haben, oder an den Golfspieler mitten in der Wüste. Erinnert sei in diesem Zusammenhang aber auch daran, dass Howard bei seinem Kleidertausch am Anfang grundlos seine Stiefel weggibt, so dass er in Socken weitergehen muss, oder daran, dass der Indianer in Butte den linken vorderen Reifen von Howards Wagen zerschießt, es am Ende aber der rechte vordere Reifen ist, der ausgewechselt wird. Nicht zuletzt diese moderat illusionsstörenden und distanzschaffenden Momente sind es, die Don't Come Knocking als dezidiert postmodernen Film ausweisen. Vgl. hierzu auch Glasenapp: *Wim Wenders:* Paris, Texas, S. 109–110.

50 Vgl. Charles Chaplin: *My Autobiography*, New York 1964, S. 128.

51 Vgl. https://southwestmt.com/ghosts/ghost-stories/dumas-brothel-hotel/ [zuletzt aufgerufen am 1.10.2020].

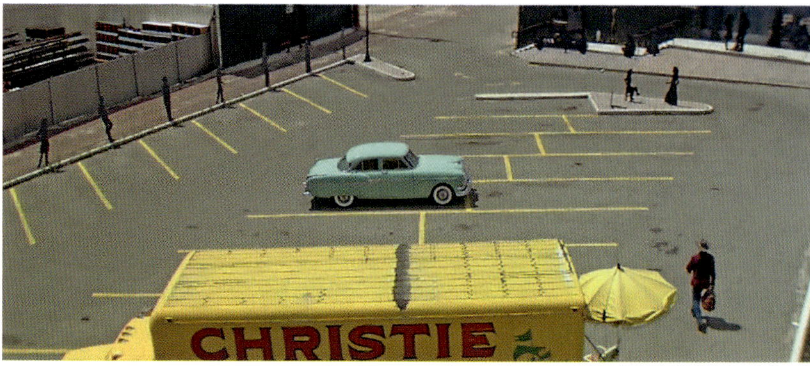

Gespenstische Leere

genutzte Gebäude prominent in den Blick. Selbiges gilt auch für einige von Buttes insgesamt knapp 100 *ghost signs*, mit Pinsel an die Wände der historischen Bauwerke angebrachten (Werbe-)Schriftzügen also, deren deiktischer Appell insofern ins Leere läuft, als die Produkte und Dienstleistungen, auf die verwiesen wird, schon längst nicht mehr zu bekommen sind.[52] Auch sie sind Spuren der einstigen Größe und Bedeutung der Stadt, ebenso wie die Fördertürme, die – erhalten sind noch ein gutes Dutzend – nach wie vor das Stadtbild Buttes prägen und von Wenders markant ins Bild gerückt werden. Allen voran gilt dies für den Turm der Anselmo Mine, auf den die Alabama Street zuläuft, jene Straße also, in der Doreens und Howards Sohn Earl (Gabriel Mann) zusammen mit seiner Freundin Amber (Fairuza Balk) wohnt. In DON'T COME KNOCKING ziert das Star Spangled Banner seine Spitze, wobei eine der besonders eindrucksvollen Einstellungen des an eindrucksvollen Aufnahmen nun wahrlich nicht armen Films Turm und Flagge vor einem tief dunklen, stellenweise fast schwarzen Himmel zeigt. Bedenkt man, dass, *erstens*, Buttes Werdegang gern als gleichsam kondensierte Ausgabe der (Abstiegs-)Geschichte der USA gelesen wird,[53] dass, *zweitens*, die Farbgestal-

52 Eine umfassende wissenschaftliche Auseinandersetzung mit dem Phänomen *ghost sign* (bisweilen auch *fading ad* oder *brick ad* genannt) bietet Stefan Schutt, Sam Roberts und Leanne White (Hrsg.): *Advertising and Public Memory: Social, Cultural and Historical Perspectives on Ghost Signs*, New York 2017. Speziell zu den *ghost signs* in Butte vgl. http://www.mainstreetbutte.org/ghostsigns.htm [zuletzt aufgerufen am 1.10.2020].

53 Vgl. hierzu Parrett: *Literary Butte*, S. 15: »However noble or ignoble the narrative of Butte may be, it is in some sense an abridged version of the story of America itself: a story of people from nearly every corner of the world who found their way to labor there in pursuit of its promised wealth and an ensuing saga of the battle between forces of unbridled capitalism and social justice.« Vgl. auch ebd., S. 158.

tung von Don't Come Knocking unablässig Rot und Blau, das heißt die zentralen Farben der US-Flagge, dominant setzt, dass der Film, *drittens*, den Arbeitstitel »In America« trug,[54] und dass, *viertens*, Wenders in den Jahren vor dem Dreh seines Post-Westerns mit The Million Dollar Hotel, vor allem aber mit dem geradezu wütenden Land of Plenty (2004) zwei Filme vorgelegt hatte, die letztlich als handfeste Abrechnungen mit den vom Regisseur einst als Sehnsuchtsland betrachteten USA charakterisiert werden können, so liegt folgender Schluss nahe: Wir sollen den flaggengekrönten Förderturm der Anselmo Mine unter anderem auch als implizite Aufforderung zur Universalisierung begreifen. Ihr zufolge wäre dann der gegenüber den beiden genannten Vorgängerwerken vergleichsweise unpolitisch daherkommende Amerika-Film von 2005 nicht nur als Porträt eines auf den Hund gekommenen Filmstars sowie einer auf den Hund gekommenen Stadt zu betrachten. Er wäre darüber hinaus das Porträt eines Landes, das zwar vielleicht noch nicht auf den Hund gekommen ist, seinen einstigen Elan mitsamt der mit ihm verbundenen Ideale aber verloren hat.[55]

Mit einer solchen universalisierenden Deutung konform gehen würde gewiss auch Co-Drehbuchautor Shepard. Der nämlich konstatiert, es gehe in Don't Come Knocking um »this strange American sadness«, die von einer Negativtrias aus »estrangement«, »aloneness« und »lack of identity«[56] herrühre. Bekanntlich hat er selbst sie in zahlreichen seiner Stücke auf die Bühne gebracht, in *Curse of the Starving Class* (1977) und *Buried Child* (1978) ebenso wie in *A Lie of the Mind* (1985), doch auch in den Bildern Edward Hoppers – man denke an »Automat« (1927), »Room in New York« (1932), »New York Movie« (1939) oder »Nighthawks« (1942) – tritt, ja schlägt uns die »American sadness« machtvoll entgegen. So lesen wir bei Wieland Schmied: »Die Häuser, die er [Hopper, J. G.] malt, sind amerikanische Häuser, ihre Interieurs sind amerikanisch, und die Menschen, die sich in dieser Welt bewegen oder nicht bewegen, sind Amerikaner, ihre Unrast ist amerikanisch, ihre Erschöpfung, ihre Einsamkeit, ihre Verzweiflung über ihre Einsamkeit sind amerikanisch.«[57] Hoppers Bilder mit ihren so unmissverständlich angedeuteten Geschichten gerieten wenige Jahre vor Butte, im Jahr 1973, ins Blickfeld von Wenders, der der Kunst des Amerikaners, kaum dass er ihr

54 Vgl. Wenders: »Mein Don't Come Knocking-ABC«, S. 313. Auch »Phantom of the West« war eine Zeitlang als Titel im Gespräch. Vgl. ebd.

55 Vgl. hierzu auch Neil Campbell: *Post-Westerns: Cinema, Region, West*, Lincoln und London 2013, S. 267.

56 Shepard in einer Interviewsequenz in Drostes Going Places.

57 Wieland Schmied: *Edward Hopper: Bilder aus Amerika*, München und New York 1995, S. 11.

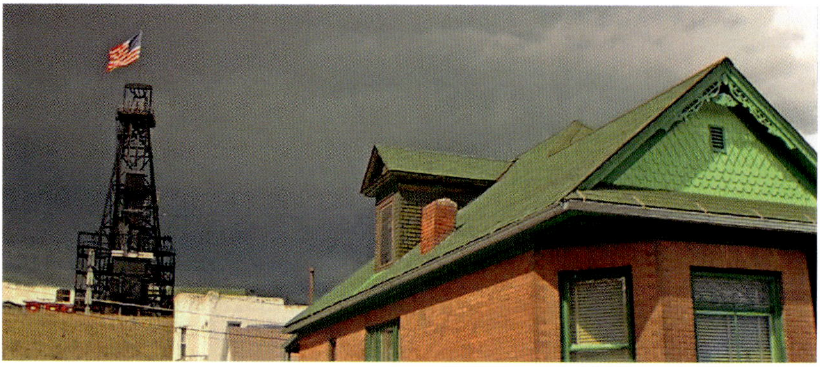

Das Star Spangled Banner über der stillgelegten Anselmo Mine

begegnete, regelrecht verfiel. Dies wiederum bildete die Voraussetzung dafür, dass der Regisseur die Stadt, die Hopper im Übrigen nie besucht hatte, gleichsam mit dessen Augen sah bzw. genauer: dass er in Buttes eigentümlicher Physiognomie und Atmosphäre wiederzuerkennen meinte, was er in Hoppers Bildern wahrgenommen hatte. Die Stadt, so erklärte Wenders erst kürzlich, »ist ein Ort, der all diese Emotionen aus den Hopper-Bildern in sich trägt. Das liegt an dem dramatischen Licht, das Hopper immer benutzt hat, an den langen Schlagschatten, an den leeren Straßen und Fenstern, an diesen roten Backsteingebäuden aus der Jahrhundertwende. Die ganze kleine Stadt Butte ist eine Art Freiluftstudio von Edward Hopper.«[58] Kein Wunder also, dass er seinen jüngst im Auftrag der Fondation Beyeler anlässlich einer großen Hopper-Ausstellung produzierten Kurzfilm Two or Three Things I Know about Edward Hopper (2020) in Butte drehte und dass seine fotografischen Hopper-Hommagen wie das an Hoppers »Early Sunday Morning« (1930) angelehnte »Street Front in Butte, Montana« (2000) ebenfalls dort entstanden. Kein Wunder aber auch, dass es in der zweiten, der Butte-Hälfte von Don't Come Knocking in visueller Hinsicht nahezu durchweg ›hopperesk‹ zugeht und dass sich im Bildfluss des Films wiederholt offenkundige Hopper-Reminiszenzen ausmachen lassen. Verwiesen sei hier etwa auf jene auch für das Filmplakat verwendete Einstellung, die uns Howard niedergeschlagen an einem schiefen Laternenpfahl stehend präsentiert, oder jene, in der wir den Helden – die Kamera fängt ihn von außerhalb des

58 Silke Hohmann: »Der amerikanische Freund: Interview mit Wim Wenders«, in: *Monopol* (2020), H. 2, S. 26–41, hier: S. 31.

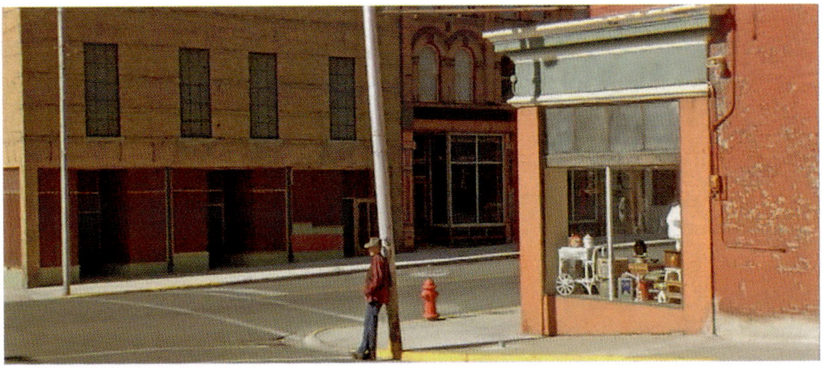

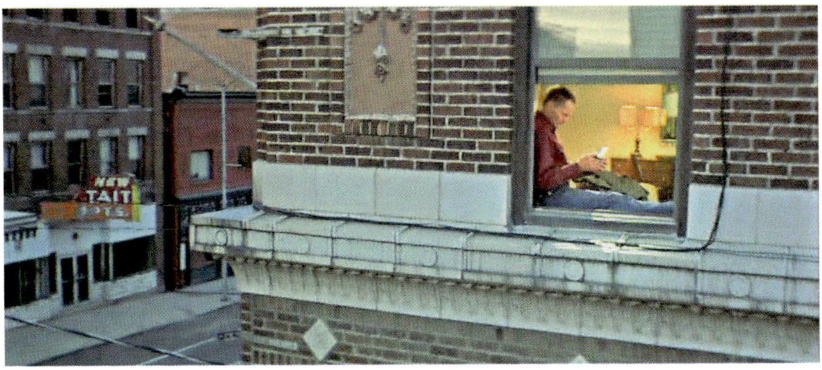

Hopper-Reminiszenzen

Gebäudes ein – sinnierend rauchend im Fenster seines Zimmers im einstigen Grand Hotel Finlen sehen. Wo früher illustre Gäste wie Charles Lindbergh, Harry S. Truman und John F. Kennedy abstiegen, herrscht Anfang des neuen Jahrtausends allenfalls Beherbergungsmittelmaß, auf das einen die nach wie vor eindrucksvolle Eingangshalle mit ihren kupferbeschlagenen Säulen und Kupferkronleuchtern nicht unbedingt vorbereitet. Vor allem Letztere werden in Don't Come Knocking, und zwar über einen *high-angle shot*, markant in Szene gesetzt – und mit ihnen natürlich auch jenes Edelmetall, dem sich der einstige Reichtum der Stadt verdankte.

Legt man die *common-sense*-Bestimmung des Gespenstischen als einer Kategorie zugrunde, über die sich das Zugleich von An- und Abwesenheit fassen lässt, so können die Verweise auf Hopper bzw. kann die Inszenierung filmischer Hopper-Bilder im Kontext von Don't Come Knocking getrost als gespenstisch betrachtet werden. Freilich gilt es hinzuzufügen, dass der intermediale Rekurs einem Maler gilt, in dessen Werken wie beispielsweise »Early Sunday Morning«, »Apartment Houses, East River« (1930) oder »The Circle Theatre« (1936) sich die urbanen Räume, und zwar jene New Yorks, frappant, um nicht zu sagen: in unnatürlicher Weise entleert präsentieren. Gemäß Fishers oben angeführter Annäherung ans Gespenstische eignet somit auch ihnen eine dezidiert gespenstische Qualität, deren zentralen Resonanzkörper – dies hat die Forschung wiederholt herausgestellt – die oftmals leer und unbehaust, mitunter rundweg bedrohlich wirkenden Häuser bilden. Sie seien, so Ulf Küster, der hierbei nicht allein an das ikonisch gewordene »House by the Railroad« (1925) denkt, »von Geistern bewohnt«, wobei nicht zu entscheiden sei, »ob es sich um gute oder böse Geister handelt.«[59] Inwieweit Wenders diese Ansicht teilt, mag dahingestellt sein; festhalten möchte ich an dieser Stelle aber, was er kürzlich in einem Gespräch über das Werk seines amerikanischen Maler-Helden zu bedenken gab: Wer »diese ganzen Gebäude aus den Hopper-Bildern« in realiter sehen möchte, habe die Möglichkeit dazu in Butte. Denn sie »stehen da alle.«[60]

Ein Porträt von Butte wäre nicht komplett, würde es die Haupttouristenattraktion der Stadt aussparen, die Berkeley Pit. Wenders präsentiert sie uns in einer für ihn typischen Supertotale, wobei die Grube mit ihrem tief roten Wasser einer riesigen Wunde gleicht. »Oft«, so Wenders, dessen Werk eine intensive Sichtung aus der Perspektive der *Environmental Humanities* und *Sustainability Studies* zweifellos rechtfertigte, »haben Landschaften Leidensgeschichten mit uns.«[61] Butte belegt und DON'T COME KNOCKING zeigt dies, wobei sich auf die Aufnahme der Pit direkt jene Einstellung anschließt, die uns Howard beim Verlassen eines Liquor Store präsentiert, eine Flasche Schnaps in der Hand. Er geht ein paar Schritte und genehmigt sich sodann einen kräftigen Schluck. Nicht zufällig geschieht Letzteres genau vor dem historischen Scandia Hall Building, dessen (in Buttes historischem Zentrum viel verwendeter) roter Backstein die Farbe der Pit aufgreift und dessen von Touristen gern fotografiertes, da besonders schönes und gut erhaltenes *ghost*

59 Ulf Küster: *Edward Hopper A–Z*, Berlin 2020, S. 45.

60 Wenders am 3. Februar 2020 in einer Podiumsdiskussion in der Fondation Beyeler, https://www.youtube.com/watch?v=rK5nfchdcKc [zuletzt aufgerufen am 1.10.2020].

61 Wenders erklärt dies in einem Gespräch mit Hartmut Rosa und Miroslav Wolf, das im Anschluss an seine Antrittsvorlesung »Der liebevolle Blick« geführt wurde. Diese hielt er am 13. Juni 2019 anlässlich der Verleihung des Ehrendoktors durch die Theologische Fakultät der Universität Fribourg im Jahr 1995 in der großen Aula der Universität Fribourg. Ein Mitschnitt des Gesprächs findet sich unter https://www.youtube.com/watch?v=Gsk8ILWxe7A [zuletzt aufgerufen am 1.10.2020], ein Mitschnitt der Vorlesung unter https://www.youtube.com/watch?v=hswH-I-Kg90 [zuletzt aufgerufen am 1.10.2020].

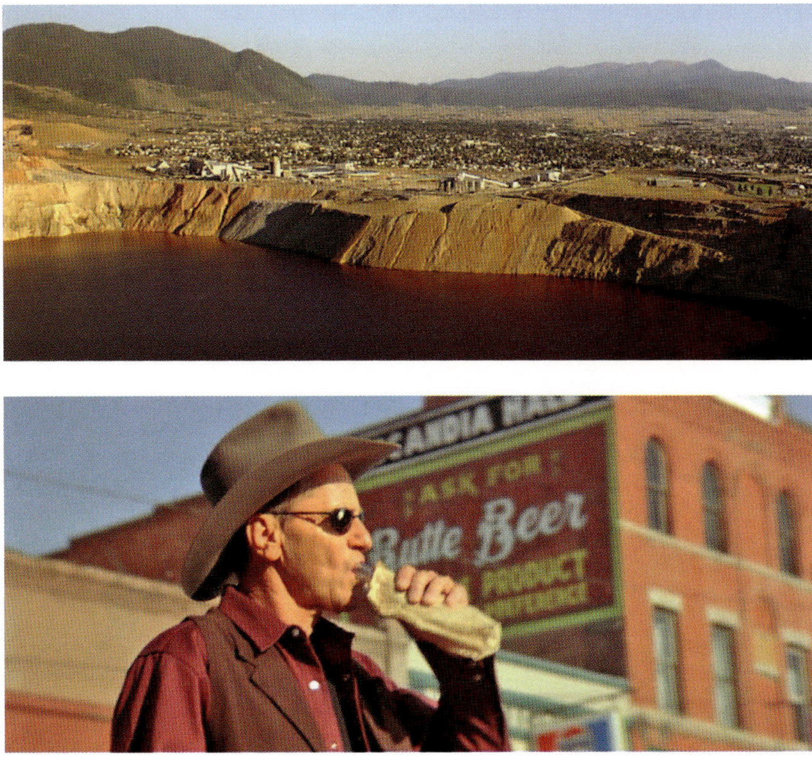

Giftige Wasser

sign prominent im Rücken des Helden zu sehen ist. Es bewirbt Butte Beer, also Alkohol. Ohne Frage ist die Montage beredt und zeigt beispielhaft auf, in welch hohem Maße Wenders darum bemüht ist, sein Stadtporträt von Butte mit der Geschichte seiner Figuren engzuführen: Auf das giftige Wasser der Berkeley Pit folgt das für den Alkoholiker Howard ›giftige Wasser‹, der Schnaps.

Der Protagonist hat ihn offenbar nötig, weil ihm Doreen zuvor auf offener Straße eine endgültige Abfuhr erteilt hat – sehr zur Freude seines Sohnes Earl. Der nämlich vermag in dem plötzlich aus dem Nichts auftauchenden Vater nichts anderes als einen Konkurrenten um die Gunst bei seiner augenscheinlich partnerlosen Mutter zu erkennen.[62] Als hochödipaler Provinzmusiker, der sein Leben lang nicht von Mamas Seite gewichen ist und folglich

62 Vgl. hierzu auch Glasenapp: *Wim Wenders:* PARIS, TEXAS, S. 108–109.

Butte nie verlassen hat, markiert er den Endpunkt einer von Wenders und Shepard en passant miterzählten maskulinen Abstiegsgeschichte, die drei Generationen umfasst. Sie reicht von Howards Vater, einem Familienvater und Kriegsveteran, über Howard, einen ›unechten‹ Leinwandhelden, der Frauen allein als Lustobjekte betrachtet, bis zu Earl, einem Muttersöhnchen im Rockergewand, der wie sein Vater ein gestörtes Verhältnis zum weiblichen Geschlecht aufweist und ebenfalls beziehungsunfähig ist.[63] Ausgesprochen passend wird sie vor der Folie des maroden Butte erzählt, dessen phallisch in den Himmel ragende Fördertürme schon lange kein Signum von Potenz mehr sind.

5. *Ghost Western*

Phantom of the West – der Titel des Films, von dessen Set sich Howard am Anfang klammheimlich davonmacht, deutet es bereits an: In DON'T COME KNOCKING spielt das Gespenstische eine nicht unerhebliche Rolle, Wenders' Film ist, um die Worte Doreens zu bemühen, »just full of ghosts«. Der wichtigste von ihnen ist natürlich der alternde Held, der sich selbst gleich zu Beginn geradezu programmatisch für tot erklärt. Seine Existenz verdankt sich in höchstem Maße dem Film und damit einem Medium, dem – schließlich sind die Dinge auf der Leinwand als Rest- und Spurphänomene einer einstigen Wirklichkeit da und nicht da, präsentieren sie sich uns als bewegte Gegenwart, zugleich aber im Modus des Nicht-mehr – etwas zutiefst Gespenstisches bzw. Phantomhaftes eignet.[64] Unter anderem Jacques Derrida, *der* Diskursbegründer des sogenannten *spectral turn*, streicht dies heraus und spricht vom Kino entsprechend kurzerhand als von einer »Gespensterkunst«.[65]

Wie sich gezeigt hat, wird das Gespenstische in DON'T COME KNOCKING aber auch und zumal durch dessen Hauptschauplatz heraufbeschworen, die ehemalige Bergbaustadt Butte. Als ehemalige Metropole, die in die Bedeutungslosigkeit verfiel, entspricht sie dem Protagonisten, der, einst ein Lein-

63 Vgl. in diesem Zusammenhang die Worte seiner von ihm fortwährend beschimpften und fortgestoßenen Freundin Amber: »Well, you just don't even want a woman, do you? That's it, isn't it? You don't even want a woman! Why don't you want a woman, Earl? Why is that? I mean, what is up with that?« Dass er beziehungsunfähig ist, erkennt die ansonsten reichlich naiv wirkende Amber also sehr genau, warum er es ist, indes nicht.

64 Vgl. hierzu Jörn Glasenapp: »Der Gespensterfilm: Skizzen für ein Genreporträt«, in: *Medienwissenschaft*, Jg. 38 (2020), H. 2–3, S. 151–165, hier: S. 151.

65 Eben dies gibt er in einer Interviewpassage in Ken McMullens GHOST DANCE (1983) zu bedenken.

wandstar, mittlerweile nur mehr in völlig unbedeutenden, zudem in künstlerischer Hinsicht reichlich fragwürdigen B-Western mitspielt. Leere ist Buttes vornehmliches Signum, und diese Leere wird produktiv, sie gebiert ›Anwesenheit‹ und damit das Gefühl des Gespenstischen, das uns auch beim Betrachten der entleerten Bilder Edward Hoppers beschleicht, die Wenders' Stadtporträt gleichsam heimsuchen. Das heißt, mit ihren eigenen Geistern im Gepäck spuken die Gemälde in DON'T COME KNOCKING umher und leisten ihren Beitrag dazu, dass Wenders' Post-Western auch guten Gewissens als *Ghost Western* tituliert werden könnte.

Matthias Hurst

How the West Was Lost

DON'T COME KNOCKING und der lange Abschied vom Amerikanischen Traum

1. Sehnsuchtsort Amerika

Wie ein Leitmotiv durchzieht die Thematik der Grenze, der Eingrenzung und des daraus resultierenden Verlangens nach Grenzüberschreitung das Werk von Wim Wenders. Seine Filme handeln von Grenzen unterschiedlicher Art, und seine Figuren verkörpern freiwillig oder unfreiwillig Reisende entlang der Grenzen ihrer Heimatländer, ihrer Existenz, ihrer denkbaren und fühlbaren Möglichkeiten. Häufig wagen sie sich über diese Grenzen hinaus, aber nicht jeder Grenzübertritt führt ans erwünschte Ziel. Manchmal scheint die Reise selbst bereits das Ziel zu sein, aber manche Grenzüberschreitung kann auch als falsche Bewegung, als Umweg oder Irrweg verstanden werden.

Wim Wenders selbst ist ein Grenzgänger in vielerlei Hinsicht. Grenzgänger zwischen den Kulturen und zwischen den Künsten sowie zwischen den Möglichkeiten des filmischen Ausdrucks. Auch durch seinen unablässig wiederkehrenden Blick auf Amerika und die suggestive Kraft seiner Filmbilder erweist er sich als Grenzgänger, der sich mit der Souveränität des postmodernen Erzählers zwischen der liebevoll-ironischen Inszenierung des amerikanischen Mythos und der kritischen Reflexion der sozialen Wirklichkeit bewegt. Dies wird besonders deutlich in seinem Film DON'T COME KNOCKING (2005), der als Post-Western oder »ghost Western«[1] das Nachleben der Visionen und Repräsentationen des amerikanischen Westens, der Frontier und des klassischen Westernfilms veranschaulicht und mit revisionistischer Intention als belastetes und belastendes Erbe konfiguriert – »the haunting presence of the past within the present and future«.[2]

Diese Sichtweise auf den Westen als »psychogeographical space«[3] macht die Grenzen zwischen Vergangenheit, Gegenwart und Zukunft wie auch die

1 Neil Campbell: *Post-Westerns: Cinema, Region, West*, Lincoln und London 2013, S. 271.
2 Ebd., S. 2.
3 Ebd., S. 10.

Grenzen zwischen Mythos, Ideologie, Traum und Wirklichkeit durchlässig und erweist sich dabei häufig als eine Form der Trauerarbeit,[4] die die Entlarvung falscher Mythen und den notwendigen Abschied von den idealisierten Vorstellungen und hoffnungsvollen Träumen hinsichtlich des amerikanischen Westens akzentuiert. Stand der traditionelle Western in der Regel unter dem affirmativen Motto ›How the West Was Won‹,[5] so verdeutlicht der Post-Western ernüchternd und eindrücklich ›How the West Was Lost‹.

Die kontinuierliche Auseinandersetzung mit Amerika und sein Ringen als zunächst deutscher, dann europäischer Künstler und Filmregisseur um den Sehnsuchtsort Amerika sind von zentraler Bedeutung für das Werk von Wim Wenders.[6] Von früher Jugend an, aufgewachsen in der restriktiven, ja geradezu dumpfen kulturellen Atmosphäre Nachkriegsdeutschlands, war Wenders fasziniert von amerikanischer Populärkultur, von Comics, Filmen und Musik aus der Neuen Welt. »Alles, woran ich aus tiefstem Herzen Freude hatte, war amerikanisch. Die Western kamen von dort, der Blues, der Rock'n'Roll, meine Hobby- und Autozeitschriften, und vorneweg die Comics. [...] Das war das wahre Leben! Und es kam alles aus Amerika, und das ist tief in mir sitzen geblieben.«[7]

Im Rückblick glaubt Reinhold Rauh in der Begeisterung des jungen Wenders für alles Amerikanische bereits eine Überhöhung des Realen zum gleichsam Mythischen zu erkennen: »So wie die Gleichsetzung von USA und Amerika nicht geographischen Unverstand, sondern eher eine idealisierte Vorstellung verrät, so war auch das Amerika von Wenders kein bloßer Kontinent, sondern ein Mythos.«[8]

Im gleichen Sinne ist der Westen viel mehr als nur eine Himmelsrichtung: Der amerikanische Westen ist ein Versprechen, er symbolisiert die potenzielle Erfüllung individueller wie auch kollektiver Träume, die Vision eines besseren Lebens und einer gerechteren Gesellschaft, unbegrenzte Möglichkeiten, eingebettet in eine grenzenlose Landschaft von monumentaler und

4 Vgl. ebd., S. 80.

5 How the West Was Won ist auch der Titel eines epischen Westernfilms von 1962, gedreht im Cinerama-Breitwandformat (2.77:1), in dem die Regisseure Henry Hathaway, John Ford und George Marshall in verschiedenen Episoden aus der Pionier- und Gründerzeit der USA den schicksalhaften Kampf und Heldenmut der Trapper und Siedlerfamilien darstellen und somit den Amerikanischen Traum und den verheißungsvollen Mythos der Neuen Welt zelebrieren.

6 Vgl. hierzu auch Jörn Glasenapps Beitrag zu 3 amerikanische LP's (Wim Wenders und Peter Handke, 1969) im vorliegenden Band.

7 Wim Wenders: »Stinksauer. Betroffen. Bereit zum Kampf« (2004), in: ders.: *A Sense of Place: Texte und Interviews*, Frankfurt am Main 2005, S. 230–242, hier: S. 230.

8 Reinhold Rauh: *Wim Wenders und seine Filme*, München 1990, S. 10.

erhabener Schönheit. Nirgendwo scheint der Mythos Amerika besser, anschaulicher und lebendiger zum Ausdruck zu kommen als im Genre des Westernfilms, dem »amerikanische[n] Kino par excellence«,[9] das Wenders als junger Filmkritiker mit Begeisterung konsumierte und kommentierte, wobei die klassischen Westernfilme in seiner Wahrnehmung bereits untrennbar mit Verlusterfahrungen und der Sehnsucht nach etwas Vergangenem verknüpft waren, mit der Schönheit und Eleganz traditioneller Erzählkunst, die allgemeingültige Geschichten und profunde menschliche Erfahrungen zu vermitteln vermag: »In welche anderen Filme mag man dann noch gehen, von den wenigen Ausnahmen abgesehen. Das Sehen wird da zu einem reinen Vermissen: ich vermisse die Freundlichkeit, die Sorgfalt, die Ausführlichkeit, die Sicherheit, die Ernsthaftigkeit, die Ruhe, die Menschlichkeit der Filme von John Ford, ich vermisse die Gesichter, die nie zu etwas gezwungen werden, die Landschaften, die nie einfach nur Hintergründe sind, die Gefühle, die nie aufdringlich oder komisch sind, die Geschichten, die, auch wenn sie lustig sind, sich nie lustig machen, die Schauspieler, die immer wieder eindringlich sich selbst variieren«.[10]

Wenders umreißt hier eine Gefühlslage, die Neil Campbell Jahre später als »[t]he Western's double movement of yearning and mourning«[11] beschreibt, ein Mix aus Sehnsucht und Trauer, der sich bei Campbell allerdings weniger auf eine Erzähltradition bezieht als vielmehr auf eine existenzielle Erkenntnis, die das Westerngenre in vielen seiner Geschichten zum Ausdruck bringt: die Erkenntnis vom Verlust des Traums von individueller Freiheit und schrankenloser Selbstverwirklichung angesichts der fortschreitenden Zivilisation mit all ihren Fallstricken, Kompromissen und repressiven gesellschaftlichen und politischen Strukturen.

Westernfilme und Regisseure wie John Ford, Anthony Mann und Nicholas Ray, amerikanische Rockmusik, EASY RIDER (Dennis Hopper, 1969) und andere Roadmovies, Bilder von Edward Hopper und Andrew Wyeth, die *hardboiled*-Kriminalromane von Raymond Chandler und Dashiell Hammett – die Einflüsse der US-amerikanischen Kultur auf Wenders sind alle bekannt, in vielen Selbstaussagen dokumentiert und in seinen Filmen deutlich sichtbar und spürbar. Doch Wenders plagiiert nicht unreflektiert den *American Way*, sondern bleibt kreativer Grenzgänger zwischen den Traditio-

9 André Bazin: »Der Western oder: Das amerikanische Kino par excellence« (1953), in: ders.: *Was ist Film?*, Berlin 2004, S. 255–266, hier: S. 255.

10 Wim Wenders: »Emotion Pictures. *Slowly Rockin' On*« (1970), in: ders.: *Emotion Pictures: Essays und Filmkritiken 1968–1984*, Frankfurt am Main 1986, S. 66–68, hier: S. 66.

11 Campbell: *Post-Westerns*, S. 13.

nen, der es versteht, kulturelle Elemente und Eigenarten kunstvoll miteinander in Beziehung zu setzen.

In Wenders' Filmen zeigt sich zu Beginn die Sehnsucht nach den USA und dem vielbeschworenen *American Dream*, doch mit der Zeit weichen die Faszination und die drängende Sehnsucht einer zunehmenden Skepsis und Desillusionierung. Doch auch Skepsis und Desillusionierung bleiben starke Inspirationsquellen, und so verschwinden Amerika und der unerfüllt gebliebene Traum des Westens nicht etwa aus Wenders' späteren Filmen, sondern behaupten noch immer ihre Position als wichtige Themen des Regisseurs; sie bleiben Anreiz, sich als Folge seiner eigenen Biografie und künstlerischen Sozialisation an den Versprechen und Enttäuschungen des amerikanischen Mythos abzuarbeiten und sich mit der gesellschaftlichen Realität der USA und deren Auswirkungen auf das Denken und Fühlen der Menschen in der modernen westlichen Welt kritisch auseinanderzusetzen.[12] Der Doppelaffekt von Sehnsucht und Trauer, den Campbell speziell dem Westerngenre als charakteristisches Merkmal zuschreibt, bleibt ein spürbares Element in diesen filmischen Diskursen.

In ALICE IN DEN STÄDTEN (1974) reist der Journalist Philip Winter (Rüdiger Vogler) durch die USA, macht viele Polaroid-Bilder der Landschaft, der Städte und der Menschen, doch eine verbindende, sinnstiftende Geschichte kann er dazu nicht schreiben. Entmutigt und enttäuscht verlässt er Amerika. Er reist zurück nach Europa und hilft der jungen Alice (Yella Rottländer), die er auf dem Rückflug von New York nach Amsterdam eher unfreiwillig begleitet hat, bei der Suche nach ihrer Großmutter in Deutschland – der Versuch einer Familienzusammenführung und gleichzeitig eine Suche nach Heimat, die Erinnerungen wecken mag an John Fords Westernfilm THE SEARCHERS (1956) und vorausdeutet auf ähnliche Konstellationen und Motive in PARIS, TEXAS (1984) und DON'T COME KNOCKING. In THE SEARCHERS gelingt es dem hartgesottenen Ethan Edwards nach langer Suche, das von Indianern entführte Mädchen Debbie in die Gemeinschaft der weißen Siedler zurückzubringen. Er selbst aber, heroischer Einzelkämpfer und Repräsentant des vor-modernen, kompromisslosen, gewalttätigen ›Wilden Westens‹, findet keinen Platz in dieser Gemeinschaft und neu entstehenden Zivilisation des Westens und bleibt am Ende ein sozialer Außenseiter. Auch Winter findet nicht zu seinen

12 Vgl. dazu auch Michael Töteberg: »Back to the US of A: Das Bild Amerikas in den neuen Filmen von Wim Wenders«, in: Volker Behrens (Hrsg.): *Man of Plenty: Wim Wenders*, Marburg 2005, S. 23–38 und Felix Lenz: »Vom begehrlichen Suchen zum differenzierten Erzählen: Wim Wenders' späte US-Spielfilme«, in: Jörn Glasenapp (Hrsg.): *Wim Wenders*, München 2018, S. 92–110.

Wurzeln zurück und bleibt gewissermaßen heimatlos in seiner Heimat Deutschland. Zwar spricht er lustlos davon, zu seinen Eltern zu fahren, aber daraus wird nichts, als er stattdessen beschließt, Alice zu ihrer Familie nach München zu begleiten, quasi die Rolle des Sohns gegen die Rolle des Ersatzvaters eintauscht. Am Ende des Films sitzt er im Zug – immer noch unterwegs als Reisender und Suchender – und liest in einer Zeitung den Nachruf auf John Ford mit der Schlagzeile »Verlorene Welt«.[13] Zwei Worte, die seine Erfahrungen in den USA widerspiegeln – das Verblassen des Traums von Amerika – und darüber hinaus auch das Verhältnis zur alten Heimat reflektieren – den Verlust der eigenen Kindheit, der dieser Traum entstammt. Die Neue Welt wird zur verlorenen Welt: Der Abschied vom Amerikanischen Traum hat begonnen und setzt sich fort in so unterschiedlichen Filmen wie DER AMERIKANISCHE FREUND (1977), DER STAND DER DINGE (1982), REVERSE ANGLE (1982), PARIS, TEXAS, THE END OF VIOLENCE (1997), THE MILLION DOLLAR HOTEL (2000), LAND OF PLENTY (2004) und DON'T COME KNOCKING.

Den Amerikanischen Traum versteht Wenders zunehmend als »ALPTRAUM, als de[n] Druck und die Bedrückung nämlich, deren Opfer die Amerikaner geworden sind.«[14] Diese Beobachtung scheint in den vergangenen Jahren zunehmend an Bedeutung gewonnen zu haben, in denen sich das Land innerlich so zerrissen zeigt und der Amerikanische Traum so missbraucht und korrumpiert wie selten zuvor. Aber so bitter und radikal Wenders' Worte über das Scheitern Amerikas und den gnadenlosen Materialismus und die Verlogenheit der amerikanischen Gesellschaft und Politik in eigenen Texten und Interviews auch klingen,[15] der Abschied von diesem Traum der Neuen Welt scheint sich bei ihm nicht so eindeutig, nicht so radikal und endgültig zu vollziehen. Amerika bleibt ambivalent. Für den Regisseur Wenders bedeutet es das Debakel der Produktionsgeschichte von HAMMETT (1982)[16] wie auch den künstlerischen Triumph von PARIS, TEXAS; für den Menschen Wenders bedeutet Amerika gleichermaßen das emotionale Wech-

13 Bereits zuvor wird im Film explizit auf John Ford verwiesen, als Winter in einem amerikanischen Motelzimmer Fords Spielfilm YOUNG MR. LINCOLN (1939) widerwillig im Kleinformat des Fernsehens anschaut. Vgl. zu dieser Szene auch Mirjam Schmitts Beitrag im vorliegenden Band.

14 Wim Wenders: »Der Amerikanische Traum« (1984), in: ders.: *Emotion* Pictures, S. 139–170, hier: S. 157.

15 Vgl. Wim Wenders: »Back in the US of A«, in: ders.: *A Sense of Place*, S. 215–229, Wenders: »Stinksauer«, und Wim Wenders: »President Evil oder Das einheimische Böse«, in: ders.: *A Sense of Place*, S. 243–261.

16 Zur Zusammenarbeit mit Francis Ford Coppola und zur problematischen Produktionsgeschichte des Films HAMMETT vgl. Rauh: *Wim Wenders*, S. 68–73, 79–80 und 86–92.

selspiel und die irritierenden Reibungen zwischen der mythisch anmutenden Vision von der Erhabenheit des Landes und der Größe der ›Idee Amerika‹ einerseits und der Enttäuschung und Verbitterung angesichts der Umsetzung dieser Idee in der sozialen und politischen Wirklichkeit andererseits.

Der Abschied ist ein langer und gleichsam intensiver Abschied, der dem europäischen Grenzgänger Gelegenheiten bietet, den *American Dream* und den Mythos Amerikas weiter zu reflektieren, kritisch zu beleuchten und in all seinen Widersprüchen zu inszenieren – aber womöglich nie ganz aufzugeben. Denn »[w]enn eine Idee auf den Hund gekommen ist, muß das nicht an der Idee selbst liegen, sondern kann bedingt sein durch die Art und Weise, wie mit ihr umgegangen worden ist. NICHT ›Der Amerikanische Traum‹ sollte deshalb ›Alptraum‹ genannt werden, wohl aber die Art und Weise, in der er benutzt und ausgebeutet worden ist, und ein ganzes Volk um sein Träumen betrogen hat.«[17]

Amerika erscheint in den späteren Filmen nicht mehr als Sehnsuchtsort oder als Projektionsfläche vielfältiger Verheißungen oder Erwartungen aus der Sicht des Europäers, der die Alte Welt verlassen will, um seine Hoffnungen und Träume in der Neuen Welt zu erfüllen, sondern »als eigenwüchsiger Widerspruchsraum«,[18] als eigenständiges kulturelles und ideologisches System und als Lebens- und Erfahrungsraum für die Menschen, die dort geboren wurden und aufgewachsen sind – wobei die moderne amerikanische Kultur mit ihren Glanzlichtern und Schattenseiten, ihrer Dynamik und ihrem Fortschrittsglauben, den politischen und moralischen Grauzonen und den sozialen Verwerfungen und all ihren offensichtlichen und verborgenen Gegensätzen und Antinomien gleichsam über nationale Grenzen hinauswächst und zur Repräsentation der westlichen Zivilisation generell wird. Somit wird der Amerikanische Traum nicht von außen – etwa aus deutscher oder europäischer Perspektive –, sondern sozusagen von innen betrachtet, aus der Traumblase des Mythos inmitten der globalisierten (Post-)Moderne selbst, aus der es kein Entkommen zurück in die Alte Welt und in die alten, vor-modernen Verhältnisse und Gewissheiten gibt.

Aber kann man den Blick von außen und den Blick von innen im Spielfilm überhaupt trennen? Wo doch Film als narratives Medium die Blickrichtungen und Perspektiven immer wieder umkehrt, gegenschneidet und ineinander laufen lässt, und wo gerade der Blick auf Amerika – sei es von innen oder von außen, sei es ein romantisierender oder nostalgischer Blick oder ein

17 Wenders: »Der Amerikanische Traum«, S. 157.
18 Lenz: »Vom begehrlichen Suchen zum differenzierten Erzählen«, S. 96.

kritischer, revisionistischer Blick – so sehr auch von den Konstruktionen und der Ästhetik des Kinos selbst abhängig ist, von seiner genrespezifischen Ikonografie, den Landschafts- und Großstadtbildern im Breitwandformat, von seinen raschen Blickwechseln und verschränkten, dialogischen Perspektiven und seiner Effektivität als internationale, grenzüberschreitende Kunst- und Kommunikationsform.

»Gäbe es [den Amerikanischen Traum] überhaupt ohne das Kino?«, fragt Wenders provokant und legt dabei die Macht der Bilder und die nachhaltige Wirkung der populären Kultur (inklusive der Anziehungskraft des Westernfilms) offen. »Ist nicht Amerika eine Erfindung des Kinos? Gäbe es in der Welt das Träumen von Amerika ohne das Kino?«[19]

2. »There's no way to go«

DON'T COME KNOCKING war nach PARIS, TEXAS eine weitere Zusammenarbeit zwischen Wim Wenders und Sam Shepard, der nicht nur am Drehbuch mitschrieb, sondern auch die Hauptrolle des Films spielt. Shepards eigenes umfangreiches Werk als Autor und Dramatiker, in dem er häufig die Brüchigkeit des Amerikanischen Traums offenlegt und den Mythos des Westens auf schmerzhafte Weise an der tragisch anmutenden Wirklichkeit von ›Life, Liberty and the Pursuit of Happiness‹ zerschmettern lässt – zum Beispiel in Dramen wie *Cowboys* (1964), *Buried Child* (1978) und *True West* (1980) –, machte ihn zum idealen Mitarbeiter.[20] In DON'T COME KNOCKING verkörpert Shepard den alternden Cowboy-Darsteller Howard Spence, Held zahlreicher Westernfilme, dessen Filmruhm nun allerdings verblichen ist und der hauptsächlich durch seinen hedonistischen Lebensstil, durch exzessiven Drogen- und Alkoholkonsum, Störungen der öffentlichen Ordnung und oberflächliche Affären traurige Schlagzeilen macht. Mitten in der Wüste von Utah wird ein neuer Westernfilm mit dem bezeichnenden Titel *Phantom of the West* gedreht, in dem Howard ein weiteres Mal eine stereotype Cowboy-Rolle spielt, die mit Realität wenig zu tun hat und stattdessen der Ver-

19 Wenders: »Der Amerikanische Traum«, S. 144.

20 In seinem Nachruf auf Sam Shepard schreibt Thomas Klein: »Wim Wenders hat ihm die Drehbücher für seinen schönsten (PARIS, TEXAS, 1984) und einen ziemlich guten Film (DON'T COME KNOCKING, 2005) zu verdanken.« Thomas Klein: »Sam Shepard«, in: *Filmdienst*, Jg. 70 (2017), H. 18, S. 26. Vgl. zur Zusammenarbeit zwischen Wenders und Shepard auch Volker Behrens: »Phantome des Westens: Wim Wenders und Sam Shepard in DON'T COME KNOCKING«, in: ders.: *Man of Plenty*, S. 113–132 sowie Jörn Glasenapp: *Wim Wenders:* PARIS, TEXAS, München 2019, passim.

marktung von Klischees und der gewinnbringenden Verbreitung einer unterhaltsamen, aber irreführenden Illusion dient.

Für den perspektivischen Blick auf die Seele Amerikas, auf das Innere der Blase des Amerikanischen Traums gibt es vielleicht kein besseres Objekt als den amerikanischen Westernfilm, der hier in selbstreflexiver Weise inszeniert und konterkariert wird. Der Illusionscharakter des Films im Film liegt auf der Hand. Er verweist überdeutlich auf den Kino-Mythos des Westens, der durch die Romantisierung und Heroisierung einer brutalen, unromantischen und unheroischen Expansionsgeschichte konstruiert und als Produkt der Unterhaltungsindustrie vielfach heraufbeschworen wurde. Die *Mise-en-abyme*-Struktur der filmischen Selbstreflexion wird durch mehrere Details verstärkt und gewinnt somit eine Bedeutung, die über reine Spielerei hinausgeht und das volle Potenzial postmoderner Referenzkultur zur Geltung bringt: Abbildung, Zitat, Ironie, Distanz, Kritik.

Die Trailer der Filmcrew am Filmset sind ähnlich aufgebaut wie eine kreisförmige Wagenburg der Siedlertrecks in klassischen Westernfilmen, und es handelt sich dabei um die Trailer und die Ausrüstung der tatsächlichen Filmcrew von Don't Come Knocking, die in der Wüste die Dreharbeiten des (fiktiven) Films *Phantom of the West* nachstellt.[21] Der Regisseur des Films im Film wird gespielt von George Kennedy, einem Hollywood-Veteranen zahlreicher Westernfilme. Wim Wenders, der Regisseur des Films, den wir eigentlich sehen, spielt auch eine kleine Statistenrolle als Kameramann der *Phantom of the West*-Filmcrew. So tritt er gleichsam vor die eigene Kamera – in einer Rolle hinter der diegetischen Kamera der fiktiven Filmproduktion. Darüber hinaus war *Phantom-of-the-West*, der Titel des Films im Film, neben dem Arbeitstitel »In America« auch vorübergehend als Titel von Don't Come Knocking gedacht.[22]

Während der Dreharbeiten verlässt Hauptdarsteller Howard nach einem weiteren nächtlichen Alkoholexzess fluchtartig das Set, ohne seine Arbeit beendet zu haben, und bringt die Filmproduktion dadurch in große Schwie-

21 Wim Wenders im Audiokommentar der Film-DVD Don't Come Knocking (Wim Wenders Edition, Arthaus, Kinowelt Home Entertainment GmbH, 2006). Vgl. dazu auch Jörn Glasenapps Interpretation der Kreisstruktur der Wagenburg, die zu Beginn des Films bereits das Ende andeutet, nämlich die Rückkehr Howards an das Filmset, und darüber hinaus auch auf das »visuelle Eingekapselt-Sein« des Films mit seiner postmodernen artifiziellen Bildlichkeit hinweist. Glasenapp: *Wim Wenders:* Paris, Texas, S. 109 und 110.

22 Wim Wenders: »Mein Don't Come Knocking ABC«, in: Sam Shepard und Wim Wenders: Don't Come Knocking*: Das Buch zum Film*, Berlin 2005, S. 370–377, hier: S. 376. Wenders' »Don't Come Knocking ABC« ist auch abgedruckt in: ders.: *A Sense of Place*, S. 295–317.

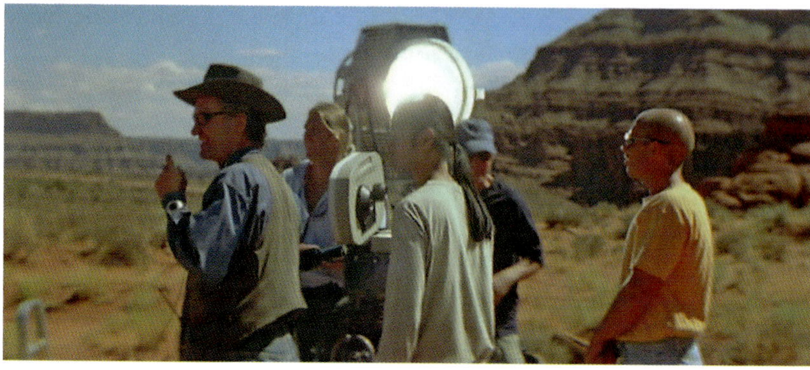

Cameo-Auftritt von Wim Wenders (links) am Set von *Phantom of the West*

rigkeiten. Wie vom Teufel getrieben, reitet er in seinem Cowboy-Kostüm hinaus in die Wüste. Die Worte der Regieassistenten, die Howard am Drehort vergeblich suchen, evozieren bereits die existenzielle Krise und die gefühlte Ausweglosigkeit, mit der sich Howard in diesem Stadium seines Lebens konfrontiert sieht und die ihn zu seiner Flucht veranlasst haben: »Where is Howard?« – »Where do you think he's gone off to? Just look around. What do you see? I see sand and big fucking rocks. There's no way to go.«

Howards eigene erste Worte im Film, mit denen er versucht sich seiner augenblicklichen Situation klar zu werden, lauten: »Not dead – How can I be not dead?« Aber wir ahnen: Irgendwie ist er schon tot. Als Westernheld des Kinos ist er gewissermaßen das *Phantom des Westens*, ein Wiedergänger alter Werte und obsoleter Vorstellungen von Freiheit, Abenteuer und Männlichkeit.[23] Seine massive Sinnkrise treibt ihn zur kopflosen Flucht. Was zu Beginn des Films wie der abenteuerliche Ritt des Helden durch die weite Wildnis des Westens anmutet, entpuppt sich als impulsive Fluchtbewegung aus der Sackgasse seiner einsamen Existenz und seiner schwindenden Schauspielerkarriere und als Auftakt der verzweifelten Suche nach etwas Anderem, nach Sinn und einem bedeutungsvollen Leben, fern der Illusion des Westernspektakels.

Die erste Station seiner Flucht ist die karge Siedlung Cisco in der Wüstengegend Utahs am Rande der Zivilisation. Aus dem schattigen Inneren einer ärmlichen Behausung gefilmt, dunkel gerahmt von den Innenwänden und

23 Vgl. Campbell: *Post-Westerns*, S. 256.

Türpfosten der Hütte, nähert sich Howard aus dem hellen Licht der Wüste dem Bewohner im Inneren (James Gammon) – eine Einstellung, deren Komposition an die berühmte letzte Einstellung von Fords THE SEARCHERS erinnert, in der Ethan Edwards sich von den Siedlern abwendet, die als neu formierte Familie ihr Blockhaus betreten, und allein in die Wüste hinausgeht. Für Edwards ist es die Bewegung aus der Gesellschaft heraus, für Howard Spence ist es die Bewegung in die Gesellschaft zurück.

Hier tauscht Howard seine Cowboy-Kleidung und sein Pferd gegen unauffälligere Kleider und erkundigt sich nach modernen Transportmitteln, Eisenbahn oder Autovermietung. In märchenhaften und mythologischen Initiationsszenarien oder *Queste*-Erzählungen symbolisiert der Kleidertausch eine innere Wandlung des Protagonisten und somit den Beginn der nächsten Etappe der (Helden-)Reise. Ein ähnliches Potenzial mag diese figurativ anmutende Szene auch für Howard haben, aber statt sich weiter vom Ursprung zu entfernen und durch innere Entwicklung an Selbstständigkeit und Reife zu gewinnen, kehrt Howard gleichsam zum Ursprung zurück. Er begibt sich zu seiner Mutter (Eva Marie Saint) nach Elko, Nevada, die er jahrelang nicht mehr gesehen hat, und versteckt sich dort vor dem Versicherungsagenten Sutter (Tim Roth), der als eine Art moderner Kopfgeldjäger im Auftrag der Filmproduktion den vertragsbrüchigen Howard aufspüren und unverzüglich zu den Dreharbeiten zurückbringen soll.

Howards Rückkehr zur Mutter konnotiert regressive, ödipale Tendenzen, ein Motiv, das sowohl im dramatischen Werk von Shepard (zum Beispiel in *Buried Child*) als auch in den Filmen von Wenders nicht unbekannt ist, aber durchaus verschiedene Facetten aufweisen kann: »die Konfrontation mit Kindheit und Familie, die Suche nach der verlorenen Zeit«,[24] Sehnsucht nach Geborgenheit und Heimat, Weltflucht, emotionale Verstrickungen sowie Vater-Sohn-Konflikte.[25] Das in PARIS, TEXAS wahrnehmbare »ödipale Dynamit« und die »psychosexuell hochbemerkenswerte Identifikationsdynamik«[26] zwischen Vater Travis (Harry Dean Stanton) und Sohn Hunter (Hunter Carson) kehrt in Variationen in DON'T COME KNOCKING zurück.

24 Rauh: *Wim Wenders*, S. 104.

25 Vgl. Gerd Gemünden: »Oedi-pal Travels: Gender in the Cinema of Wim Wenders«, in: Roger F. Cook und Gerd Gemünden (Hrsg.): *The Cinema of Wim Wenders: Image, Narrative and the Postmodern Condition*, Detroit 1997, S. 205–221 und Glasenapp: *Wim Wenders:* PARIS, TEXAS, S. 49–53 und 71–78.

26 Ebd., S. 101.

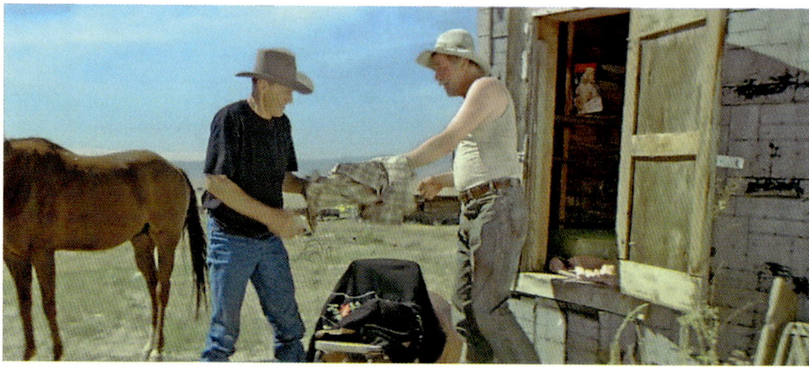

Kleidertausch in Cisco

In diesem Zusammenhang sei auch an Laura Mulveys psychoanalytische Konzeption der spezifischen ödipalen Kernkonstruktion des Westernfilms erinnert, in der der männliche Held zum Abschluss der Narration nicht unbedingt heiraten muss, um somit die ödipale Phase zu überwinden und in die symbolische Ordnung und in die soziale Gesellschaft integriert zu werden, sondern eben auch auf Heirat und Bindung verzichten kann und durch seinen einsamen Ritt in den Sonnenuntergang gleichsam die ödipale Phase verlängert als »a nostalgic celebration of phallic, narcissistic omnipotence.«[27] Howards Bindungslosigkeit kann in diesem Sinne auch mit einer narzisstischen Persönlichkeitsstruktur und einer ungelösten ödipalen Fixierung erklärt werden, die tief verankert ist in seiner ritualisierten (Schein-)Identität als Leinwand-Cowboy.

Aber die ödipale Konstellation wird schlagartig aufgebrochen bzw. um eine Dimension erweitert, als Howard von seiner Mutter erfährt, dass er ein Kind hat, gezeugt vor 30 Jahren in Butte, Montana, während der Dreharbeiten eines Westernfilms mit dem wiederum auf den Illusionscharakter des Genres verweisenden Titel *Just Like Jesse James*.[28] Der Sohn realisiert plötzlich,

27 Laura Mulvey: »Afterthoughts on ›Visual Pleasure and Narrative Cinema‹ inspired by DUEL IN THE SUN«, in: E. Ann Kaplan (Hrsg.): *Psychoanalysis & Cinema*, New York und London 1990, S. 24–35, hier: S. 28. Am Ende des Films sieht man Howard als Figur in seinem Westernfilm *Phantom of the West* – also als Inszenierung der im Genre zur Konvention gewordenen Vorstellung von Männlichkeit – genau das tun, was Mulvey als Verharren im narzisstisch-ödipalen Modus kennzeichnet: Er verlässt die liebende Frau, die ihm sehnsüchtig nachblickt, lehnt emotionale Bindung und soziale Verantwortung ab und reitet einsam in die Wildnis.

28 Vgl. Campbell: *Post-Westerns*, S. 263.

dass er auch Vater ist, seine Verantwortung als Vater allerdings drei Jahrzehnte lang nicht wahrgenommen hat. In einer vieldeutigen Geste der Resignation, der Scham, der Schuld senkt Howard unmittelbar vor der Enthüllung seiner Mutter den Kopf, stützt ihn auf seine Hände und bedeckt mit ihnen gleichzeitig die Augen. Die Situation und das ausdruckstarke Spiel Sam Shepards in dieser Szene erinnern an seine Rolle des Walter Faber in Volker Schlöndorffs Max-Frisch-Verfilmung HOMO FABER (1990); hier wie dort wird sich ein Mann plötzlich seiner Vaterschaft bewusst und der Tatsache, dass sein Nichtwissen schuldhaftes Verhalten (Inzest zwischen Faber und seiner Tochter Sabeth) oder Versäumnis bedingt hat. In der Person Shepards tritt der intertextuelle Bezug zwischen den beiden Charakteren deutlich hervor und akzentuiert das Bedeutungsfeld ihrer schicksalhaften, nicht bewussten, gleichwohl schwer lastenden Schuld.

Mit Hilfe von alten Fotografien und Postkarten, die seine Mutter über die Jahre gesammelt hat, erinnert sich Howard an die Stadt Butte und an die Kellnerin Doreen (Jessica Lange). Diese Erinnerungen und die Offenbarung seiner Vaterschaft geben seiner bislang eher unspezifischen Flucht ein neues Ziel; mit dem Auto seines Vaters bricht er sofort auf und fährt nach Montana, auf der Suche nach seiner früheren Geliebten Doreen, seinem Kind, seiner ›Familie‹, die er nie hatte. Es sind Bilder und Abbilder der vergangenen Wirklichkeit, die eine Verbindung herstellen zwischen dem haltlosen, verzweifelten Mann und dieser anderen Wirklichkeit, die Emotionen auslösen und einen neuen Möglichkeitsraum eröffnen. Sie geben dem Protagonisten Howard eine neue Perspektive und somit dem Film DON'T COME KNOCKING eine neue Richtung und verdeutlichen als quasi selbstreferenzieller Akzent die Relevanz visueller Repräsentationen als Medium der Erinnerung und der Vergegenwärtigung, als essenzielle Substanz narrativer Strukturen und Diskurse und überdies als Keimzellen existenzieller Sinnstiftung.

Bei einem Zwischenstopp seiner Reise nach Montana, nach einer weiteren Nacht alkoholischer und erotischer Ausschweifungen in einem Hotel in Idaho, blickt Howard in einer subjektiven Einstellung benommen auf die Postkarte mit der Abbildung Buttes, und mit einem harten Schnitt vom Postkartenbild der Vergangenheit zum realen Butte der Gegenwart – mit derselben Perspektive auf dieselbe Straße und dieselben Gebäude – ist er dort bereits angekommen und seine Reise beendet. Das leblose Postkartenbild verwandelt sich vor Howards und unseren Augen in ein bewegtes Filmbild. Ausgehend von psychoanalytisch fundierten Theorien, die in der Filmrezeption generell Ausdrucks- und Erlebnisformen von Subjektivität sehen und die Filmwirkung mit

sein, auf der Flucht sein, weg von der Enge des Zuhauses, weg vom lähmenden Stillstand, weg vom symbolischen Tod – oder umgekehrt: auf der Suche nach einem Zuhause, auf der Suche nach Heimat und Identität, weg vom sinnlosen Treiben einer oberflächlichen Existenz, hin zum wahren Leben.

Nicht zu übersehen ist die Seelenverwandtschaft zwischen den orientierungslosen und sprachlosen Männern der deutschen Roadmovies, die sich selbst und der Welt entfremdet sind (»die toten Seelen von Deutschland«[32]), und den verstörten Antihelden des amerikanischen Westens, Travis in PARIS, TEXAS, Paul (John Diehl) in LAND OF PLENTY und Howard in DON'T COME KNOCKING. Nationalität spielt in Howards Fall eigentlich keine Rolle mehr; seine Sinnsuche und der damit verknüpfte philosophisch-existenzielle Diskurs des Films sind im Grunde unabhängig von nationalen oder kulturellen Besonderheiten. Amerika ist »[d]er Nährboden unserer Geschichte«, schreibt Wenders. »Die Figuren darin sind zwar uramerikanisch, aber solche heimatlosen Gesellen wie Howard gibt es auch woanders, und auch solche alleinerziehenden Mütter oder vaterlos aufgewachsenen Söhne oder Töchter.«[33]

Wenders ist Repräsentant einer Generation von deutschen Filmemachern, die nach 1945 das Erbe des Nationalsozialismus zu tragen hatte und in den Werken des Neuen Deutschen Films die Befindlichkeit einer ›vaterlosen Gesellschaft‹ zum Ausdruck brachte, und so wird seine Aussage nicht nur verständlich als Hinweis auf Kinder, die tatsächlich ohne Vater aufwachsen, sondern auch im Hinblick auf eine symbolische Vaterlosigkeit, auf das kulturelle Klima, in dem er selbst aufwuchs, auf den Bruch mit der Vätergeneration, den Verlust eines positiven Heimatbegriffs und das Defizit an sinnstiftenden Geschichten der eigenen Kultur, die durch historische Schuld und deren kollektive Verdrängung unmöglich geworden waren.[34]

Gleichwohl scheint die Frage nach der Verortung der Geschichte und deren Genrezugehörigkeit nicht gänzlich bedeutungslos zu sein. Wenders selbst stellt hinsichtlich des Genres seines Films klar: »DON'T COME KNOCKING ist natürlich kein Western, auch wenn er so anfängt. Im Grunde ist er ein ›Post-Western‹, obwohl [...] Howard im Tiefsten seiner Seele eben doch ein Westernheld ist.«[35]

32 So der von Ivan Desny gespielte Industrielle in Wenders' FALSCHE BEWEGUNG (1975) über die Deutschen und deren Gefährdung durch Angst und Einsamkeit.

33 Wenders: »Mein DON'T COME KNOCKING ABC«, S. 370.

34 Vgl. Wim Wenders: »That's Entertainment: Hitler« (1977), in: ders.: *Emotion Pictures*, S. 113–120, hier: S. 114–115 und Thomas Elsaesser: *New German Cinema: A History*, Houndmills, Basingstoke und London 1989, S. 239–278.

35 Wenders: »Mein DON'T COME KNOCKING ABC«, S. 376.

Wenders verwischt die Grenzen, betont aber, dass das Thema des Films ein genuines Thema des Westerngenres sei: »Was mich am Western heute noch bewegt, ist sein zentrales Thema. In diesem Genre geht es im Grunde immer um die eine Frage nach der [...] Heimat, und wo man zu Hause ist. Der Mann, der da ziellos durch die endlosen Weiten des ›Wilden Westens‹ reitet, sehnt sich nach nichts Anderem, als irgendwann irgendwo dazuzugehören.«[36]

Damit steht »would-be cowboy hero«[37] Howard Spence in der Tradition klassischer und moderner Westernhelden, die erfolglos eine Heimat und soziale Geborgenheit suchen oder zu ihren Familien zurückkehren und sich niederlassen wollen, wie beispielsweise Jimmy Ringo in THE GUNFIGHTER (Henry King, 1950) oder Harry Collings in THE HIRED HAND (Peter Fonda, 1971). Auch die alternden Cowboy- und Revolverhelden in Sam Peckinpahs Westernfilmen, in RIDE THE HIGH COUNTRY (1962), THE WILD BUNCH (1969) und PAT GARRETT AND BILLY THE KID (1973), finden keinen Rückzugsort, keine Heimat, und ihre vergebliche Suche endet meist in einem letzten gewalttätigen Aufbäumen gegen das Schicksal, mit Blutvergießen und Tod, der einen eigenen fragwürdigen heroischen Mythos begründet.

4. Grenzgänger

Ein wichtiges Element der Geschichte des amerikanischen Westens, des Gründungsmythos und des Selbstverständnisses der amerikanischen Nation wie auch der Poetik des Westerngenres ist die Frontier, die Grenzlinie zwischen der voranschreitenden Zivilisation und der zurückweichenden Wildnis, die sich im Laufe des Eroberungs- und Kolonisierungsprozesses des nordamerikanischen Kontinents immer weiter westwärts verschoben hat. In der von Frederick Jackson Turner geprägten Historiografie wurde die Frontier-Erfahrung der Pioniere und Siedler – der Kampf gegen die Kräfte der Natur, Autonomie und Selbstbehauptung sowie die Etablierung zivilisatorischer und demokratischer Strukturen – zur Quelle des nationalen Charakters und somit auch zu einer der Säulen des amerikanischen Exzeptionalismus stilisiert.[38] Mit dem Aufkommen der *New-Western-History*-Bewegung hat die Frontier ihren Stellenwert als dominantes Erklärungsmodell für die

36 Ebd.

37 Campbell: *Post-Westerns*, S. 258.

38 Frederick Jackson Turner: »The Significance of the Frontier in American History« (1893), in: ders.: *The Frontier in American History*, Mineola 2010, S. 1–38.

historische und gesellschaftliche Entwicklung der USA eingebüßt und ist zu einem umstrittenen ideologischen Begriff geworden.[39] Gleichwohl hat sich die Frontier als Sinnbild der historisch fundierten Grenzerfahrung und der damit verknüpften Herausforderung der Grenzerweiterung und -überschreitung tief in das amerikanische Bewusstsein eingegraben und die amerikanische Kultur nachhaltig beeinflusst.[40]

Auch in der Interpretation des Westerngenres von Jim Kitses nimmt die Frontier als wesentliches Symbol der Dynamik gesellschaftlichen Wandels und der Konfrontation gegensätzlicher Wertvorstellungen eine zentrale Stelle ein.[41] An der Frontier prallen »Wilderness« und »Civilization« als dualistische Wertesysteme aufeinander und repräsentieren die je unterschiedlichen Qualitäten und Konsequenzen des individuellen Lebens in Freiheit und Selbstbestimmung einerseits und des gesellschaftlichen Lebens in Verantwortung und Abhängigkeit andererseits in einem dialektischen System antinomischer Begriffspaare. Beide Sphären haben Verlockendes wie auch Abschreckendes zu bieten – zum Beispiel *freedom, integrity, solipsism, purity, pragmatism, brutalization, savagery, equality* im Bereich der Wildnis und *restriction, institutions, compromise, social responsibility, democracy, corruption, refinement, class* im Bereich der Zivilisation –, und Kitses' Frontier-Symbolik bildet in ihrer Gesamtheit daher die Ambivalenz der menschlichen Existenz im Spannungsfeld zwischen Natur und Kultur ab, ohne eine der beiden Sphären zu idealisieren oder als prinzipiell überlegen auszuweisen.[42]

Howards existenzielles Dilemma lässt sich mit dieser Interpretation der Frontier und ihrer Anordnung dualistischer Wertbegriffe verdeutlichen: In der Vergangenheit wählte er Individualismus, Freiheit und Selbstbestimmung und lehnte soziale Verantwortung, Familie, Kompromisse und Einschränkungen ab. In seiner Einsamkeit sehnt er sich jetzt aber nach genau diesen Dingen, die er vor langer Zeit gleichsam auf der anderen Seite der Frontier hinter sich zurückgelassen hat. Er verkörpert geradezu paradigmatisch den durch die Frontier-Erfahrung evozierten Zwiespalt, der so viele klassische Westernhelden charakterisiert und den Campbell als »fundamental

39 Vgl. Patricia Nelson Limerick: *The Legacy of Conquest: The Unbroken Past of the American West*, New York und London 1988 und Robert V. Hine und John Mack Faragher: *The American West: A New Interpretive History*, New Haven und London 2000.

40 Vgl. Richard Slotkin: *Gunfighter Nation: The Myth of the Frontier in Twentieth-Century America*, Norman 1998.

41 Jim Kitses: »Authorship and Genre: Notes on the Western« (1969), in: Jim Kitses und Gregg Rickman (Hrsg.): *The Western Reader*, New York 1998, S. 57–68 und ders.: *Horizons West: Directing the Western from John Ford to Clint Eastwood*, London 2004.

42 Kitses: »Authorship and Genre«, S. 59 und ders.: *Horizons West*, S. 12.

tension within American society« bezeichnet, »the desire for home and the desire for movement, [...] *roots* and *routes*, settlement and expansion.«[43]

Die Grenzlinie, die bis zum Ende des 19. Jahrhunderts im amerikanischen Westen noch historisch-geografische Realität gewesen sein mag, ist im Post-Western – und in der Moderne schlechthin – zu einem Symbol für das auf die *conditio humana* einwirkende Kräftefeld individueller Bedürfnisse und gesellschaftlicher Einflüsse geworden. Der Konflikt, der an der Frontier ausgetragen wird und der sich in besonderer Schärfe in den Westerngeschichten offenbart, kann somit auch jenseits des amerikanischen Kontexts als einer der Kernkonflikte unserer Zivilisationsgeschichte verstanden werden.[44]

Dass Doreen den reumütigen Howard zurückweist, überrascht angesichts des prägnanten Filmtitels DON'T COME KNOCKING nicht; er kommt viele Jahre zu spät – sie hat ihr Leben inzwischen alleine gemeistert und das gemeinsame Kind alleine aufgezogen. Sie erkennt, dass Howard (»the coward«) am Ende des Weges und nach verschwendeter Zeit ein Zuhause und Schutz vor Einsamkeit bei ihr sucht, aber sie lehnt ihn ab. Auch bei seinem Sohn Earl findet Howard wenig Verständnis. Im Gegensatz zur geduldigen, besonnenen, manchmal fast engelhaft wirkenden Sky ist Earl sehr temperamentvoll, ungehalten, voller Zorn, also seinem Vater sehr ähnlich. Auf dessen Ankunft in Butte reagiert Earl eigentümlich gekränkt und wütend und kämpft als »Ödipus der Provinz«[45] um seine Mutter, ein weiteres Beispiel für die ödipalen Verstrickungen, in denen viele der Männerfiguren bei Wenders und Shepard gefangen sind. Seinen Unmut lässt er an seiner Freundin Amber (Fairuza Balk) aus und beginnt in einem unkontrollierten Gefühlsausbruch, das Mobiliar aus dem Fenster seiner Wohnung auf die Straße zu werfen: Earl zerstört sein Zuhause, macht sich quasi heimatlos, droht also – symbolisch – den gleichen Fehler zu begehen wie sein Vater. Und natürlich sind es die beiden jungen Frauen Amber und Sky, die Earl später helfen, die Wohnung wieder einzurichten. Ihnen gegenüber öffnet er sich schließlich und spricht über das Gefühl der Leere, das er früher – jetzt nicht mehr – wegen der Abwesenheit des Vaters empfand. Diese Erfahrung und seine emotionale Läuterung mögen ihm helfen, dem Schicksal seines Vaters zu entgehen.

43 Campbell: *Post-Westerns*, S. 250.

44 Damit erklärt sich auch die internationale Popularität der Westernfilme über die Grenzen der USA hinaus. Vgl. dazu Thomas Klein, Ivo Ritzer und Peter W. Schulze (Hrsg.): *Crossing Frontiers: Intercultural Perspectives on the Western*, Marburg 2012 und Thomas Klein: *Geschichte – Mythos – Identität: Zur globalen Zirkulation des Western-Genres*, Berlin 2015.

45 Glasenapp: *Wim Wenders:* PARIS, TEXAS, S. 108.

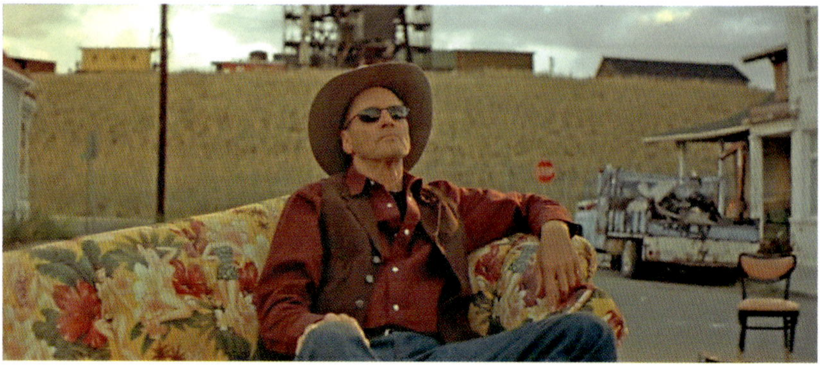

Howard auf dem Sofa – unbehaust

Howard selbst aber sitzt eine ganze Nacht lang reglos auf dem Sofa, auf der Straße, inmitten des entrümpelten Lebens seines Sohnes – Stillstand, Sackgasse: »no way to go«. Nur die Kamera kreist in einer Sequenz von 16, durch Überblendungen miteinander verbundenen Einstellungen um den bewegungslosen Mann, während die Dämmerung in die Dunkelheit der Nacht übergeht und als Soundtrack der Klang einer einsamen Gitarre zu hören ist, und betont dadurch noch dessen Resignation und ausweglose Stagnation. Eine sinnfällige Szene, die Howards Einsamkeit und Heimatlosigkeit, sein existenzielles Unbehaust-Sein visuell verdeutlicht und in ihrer bemerkenswerten kinematografischen Dynamik und semantischen Paradoxie, der Vereinigung von Stillstand und haltloser Bewegung, der visionären Kraft eines Traumes gleichkommt. Zunächst ist Howard völlig allein, dann, als er zu schlafen scheint, findet ihn Sky, die Urne ihrer Mutter im Arm, und verwickelt ihn in ein Gespräch, das sich zu einer nüchternen Introspektion entwickelt. Als er seine Selbstzweifel und seine Versäumnisse eingesteht, bleibt die Kamera endlich stehen, und Sky schlägt ihm vor, sich in Butte niederzulassen, weil er doch ein Zuhause braucht. Auch das Gespräch mit ihr wirkt traumähnlich und hat die Anmutung eines inneren Dialogs, in dem sich Howard seine Situation und seine verbliebenen Optionen vor Augen führt.

Sutter trifft in Butte ein und spürt Howard auf, um ihn zu den Dreharbeiten des Westernfilms zurückzubringen. Der Abschied Howards von seinen Kindern Earl und Sky gestaltet sich als Andeutung einer milden Versöhnung. Kein überschwängliches Happy End, sondern eine zarte Szene der langsamen, verhaltenen Annäherung, die noch immer von Zweifeln überschattet ist: »Now you are here«, sagt Sky ihrem Vater, in dessen Bildern sie stets nach einer Ähnlichkeit mit sich gesucht hat. »You're right here in front of me. You're standing right here. – I'm still not sure. Why is that? How could that be?« – Eine glücklich vereinte Familie ist das nicht, aber ein vorsichtiger Versuch, einander zu verstehen.

Wenders inszeniert den Amerikanischen Traum als Mythos und seinen Film als Traumspiel. Sowohl Traum als auch Mythos sind weder Wahrheit noch Lüge, sondern etwas dazwischen, narrative Konstruktionen, die im visionären Gleichklang subjektiver und kollektiver Vorstellungen und Phantasmen die Hoffnungen, Sehnsüchte und Ängste, vor allem aber die Widersprüche des Menschseins zur Anschauung bringen. Wenders nutzt die Ikonografie des amerikanischen Westens sowie die Strukturen des Roadmovies und des Familiendramas (nahezu mit den Dimensionen einer schicksalhaften griechischen Tragödie, aber mit einem postmodernen Augenzwinkern), um die Krisen und Selbstbehauptungen seiner Protagonisten zu schildern.[46] Dabei legt er gleichzeitig die Befindlichkeit und die daraus resultierende Sinnsuche der modernen westlichen Gesellschaft offen. Im Porträt des einsamen Cowboy-Darstellers Howard, der vergeblich den Dreharbeiten eines Westernfilms entflieht, um in der brüchigen Realität des Westens seine ›Familie‹ zu suchen und damit seinem Leben einen Ruhepunkt, ein Sinnzentrum, eine Heimat zu geben, zeigen sich deutlich der Illusionscharakter und die Abnutzung des Amerikanischen Traums. Aber Wenders nimmt diesen Traum in seiner Grundsubstanz, die amerikanischen Landschaften und Städtebilder und deren mythische Kraft trotz seiner lustvollen Postmodernisierung durchaus ernst und gestaltet seinen Abschied vom Sehnsuchtsort der Jugend entsprechend als ambivalente, bittersüße Kinoerfahrung.[47]

Was dem künstlerischen Grenzgänger Wenders gelingt, misslingt Howard, dem existenziellen Grenzgänger! Howards Versuch, die symbolische Grenzlinie der Frontier zu überschreiten und seinen kompromisslosen Individualismus und seine vermeintliche Freiheit gegen Familie und ein Zuhause einzutauschen, bleibt erfolglos. Der Traum der Familienvereinigung ist vorüber und nach einem kurzen düsteren Zwischenspiel in der Realität – Howard

46 Im Hinblick auf die »Reihe [der] weiblichen Figuren« im Film spricht Felix Lenz von einer »viele Generationen übergreifende[n] Emanzipationsgeschichte.« Lenz: »Vom begehrlichen Suchen zum differenzierten Erzählen«, S. 101.

47 »Zwar ist der Amerikanische Traum ein auslaufendes Modell und politisch abgehalftert«, notiert Wenders in seinem »DON'T COME KNOCKING ABC« unter dem Buchstaben A wie Amerika, »aber die amerikanische Landschaft ist immer noch eine mythische Gegend, wenn man sich ihr aussetzt und sich nicht davon abschrecken lässt, dass sie hie und da zu einem großen Themen-Park verkommen ist.« Wenders: »Mein DON'T COME KNOCKING ABC«, S. 370.

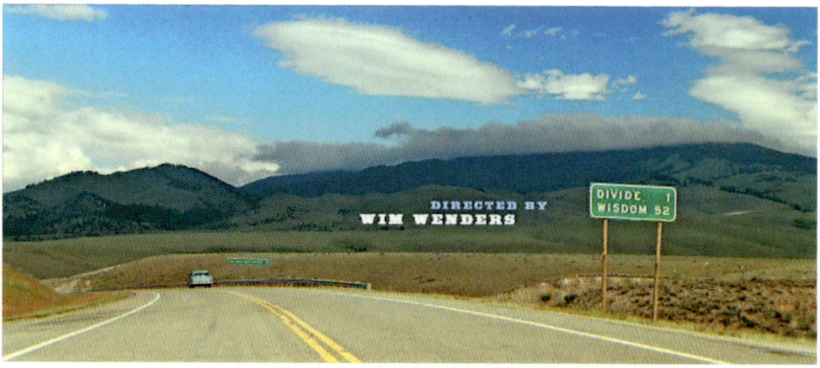

Die finale Einstellung

sitzt mit Handschellen gefesselt im Wagen Sutters und hört sich dessen defätistische Lebensphilosophie an: »The world at large, it's a nasty place« und »Nothing has changed« – kehrt er in den anderen Traum zurück, den Kinotraum des Westernfilms, wo er wieder den Helden spielen darf. Seine Rückkehr zum Filmset und sein unfreies Weiterwirken als Leinwand-Cowboy verdeutlichen sein Scheitern in der wirklichen Welt, das Nicht-Entkommen aus dem falschen Traum.

Ein berühmtes Zitat aus John Fords THE MAN WHO SHOT LIBERTY VALANCE (1962), das gleichermaßen als selbstreflexives Statement zur Tradition des Westerns in der Unterhaltungs- und Filmindustrie wie auch als ambivalenter Kern des amerikanischen Gründungsmythos verstanden werden kann, lautet: »When the legend becomes fact, print the legend.« Um den Mythos in vergleichbarer Weise aufrechtzuerhalten und massenmedial zu verbreiten, kehrt Howard am Ende zu seiner unterbrochenen Filmarbeit zurück, zur Illusion und zum unkritischen, unreflektierten Mythos des einsamen Helden des Westens, der in seinem Fall als Lebenslüge entlarvt wurde und ihm nichts gebracht hat als Verdruss und Einsamkeit. Aber wo, außer im Kino, ließe sich der Traum wiederfinden?

Währenddessen begeben sich Howards Kinder gemeinsam auf die Reise – mit dem alten Auto, das früher seinem Vater gehörte, mit dem er nach Butte gefahren ist und das er dann seinem Sohn Earl geschenkt hat: ein echtes Familienerbstück also. Aber indem Howard seinem Sohn den Wagen vermacht hat, hat er sich selbst gleichsam vorzeitig aus der Familiengeschichte herausgenommen. Der frech-fröhliche Gesang der jungen Leute im Auto – »Where is Howard? Who is Howard? Where did he go? Where did he go?

He's down in the ditches. He's down in the ground. Disappeared himself. He's nowhere to be found« – wirkt wie ein Echo der Frage des Produktionsassistenten zu Beginn des Films, als Howard vom Set in der Wüste verschwunden war, und liefert auch die finale Antwort.

Earl, Sky und Amber beginnen ihr eigenes Abenteuer, ihr eigenes Roadmovie, ihren eigenen Traum von der Eroberung und vom Verlust des Westens. Mehr als das, was uns Wenders und Shepard als zögerliche, sehr verhaltene Annäherung und Aussöhnung zwischen Howard und seinen Kindern zeigen – zwischen dem alten und dem jungen Amerika –, mehr als das scheint in diesem Augenblick nicht möglich zu sein. Ein Schild am Rande des Highways signalisiert Richtungen und Entfernungen: »Divide 1 / Wisdom 52«. Der Weg nach »Divide« ist kürzer und schneller, die Reise nach »Wisdom« dauert länger.

Felix Lenz

Wim Wenders und Terrence Malick

Alterswerke, Zeitfiguren, geteilte Vorbilder

1. Zeitliche Vektoren der Moderne, zeitliche Bedingungen von Alterswerken

»Das Leben wird vorwärts gelebt und rückwärts verstanden« – geht man von diesem an Søren Kierkegaard angelehnten[1] Aphorismus aus, besetzen Alterswerke eine privilegierte Position. Dies gilt besonders für Werke, die sich an persönlichen Erfahrungen abarbeiten und so zu lebensgehärteter Substanz und spezifischer Artikulation finden. Gleichwohl haben Alterswerke einen prekären Stand, und selbst bei Würdigungen wirkt das Attribut oft einschränkend. Welche Strukturen sind dafür verantwortlich?

Den Kern bilden zwei gegenläufige Imperative der Moderne, die bereits Georg Wilhelm Friedrich Hegel konstatiert. Einerseits herrscht ein äußerer Zeitdruck, der von der Kunst permanent verlangt, einen Resonanzraum der Gegenwart zu gestalten. Dies führt zu dauerndem Veralten, denn nur der emergenten Gegenwart wird Wert zugesprochen.[2] Andererseits herrscht ein inneres Zeitmaß in Gestalt eines Imperativs zur Selbstentfaltung und Entwicklung.[3] Beschleunigung ist jedoch im Bereich langer Bögen der Blickverschiebung unmöglich. Hieraus folgt ein Darstellungsproblem, denn eine ungenügende Verbindung von Innen und Außen motiviert zwar die Entwicklung, ihre wirkliche Darstellbarkeit erfordert jedoch eine mühsam erarbeitete Durchdringung von Innen und Außen. Zugleich verlangt der Imperativ der Gegenwartsnähe instantane Passungen mit dem Zeitgeist. Abwertungen von Alterswerken wurzeln insofern darin, dass der Akzent hierauf gelegt wird. Adäquate Deutungen von Alterswerken müssen indes mit einer Akzentverschiebung auf die intrinsische Entwicklung beginnen, die sich in der Spezifik von Gestaltungen zeigt, die innere Entwicklung und äußere Darlegung überzeugend ins Verhältnis setzen. Manche Alterswerke erschaffen so neue Darstellungsmöglichkeiten. Gerade aus mühsam erwor-

1 Vgl. Søren Kierkegaard: *Die Tagebücher*, Bd. 1, Innsbruck 1923, S. 203.

2 Vgl. G. W. F. Hegel: *Vorlesungen über die Ästhetik II*, Frankfurt am Main 1986, S. 234 und 238.

3 Vgl. ebd., S. 134–135 und 137.

benen – gegenüber dem Gegenwartsimperativ scheinbar dem Veralten preisgegebenen – Bildern ergeben sich zukunftsträchtige Keime. Da die Form hierbei einem selbstständigen Elan folgt, ergibt sich nach Hegel ein doppelter Porträtcharakter.[4] Denn neben dem Sujet wird über die Form der Künstler selbst abgebildet;[5] in Wenders' Worten: »Eine Kamera filmt immer in zwei Richtungen! Sie zeigt durch ihr *Objektiv*, das, was vor ihr ist. [...] [U]mgekehrt zeigt ihr *Subjektiv* [...], was hinter ihr ist.«[6]

Ein typisches Verhältnis zur Vergangenheit prägt nach Hegel die Moderne. Denn ihre Formkompetenz verdankt sich auch einer Bildungslage, die alle bisherigen Formangebote überblickt. Neben Abgrenzungsgesten stellt moderne Kunst insofern vorhandene Angebote[7] gemäß persönlichen Gestaltungs- und Entwicklungszielen neu zusammen. Reflektiert man diese Kräfte auf Alterswerke, so sind sie idealiter in subjektiver Souveränität vom Druck der Gegenwart emanzipierte Werke, die auf spezifische Weise innere Entwicklung und äußere Darstellung expressiv ins Verhältnis setzen, darin über das Sujet hinaus den Künstler porträtieren, und zugleich die Bildtradition auf eigene Art nutzen. Solche Werke führen die Signatur der Moderne und pointierte Eigenwilligkeit zusammen. Sie mögen das Akute nur streifen, treffen aber die tiefere epochale Resonanz. Hiermit sind die Sensibilitäten genannt, mit denen ich Spätwerke von Wim Wenders und Terrence Malick zueinander in Beziehung setze.

2. Übergangsszenarien als Maßstab der Werkentwicklung: Zur Evolution von Wim Wenders

Bei Autoren, die über Alter-Ego-Figuren Entwicklungsprozesse reflektieren, ist die mittlere Werkphase am schwierigsten. Denn ihre ersten, den Zeitgeist treffenden Werke überzeugen dadurch, dass sie akute Fragen kompetent spiegeln, ohne auf formvollendeten Ausdruck der ganzen Substanz verpflichtet zu sein. Die expressiv formulierte Frage steht im Zentrum. Das Alterswerk bespielt indes ein Feld expressiver Antworten. Mittlere Werke

4 Vgl. ebd., S. 223.
5 Vgl. ebd., S. 151 und 225–226 sowie ders.: *Vorlesungen über die Ästhetik III*, Frankfurt am Main 1986, S. 66–67 und 69. Vgl. zudem Sergej M. Eisenstein: *Nonindifferent Nature*, Cambridge 1987, S. 120.
6 Wim Wenders: »Die Lehre des Kinos« (1992), in: ders.: *A Sense of Place: Texte und Interviews*, Frankfurt am Main 2005, S. 129–134, hier: S. 132.
7 Vgl. Hegel: *Vorlesungen über die Ästhetik II*, S. 235–236.

können dagegen unter unklaren Fragen und Antworten, an unerfüllter Einlassung von Innen und Außen oder an Verlust der Zeitgeistbindung ohne Gewinn intrinsischer Schlüssigkeit leiden. Ein Symptom hierfür bei Wenders sind überverbale Schlüsse, die dort einsetzen, wo die filmische Form Innen und Außen nur unvollständig durchdringt, so dass Sprache intervenieren muss.[8] Im Gegensatz dazu haben Frühwerke wie SUMMER IN THE CITY (1970) oder ALICE IN DEN STÄDTEN (1974) ebenso keine Schlussreden wie EVERY THING WILL BE FINE (2015).[9]

Die Entwicklungsfrage ist konkreter zu fassen. Geht es um biografische Schwellen, bieten Arnold van Genneps Zeit-, Raum-, und Bewegungsstrukturen des Übergangsrituals eine zielführende Heuristik. Die Separationsphase betrifft die Überschreitung der Schwelle von einem unbewussten und fremdbestimmten Ursprungsraum, idealtypisch der Kindheit, in einen Transitionsraum. Die Transition gilt der Selbstkonsolidierung in einem plasmatischen, als uferlos erfahrenen Raum. Mit Überschreiten der Schwelle aus diesem Labor beschränkter Verantwortung heraus beginnt die Angliederungsphase als Herausforderung, in einen verbindlichen Sozialraum einzutreten.[10] Die Transition ist hierbei in sich komplex organisiert: Zunächst geht es um eine Regression bis zum eigenen Ursprung oder sogar zum Ursprung der Welt. Hierauf folgt ein Wendepunkt, der die Bewegungsrichtung wieder auf die Zukunft ausrichtet.[11] Dabei geht es um eine Rüstphase auf dem Weg zur Angliederung.[12]

Ganze Werke lassen sich danach einschätzen, welche Segmente dieses Entwicklungsprozesses sie reflektieren und wie sich dieser Fokus im Lauf der Zeit verschiebt. Wenders' Werk spielt sich massiv in der Transition ab, zeigt aber Veränderungen: Zunächst dominieren Fluchtwege, die in ALICE IN DEN STÄDTEN zur Gemeinschaft mit einem Kind, in IM LAUF DER ZEIT (1976) – in Gestalt einer Rheininsel – zur Regression in die Kindheit und in PARIS, TEXAS (1984) noch radikaler zum Ort der Zeugung durch die Eltern führen. Hier schlägt die Bewegungsrichtung um und wendet sich von der Flucht zum Ursprung ab und dem Wachstum und der Konfrontation zu. Ab DER HIMMEL ÜBER BERLIN (1987) streben Wenders' Figuren ernstlich den Beginn

8 Vgl. Felix Lenz: »Vom begehrlichen Suchen zum differenzierten Erzählen: Wim Wenders' späte US-Spielfilme«, in: Jörn Glasenapp (Hrsg.): *Wim Wenders*, München 2018, S. 92–110, hier: S. 95, 100–101 und 106.

9 Vgl. ebd., S. 107–108.

10 Vgl. Arnold van Gennep: *Die Übergangsriten (Les rites de passage)*, Frankfurt am Main 2005 (1909), S. 25–33 und 70–113.

11 Vgl. ebd., S. 79, 82, 84–85, 88, 94–96, 107–108 und 113.

12 Vgl. ebd., S. 72–73, 79, 82–84, 87, 89–90, 94–95, 98, 103–104 und 106–107.

einer neuen Existenz an: Ein Engel will zum Menschen werden.[13] Diese Entwicklung korreliert mit einer Verschiebung des jeweils fokussierten Segments der Transition. Das Moment schließender Reden wird umso schwächer, je weniger die jeweils erreichte Selbstkonsolidierung beschworen wird und je mehr sie sich von selbst im Geschehen zeigt. Fluchträume verwandeln sich desto mehr in szenische Räume, je stärker sich das untergründige Übergangsszenario von der Regression in Richtung Konfrontation verschiebt. Der vermehrt narrative Charakter im Lauf der Filme ist daher kein Verrat an Wenders' früher Poetik, sondern Treue zur Arbeit an eigenen Fragen; er ist keine Konventionalisierung, sondern Korrelat des inneren Prozesses.

In Every Thing Will Be Fine nach einem Drehbuch von Bjørn Olaf Johannessen werden viele Jahre der Entwicklung im Rückblick ästhetisch überschaubar. Hierbei gleicht die Geschichte des Autors Tomas (James Franco), der bei einem Autounfall am Tod eines Kindes schuldig wird und nach einem Selbstmordversuch über Jahre hin ins Leben zurückfindet, im Kern Wenders' Erstling. »Summer in the City, da war die Geschichte gleich in der allerersten Szene drin«, argumentiert Wenders: »Ein Mann kommt da aus dem Knast, war da eine Weile lang und muss nun in sein Leben zurückfinden, irgendwie zu Freunden Kontakt aufnehmen. [...] Das war für mich die Geschichte: Wie kommt einer, der in Isolation war, wieder in Kontakt?«[14] Wenders' Frage hat sich nicht geändert! Doch sein erster Film erzählt im Modus des Aufbruchs und gebraucht karge Schwarz-Weiß-Bilder voller Schnee, Every Thing Will Be Fine erzählt indessen im Modus des Rückblicks und differenziert im Medium der Farbe das Verhältnis von Innen und Außen vollendet aus.[15] Hierbei bilden wieder Schneebilder die Basis: Von ihrer anfangs eisblauen Erstarrung aus beginnt Tomas' Auftauprozess, der seine Rückkehr ins Leben als Weg zu einer umfassenden Farbpalette nachzeichnet. Für seine Schneebilder orientiert sich Wenders mit Andrew Wyeth am gleichen Maler, der Malick in To the Wonder (2012) und Knight of

13 Eine Gravitation zur Erde zeigt sich auch in der sogenannten ›Weightless-Trilogie‹ Malicks. To the Wonder (2012), Knight of Cups (2015) und Song to Song (2017) führen aus Schwebelagen zur Erde. Vgl. Robert Sinnerbrink: *Terrence Malick: Filmmaker and Philosopher*, London und New York 2019, S. 164 und 190.

14 Wim Wenders im Gespräch auf der Tagung »Wim Wenders – Filmemacher, Fotograf, Grenzgänger«, 7.-8. August 2020 am Lehrstuhl für Literatur und Medien der Otto-Friedrich-Universität Bamberg.

15 Die Mitte auf dem Weg vom Schwarz-Weiß zur Farbe weiter zur Durchdringung von Außen und Innen bildet Wenders' fotografische Recherche für Paris, Texas (1984) mit großen Negativen. Seither habe er kein Schwarz-Weiß-Foto mehr gemacht, so Wenders auf der Bamberger Tagung.

CUPS (2015) – wenn auch auf anderen Ebenen – ebenfalls leitet[16] und daher als Maßstab meines Vergleichs beider Regisseure dient. Wenders führt das so aus: »Schnee ist natürlich etwas Schönes in Schwarzweiß. [...] Ich wusste [...] nicht so richtig, was mache ich jetzt in 3D und Farbe? [...]. Da habe ich versucht, Hilfe zu finden, [...] und geguckt, welche Maler haben Schnee gemalt [...], bis ich [...] einen gefunden habe, der enorm viele Schneebilder gemacht hat [...]. Das war Andrew Wyeth. [...] Ich habe [...] von ihm gelernt [...], wie man das filmen kann, wie man das [...] plastisch darstellen kann.«[17]

3. Terrence Malick: Parallaxen zwischen Vergangenheit und neuer Gegenwart

Kommen wir zu Terrence Malick. Im engen Sinne entwicklungsbezogen ist sein Privatzyklus – THE TREE OF LIFE (2011), TO THE WONDER und KNIGHT OF CUPS –, der sich auf seine 20 werklosen Jahre bezieht.[18] Anders als bei Wenders besteht eine zeitliche Parallaxe zwischen der Gegenwart des filmischen Geschehens und der von ihr Jahrzehnte entfernten Erfahrungsposition des Regisseurs.[19] Die im Film porträtierten Alter-Ego-Figuren[20] und das in der filmischen Form realisierte Porträt des Machers gehören gegensätzlichen Gegenwarten an. Aus der jeweils waltenden Spannung beider Zeitebenen ergibt sich der unterschiedliche Bildstil der Filme aus Malicks Privatzyklus. Zugleich fließt in die Zeitkontur der Filme – wie bei Wenders – das jeweils avisierte Segment im Übergangsszenario ein. In THE TREE OF LIFE gelingt im Rückblick ein Überblick über alle involvierten Phasen: Die Regression der Transitionsphase führt nicht nur in die biografische Kindheit, sondern bis zur Weltentstehung zurück. Die erzählte Kindheit bewegt sich indes auf

16 Vgl. James Morrison und Thomas Schur: *The Films of Terrence Malick*, Westport 2003, S. 69–71 und 130. Anhand von DAYS OF HEAVEN (1978) gehen die Autoren Wyeths, aber auch Edward Hoppers Einfluss auf Malick nach. Ihr Kronzeuge für Malicks Arbeit mit Gemälden ist Kameramann Nestor Almendros.

17 Wenders auf der Bamberger Wenders-Tagung. Vgl. auch Wim Wenders: »Beim dritten Hinsehen: Andrew Wyeth« (2013), in: ders.: *Die Pixel des Paul Cézanne und andere Blicke auf Künstler*, Frankfurt am Main 2015, S. 153–164, hier: S. 155–156.

18 Zu Parallelen von Malicks Leben und TO THE WONDER vgl. Dominik Kamalzadeh und Michael Pekler: *Terrence Malick*, Marburg 2013, S. 22–24 und 72.

19 Vgl. John Izod und Joanna Dovalis: »Terrence Malick's Diptych«, in: Agnieska Piotrowska (Hrsg.): *Embodied Encounters: New Approaches to Psychoanalysis and Cinema*, London und New York 2015, S. 60–74, hier: S. 60 und 68. Zusammengehörigkeit und Rückblickcharakter der Filme werden hier verbunden.

20 Vgl. Gilberto Perez: *The Eloquent Screen: A Rhetoric of Film*, Mineapolis und London 2019, S. 293.

die Separation von den Eltern zu. Der erwachsene Protagonist (Sean Penn) findet dagegen über den Umweg der Erinnerung zu einer neuerlichen Angliederung ans Leben. In Reflex auf diese vollständige, alle Phasen durchlaufende Metamorphose ist jedes Bild bereits für sich als Übergang gestaltet.[21]

To the Wonder ist dagegen einer Phase übergangsunfähiger Blindheit gewidmet. Malick beschränkt sich auf die Transitionsphase vor dem Wendepunkt in Richtung Verantwortung. Neil (Ben Affleck) als Alter-Ego-Figur bringt Leiden über zwei Gefährtinnen, deren Ergehen im Zentrum steht.[22] Die Parallaxe zwischen der Gegenwart der Diegese und der Gegenwart des Machers[23] betont diesmal die Blindheit der Alter-Ego-Figur, die sich als Schuld an den Frauen abzeichnet. Die so fokussierte Stockung – das Gegenteil zum Elan von The Tree of Life – erschließt einen Raum,[24] der in Rekurs auf die Malerei von Wyeth ethnologisch als Lebensraum im gegenwärtigen Amerika untersucht wird. Jedes Bild reflektiert so einerseits männliche Schuld, andererseits öffnet sich ein Bildraum, in dem weibliche Opfer mal besser, mal schlechter amerikanischen Lebensbedingungen trotzen. Gerade das, wofür die Alter-Ego-Figur blind ist, entfesselt die Sehkraft des Regisseurs. Das, was in diesem Kontrast unvermittelt bleibt, führt hier auch bei Malick zu einer Schlussrede. Dem Mangel an Durchdringung von Bewusstsein und Lebensentwurf stellt hier ein audiovisuelles Gebet gegenläufige Wünsche entgegen.

Der Film Knight of Cups geht von der gleichen Opposition zwischen einer verblendeten Figur in der Diegese und rückschauender Sehkraft des Regisseurs aus. Doch an die Stelle der Statik von To the Wonder tritt ein romanhafter Weg über einen unübersehbar langen Zeitraum hinweg, der unterschiedlichste Orte und fünf Beziehungen umfasst. Dabei folgt der Film Ricks (Christian Bale) Gravitation zur Einsicht in eigene Schuld, die neue Sehkräfte weckt. Am Ende fallen die mentale Gegenwart der Figur und die

21 Vgl. Susanne Kaul: »Ekstatische Diskontinuität: Zur Aufhebung der Echtzeit in Terrence Malicks The Tree of Life«, in: Susanne Kaul und Stephan Brössel (Hrsg.): *Echtzeit im Film: Konzepte – Wirkungen – Kontexte*, Paderborn 2020, S. 135–149.

22 Vgl. Paul Camacho: »The Promise of Love Perfected: Eros and Kenosis in To the Wonder«, in: Christopher B. Barnett und Clark J. Elliston (Hrsg.): *Theology and the Films of Terrence Malick*, New York 2018 (2016), S. 232–250, hier: S. 235: »[W]e are not meant to see much of Neil, because the lover must disappear in order for us to see the beloved. […] [T]he person who we come to know most intimately is not Neil but Marina.«

23 Zur rückschauenden Off-Stimme Marinas (Olga Kurylenko) vgl. Kamalzadeh / Pekler: *Terrence Malick*, S. 189.

24 Vgl. Izod / Dovalis: »Terrence Malick's Diptych«, S. 72: »[T]he principal characters […] are […] stuck […]. They are either denied sight, or vouchsafed no more than glimpses of the wonder.«

des Regisseurs so zusammen und markieren den Beginn einer neuen Epoche. Die Parallaxe zwischen zwei Gegenwarten drückt also nicht wie in TO THE WONDER wachsende Schuld aus, sondern reflektiert den Weg zum Wunsch nach Vergebung. Malick spiegelt dies in Kapitelnamen, die sich an den Weg des Tarot anlehnen.[25] Weitere Entwicklungsmaßstäbe bieten die nahöstliche Legende von der verlorenen Perle sowie Auszüge aus dem Erbauungsroman *The Pilgrim's Progress* (1678) von John Bunyan mittels Voiceover-Stimmen. In diesen Paralleltexten[26] geht es jeweils um einen Helden, der sich von seiner Bestimmung entfernt. Hierzu gegenläufig besteht die Peripetie im Moment einer *felix culpa* – einer erlösenden Schuld –, die darin besteht, dass eigene Fehler Rick den Übergang in ein neues Leben ermöglichen.[27] Der reguläre Wendepunkt der Transition zur Eigenverantwortung gewinnt so durch Schuld individuelle Notwendigkeit. Im Gegensatz dazu ist TO THE WONDER von lähmender Schuldangst geprägt. In KNIGHT OF CUPS wird insofern die in TO THE WONDER stumme Schuld bewusst, wenn Rick eine Frau (Natalie Portman) um Vergebung bittet, weil sein unklares Verhalten ihre Abtreibung mitbedingt. Zudem ermöglicht ihm die Erkenntnis eigenen Versagens, seinem Vater (Brian Dennehy) den Selbstmord eines Bruders nicht mehr anzulasten, sondern Versöhnung zu suchen. Vater und Sohn haben nun gleichermaßen Mitschuld am Verlust von Kindern. Die *felix culpa* erlaubt es beiden, sich als fehlbare Menschen anzuerkennen und sich darin zu finden.

25 Malick folgt in seinem Rekurs auf Stationen des Tarots CLÉO DE 5 À 7 (1962) von Agnès Varda. Vgl. Felix Lenz: »Flanieren auf Leben und Tod: Elementare Konstellationen in CLÉO DE 5 À 7 von Agnès Varda«, in: Georgiana Banita, Judith Ellenbürger und Jörn Glasenapp (Hrsg.): *Die Lust zu gehen: Weibliche Flanerie in Literatur und Film*, Paderborn 2017, S. 149–166.

26 Diese Quellen diskutieren Gabriella Blasi: *The Work of Terrence Malick: Time-based Ecocinema*, Amsterdam 2020, S. 140–141 und M. Gail Hammer: »›Remember Who You Are‹: Imaging Life's Purpose in KNIGHT OF CUPS«, in: Barnett / Elliston: *Theology and the Films of Terrence Malick*, S. 251–274, hier: S. 251–252 und 270. Blasi stellt die Perlenlegende in die islamische Tradition und konstruiert von hier aus eine Panreligiösität, die der Film angeblich widerlege. Hammer führt die Legende von der Perle auf die christlichen *Acts of Thomas* zurück. Ein Name, der an Wenders' Tomas denken lässt. Hammer zeichnet den Bogen nach, der sich aus den Tarot-Titeln ergibt (S. 250, 261–264) und bestaunt die Spannung zwischen ihrer Schlüssigkeit und dem entgrenzten Bildstil des Films. Zugleich sieht er eine Folge von Mentorenfiguren. Armin Müller-Stahl als Priester und Schlussfigur paraphrasiert hierbei die *felix culpa* (S. 266–267) als Zentrum des Films.

27 Das Konzept *felix culpa* stammt von Augustinus. Schuld fungiert hier als Vorbedingung einer Erlösung, die umfassender ist als die primäre Unschuld. Vgl. Hanna-Barbara Gerl-Falkovitz: *Verzeihung des Unverzeihlichen? Ausflüge in Landschaften der Schuld und Vergebung*, Dresden 2016, S. 206–211. Die Schuld als Tür in neue Lebensphasen fasst Gerl-Falkovitz – vergleichbar zu Malick – visuell als neue Sehkraft. Wie die *felix culpa* in mittelalterliche Literatur einfließt – und damit auch ihr Weg zum Film beginnt –, zeigt Barbara Newman: *Medieval Crossover: Reading the Secular against the Sacred*, Notre Dame 2013, S. 13–25.

Die zeitliche Parallaxe der diegetischen Erfahrung und ihrer künstlerischen Vermittlung drückt in KNIGHT OF CUPS weder ein Schuldgefälle wie in TO THE WONDER noch einen Übergangselan wie in THE TREE OF LIFE aus. Vielmehr bieten die Bilder nur ihre eigene Gegenwart und wenden die Wahrnehmungskräfte, welche durch Ricks Entfremdung freigesetzt werden, nach außen.[28] Den Antrieb bildet Ricks visuelle Weltbegierde, die schon Siegfried Kracauer mit melancholischen Lagen verbindet.[29] Dies gibt KNIGHT OF CUPS den Charakter einer Filmsinfonie, die grenzenlos objektive Milieus ins Bild einbezieht. Diesem Elan stehen subjektivierende Achsen – Tarot, Mythos der Perle, *felix culpa* – in weitem Abstand gegenüber. Erst mit der Vergebung konvergieren die Sehkräfte der Alter-Ego-Figur mit dem kameraführenden Selbst des Regisseurs. Alle rahmenden Momente des Films sind insofern Appelle aus einer Zukunft, die Rick erst am Ende erreicht.

Die Verschiebung des Fokus auf jeweils andere Intervalle im Übergangsszenario verläuft in Wenders' Filmografie chronologisch, tendenziell synchron zum Erfahrungsweg. Nur EVERY THING WILL BE FINE besetzt eine Position des Rückblicks. Malick differenziert dagegen in drei Filmen verschiedene Formen des Rückblicks. Zum Vergleich der Alterswerke von Wenders und Malick empfiehlt sich KNIGHT OF CUPS als Komplement zu EVERY THING WILL BE FINE, insofern beide eine *felix culpa* mit kindlichen Opfern als Katalysator einer jahrelangen Entwicklung erzählen. Zugleich stehen TO THE WONDER und EVERY THING WILL BE FINE einander ebenso nah. Denn die Ensemblestruktur samt parasitär geführten Paarbeziehungen, die Beschränkung auf wenige Schauplätze und der erhebliche Bezug auf den Maler Andrew Wyeth verbinden beide Werke.

4. Ensembles im Vergleich: EVERY THING WILL BE FINE, TO THE WONDER, KNIGHT OF CUPS

In TO THE WONDER ist Neil in eine On-Off-Liebe mit Marina (Olga Kurylenko) verstrickt, die zwischen Intensität, Familiengründungswünschen und Abstoßung schwankt. Erholsam ist dagegen Neils Beziehung zur ›Stieftochter‹ (Tatiana Chiline). In EVERY THING WILL BE FINE gleicht Tomas' Leben mit seiner zweiten Freundin (Marie-Josée Croze) dieser Struktur. Auch sie

28 Vgl. Sinnerbrink: *Terrence Malick*, S. 172.

29 Vgl. Siegfried Kracauer: *Theorie des Films: Die Errettung der äußeren Wirklichkeit*, Frankfurt am Main 1985 (1960), S. 42.

quält ihn mit Wünschen nach Nähe, die er nicht erwidern kann, auch er fühlt sich mit seiner ›Stieftochter‹ (Lilah Fitzgerald) wohler. Anders als Neil sucht er nie aktiv nach Erotik, sondern erreicht durch Passivität eine Bemutterung, die seine Flucht ins Schreiben befördert.

In To the Wonder hat Neil eine Außenbeziehung zu Jane (Rachel McAdams). Sie hat ihre kleine Tochter – man sieht sie kurz, wie sie Wasserspiele an einem Teich macht – verloren. Zur Bewältigung dieses Schicksals liest sie von ihrem Vater empfohlene Bibelverse. In der intimen Inszenierung des Kleinkinds zeigt Malick seine Sehkraft, während seine Alter-Ego-Figur blind für das ihr von Jane im Bekenntnis ihres größten Verlustes geschenkte Vertrauen bleibt.[30] In solchen Details zeigt die skizzierte zeitliche Parallaxe ihr ganzes ästhetisches Gewicht.[31] Ein parasitäres Beziehungsverhalten erleidet hier in Jane eine Frau, die genauso wie Sara, Tomas' erste Freundin in Every Thing Will Be Fine, von Rachel McAdams gespielt wird, die so beide Filme direkt verbindet. Zugleich handelt es sich bei Malicks Jane um eine Frau, die genau wie Kate (Charlotte Gainsbourg) in Every Thing Will Be Fine ein Kind verloren hat und auf vom Glauben geleitete Bewältigungsstrategien setzt. Insofern verwandelt Wenders Malicks Jane in zwei Figuren. Die durch Konzentration auf Jane gesteigerte Not, welche die Schuld eines Mannes bei Malick sinnfällig macht, verlagert sich bei Wenders in Sara und Kate, die Tomas auf verschiedene Weise konfrontieren. Sara wird hierbei von ihm verletzt, Kate wirkt dagegen heilsam auf ihn: Den Unfalltod eines ihrer Söhne hat Tomas mitverschuldet, dennoch begleitet sie all seine Zweifel in dieser Frage. Kate ist insgeheim die Zentralfigur. Denn sie ermöglicht allen anderen ein neues Leben, bevor sie selbst ihr abgeschiedenes Dasein als Illustratorin verlässt, um sich als Malerin zu versuchen.[32]

30 Zur Lage, in der Neil nicht anders kann, als sich und die Frauen zu beschädigen, vgl. Camacho: »The Promise of Love Perfected«, S. 240–241. Camacho zeigt, wie alle Figuren nicht zum ›Du‹ finden.

31 Zum Erinnerungsklima der Bilder vgl. Perez: *The Eloquent Screen*, S. 290–291: »Malick's jump cuts imitate the mind's eye looking back in time. How do we remember things? How do they come back to us? Not as dramatic scenes but as retrieved moments.« In Bezug auf To the Wonder betont er einen »mode of personal memory« und »a retrospective gaze, a mind's eye reaching into the past.« Ebd., S. 293.

32 Im Bonusmaterial der DVD findet sich eine Szene, die Kate als eigenständige Künstlerin zeigt. Sie erscheint hierin als Verschmelzung aus Andrew Wyeths Vater N. C. Wyeth, der sich als Illustrator durchschlug (vgl. Morrison / Schur: *The Films of Terrence Malick*, S. 70–71) und Edward Hopper, der erst in seinen Vierzigern als Künstler zutage trat. Vgl. Wim Wenders: »Einzelbilder des amerikanischen Traums: Edward Hopper« (1996), in: ders.: *Die Pixel des Paul Cézanne*, S. 43–51, hier: S. 44.

Wenders' Frauen agieren autonomer als Malicks Frauen, andererseits zeigt Wenders sie anders als Malick kaum in ihrem Eigenleben, sondern überwiegend in Bezug auf Tomas. Daher erscheinen Tomas' Ausweichstrategien ihnen gegenüber nicht als Schuld. Vielmehr verleihen sie den Szenen eine unheimliche Note. Denn je mehr Tomas existenzielle Fragen beschweigt, desto mehr fließen sie in die gedrückte Atmosphäre ein, die Wenders zusätzlich durch eisblaue Farbzüge herausarbeitet. Was bei Wenders dergestalt untergründig bleibt, zeigt To the Wonder als manifeste Vergiftung.[33] So ist Neil kein Künstler, sondern damit beschäftigt, kontaminierte Böden zu vermessen, während er privat Frauen durch mangelnde Nähe vergiftet. Ähneln die manifest gezeigten Umweltkatastrophen in Neils Berufsleben Szenen aus Michelangelo Antonionis Il deserto rosso (1964), so verweisen die flanierenden Selbstverortungsversuche der Frauen in belasteten Räumen auf La notte (1961).[34] Auf Wenders' andersgearteten Bezug auf Antonioni kommen wir zum Schluss.

5. Andrew Wyeth und sein jeweiliger Einfluss auf Malick und Wenders

Den Maßstab, um Kontaminationen des sozialen Raums zu differenzieren, findet Malick beim Maler Andrew Wyeth. Dieser widmete sich, unbesorgt um Werte seiner Epoche, in realistischem Stil seinen ländlichen Umgebungen und seinen Nachbarn, etwa Christina Olson. Seine Begegnungen mit Landschaften und Menschen in Bildserien machen ihn fürs Kino attraktiv.[35] Wyeth folgend, untersucht Malick den Handlungsraum von To the Wonder in Kombination mit Porträtserien der weiblichen Figuren. Malick greift hierzu Klassiker wie »Wind from the Sea« (1947), »Christina's World« (1948), »Winter« (1946), »Soaring« (1950) und »Hoffman's Slogh« (1947) auf, um seine Figuren mit ihrem Lebensraum in Beziehung zu setzen.

33 Vgl. Perez: *The Eloquent Screen*, S. 292–293 und Kamalzadeh/Pekler: *Terrence Malick*, S. 191.

34 Zu Malicks Nähe zu Antonioni vgl. Morrison/Schur: *The Films of Terrence Malick*, S. 93–95 und 120. Das Interesse an Frauen schließt Malicks Spätwerk noch näher an Antonioni an. Sinnerbrink spricht von einer spirituellen Fassung der »›eros is sick‹ trilogy« von Antonioni. Vgl. Sinnerbrink: *Terrence Malick*, S. 163.

35 Vgl. Brian O'Doherty: »A Visit to Wyeth Country«, in: Wanda M. Corn (Hrsg.): *The Art of Andrew Wyeth*, Boston 1973, S. 14–40, hier: S. 18: »Wyeth has two novels constantly in progress – the Chadds Ford novel and the Cushing, Maine, novel. The landscape and the cast of characters are different. But each locale has a primary character.«

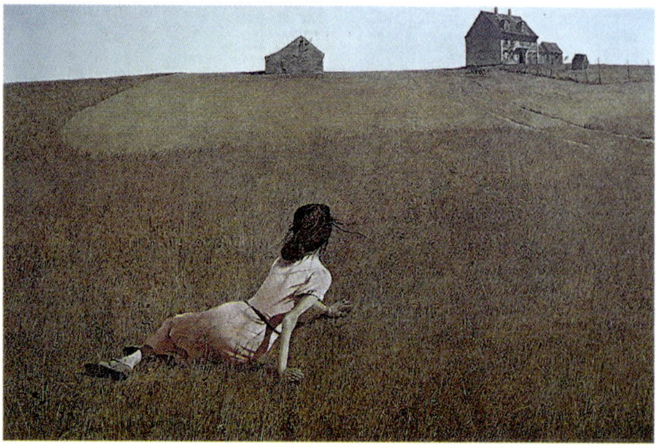

Andrew Wyeth: »Christina's World« (1948)

Der Rekurs auf Wyeth ist in zwei Maßstäbe eingelassen. Zum einen verfährt Malick ethnologisch: Indem er Bilder aus längst vergangenen Jahrzehnten aufgreift, zeigt er, dass es das von Wyeth evozierte ländliche Amerika nicht mehr gibt. So präsentiert er eine sterile *housing area* inmitten karger Flächen. Die Bilder erinnern an Wyeth, zeigen aber keine Durchdringung von Mensch und Milieu, sondern ihre wechselseitige Fremdheit.[36] Wo in »Christina's World« eine Frau im Vordergrund ihre weitläufige Umgebung untersucht, sehen wir das Schild einer Immobilienfirma. Wo wehende Vorhänge in »Wind from the Sea« den Blick auf die Landschaft öffnen, sieht man öde Zäune, oder der Vorhang selbst mutiert zur Plastikfolie.

Zugleich begleitet Malick in Jane eine Farmerin, die das in »Hoffman's Slogh« oder »Turkey Pond« (1944) dokumentierte Leben in einer Kulturlandschaft fortsetzen möchte, mit ihrem *American Dream* aber vor der Pleite steht. Malick analysiert so von zwei Seiten den Zusammenbruch der seinerzeit von Wyeth porträtierten Welt. Hierin eingelassen ist die Einsamkeit der Frauen: In der sterilen *housing area* vertrocknet Neils Gattin Marina, die ihm aus Paris gefolgt ist, um nun in eine spätkapitalistische Ödnis zu geraten. An der defizitären Farmerwelt, die nicht hält, was sie verspricht, zerbricht Jane. Beide Frauen sind darin entfremdete Nachfolgerinnen der Modelle Wyeths. Eine weitere Ebene besteht in Neils fragwürdigem Genuss. Denn er bewundert seine Partnerinnen im Rahmen der malerischen Verhältnisse, die sie mit Räumen und Landschaften eingehen, die sie selbst als einengend erleben. Malick bezieht sich also auf Wyeth, um ein ethnologisches Maß für die

36 Vgl. Leonie Lindstedt: *Filmische Atmosphären im Werk von Terrence Malick*, Baden-Baden 2018, S. 77–78.

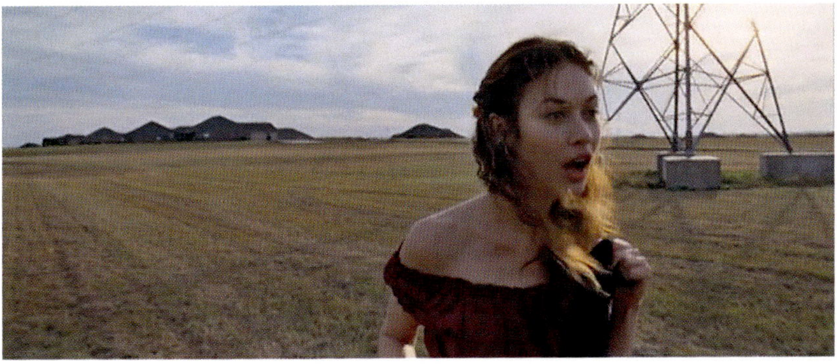

Fremd in Oklahoma: Marina in Terrence Malicks To the Wonder

Selbstentfremdung der spätkapitalistischen USA zu gewinnen,[37] und entfaltet zugleich denselben Raum als – hierfür blinde – Bühne des erotischen Begehrens. Die schiere Schönheit der Bilder kollidiert mit der in ihnen zugleich reflektierten Verblendung. In zerreißender Spannbreite nutzt Malick Wyeth als mehrsinniges analytisches Medium.

Wenders' Every Thing Will Be Fine rekurriert ebenso intensiv auf Wyeth, jedoch auf andere Art. Die Umgebung des Unfalls, in der die Illustratorin Kate mit ihren beiden Söhnen lebt, imitiert in Form und Farbe des Hauses, in Konturen der Wirtschaftsgebäude und Gemarkungen der Landschaft Wyeths Malwelt. Hierdurch erschließt Wenders lückenlos einen malerischen Kosmos. Kates Gebiet wird so als Sonderwelt jenseits von Tomas' Alltagswelt ausgewiesen. Eine Abzweigung mit Straßenschild, das sich mythisch auf Philemon bezieht, führt aus der asphaltierten Zivilisation heraus, hinein in eine Wyeth-Retrowelt jenseits realer Landarbeit. Dazu passend verliert sich Kate gerne in Fiktionswelten der Lektüre und führt die tödliche Vernachlässigung ihrer mütterlichen Aufsichtspflicht hierauf zurück.[38] Als Flucht entworfene Idyllen werden seit Johann Wolfgang von Goethes *Wahlverwandtschaften* (1809) oft durch den Tod von Kindern erschüttert.[39] Von diesem Unglück aus unter-

37 Vgl. Izod / Dovalis: »Terrence Malick's Diptych«, S. 62 und 65.

38 Bei dem Buch, das sie zeitgleich zum Unfalls liest, handelt es sich um William Faulkners *Light in August* (1932). Bereits O'Doherty (»A Visit to Wyeth Country«, S. 16) bezieht Wyeths Umgebung auf Faulkners Fiktionswelt *Yoknapatawpha County*. Korrespondierend arbeitet Jörn Glasenapp Wenders' Faulkner-Beziehung samt intertextuellen Momenten im ganzen Werk, insbesondere Paris, Texas, auf. Vgl. Jörn Glasenapp: *Wim Wenders: Paris, Texas*, München 2019, S. 90–96.

39 Man denke in diesem Kontext auch an Nicolas Roegs Film Don't Look Now (1973).

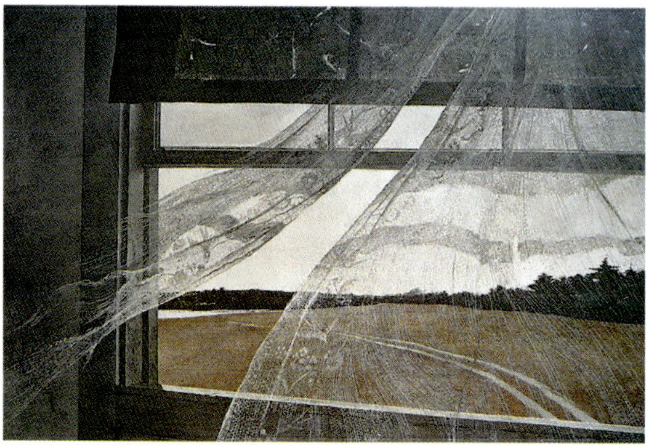

Andrew Wyeth: »Wind from the Sea« (1947)

sucht Wenders den Schauplatz über Jahre als Gefäß einer Trauerverarbeitung, in deren Zentrum die Sterbestelle eines Kindes steht.[40] Von dieser Gemarkung geht eine Raumzeit aus, welche die Hinterbliebenen am Ort des Geschehens bannt. Daher rekurriert Wenders kaum auf einzelne Gemälde, sondern auf eine Wyeth-Welt, die er mit 3D-Kameras quer durch verschiedene Jahreszeiten untersucht. Dabei besteht eine Passung mit einem werkbiografischen Moment Wyeths. In Vorwegnahme von Wenders' Gestaltung der Wegbiegung zum Unfall schreibt Brian O'Doherty: »Just before you come to Karl Kuerner's house« – einem besonders häufigen Motiv Wyeths – »you cross a railway where a large sign says STOP – LOOK – LISTEN. Here some of Wyeth's most intense feelings are anchored. In 1945 a car his father was driving cut out when straddled across the tracks. The train killed his father and his brother's two-year-old son. Wyeth's preoccupation with Karl owes something to that fact.«[41] Wenders' Thema einer Trauerarbeit durch Kunst aktualisiert also nicht nur Wyeths Bilder, sondern zu Teilen auch seine Motivation und Methode. Während bei Wyeth jedoch die Reflexion konkreter Welten gegenüber der psychoiden Ebene überwiegt, untersucht Wenders einen Raum, den er von einem vorgängigen ästhetischen Bildraum aus rekonstruiert. Dieser Appropriationscharakter erhöht erst recht den Charakter eines psychoiden Entwicklungsraums.

Wenders charakterisiert Wyeth als jemanden, der *Jahr für Jahr* im Wechsel von *Sommer* und *Winter* dieselben Orte untersucht, der sich *jahrelang* Porträt-

40 Invers hierzu bezeichnet der Titel PARIS, TEXAS den Ort eines Zeugungsakt als Gravitationspol der Story.

41 O'Doherty: »A Visit to Wyeth Country«, S. 18.

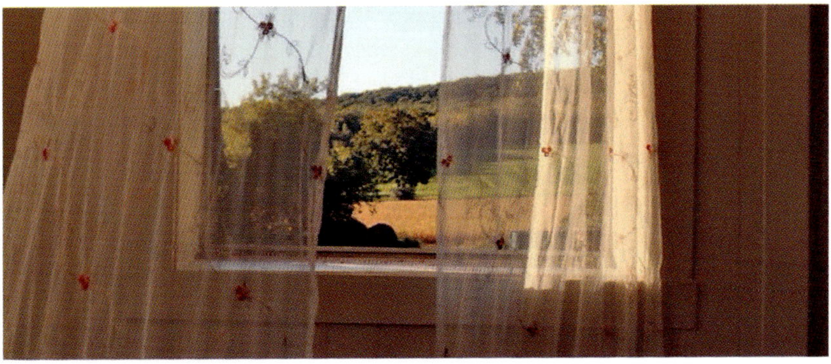

Kates Blick ins Leben

partnern in Serien widmet, der sich *monatelang* in Detaillierungen vertieft, sich aber zugleich dem *Blitz des Augenblicks* verschrieben hat, diesen *bewahrt* und daran arbeitet, ihn *aus der Zeit heraus in Zeitlosigkeit* zu überführen. *Präsenz* und kumulierte *Geschichte* des Gegenstandes werden hiervon gerahmt.[42] Dieses *Zeitprogramm* versteht Wenders als Hingabe, in der Wyeth seine *Lebenszeit als geteilte Zeit* auf wenige Motive verwendet, um vermeintliche Nebensachen als Lebensphänomene wertzuschätzen.[43] Hierin verwirkliche Wyeth ein Gegenprogramm zur allgemeinen Hast, das lehrt, zu sehen und Sehen als Leben zu verstehen. Genau diese Attribute zeigen sich in Wenders' einzigem direkten Zitat: Wyeths »Wind from the Sea« mit seiner Pneumatik eines aus der Landschaft in den Innenraum hineinwehenden Vorhangs stellt sich in Kates Wohnküche wieder her; und zwar genau in dem Moment, in dem sie erstmals aufatmet und in eine alltägliche Gegenwart zurückfindet.[44] Das Zitat führt aus der diegetischen Illusion heraus. Bild- und Zeitebenen, die jenseits des Films bei Wyeth verankert sind, zeichnen Kates stille Wiedergeburt als Moment, der über ihr persönliches Leben hinausgeht und sie über Wyeths zeitliche Magie an eine übergreifende Spiritualität anschließt.

In KNIGHT OF CUPS gemahnen biografische Peripetien ebenfalls an »Wind from the Sea«. Ohne das Ursprungsbild zu rekonstruieren, betont Malick seinen pneumatischen Charakter und kombiniert Fenster, Vorhänge und

42 Vgl. Wenders: »Beim dritten Hinsehen«, S. 156–158 und 160–163.
43 Vgl. ebd., S. 160 und 164.
44 Wenders' Verständnis des Stilllebens als *Still life* – ›noch Leben‹ – prägt die Szene. Ebd., S. 158–160.

Wind,[45] etwa bei Ricks Treffen mit seiner geerdeten Mutter (Cherry Jones) oder mit einer entgrenzten Go-Go-Tänzerin (Teresa Palmer). Die letzte Peripetie – Ricks Begegnung mit einer weiblichen Repräsentanz seines eigenen Selbst (Isabel Lucas)[46] – lässt jedoch den Rückblick auf Wyeth hinter sich und markiert ebenso pneumatisch Ricks Rückkehr in die Gegenwart mit einem Wald moderner Windrotoren.

6. Zeitliche Koordinaten der Reifung: EVERY THING WILL BE FINE und die Farbe

KNIGHT OF CUPS strukturiert Ricks langwierige Reifung nie über greifbare Koordinaten, sondern mit Stationen des Tarot. Auch EVERY THING WILL BE FINE steht vor der Aufgabe, einen langen Zeitraum zu gestalten, verfährt aber gegenteilig: Zwischentitel wie »Drei Jahre später« evozieren objektive Koordinaten, die der 3D-Aufnahme die vierte Dimension der Zeit kohärent beifügen. Führt Malicks Subjektivierung zu zahllosen Wahrnehmungssplittern, verdichtet Wenders die Wendungen seines elfjährigen Erzählintervalls auf entscheidende Nächte – etwa, wenn Tomas eine Nacht bei Kate verbringt, um sie bei der rituellen Verbrennung des Faulkner-Romans *Light in August* (1932) zu unterstützen, den sie während des Unfalls las, oder wenn Tomas am Ende eine Nacht mit Kates überlebendem Sohn Christopher (Robert Naylor) verbringt, der aufs Bett seiner Villa uriniert hat, um seine leibliche Wirklichkeit für Tomas unabweisbar zu machen. Diese objektivierende Tendenz korreliert mit einer Kammerspielästhetik, denn Wenders schaut auf die Figuren zu nach innen, während Malick mit den Figuren nach außen schaut und KNIGHT OF CUPS so als Filmsinfonie gestaltet. Ablesbar wird das daran, dass Wenders überwiegend durch Fenster zu Figuren hereinschaut, während Malick überwiegend mit Figuren aus Fenstern herausschaut.[47] Beide aktualisieren hier gegenläufige Verfahren, die bei Edward Hopper angelegt sind. Hierzu gehört, dass Wenders in langen Einstellungen

45 Zu Wind und Luft in Malicks Spätwerk vgl. Lindstedt: *Filmische Atmosphären*, S. 56, 64, 71 und 79.

46 Vgl. Sinnerbrink: *Terrence Malick*, S. 193.

47 Vgl. Wenders: »Einzelbilder des amerikanischen Traums«, S. 48–49: »[F]enster. Ob sie nun nach außen führen oder nach innen, das bleibt sich fast gleich. [...] [W]eder gewähren sie Einblicke nach innen, noch öffnen sie den Blick nach außen. Draußen und drinnen [...] strahlen die gleiche Fremdheit aus.«

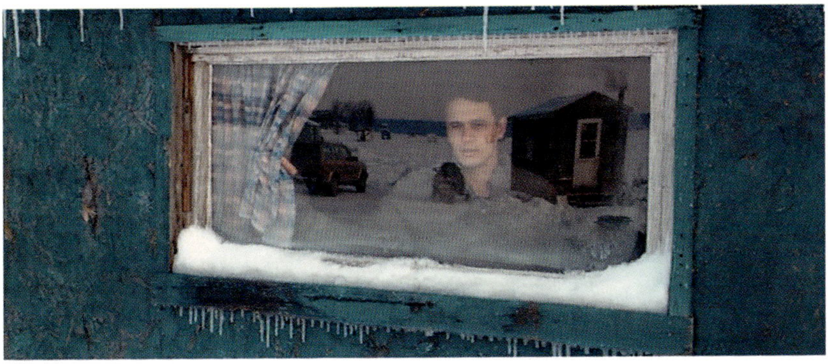

Tomas' Blick ins Eis

den stabilen Charakter Hoppers aufgreift,[48] während Malick auf den passageren Zeitcharakter Hopper'scher Momente abzielt, die er auch im Schnitt kurz hält. Kameramann Emanuel Lubezki erklärt das für To the Wonder so: »[W]e're always looking for the moments that editors normally throw out. In many cases they're the moments before and after the dramatic scenes that make up most movies. I don't want to say that those moments feel more real, but they affect me.«[49]

Weil Wenders auf objektive Koordinaten setzt, aber innere Entwicklungen erzählen möchte, muss er – im Gegensatz zu Knight of Cups – die Außenwelt durchdringend überformen. Sein äußeres Mittel ist der Wechsel von Jahreszeiten, der den Wechsel von Jahren ins Bild setzt, sein inneres Mittel ist die elaborierteste Farbdramaturgie seines gesamten Schaffens. Stützen sich seine Kadragen auf Wyeth, gestaltet Wenders hier gemäß der Farblizenzen Hoppers, die über Wyeths naturgebundene Palette hinausgehen. Der Hauptaspekt ist die Prävalenz eines türkisen Eisblaues, das Tomas' Blick in die Welt prägt. Gleich zu Anfang schaut er durch ein entsprechend gerahmtes Fenster.

48 Vgl. ebd., S. 45. »Nicht auflösen will er den visuellen Eindruck, im Gegenteil: ihn bestärken. Kein Feiern der Flüchtigkeit, nein, ein Beteuern der Beständigkeit.«

49 Zitiert nach Jim Hemphill: »Lyrical Images«, in: *American Cinematographer*, Jg. 94 (2013), H. 4, https://theasc.com/ac_magazine/April2013/TotheWonder/page3.html (zuletzt aufgerufen am 30.1.2021). Das Interview ist auch sonst erhellend: Szenen mit Marina wurden in 35 mm, Szenen mit Jane in 65 mm realisiert, die am Ende abgeschlagene Marina digital gedreht. Keine Farbverschiebungen wie bei Wenders, sondern Verschiebungen der Kamerasensibilität organisieren den Film. Die räumliche Seite in Malicks Hopper-Adaption profitiert außerdem erheblich von Ausstatter Jack Fisk. Vgl. Kamalzadeh/Pekler: *Terrence Malick*, S. 145.

Noch wichtiger ist Wenders' zeitliche Dynamisierung der Farbe. Mit dem tödlichen Unfall ihres Sohnes geht das Eisblau auf Kates Wahrnehmung und die des überlebenden Bruders über. Die Quantität dieser Farbe nimmt quer durch den Film im Maß der Bewältigung des Unfalls ab. Die Farbe durchläuft dabei verschiedenste Reizebenen: Requisiten, eine Fischerhütte, den Himmel, Schnee, Taschenlampen- und Kühlschranklicht, Stifte, Wand- und Kleiderfarben, das Bad von Tomas' Selbstmordversuch. Sie berührt alle Weltverhältnisse, bevor sie die Welt wieder freigibt. Dies entspricht Vorstellungen Antonionis zur Filmfarbe, die dieser gewinnt, indem er Hegels Farbtheorie in Bewegung versetzt.[50] Dies gilt auch für Wenders' zweite Farbstruktur. So unterscheidet Antonioni mit Hegel zwischen reinen und gebrochenen Farben sowie zwischen einer verminderten Palette und einer, die alle Primärfarben umfasst.[51] Vom Türkisblau aus findet sich Tomas lange in einer gebrochenen Zone, die allmählich alle Grundfarben unter dem Mantel dieses Farbstichs versammelt und so Tomas' Weg zu einer vollständigeren Angliederung ans Leben zeigt, simultan aber unter Vorbehalt stellt. Kate findet dagegen schneller zur Farbe zurück. Ihr Durchbruch fällt mit dem Zitat von Wyeths »Wind from the Sea« in eins. Der Urelementeffekt neuer Luft konstelliert sich mit allen Grundfarben. Parallel hierzu zeigt sich Tomas' noch etwas verkrampfter Versuch, die Begründung einer Kleinfamilie mit Freundin und Stieftochter mit einem Rummelausflug zu betreiben, in einer vollständigen, aber schrillen Palette. Das warme Morgenlicht nach der Nacht mit Kate setzt dagegen das Türkisblau für Augenblicke außer Kurs. Die finale Aussprache zwischen Tomas und dem überlebenden Christopher zeigt sich schließlich in stichlosen Farben. Elf Jahre projizieren sich so auf eine Farbmetamorphose, die den objektiven Aufnahmegestus durch farbliche Überformung der diegetischen Welt ergänzt.

Während Malick in To the Wonder und auch Knight of Cups sich an Antonionis objektiver Raumanalytik orientiert, bezieht sich Wenders bei Antonioni als geteiltem Vorbild auf die Farbe und ihre Kraft, ein Zentrum aller Reize zu bilden: Wyeth trifft Hopper, den Wenders mit Antonioni in

50 Vgl. Michelangelo Antonioni: »Suggerimenti di Hegel« (1942), in: ders.: *Sul cinema*, Venezia 2004, S. 187–193, ders.: »Il Colore non viene dall'America« (1947), in: ebd., S. 193–195 sowie ders.: »Terre Verte« (1940), in: ders.: *Scénarios non réalisés*, Paris 2004, S. 8–21. Vgl. Hegel: *Vorlesungen über die Ästhetik III*, S. 26–34 und 67–83.

51 Vgl. Felix Lenz: »*Terre Verte* (1940) und *Die Liebe des Dichters* (1940) oder: wie Antonioni und Eisenstein filmische Meisterwerke an den Krieg verlieren und darin eine Farbfilmpoetik der Zukunft gewinnen«, in: Martin Kraus, Annika Klinge und Andrea Bartl (Hrsg.): *Verhinderte Meisterwerke*, Paderborn 2019, S. 185–210, hier: S. 186 und 203–207, besonders S. 207.

Bewegung bringt. Malick und Wenders werden also über ihre unterschiedliche Aktivierung geteilter Themen und Vorbilder in Verwandtschaft und Gegensatz erkennbar. Zugleich zeigt sich, dass in beiden Werken alle bildformenden Kräfte vor allem in Zeitstrukturen wurzeln.

Matthias Bauer

Bildraum und Blickregie

Wim Wenders' *expanded scenography* in Die schönen Tage von Aranjuez und Submergence

Obwohl der Film als zeitbasiertes Medium gilt, liegt seine künstlerische Bedeutung doch vor allem in den Bildräumen, in die er die Zuschauer versetzt. So war die Erweiterung der Theaterbühne bereits in der Pionierphase der Kinematografie ein entscheidender, eng mit dem bewegten Bild verzahnter Attraktionsfaktor. Als sich Ernst Lubitsch 1918 an eine Leinwand-Adaption von Prosper Merimees *Carmen* (1847) wagte und dabei ins Kalkül ziehen musste, dass die Aufführung eines Stummfilms selbst bei musikalischer Begleitung kaum mit dem Erlebnis wetteifern konnte, das eine Aufführung von Georges Bizets Opernfassung desselben Stoffes bot, setzte er insbesondere auf den Schauwert von Landschaftsaufnahmen, auf Bewegungsbilder mit Pferden und Reitern und auf Naheinstellungen von Pola Negri, die den dämonischen Zug ihrer erotischen Ausstrahlung ins rechte Licht setzen. Zudem zeichnete sich seine Version durch rasche Schauplatzwechsel ohne Umbaupausen aus. Er spielte also sowohl die Montage als auch die Realität gegen den vergleichsweise behäbigen Illusionsapparat des klassischen Musiktheaters aus.

Auch wenn Carmen aka Gypsy Blood (1918) im Unterschied zu D. W. Griffiths Intolerance (1916) ohne spektakuläre, von riesigen Statisten-Heeren bevölkerte Monumentalbauten auskommt, lässt sich an diesem Film im Vergleich mit der literarischen Vorlage wie mit der Opernaufführung unschwer die ästhetische Differenz der neuen, siebten Kunst erkennen: die Entgrenzung des Bühnenbildes durch einen Bildraum, der zwar nur zweidimensional ist, aber gemessen am Schauraum des Theaters wie an der Bewusstseinsszene, die das menschliche Vorstellungsvermögen bei der Lektüre literarischer Texte erzeugt, zugleich eine höhere Plastizität und eine gesteigerte Welthaltigkeit besitzt. Man könnte auch sagen, die Kinoleinwand weise eine fraktale Dimension auf: Dank der Bewegungen vor der Kamera und dem beständigen Schauplatzwechsel, durch Außenaufnahmen, durch die Entfesselung der Kamera Mitte der 1920er Jahre, die Tiefenschärfe und die unterschiedlichen Ausprägungen der Montage wird im Kino ein Bildraum aufgespannt, der weder flach noch statisch wirkt und über das Darstellungsvolumen der Tafel- wie der Kulissenmalerei hinausgelangt.

Das Kino verhält sich in dieser Hinsicht komplementär zu den Reformen von Theatermachern wie Adolphe Appia, Edward Gordon Craig oder Bertolt Brecht und Caspar Neher, die ihrerseits auf eine Entgrenzung der Guckkastenbühne abzielten und schließlich in Josef Svobodas Idee einer polyphonen und multimedialen Psychoplastik kulminierten.[1] Im selben Zeitraum, in dem sich diese Entwicklung vollzog, wurden von László Moholy-Nagy, Oskar Schlemmer und Friedrich Kiesler auch im Ausstellungsdesign neue Konzepte der Raumgestaltung und Blickführung erprobt. Der gemeinsame Nenner, den diese Konzepte mit den genannten Reformen, aber auch mit den rezenten Versuchen aufweisen, das Straßentheater zu beleben, urbane Schauplätze performativ zu nutzen und die Rampe zwischen Schau- und Zuschauerraum aufzuheben, die zu den evidenten Begrenzungen der Guckkastenarchitektur gehört, lässt sich in der Erzeugung immersiver *mediascapes* sehen und wird gegenwärtig, vor allem im anglophonen Sprachraum, unter dem Begriff der *expanded scenography* erörtert.[2]

Die filmwissenschaftliche Forschung kann diesen Begriff in vergleichender Perspektive aufgreifen, um einerseits spartenübergreifende Gemeinsamkeiten zwischen den szenografischen Künsten in den Blick zu nehmen, andererseits jedoch die Spezifika filmischer Bildräume herauszustellen. Dies soll im Folgenden an zwei jüngeren Regiearbeiten von Wim Wenders, nämlich DIE SCHÖNEN TAGE VON ARANJUEZ (2016) und SUBMERGENCE (2017), geschehen. Zunächst sollen jedoch einige Termini erläutert werden, die den Begriff der *expanded scenography* auffächern und seine heuristische Bedeutung anreichern.

1. Eine kurze Begriffsgeschichte der Szenografie

Das aus dem Griechischen stammende Wort ›Szenografie‹ ist aus ›skēnē‹ und ›to graphein‹ zusammengesetzt, verbindet also die Bezeichnung für den Ort, der einstmals vielleicht nur eine einfache Rahmenkonstruktion oder Hütte war und im Theater die Funktion eines Schauplatzes erhielt, mit einer Reihe von untereinander verwandten Tätigkeiten, darunter dem ›Einritzen‹, dem ›Zeichnen‹ und dem ›Schreiben‹. Das Wort konnte daher nicht nur bedeuten,

1 Vgl. Joslin McKinney und Philip Butterworth: *The Cambridge Introduction to Scenography*, Cambridge 2009.

2 Vgl. Joslin McKinney und Scott Palmer (Hrsg.): *Scenography Expanded: An Introduction to Contemporary Performance Design*, London u.a. 2017.

was im Englischen heute *stage painting*[3] und im Deutschen Bühnenmalerei heißt, sondern auch, was in diesen beiden Sprachen als *scenic writing*[4] respektive als Stückeschreiben bezeichnet wird. Aristoteles sah in der Szenografie die für alles Weitere ausschlaggebende Erweiterung des Dramas, die sich aus der Einführung eines zweiten Schauspielers ergab, denn damit konnte auf der Bühne aus der Deklamation des ersten eine Interaktion mit dem zweiten Mimen werden, was früher oder später – zumal wenn noch weitere Akteure hinzukamen – einen Wechsel des Schauplatzes erforderte, der jeweils durch einen Umbau der Bühne oder den Austausch der Kulisse angezeigt werden musste.[5]

Die Erinnerung daran, was zu Zeiten des Stagariten unter einer Szenografie verstanden werden konnte, hat zwei wichtige Implikationen: Zum einen vergegenwärtigt sie den genealogischen Zusammenhang der beiden Bedeutungen, die in der Begriffsgeschichte auseinandergetreten sind, zum anderen schlägt sie eine Brücke zu dem maßgeblich von Umberto Eco an der Schnittstelle von Kognitionswissenschaft, Wissenssoziologie und Rezeptionsästhetik entwickelten semiotischen Verständnis von Szenografie. Während sich der ursprüngliche Zusammenhang von *stage painting* und *scenic writing* in den romanischen Sprachen weitgehend erhalten hat, wurde die Kunst des Stückeschreibens im Deutschen wie im Englischen von der Kunst der Bühnenmalerei abgesetzt. So entstand in diesen Sprachen der Eindruck, die Fähigkeit von Autoren und Dramaturgen, allein mittels Worten, also idealiter, Anschauungsräume zu entwerfen, habe nichts mit der Fähigkeit zu tun, bestimmte Schauräume (Bühnenbilder, Ausstellungen etc.) materialiter zu gestalten.

Eco hat nun in seinem Buch *Lector in fabula* (1979), eine Erkenntnis von Marvin Minsky aufgreifend, darauf aufmerksam gemacht, dass im enzyklopädischen Wissen, das neben linguistischen Entitäten auch empirische Einträge umfasst, Schauplätze in der Regel mit bestimmten Verständnisrahmen (*frames*) und Drehbüchern (*scripts*) verbunden sind. Man weiß, wozu ein Supermarkt gebraucht wird und wie man sich in ihm als Kunde verhält. Die Erfahrungen, die in die szenografische Ausprägung des Ortssinns eingegangen sind, stellen somit eine *kondensierte Geschichte* dar; zugleich bildet die

3 Vgl. Jocelyn P. Small: »Skenographie in Brief«, in: G.W. M. Harrison und V. Lipais (Hrsg.): *Performance in Greek and Roman Theatre*, Leiden 2014, S. 111–118, hier: S. 11.

4 Vgl. Arnold Aronson: *Looking into the Abyss: Essays on Scenography*, Ann Arbor 2005, S. 7.

5 »Aischylos hat als erster die Zahl der Schauspieler von einem auf zwei gebracht, den Anteil des Chores verringert und den Dialog zur Hauptsache gemacht. Sophokles hat den dritten Schauspieler und die Bühnenbilder hinzugefügt.« Aristoteles: *Poetik*. Griechisch / Deutsch, Stuttgart 1991, S. 15.

Trias von *place, frame* und *script* einen *virtuellen Text*, der kreativ abgewandelt werden kann. Wenn der Supermarkt in einem Krimi-Plot zum Schauplatz eines Verbrechens wird, erfährt der primäre Verständnisrahmen eine Modulation, durch die andere Drehbücher als die der Warenauslage, des Einkaufens oder des Kassierens ins Spiel kommen, beispielsweise die Rollen von Täter und Ermittler.[6]

Die auf Erving Goffman zurückgehende Begrifflichkeit von primärem Verständnisrahmen und Modulation[7] ergänzt Minskys Terminologie und lässt sich unschwer mit den Erwartungen vermitteln, die Genrebilder in der Filmkunst spielen. Wenn am Anfang von BACK TO THE FUTURE PART III (Robert Zemeckis, 1990) eine typische Westernlandschaft zu sehen ist, werden damit bestimmte Erzähl- und Rollenmuster evoziert. Wenn dann jedoch der zur Zeitmaschine umgebaute Sportwagen ins Bild schießt, kommt es zu einer Modulation dieses ersten, ad hoc gebildeten Verständnisrahmens: Aus dem Western wird ein Genremix, der sich durch die Verbindung von zwei verschiedenen diegetischen Welten (Western und Science-Fiction) auszeichnet und die Überblendung der ihnen zugeordneten Drehbücher ermöglicht.

Auch wenn der metaphorische Gebrauch, den Eco vom Begriff des Drehbuchs macht, eine gewisse Doppeldeutigkeit mit sich bringt, ist das heuristische Potenzial seines Szenografie-Verständnisses als kondensierte Geschichte und virtueller Text offensichtlich. Sie lässt sich mühelos mit der Hollywood-Dramaturgie von *foreshadowing* und *payoff* verbinden. Aufmerksamkeit verdient in diesem Zusammenhang aber auch Joachim Paechs Auffassung des filmischen Schauraums als »An-ordnung des Sehens«,[8] als Dispositiv. In diesem Sinne war schon die räumliche Anordnung der Zuschauerränge im antiken Amphitheater und ihre konzentrische Fokussierung auf Szene und Szenografie ein Dispositiv. Sitzordnung und Blickregime befördern nämlich mit der perspektivischen auch die empathische Mimesis der Zuschauer.[9] Sie dienen ihrer Fokussierung auf das Bühnengeschehen, das durch die Kulisse lokalisiert wird, und ihre Anteilnahme am Schicksal der *dramatis personae* bis zur Katharsis angestauter Affekte. Erst durch das Dispositiv des Schauraums wird die Bühne zu einer Szene gemeinsamer Aufmerksamkeit, zu einer

6 Vgl. Umberto Eco: *Lector in fabula: Die Mitarbeit der Interpretation in erzählenden Texten*, München und Wien 1987 (1979), S. 99–100.

7 Vgl. Erving Goffman: *Rahmen-Analyse: Ein Versuch über die Organisation von Alltagserfahrungen*, Frankfurt am Main 1980 (1974).

8 Joachim Paech: »Das Sehen von Filmen und filmisches Sehen: Zur Geschichte der filmischen Wahrnehmung im 20. Jahrhundert«, in: Knut Hickethier (Hrsg.): *Filmgeschichte schreiben: Ansätze, Entwürfe und Methoden*, Berlin 1989, S. 68–77, hier: S. 70.

9 Vgl. Gunter Gebauer und Christoph Wulf: *Mimesis: Kultur, Kunst, Gesellschaft*, Reinbek 1992.

öffentlichen Angelegenheit und zu einer kulturellen Agentur der gesellschaftlichen Konstruktion von Wirklichkeit.

In Gang gesetzt wird damit ein komplexes, bisweilen diffiziles Wechselspiel zwischen dem, was im Zuschauerraum und was auf der Bühne geschieht. Spiel- und Lebenswelt geraten in ein auslegungsrelevantes Verhältnis, wenn die Zuschauer dem Schauspiel folgen, das, Aristoteles zufolge, einen Mythos darstellt: ein Verlaufsmodell menschlichen Empfindens, Denkens und Handelns, bei dem sich die Mitte folgerichtig aus dem Anfang und das Ende ebenso folgerichtig aus der Mitte ergibt. Nur dank dieser Folgerichtigkeit können die Zuschauer im Lichte ihrer eigenen Erfahrungen Rückschlüsse vom dramatischen Geschehen auf die Wirklichkeit ziehen, die ihnen im Alltag gerade nicht als folgerichtiges, in sich abgeschlossenes Geschehen vor Augen steht. Der Mythos schafft Durch- und Überblick, er hat einen epistemologischen Wert, den man pragmatisch ausbuchstabieren, aber auch mit einer theoretischen Relevanz versehen kann. So wie der Schauraum – ›theatron‹ – eine Vorrichtung zur Vermittlung von Erkenntnis darstellt, obliegt es nämlich einer Theorie, erklärungsbedürftige Zusammenhänge einsichtig zu machen.

Insofern sich das antike und klassische Drama als stringente Transformation der Exposition, der eingangs etablierten Ausgangslage verstehen lässt und das Gewehr, das im ersten Akt an der Wand hängt, Anton Tschechow zufolge, spätestens im dritten Akt losgehen muss, gehört die Ausstattung der Bühne, gehören Requisiten und Kulisse unbedingt zu den Elementen der Aufführung, mit denen das Wechselspiel von *foreshadowing* und *payoff* inszeniert und die Bedeutung des Stückes veranschaulicht wird. All dies gilt mutatis mutandis auch für den mit entsprechenden Props ausgestatteten Bildraum des Films – unabhängig davon, ob dieser Raum im Studio aufgebaut oder *on location* abgelichtet wurde.

Eine zentrale Gemeinsamkeit von Theater- und Filmkunst besteht mithin in der beständigen Verschränkung von zwei Funktionen: dem Aufzeigen und Durchspielen von Verhältnissen, die im Schauraum ausgelegt werden – das ist die Display-Funktion; und dem Verbinden oder Auflösen von Bezügen, die über den Schauraum hinausweisen – das ist die Relay-Funktion. Das Gewehr, das erst unübersehbar an der Wand hängt, dann zur Hand genommen und schließlich abgefeuert wird, trägt nachhaltig zum Aufzeigen des Konfliktpotenzials sowie zum Durchspielen der Handlungsoptionen bei, die das Drama exponiert. Zugleich verbindet es das exemplarische Geschehen auf der Bühne mit nicht unmittelbar dargestellten Konflikten und anderen Aktionsräumen, mit dem Olymp der Götter oder historischen Kontexten. Da eine Inszenierung unter den denkbaren Verweisen allerdings immer nur einige, wenige evoziert, erfordert die Relay-Funktion, dass solche Verweise zugleich gestiftet und gekappt, ins Spiel gebracht und aus dem Spiel herausgehalten werden. Wird beispielsweise eine Figur im Stück als Terrorist profiliert, erhält das Gewehr eine andere Bedeutung, als wenn es sich bei dieser Figur um einen passionierten Jäger handelt, der als gänzlich unpolitischer Mensch gezeichnet wird.

Weder die Display- noch die Relay-Funktion, die beide eng mit der Mehrdeutigkeit der Szenografie als kondensierter Geschichte und virtuellem Text zusammenhängen, sind daher ohne Rücksicht auf das Layout zu beschreiben, das aus dem Bildraum einen spezifischen Ort und ein relationales Gefüge von sichtbaren wie lediglich angedeuteten Beziehbarkeiten macht, von denen die Zuschauer einige realisieren, andere nicht. Die Transposition der Exposition geht jedenfalls Hand in Hand mit der Umordnung der eingangs etablierten Anordnung der ›Dinge‹ im Schauraum – einschließlich der Figurenkonstellation. Das aber bedeutet, dass diese Konstellation ebenso wie das Bühnenbild diagrammatisch aufgefasst werden müssen.[10] Es sind entweder konkret ausgeführte oder im ›Kopftheater‹ der Zuschauer auszuführende, vergleichsweise abstrakt gehaltene Schaubilder, die Verhältnisse und Beziehbarkeiten dergestalt im Raum auslegen, dass ihre Anordnung jeweils auch ein Dispositiv – eine Anordnung des Sehens, ein Blickregime – ausmacht.

Es ist daher nicht immer möglich, Bild- und Schauraum trennscharf voneinander abzuheben. Zwar könnte man die Anordnung von Leinwand und Sitzreihen im Kino als Schauraum bezeichnen und das, was die Projektion den Zuschauern vor Augen stellt, Bildraum nennen. Berücksichtigt man jedoch, dass es während der Filmvorführung neben der physikalischen Projektion im Kino auch zu einer psychologischen Projektion kommt, weil die Zuschauer ihre Erwartungen, Wünsche und Ängste auf das Leinwandgeschehen übertragen, wird die Grenzziehung unklar. Erst recht zielen die visuellen und auditiven Techniken der Immersion, insbesondere das Dolby Surround System und ähnliche Vorrichtungen, darauf ab, Bild- und Schauraum im Kinoerlebnis konvergieren und erst beim Abspann wieder auseinandertreten zu lassen. Ihre realarchitektonische Divergenz wird vom Film überspielt.

Unter dieser Voraussetzung lässt sich, wiederum im Vergleich mit dem Schauraum des Theaters, angeben, wodurch der Film zu einer *expanded scenography* wird. Neben der Erweiterung des Innenraums der Bühne durch

10 Vgl. Rachel Hann: *Beyond Scenography*, London und New York 2019, S. 89–90.

Außenaufnahmen ist es vor allem die enorme Variabilität von Kamerapositionen, Aufnahmewinkeln und Einstellungsgrößen, Lichtsetzung und Tiefenschärfe, die den Spielraum der Zuschauerlenkung erweitert. Tritt zu diesen Möglichkeiten der Mise-en-scène, in der prinzipiell alle Möglichkeiten des Schauspiels – Mimik, Gestik, Proxemik und Dialog – aufgehoben sind, noch die Bild- wie die Tonspur umfassende Montage hinzu, kann die diegetische Welt facettenreich aufgebaut und entweder mit den charakteristischen Zügen der Erfahrungswirklichkeit ausgestattet oder erkennbar als Gegenentwurf zur Realität, etwa als expressionistische Transfiguration der bestehenden Verhältnisse, als Traumlandschaft, in Erscheinung treten.

Soweit es das Bühnenbild im Theater betrifft, kann auch dieses ebenso gut im Zeichen des Realitätseffekts wie der Phantasmagorie stehen. Freilich ist das Blickregime dort traditionell auf die statische Anordnung von Schau- und Zuschauerraum beschränkt. Es ist daher mehr als bezeichnend, dass Versuche, diese Anordnung zu überwinden, nicht selten auf die Projektionstechniken der Filmkunst rekurrieren. Umgekehrt war das Bemühen des Kinos von Anfang an darauf gerichtet, jenes Defizit zu kompensieren, das die Bilder von handelnden, zum Zeitpunkt der Aufführung aber abwesenden Menschen gegenüber der Live-Performance körperlich anwesender Darsteller im Theater aufweisen. Gerade diesem Zweck, die Abwesenheit zu überspielen, sind Mise-en-scéne und Montage zwar nicht ausschließlich, aber doch auffallend häufig verpflichtet. Das Kino simuliert die Face-to-Face-Situation alltäglicher Begegnungen im Breitwandformat, zieht die Distanz zwischen Schauspielern und Zuschauern ein und rückt den Darstellern in den Szenen, die dem Publikum unter die Haut gehen sollen, massiv auf den Leib. Es stellt überlebensgroß die Mikrodramen der Physiognomie aus und überhöht einzelne Gesichter – beispielsweise das von Greta Garbo in der Schlusseinstellung von QUEEN CHRISTINA (Rouben Mamoulian, 1933) – zu Ikonen. Tatsächlich hat der neue, sichtbare Mensch der Kinematografie, pathetisch formuliert, das Antlitz der Erde nachhaltig verändert – durch die erwähnten Nah- und Großaufnahmen, aber auch durch einen veränderten Blick auf die Dinge, der aus leblosen Sachen Mit-Akteure und Gegenspieler der humanen Protagonisten oder Spiegelbilder ihrer seelischen Verfassung macht.

Die Expansion betrifft mithin die szenografische Erfassung der Außen- wie der Innenwelt, und wenn man dabei das spezifische Handicap von Fotografie und Kinematografie in Rechnung stellt, das sich aus ihrer vermeintlichen Unfähigkeit ergibt, die Oberfläche der Erscheinungen zu durchdringen, ist das Vermögen des Films, Innenwelten sichtbar zu machen, in den Schauraum des Kinos zu projizieren und dergestalt psychologische Einsichten zu vermitteln, noch erstaunlicher als sein Vermögen, die Welt ins Lichtspieltheater zu holen und auf der Leinwand in einer solchen Eindrücklichkeit und Einprägsamkeit vor Augen zu führen, dass sie den Zuschauern zu einem unvergesslichen Erlebnis wird. Die Paradoxie, dass diese Erlebnissteigerung, die ja nicht nur einen Unterhaltungs-, sondern auch einen Erkenntniswert besitzt, durch Blickwinkel, Kamerabewegungen und Montageeffekte erzielt wird, die den hodologischen Raum des Menschen – also den Raum der Wege, die er unter den Bedingungen der Schwerkraft aufgrund seiner motorischen Fähigkeiten beschreiten kann – entgrenzt, ist vielleicht das augenfälligste Merkmal der *expanded scenography*.

Der technologische Fortschritt, der vom frühen *phantom ride* zu den hyperrealen, am Computer generierten Simulakren führt, stellt eine starke Versuchung dar, die Zuschauer durch ein Spektakel zu überwältigen und die analogen Verfahren des *cinema of attraction* mit digitaler Effekthascherei zu überbieten. Dass man den technologischen Fortschritt auch subtil nutzen und mit einer reflexiven Einstellung oder einem kritischen Blick verbinden kann, belegen die jüngsten Regiearbeiten von Wim Wenders, von denen nun die Rede sein soll.

2. Die schönen Tage von Aranjuez als Meta-Szenografie

Die Corona-Pandemie hat den Blick auf die ersten Einstellungen dieses Films verändert. Sie zeigen menschenleere Straßen und Plätze in Paris – einer Stadt, in der es unter normalen Umständen, zumal am hellen Tage, praktisch unmöglich ist, nicht wenigstens einige Passanten anzutreffen. Doch selbst die Avenue des Champs-Elysèes ist zu Beginn von Die schönen Tage von Aranjuez gänzlich verwaist. Als dieser Film entstand, dachte jedoch noch niemand an virusbedingte Ausgangs- und Kontaktsperren. Vor Augen gestellt wird den Zuschauern vielmehr ein Paradoxon, das sich aus dem Zusammenprall der ungewöhnlichen Stadtansichten mit der reichen Konnotationssemantik gerade von Paris ergibt:

Das unvermeidliche Klischee von der Hauptstadt der Liebe ist mit Frankreichs Kapitale ebenso unzertrennlich verbunden wie der Topos der Revolution. Paris ist nicht nur ein äußerst geschichtsträchtiger Ort, ein *lieu mémoire* (Pierre Nora) in höchster Verdichtung, sondern auch ein von Gemälden, Romanen und Filmen imprägniertes Imaginarium der Moderne, ein Hotspot der Kunst- und Modeszene wie des Tourismus, aber auch ein unlängst von Extremismus und Terror heimgesuchter Brennpunkt interkultureller Kon-

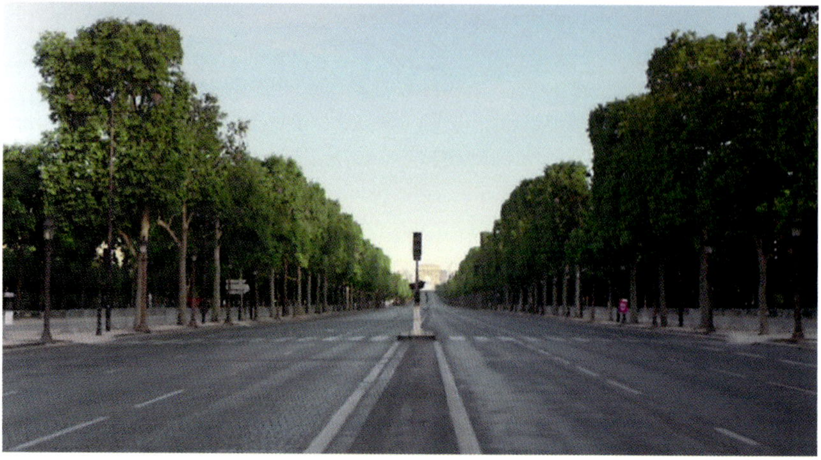

Das Stadttheater vor Beginn der Aufführung in Die schönen Tage von Aranjuez

flikte. All diese Konnotationen können dank der Relais-Funktion gleichsam im Hintergrund der ersten Einstellungen des Films mitschwingen – im Vordergrund steht jedoch das Irritationsmoment der Menschenleere, das der Szenerie zugleich etwas Künstliches und etwas Kontemplatives verleiht.

Nachhaltig verstärkt wird dieser Eindruck durch die Tonspur, die mit Vogelgezwitscher einsetzt und dann – wie sich alsbald herausstellt – die Geräusche wiedergibt, die entstehen, wenn eine Jukebox in Gang gesetzt wird. Zu hören ist der Lou-Reed-Song »Perfect Day« aus dem Jahr 1972. Aufgelöst wird dieser Zusammenhang von Naturkulisse, Popmusik und Jukebox-Geräuschen, als die Stadtansichten mit einem entfernten Blick auf die Seine-Metropole enden und ein Schwenk über mächtige Bäume die Zuschauer in das Areal eines Landhauses mit Garten versetzt, der auf der Höhe des Vordereingangs zum Stehen kommt. Durch die offene Tür ist die Jukebox zu sehen. Nachdem die Kamera auf dieses Gerät zugefahren ist, wendet sie sich nach links in ein Arbeitszimmer. Dort sitzt der namenlose Schriftsteller, gespielt von Jens Harzer. *Over shoulder views* fokussieren auf eine mechanische Schreibmaschine, ein zusammengeklapptes Notizbuch und ein Modell, bestehend aus zwei Gartenstühlen und einem Tisch, auf dem ein roter Apfel liegt, der erkennbar keine Miniaturattrappe ist. Über das Modell hinweg geht der Blick durch das Fenster auf eine Veranda, unter der sich die gleichen Möbel in Originalgröße befinden, bestückt mit einer Karaffe, zwei Gläsern und wiederum einem Apfel. Hier sitzen die Frau

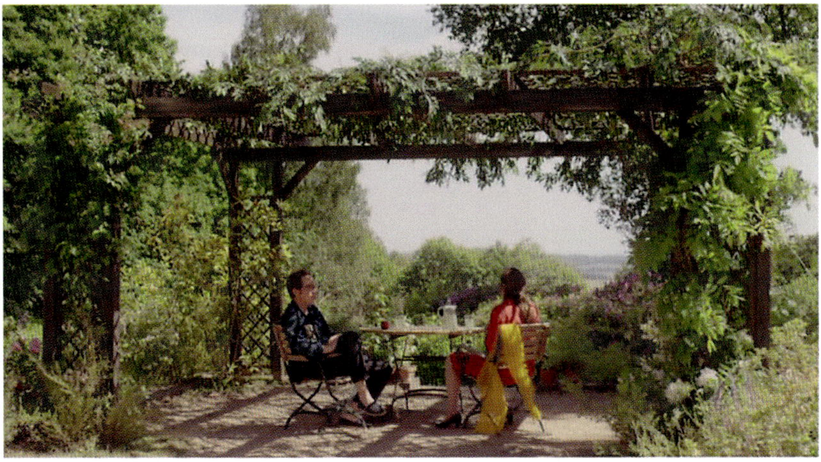

Urbild der theatralen Szene in Die schönen Tage von Aranjuez

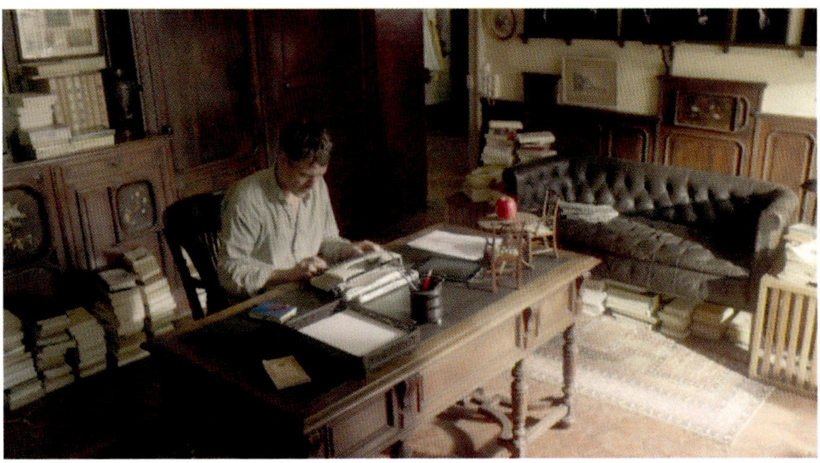

Der Schriftsteller, das Modell und die Schreibszene in Die schönen Tage von Aranjuez

(Sophie Semin) und der Mann (Reda Kateb), die den von Peter Handke verfassten Sommerdialog führen, auf dem Wenders Film basiert.

Auch jene Zuschauer, die diesen Text nicht kennen und daher auch nicht wissen, dass die Figur des Schriftstellers in Handkes Vorlage ebenso wenig auftaucht wie die Stadtansichten von Paris, werden kaum Mühe haben, die im Bildraum ausgestellten Relationen zwischen der Schreibszene im Landhaus und der Gesprächsszene vor dem Haus, zwischen dem Modell auf dem Arbeitstisch und den Möbeln auf der Veranda zu erfassen und die Situation einerseits auf die Grundsituation des Theaters und andererseits auf die Bewusstseinsszene eines dramatischen Autors, eines Stückeschreibers, zu beziehen. Diese im Bildraum ausgestellten Bezüge werden auf der Tonspur dadurch unterstrichen, dass der Schriftsteller die Regieanweisungen murmelt, die er zu Papier bringt, und den Figuren vor seinem Haus eingangs souffliert, was sie anschließend sagen. Auch später überlagern sich mehrfach die Stimmen der drei Darsteller dergestalt, dass der Mann und die Frau als Projektionen des auf sie verteilten Zwiegesprächs erscheinen, welches der Autor im Film beim Verfassen des Sommerdialogs mit sich selbst führt.

Setzt man nun die dreifache Rahmung des diegetischen Raums als Schreib-, Bewusstseins- und Gesprächsszene, die im Display von Wenders' Film angelegt ist, dank der Relay-Funktion der szenografischen Künste in eine auslegungsrelevante Beziehung sowohl zu den Stadtansichten, die jedem Zuschauer noch erinnerlich sind, als auch zur Grundsituation des Theaters – X sieht Y (und Z) beim Spielen zu – sowie zum Schauraum als An-Ordnung von Blickachsen (Dispositiv), liegt der Schluss auf der Hand, dass Wenders in Die schönen Tage von Aranjuez eine Meta-Szenografie entwirft. Er knüpft dabei an die Intertextualität von Handkes Vorlage an, die schon im Titel des Sommerdialogs – erkennbar ein Verweis auf Friedrich Schillers Carlos-Tragödie – anklingt, geht im Rekurs auf das kulturelle Gedächtnis respektive auf das enzyklopädische Wissen der Zuschauer jedoch insofern über diese Bezüge hinaus, als der Kontrapunkt zwischen dem menschenleeren Paris und dem Landareal, der eine Zugabe des Filmemachers ist, auch einen Vergleich zwischen offenen und geschlossenen, urbanen und nichturbanen Räumen, Innen- und Außenwelt stimuliert. Vor allem aber bringt Wenders' Meta-Szenografie mit der Jukebox, die mehrfach zum Einsatz gelangt und einmal sogar mit einem Gastauftritt von Nick Cave am Klavier verbunden wird, den Interarts-Diskurs ins Spiel, zu dem Handke unter anderem mit seiner Erzählung *Versuch über die Jukebox* (1990) beigetragen hat. Darin stellt der Autor seinen Lesern folgende Frage: »Was hatte ein Ding wie die Jukebox, Plastik, Buntglas, Chromblech überhaupt zu tun mit einem Stuhl oder einer Feldhütte? – Nichts. – Oder doch etwas?«[11]

Im Lichte von Wenders' Inszenierung könnte die Antwort auf diese Frage lauten: Wenn die Jukebox auf die Kunst der Musik, die Stadt und das Land-

11 Peter Handke: *Versuch über die Jukebox*, Frankfurt am Main 1993 (1990), S. 32.

haus auf die Kunst der Architektur, die Umgebung auf die Gartenkunst, der Schreibtisch und die Schreibmaschine auf die Literatur und die Stühle auf der Veranda – gleichsam das Grundgerüst einer Feldhütte – auf die Szene und den Schauraum des Theaters verweisen, fehlt in Wenders Meta-Szenografie eigentlich nur die Kunst der Malerei. Sie kommt erst am Ende des Films in den Blick, als die Kamera auf jenes Bild von Paul Cézanne zufährt, dem Handke mit seinem Buch *Die Lehre der Saint-Victoire* (1980) ein weiteres Werk gewidmet hat. Als die Kamera in dieses ikonische Gemälde der Moderne hineinzoomt, löst sich das Bild in Pixel auf, obwohl es natürlich nicht am Computer geschaffen wurde. Die letzte Einstellung von DIE SCHÖNEN TAGE VON ARANJUEZ thematisiert damit die Medienevolution, der Literatur wie Musik, Malerei wie Filmkunst unterworfen sind. Steht die Jukebox für die mechanisch-analoge Aufzeichnung und Wiedergabe von Tönen, die sich im 20. Jahrhundert durchsetzte, verweist die digitale Auflösung von Gemälde und Film auf den technischen Wandel der visuellen Künste im 21. Jahrhundert.

Keineswegs muss man diesen Verweis mit den Schiller-Worten, die bei Handke und Wenders zitiert werden, kommentieren: »Die schönen Tage von Aranjuez sind nun zu Ende. […] Wir sind vergebens hier gewesen.«[12] Diesen Ausdruck des Bedauerns werden nur die Zuschauer äußern, die sich entweder ein Actionspektakel erwartet haben oder keinen Sinn für die poetische, autoreflexive Dimension der szenografischen Künste besitzen, die sich selbst zum Thema werden können, indem sie ihre Eigenarten oder die der Nachbardisziplinen in ihrer Wirksamkeit vor Augen führen. Wenders betreibt dieses Wechselspiel von Selbst- und Fremdreferenz augenzwinkernd. Am deutlichsten wird dies anlässlich des Cameo-Auftritts von Handke als Gärtner, dem die Frau, gleichsam aus der Gesprächsszene hinaus, zuwinkt – zum einen, weil die Darstellerin und der Dichter im ›wahren Leben‹ ein Paar sind, zum anderen aber, weil die Metalepse ein Verfahren ist, über das alle szenografischen Künste verfügen.

Für diese Auslegung spricht nicht nur, dass nach dem stummen Gruß ein Umschnitt nicht auf Handke, den Gärtner, sondern auf Harzer, den Schriftsteller im Film, erfolgt; für diese Auslegung spricht zudem die Folgerichtigkeit, mit der das diaphane Medium gegen die Barriere ausgespielt wird, die in der Realität die Lebenssphären von Autor und Figuren trennt. Dass der eigentliche Verfasser des Sommerdialogs die von ihm entworfene Szene

12 Friedrich Schiller: *Don Carlos. Infant von Spanien*, in: ders.: *Sämtliche Werke*, München 1962, Bd. 2, S. 9.

betritt, gehört ebenso in diesen Zusammenhang wie der Umstand, dass Reda Kateb und Sophie Semin an einer Stelle des Films von der Veranda zum Haus hinübergehen und durch das Fenster auf den Arbeitsplatz des Schriftstellers blicken, der in diesem Moment hinter der Wand, in der Küche – also backstage – verschwunden ist. Geht Harzer dann später an den Figuren, die wieder auf der Veranda Platz genommen haben und sich unterhalten, vorbei in den Wald, der an den Garten grenzt, lässt sich dieser Regieeinfall zum einen auf die relative Selbstständigkeit beziehen, die literarische Geschöpfe durch ihre Verkörperung im Theater oder im Film erfahren – zum anderen aber auch auf den Übergang zwischen Natur- und Kulturlandschaft und damit auf die Schnittstelle, die in der Struktur der szenografischen Künste verankert ist.

Evident ist dies im Fall der Landschaftsgärtnerei, um die es im Figurendialog nicht nur an der Stelle geht, an der sich der Mann an seine Spaziergänge im Schlosspark der Sommerresidenz von Aranjuez und an seine Suche nach der ›Casa del Labroador‹ erinnert. Immer wieder führt das Gespräch auf Übergänge zwischen Steppe und Stadt, zwischen Zivilisation und Wildnis, zwischen Kreatürlichkeit und Intellektualität. Unter diesem Aspekt erscheint der Schauplatz des Films, der Garten, geradezu als Modell inszenierter Übergänge. Wie Natalia Źarska in ihrer Interpretation von Handkes Sommerdialog festgestellt hat, muss ein Garten »per Definitionem abgegrenzt werden. Es muss einen Außenraum geben.«[13] Aber er braucht auch Zugänge, die mit Bedacht entlang bestimmter Blickachsen und Wege angelegt sind. Oft sind diese Übergänge von außen nach innen und umgekehrt auch Zeitschwellen. Die Besucher eines Gartens treten zwar nicht aus der Gegenwart ihres Erlebens, aber doch aus dem Zeittakt ihrer alltäglichen Wahrnehmung heraus – ganz ähnlich wie während einer Filmvorführung.

»Der Garten ist ein Medium zwischen dem Hier und Jetzt und zwischen der verlorenen und der erhofften Ewigkeit. Ein Urmedium«,[14] heißt es bei Źarska. Etwas nüchterner könnte man über das Lichtspieltheater sagen, es sei ein Medium zwischen Hier und Jetzt sowie zwischen der Eigenzeit der Zuschauer und der Zeit eines anderen Ortes, des Heterotopos, an dem das

13 Natalia Źarska: »Der Garten des *Sommergesprächs* von Peter Handke als das verlorene und rekonstruierte Paradies«, in: Beata Giblak und Wojciech Kunicki (Hrsg.): *Kulturräume. Räume der Kultur: Poetiken des Raumes, Poetiken der Zeit*, Berlin u. a. 2020, S. 143–154, hier: S. 147.

14 Ebd., S. 143.

Leinwanddrama spielt.[15] Die Verandaszene vor dem Landhaus des Schriftstellers – die diegetische Welt von Wenders' Film – stellt einen solchen Heterotopos und zugleich eine Epoché, eine Auszeit dar, die sich die Gesprächspartner in ihrer Abgeschiedenheit von aller übrigen Gesellschaft nehmen.

Keinesfalls muss das bedeuten, dass der Garten ein Ort außerhalb der Wirklichkeit sei, ein Raum der reinen Illusion. Was Menschen in einem Garten erleben, ist ebenso real wie die Gefühle, die ein Leinwandgeschehen in den Zuschauern auslöst. Handke ist denn auch bemüht, in seinem Sommerdialog keine falsche Idylle aufzubauen. Zu diesem Zweck wird das Erhabene der Liebe, um die sich das Gespräch von Mann und Frau dreht, immer wieder auf den Boden der Tatsachen, ja sogar auf den aus Exkrementen bestehenden Untergrund der erotischen Szenen herabgeholt, von denen die Rede ist.

Sieht man in dem Abjekten, das damit zur Sprache kommt, eine Ausprägung des Obszönen – also dessen, was nicht auf der Szene gemeinsamer Aufmerksamkeit in Erscheinung treten darf, weil es gesellschaftlich tabuiert worden ist –, entspricht diesem Phänomen auf der Tonspur des Films, was Handkes Regieanweisungen an jener Stelle über die akustische Szenografie des Dialogs verlauten lassen, in der plötzlich Außengeräusche in die Innenwelt des Gartens dringen, der seinerseits in einer Vergleichsrelation zum Schlosspark von Aranjuez steht. Es heißt an dieser Stelle: »Allmählich macht jetzt das Sausen und das Aufrauschen der geahnten Bäume ganz anderen Geräuschen Platz – entschieden mehr Gegenwart als Ahnung: Das Dröhnen eines niedrig fliegenden Flugzeugs, das Knattern eines Helikopters, die Sirenen eines Polizeiautos, einer Ambulanz, mehrerer Ambulanzen, mehrerer Polizeiautos. [...] Schreie, ein einzelner Schußknall, ein rhythmisches Hupen, alles in Distanz, zugleich gegenwärtig. [...] Für Momente das Jammergellen eines Kindes, ohne Atempausen. Ein Wimmern wie vor dem Todesschrei. Für Momente das Zeter und Mordio zweier Katzen, oder Hunde, und-oder sonstwelcher [sich] auf Leben und Tod bekämpfender Tiere. [...] Hausalarmsirenen. Erst ein Alarm, dann ein zweiter, dann viele. Ebenso von unsichtbar geparkten Autos, mehr und mehr. [...] Die Alarme verstummen. [...] Neuerliche Zunahme des Lärms.«[16]

15 Vgl. Michel Foucault: »Von anderen Räumen« (1967), in: Jörg Dünne und Stephan Günzel (Hrsg.): *Raumtheorie: Grundlagentexte aus Philosophie und Kulturwissenschaften*, Frankfurt am Main 2006, S. 317–329 sowie Żarska: »Der Garten des *Sommergesprächs* von Peter Handke als das verlorene und rekonstruierte Paradies«, S. 144.

16 Peter Handke: *Die schönen Tage von Aranjuez. Ein Sommerdialog*, Berlin 2012, S. 64–68.

Was in dieser Kakophonie zusammenkommt, lässt sich leicht als Atmo-Spur einer Stadt identifizieren, als Verdichtung all der Höreindrücke, die in den Stadtansichten zu Beginn des Films ausgespart wurden: der Großstadtverkehr mit all seinen Nebengeräuschen sowie die bei enger, urbaner Bebauung unvermeidliche Belästigung der Einwohner durch Geschrei in der Nachbarschaft. Das Zeter und Mordio der Tiere vergegenwärtigt in diesem Kontext wiederum den Übergang zwischen Natur- und Kulturlandschaft, das Ausgreifen der Agglomeration auf die Umgebung und das Eindringen ihres Soundtracks in die Zivilisation. Abgelöst wird durch diese Geräuschkulisse für kurze Zeit das Rauschen der Blätter im Wind, das die Szenerie des Sommerdialogs ansonsten prägt und in der Geschichte des Films mit dem Wenders gut bekannten Werk von Michelangelo Antonioni, insbesondere mit L'ECLISSE (1962) und BLOW UP (1966), verbunden ist.

Man kann also sagen, dass Wenders seinen Zuschauern in DIE SCHÖNEN TAGE VON ARANJUEZ sowohl die kinematografische Entgrenzung des theatralen Bildraums als auch die Rückwendung der siebten Kunst auf die Urszene des Schauspiels vor Augen führt. Er blendet die beiden poetischen Verfahren des *scenic writing*, verkörpert durch den Schriftsteller am Schreibtisch, der auf die Bühne vor seinem Fenster blickt, und des *stage painting* ein, das die Filmemacher mittels Ausstattung, Ausleuchtung und Aufnahme betreiben. Durch die visuelle Ausschaltung der Rampe, die dem Film insofern eignet, als er die Zuschauer mitten in die Szene – die Gesprächs-, die Schreib- und die Bewusstseinsszene des Dichters – versetzt, aber auch durch die metaleptische Aufhebung der ontologischen Differenz zwischen dem Schriftsteller und seinen Figuren fordert Wenders seine Zuschauer zu Vergleichen zwischen der Literatur, dem Film, der Musik, der Landschaftsgärtnerei, der urbanen Architektur und der Malerei heraus. Insgesamt wird die diegetische Welt zu einer Meta-Szenografie, die mit den visuellen und akustischen Möglichkeiten der erwähnten Künste auch die Mediengeschichte ausstellt, die sie durchlaufen haben.

In diesem Sinne lässt sich DIE SCHÖNEN TAGE VON ARANJUEZ auch als eine Lebensbilanz von Wenders auffassen, die bis zu seinen Anfängen als Maler in Paris und seiner langen Freundschaft zu Handke zurückgeht. Im Mittelpunkt dieser Bilanz steht Wenders' andauernde Arbeit an Bildräumen. Schon früh hat er darauf aufmerksam gemacht, dass viele seiner Filme von Reiserouten oder Landkarten ausgegangen seien,[17] mehr durch die Szenerie

17 Vgl. Wim Wenders: »Unmögliche Geschichten« (1982), in: ders.: *Die Logik der Bilder: Essays und Gespräche*, Frankfurt am Main 2015 (1988), S. 68–77, hier: S. 72, ders.: »Wie ein Blindflug ohne Instrumente: Über die Drehorte von PARIS, TEXAS« (1984), in: ders.: *Die*

als durch den Plot gekennzeichnet wären und immer wieder das Problem des Schauplatzwechsels,[18] seiner dramaturgischen Motivation und seiner filmischen Auflösung aufgeworfen hätten. »Ich war Maler, mich interessierte einzig und allein der Raum; Landschaften und Städte.«[19] – »Meine Geschichten beginnen stets mit Orten [...]. Eine Landkarte ist für mich auch gleich ein Drehbuch.«[20]

Von einem konkreten Ort geht Wenders auch in DIE SCHÖNEN TAGE VON ARANJUEZ aus. Gleichwohl beschreitet er in diesem Film Wege, die er zuvor eher gemieden oder jedenfalls nicht so deutlich, gemäß der Relais-Funktion, auf abstrakte, diagrammatische Bezüge angelegt hatte. Zu Beginn seiner Laufbahn hatte Wenders sich zumeist an den explorativen Modus des Unterwegsseins gehalten, der im Roadmovie am klarsten zum Ausdruck kommt. In der Adaption von Handkes Sommerdialog ist dieser Modus abwesend. Es gibt im gesamten Bildraum des Films kein einziges fahrendes Auto, nur einmal läuft der Schriftsteller an einem beiseite geparkten Pkw vorbei. An die Stelle des Unterwegsseins, des Aufbruchs und der Deterritorialisierung ist ein konzentrisches Moment der Einkehr, der Rückwendung auf die kleine Szene und ihre unmittelbare Umgebung sowie auf den Modellcharakter eines *hortus conclusus* getreten, in den nur vorübergehend der Lärm der Welt einbricht. Umso deutlicher treten die im Layout des Schauplatzes angelegten bzw. ausgestellten Bezüge hervor, die ihn zu einer Meta-Szenografie machen.

Dass der Film zum Schluss den Schriftsteller am Platz seiner Figuren, auf der Veranda, in einem Augenblick der Verdüsterung, in trauriger Verfassung zeigt, ist vielleicht eher dem ästhetischen Verlangen nach Abrundung als dem Gesprächsverlauf geschuldet. Denn so schließt sich der Kreis nicht nur zum frühen Tagesbeginn auf den Pariser Straßen und Plätzen, sondern auch zu dem doppelten Rückzug am Ende der Inszenierung. Erst wird die letzte Regieanweisung in Handkes Drama – »Und sachte verschwinden Licht und Szene«[21] – umgesetzt, dann fährt die Kamera auf das Cézanne-Bild zu und in das Bild hinein, bis das Bewegungsbild bei der Pixelformation einrastet,

Logik der Bilder, S. 85–86, hier: S. 86 sowie ders.: »Le souffle de l'Ange« (1987), in: ders.: *Die Logik der Bilder*, S. 110–138, hier: S. 118.

18 Vgl. Wim Wenders: »Zeitabläufe, Kontinuität der Bewegung« (1972), in: ders.: *Die Logik der Bilder*, S. 11–15, hier: S. 13.

19 Wenders: »Unmögliche Geschichten«, S. 68.

20 Ebd., S. 70.

21 Handke: *Die schönen Tage von Aranjuez*, S. 70.

die für melancholisch gestimmte Betrachter das Ende der Kunst markiert, für nüchterne Beobachter jedoch einfach mit dem Filmende, mit dem Nullpunkt von Bild und Bewegung zusammenfällt.

3. SUBMERGENCE als Parallel-Szenografie

Gleichsam als wolle er den Interarts-Diskurs fortführen, blendet Wenders den Titel seines nächsten Films in eine gemalte Landschaft ein. Es handelt sich um das zwischen 1808 und 1810 entstandene Gemälde »Der Mönch am Meer«, dessen Topografie und Atmosphäre später zweimal zitiert werden – als ein Küstenstreifen in der Normandie und als eine Salzwüste in Afrika gezeigt werden. Das Gemälde hängt in der Alten Staatsgalerie von Berlin in einem Caspar David Friedrich vorbehaltenen Kabinett. Als die Nahaufnahme dieses Bildraums zu einer Einstellung des Schauraums in diesem Museum wechselt, steht dort leibhaftig die Figur, die der Künstler in einem anderen seiner Werke, nämlich in »Der Wanderer über dem Nebelmeer« (1818), platziert hat. Das Gemälde selbst ist im Film nicht zu sehen, doch die Figur des Wanderers und die Szenerie des Nebelmeers kommen am Ende noch einmal vor.

Allerdings wird der Interarts-Diskurs in SUBMERGENCE nicht fortgeführt, zumindest nicht auf der Handlungsebene. Der Film erzählt die Geschichte einer verhinderten Liebe, die Geschichte zweier Menschen, die in unterschiedlichen, scheinbar entgegengesetzten Welten leben und zufällig aufeinandertreffen. Sie trennen sich nur, um einander wiederzusehen, doch eine grausame Wirklichkeit reißt sie für immer entzwei. Sowohl ihr Getrenntsein als auch ihre Verbundenheit werden für die Zuschauer auf der Bildebene des Films durch Formen und Farben, Motive und Materialien beständig präsent gehalten im Rahmen einer ausgedehnten Parallelmontage, die immer wieder durch Rückblenden unterbrochen wird.

Diese Rückblenden setzen mit der Szene in der Alten Staatsgalerie unmittelbar nach den ersten beiden Sequenzen ein, die Danny Flinders (Alicia Vikander) in einem Meereslabor und James More (James McAvoy) in einem Kerker zeigen. Das Labor steht in Europa und wird durch tiefe Blautöne dominiert; der Kerker befindet sich in Afrika und weist die Farbigkeit von Lehm und Erde auf. Er liegt aber in unmittelbarer Nähe des Indischen Ozeans, der sich an der Südspitze des Kontinents mit dem Atlantik berührt, zu dem auch das europäische Nordmeer gehört, in das die Forschungsexpedition führt, auf die Danny seit Jahren hingearbeitet hat.

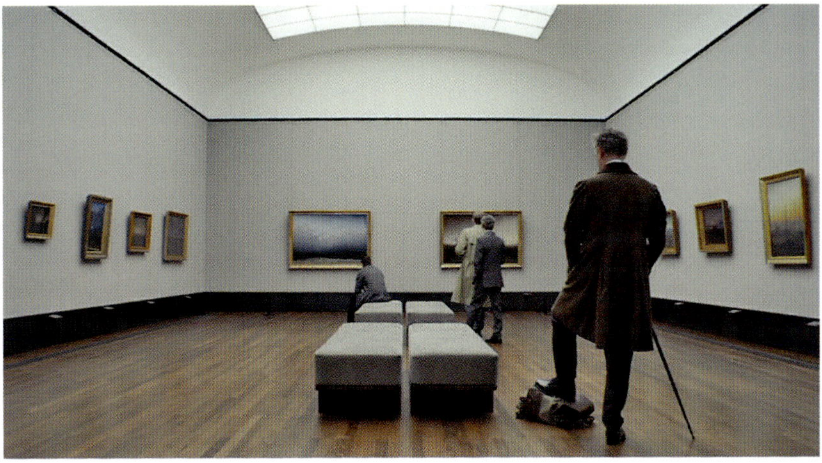

Eine Figur von Caspar David Friedrich betrachtet seine Bilder in SUBMERGENCE

Bevor diese Expedition beginnt, legt die Biomathematikerin einen Urlaub in der Normandie ein, wo sie James kennenlernt. Er hat sich in Berlin mit zwei Geheimdienstmitarbeitern getroffen, um Informationen über eine Terrororganisation zu erhalten, in die er sich unter dem Vorwand, die Wasserversorgung in Somalia verbessern zu wollen, einschleusen wird, nachdem seine kurze Auszeit in der Normandie beendet ist. Seinen wahren Beruf verheimlicht James, so dass Danny, als sie nach seiner Gefangennahme nichts mehr von ihm hört, von Unruhe und Zweifeln heimgesucht wird. James übersteht derweil eine Scheinhinrichtung, wird Zeuge einer Steinigung und schließlich in die Mangroven verschleppt. Dort kann er mit dem Sender in seiner Zahnbrücke zwar ein Signal an ein amerikanisches Militärkommando absetzen, doch als dieses Kommando das Camp der Terroristen attackiert, wird auch James getötet. Danny gerät bei einem Tauchgang an den Grund des Meeres ebenfalls in Lebensgefahr, steigt dann aber wieder glücklich an die Oberfläche des Atlantik, tausende Meilen von der Stelle im Indischen Ozean entfernt, an der James' Leiche in den Wellen treibt.

Die in Afrika spielenden Sequenzen führen eindrücklich vor Augen, dass sich der fundamental-islamistische Terror nicht nur gegen den ›ungläubigen‹ Westen, sondern auch gegen Einheimische richtet. So wirft beispielsweise einer der Anführer (Reda Kateb) nur deshalb eine Handgranate in das Wohnzimmer einer Familie, weil dort im Fernsehen ein Musikvideo mit dürftig bekleideten Tänzerinnen läuft. Was SUBMERGENCE jedoch zu einem filmischen Kunstwerk macht, ist die visuelle, um nicht zu sagen visionäre Verknüpfung der beiden auseinanderlaufenden Erzählstränge anhand bestimmter Farbtöne und Formen, Materialien und Motive, die immer wieder Querbezüge zwischen den Lebenssphären von Danny und James stiften und sie in eine auslegungsrelevante Beziehung zum Hades, zum Totenreich, setzen.

Tatsächlich sucht Danny in der tiefsten Schicht der See, wo niemand Leben vermuten würde, nach seinen Quellen. Mit Hilfe ihrer Kollegen entnimmt sie Proben einer Chemosynthese, die über 3.000 Meter unter dem Wasserspiegel stattfindet. Im Hotel hatte sie James die Schichtungen des Meeres erläutert und darauf hingewiesen, dass ihr Forschungsgebiet noch unter dem Abyss liege. Für sie beginnt das Leben in jener für Menschen tödlichen Umgebung, die nach dem Hades benannt wurde. Von dort gelangt sie wieder an die Oberfläche – gleichsam so als ob die horizontale Bewegung, die im antiken Labyrinth-Tanz erst spiralförmig nach innen, an den toten Punkt des Reigens, den Moment der Umkehr, und von dort zurück ins Leben führt, in die Vertikale gekippt ist. Die Verse, die sie bei dieser Gelegenheit rezitiert, lauten: »We will be in Hades / drowned in oblivion / swallowing water / erasing our memory / it will be at submergence«.[22]

Im gleichen Augenblick erfüllt sich gemäß diesen Worten das Schicksal ihres Geliebten. Realisieren können diesen Bezug aber nur die Zuschauer von Wenders' Film, dessen Titel an dieser Stelle seine Rechtfertigung erhält. Denn nur sie sind dank der beständigen Parallelmontage in der Lage, den symbolischen Zusammenhang zwischen Dannys Wiedergeburt, James' Untergang und der poetischen Vergegenwärtigung eines submarinen Hades zu erkennen.

Damit ist zugleich gesagt, dass es in SUBMERGENCE vor allem auf die Blickregie ankommt, die mittels der Parallelmontage in Szene gesetzt und von den Rückblenden in ihrer psychologischen Eindringlichkeit unterstützt wird. Auslegungsrelevant werden dabei die im Bildraum ausgelegten Querbezüge, die vier visuellen Registern entstammen: Da ist zunächst die Kreisform, die Hotelzimmerfenster und Bullaugen, Kerkeröffnungen und Luken sowie die Aussparungen im Schiffsrumpf miteinander verbinden, durch welche die Ankerketten gleiten. All diese Kreise stehen in enger Verbindung mit den intradiegetischen Blicken und Gesten, auf die sich die konjekturalen

22 Wenders' Film wurde in Deutschland unter dem Titel GRENZENLOS vertrieben, der in der deutschen Synchronfassung der Verse ebenfalls enthalten ist: »Wir werden im Hades landen / trunken in Vergessenheit / Wir werden Wasser schlucken / und jede Erinnerung vergessen / Wir werden grenzenlos sein.«

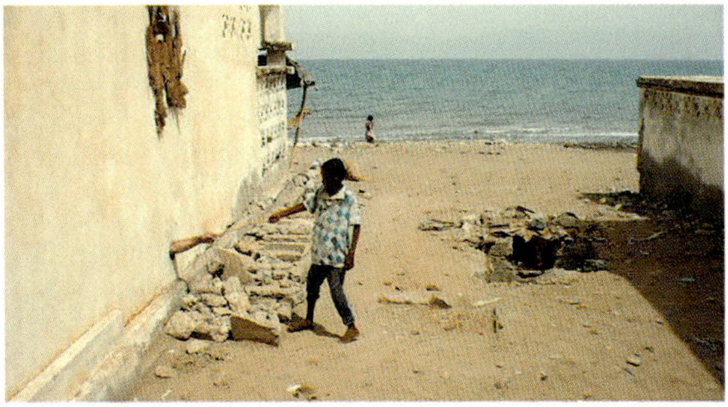

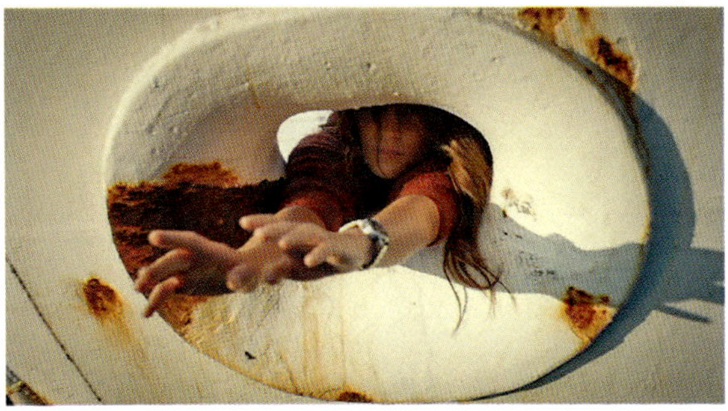

Der Arm des eingekerkerten James und die nach ihm ausgestreckten Arme von Danny in SUBMERGENCE

Auffassungsakte der Zuschauer richten. Sie erkennen, dass James auch nach Danny greift, wenn er seinen Arm aus dem Kerker in die Freiheit streckt; sie erkennen, dass sie ihn wiederum mit beiden Händen über die endlose Weite der Ozeane zu sich ziehen möchte, wenn sie an der Ankerwinde des Forschungsschiffes kniet – und sie erkennen, dass ihre Blicke durch die runden Hotelzimmer, die Bullaugen oder die Luken auch dann James suchen, wenn er ihrem Gesichtsfeld längst entschwunden ist.

Neben den Kreisen, Blicken und Gesten sind es bestimmte Materialien und Motive, die eine unauflösliche Beziehung zwischen den Protagonisten stiften. Sie bilden in SUBMERGENCE regelrechte Isotopien. So wird die Raumgestalt und Oberflächenschraffur des ins Meer gekippten Atlantikbunkers aus dem Zweiten Weltkrieg wieder in der Anmutung des unterirdischen Verlieses aufgenommen, in dem James einen Teil seiner Gefangenschaft bei den Dschihad-Kämpfern verbringen muss; in einer Traumszene klettert er die steile Wand der Verteidigungsschanze empor, von der er herabgesprungen war, als Danny sich am Strand der Normandie zum Schwimmen anschickte. Zur Bunker-Isotopie gehört sowohl der Umschnitt von der Szene, in der James in sein Verlies hinabgestoßen wird, zu der Szene, in der Danny eine steile Treppe hinaufläuft, als auch das, was man die farbliche Konvergenz der Motive und Materialien nennen könnte. Sie ist das auffälligste Gestaltungsmittel, dessen sich Wenders bei seiner Inszenierung bedient. Mehr und mehr bestimmen Blautöne das Bild der Räume, in denen sich James aufhält. Einige sind zwar heller als jene, die in den submarinen Szenen vorherrschen, aber die zunehmende Farbsättigung verweist doch klar darauf, dass James immer tiefer in die Sphäre des Hades ein- und abtaucht. Ob es die Ausleuchtung in seinem Verlies, die Atmosphäre der afrikanischen Nacht oder die Bläulichkeit einzelner Props ist – stets wird den Zuschauern der erste Auftritt von Danny im Meereslabor in Erinnerung gerufen, das sich in seiner Farbigkeit mit den Unterseeaufnahmen während ihrer Expedition und dem kalten Blau des Nordmeers auch an seiner Oberfläche deckt.

Umgekehrt besteht eine gleichermaßen augen- und sinnfällige Relation zwischen den warmen Brauntönen, durch die sich die Inneneinrichtung des Hotels, Dannys Teint und ihre Haarfarbe auszeichnen. Diese Brauntöne erfahren in Wenders' Film zwei signifikante Abstufungen – einmal durch die vielen Grünflächen in Europa, die auf den Prozess der Photosynthese zurückzuführen sind und insofern das Pendant zu den Graublautönen der Chemodynthese bilden. In beiden Fällen geht es um den Übergang von anorganischer zu organischer Materie, also um die Genese des Lebens. Diesem Farbkreis steht der Übergang vom erdhaften Braun über den beigen Schlammton, den Wasser annimmt, wenn die Wellen den Sand am Strand aufwühlen, bis zu jenem milchbleichen Weiß entgegen, in dem James und Danny ein letztes Mal zusammengeführt werden. Dieser Übergang findet eher andeutungsweise, aber ganz und gar natürlich motiviert in den Szenen statt, in denen Danny schwimmen geht und James sie ins Meer trägt. Er wird aber spätestens dann erkennbar artifiziell artikuliert, als James stirbt und Danny ein letztes Mal in seiner Fantasie begegnet. Er, den einer der Terroristen soeben einen Wanderer genannt hatte, der vom rechten Weg abgekommen sei, treibt in diesem Moment auf dem Nebelmeer, in dem das Antlitz seiner Geliebten aufscheint.

In der Nacherzählung läuft dieser Augenblick Gefahr, kitschig zu wirken; in Wenders' farblich codierter Parallel-Szenografie markiert er jedoch den Punkt, an dem die Erzählstränge und die Lebenslinien der Figuren, die isotopen Formen, Motive und Materialien zusammenkommen, um sich im Nichts aufzulösen – analog zu der Auflösung aller Bunttöne in jenem Weiß, das die Summe der im Prisma zerlegten Lichtstrahlen bildet. Mit der letzten Weißblende kehrt daher auch die Kunst des Films an den Nullpunkt des Mediums zurück.

3. Abschließender Vergleich

Während die Meta-Szenografie, die Wenders in Die schönen Tage von Aranjuez entfaltet, primär von den im selben Bildraum ausgelegten Bezügen, das heißt vom Layout des Schauplatzes lebt, an dem fast der gesamte Film spielt und dessen diagrammatische Struktur die Kamera in immer neuen, komplementären Einstellungen ausstellt, kommt es in Submergence darauf an, dass die Zuschauer konjektural die Querbezüge erfassen, die zwei distinkte Handlungssphären verbinden. Nur in ihrer Anschauung werden sowohl das physische Getrenntsein als auch die psychische Verbundenheit der beiden Liebenden vergegenwärtigt. Liegt die Welthaltigkeit des ersten Films gleichsam im Off des Sommerdialogs, weil sich das Gespräch zwischen Frau und Mann ebenso wie die Tätigkeit des Schriftstellers vornehmlich auf Bewusstseinsszenen richtet und in dieser Hinsicht in der Tradition des Intimen Theaters steht, drängt sich die Realität im zweiten Film mit dem Thema des fundamental-islamischen Terrors nachhaltig ins Bild, ohne dass Wenders die Gewalt auch nur im Ansatz ausschlachten würde. Vielmehr ist sein Augenmerk konsequent auf das seelische und körperliche Leid der Terrorisierten gerichtet – als gelte es die für den Figurendialog zentrale Bemerkung zu unterstreichen: »We want to forget the darkness in our lives.«

Keineswegs bedeutet dies, dass Wenders nicht auch die Schönheit und Bedeutung ihrer Forschung in Szene setzt. Im Gegenteil: Nur weil Submergence die beiden Sphären der Wissenschaft und der Politik, die Makrogeschichte des Lebens und die Mikrogeschichte von James' einsamen Kampf gegen die Ideologie des Todes als gleichermaßen berechtigte Tätigkeitsfelder und Handlungsgebiete vor Augen führt, reiht sich Submergence in die Werke des Regisseurs ein, die das Aktuelle mit dem Existenziellen und das Dystopische mit dem Visionären verknüpfen.

Anders als Die schönen Tage von Aranjuez steht Submergence nicht im Zeichen der Medienreflexion, des Interarts-Diskurses oder des Versuchs, das Kino auf die Urszene des Schauspiels zurückzuführen. Gleichwohl lässt sich dieser Film, über den Handlungsbogen hinaus, als konsequente Exhibition der erzähldramaturgischen und symbolischen Funktion all der Gestaltungsmittel auffassen, die den Film mit der bildenden Kunst verbinden: Farben und Formen, Blickwinkel und im Layout des Bildraums ausgelegte Konstellationen. Im Zuge des Zusammenspiels von Parallelmontage und Rückblenden-Technik wird sowohl die Schlüsseloperation des Schnitts als auch das szenografische Prinzip deutlich, das auf die Trias von *place*, *frame* und *script* rekurriert. Jedenfalls sind es die von den Zuschauern im Zuge der

Filmwahrnehmung gebildeten Verständnisrahmen, die jene Orte verbinden, die durch die unterschiedlichen Drehbücher, denen Danny und James auf ihren Lebenswegen folgen, auseinandertreten.

Die spezifische Pointe liegt in diesem Fall darin, dass die Querbezüge, auf die sich die Verständnisrahmen der Zuschauer stützen, eher über die Form als über ein gemeinsames Thema, das die beiden Erzählstränge in der Sache miteinander verknüpfen würde, in ein auslegungsrelevantes Verhältnis zueinander gesetzt werden, weshalb die Kunst vor allem in der Blickregie liegt, die dafür sorgt, dass die Zuschauer die Formkonvergenzen nicht übersehen und den Zusammenhang erfassen, der zwischen den intradiegetischen Blicken und den Gesten besteht, die nicht unmittelbar, sondern über die dazwischen liegenden Szenen hinweg aufeinander verweisen.

Die inhaltliche Spannung, die zwischen der kondensierten Geschichte – der Genese des Terrors – und dem virtuellen Text der unerfüllt bleibenden Liebe besteht, wird, was durchaus eine Option der Relay-Funktion darstellt, nicht aufgelöst. Wohl aber der scheinbare Widerspruch, der zwischen der visuellen Sprache des Films und dem primär durch Worte geprägten Begriffsvermögen der Zuschauer besteht. Komplementär hierzu erweist sich die Handke-Adaption gerade deshalb, weil der Sommerdialog nur aus Worten besteht, als eine Regieleistung, die insbesondere von Wenders' jahrzehntelanger Beschäftigung mit dem Spektrum der szenografischen Künste und der Fähigkeit des Films lebt, diese in einem Display ebenso unaufgeregt wie einprägsam zusammenzuführen.

Autor*innen

Petra Anders (Dr. phil.), Studium der Angewandten Kulturwissenschaften in Lüneburg. Promotion 2013. Wissenschaftliche Mitarbeiterin im Projekt iXNet am Institut für empirische Soziologie (IfeS) an der Friedrich-Alexander-Universität Erlangen-Nürnberg und Lehrbeauftragte am Lehrstuhl für Literatur und Medien an der Otto-Friedrich-Universität Bamberg. Forschungsschwerpunkte: Behinderung im Film, Disability Studies, Gender sowie Inklusion auf Augenhöhe.

Matthias Bauer (Prof. Dr. phil. habil.), Studium der Germanistik, Publizistik und Geschichte in Mainz. Promotion 1992, Habilitation 2002. Seit 2007 Professor für Neuere deutsche Literaturwissenschaft an der Europa-Universität Flensburg. Aktuelle Arbeits- und Forschungsschwerpunkte: Szenografie, Antiziganismus im Film, literarischer Realismus, Katastrophendiegese und -exegese.

Jörn Glasenapp (Prof. Dr. phil. habil.), Studium der Anglistik, Amerikanistik und Germanistik in Hannover und Göttingen. Promotion 1999, Habilitation 2006. Seit 2010 Inhaber des Lehrstuhls für Literatur und Medien an der Otto-Friedrich-Universität Bamberg. Aktuelle Arbeits- und Forschungsschwerpunkte: Global Art Cinema, filmischer Realismus, psychoanalytische Kulturtheorien, Ästhetiken der Ambivalenz.

Matthias Hurst (Prof. Dr. phil. habil.), Studium der Germanistik, Kunstgeschichte und Psychologie in Heidelberg. Promotion 1995, Habilitation 2000. Seit 2003 Dozent für Filmwissenschaft am Bard College Berlin (früher: ECLA European College of Liberal Arts, Berlin). Arbeits- und Forschungsschwerpunkte: Filmgeschichte, Genrefilm, Fantastik in Literatur und Film.

Felix Lenz (Dr. phil.), Studium der Theater-, Film- und Medienwissenschaft, Germanistik und Kulturanthropologie in Frankfurt am Main. Promotion 2005. Wissenschaftlicher Mitarbeiter am Lehrstuhl für Literatur und Medien an der Otto-Friedrich-Universität Bamberg. Arbeits- und Forschungsschwerpunkte: Sergej M. Eisenstein, Dominik Graf, Terrence Malick, Paolo und Vittorio Taviani, Mediendramaturgie, Goethes *Farbenlehre*, Hegels *Ästhetik*.

Katharina Rajabi (M.A.), Studium der Allgemeinen und Vergleichenden Literaturwissenschaft, Neueren Deutschen Literatur und Lateinischen und Italienischen Philologie in München. Seit 2015 Doktorandin und Wissenschaftliche Mitarbeiterin am Institut für Deutsche Philologie der Ludwig-Maximilians-Universität München. Aktuelle Arbeits- und Forschungsschwerpunkte: Literarische Moderne, Literatur und Visualität (Wahrnehmung, Bild, Perspektive), Geschichte und Theorie der Fotografie, italienisches Kino.

Golnaz Sarkar Farshi, Studium der Film- und Theaterwissenschaften in Teheran. Promotion (vsl.) 2021 an der Bauhaus-Universität Weimar. Seit 2019 Wissenschaftliche Mitarbeiterin, zugeordnet der Professur für Filmwissenschaft an der Friedrich-Schiller-Universität Jena. Aktuelle Arbeits- und Forschungsschwerpunkte: Luhmanns Systemtheorie der Gesellschaft, die Neuen Wellen des Films, Theorie und Philosophie der Unterhaltung.

Mirjam Schmitt (M.A.), Studium der Philosophie, Kommunikationswissenschaft sowie Literatur und Medien in Bamberg. Seit 2020 Lehrbeauftragte am Institut für Germanistik an der Otto-Friedrich-Universität Bamberg. Forschungsschwerpunkte: Kulturanthropologie und -soziologie, Kritische Theorie, Adornos filmästhetische Theorie, nichtmenschliche Tiere und Film, Ästhetik und Widerstand.

Katharina Stahl (M.A.), Studium der Germanistik, *Political and Social Studies* sowie Medienwissenschaft in Würzburg und Bamberg. Seit 2018 Promovendin am Lehrstuhl für Literatur und Medien der Otto-Friedrich-Universität Bamberg. Arbeitsschwerpunkte: Politik und Politiker*innen im Film und in der Serie, Gender Studies, Kulturen des Populären.

Sven Weidner (Dipl. Kommunikationswirt), Studium der Amerikanistik und Neueren Deutschen Literatur an der Ludwig-Maximilians-Universität München und Studium der Audiovisuellen Medien / Film an der Universität der Künste Berlin sowie Film Studies an der Bond University, Australien (DAAD-Stipendium). Seit 2019 Lehrbeauftragter im Fach Literatur und Medien an der Otto-Friedrich-Universität Bamberg. Arbeits- und Forschungsschwerpunkte: US-amerikanischer Film, Independent Cinema, Kunst und Suburbia im Film, filmische Postmoderne.

Julian Weinert (M.A.), Studium der Medienwissenschaft, Germanistik und Zeitbasierten Medien an der Universität Trier und Hochschule Mainz. Seit 2018 wissenschaftlicher Mitarbeiter im DFG-geförderten Forschungsprojekt *Van Gogh TV* an der Hochschule Mainz sowie externer Doktorand am Institut für Medienwissenschaft an der Philipps-Universität Marburg. Aktuelle Arbeits- und Forschungsschwerpunkte: Filmischer Essayismus, Postkinematografie, Autoren- und Genretheorie, Medienavantgarde und Netzkunst.

Register

3 amerikanische LP's 11–30, 32, 65, 100, 181
Abschied von Gestern 63
Accattone 11
Ade, Maren 11
Adorno, Theodor W. 9, 71, 73–82, 85, 86, 87–88
Al di là delle nuvole 123, 132–136
Alabama (2000 Light Years) 12, 14, 32, 147
Alekan, Henri 149
Alice in den Städten 11–12, 13, 16, 25, 27, 30, 38, 39–44, 46, 47, 48, 51, 58, 67, 68, 73, 74–76, 77, 78–79, 87, 90, 97–100, 123, 128–131, 133, 134, 183–184, 204
amerikanische Freund, Der 16, 21, 25, 78, 125, 160, 184
An Injury to One 159, 164
Anderson, Wes 95
Angelopoulos, Theo 32
Angst des Tormanns beim Elfmeter, Die 11, 15, 30, 74, 141, 147, 148, 149
année dernière à Marienbad, L' 95
Antonioni, Michelangelo 21, 32, 33, 34, 44, 80, 123, 124, 132–136, 211, 218, 234
Appia, Adolphe 221
Aristoteles 224
arrivée d'un train en gare de la Ciotat, L' 59
Artisten in der Zirkuskuppel: ratlos, Die 63, 64, 71
Atherton, Gertrude 159
Aufzeichnungen zu Kleidern und Städten 107, 157
Augustinus 208
avventura, L' 34, 44
Back to the Future Part III 223
Badlands 11
Balázs, Béla 36–37, 42
Band, The 16
BAP – Viel passiert 107
Barfuss 143
Barrymore, Ethel 161
Barthes, Roland 37, 125, 129, 133
Barton Fink 95
Battaglia, Letizia 132
Bausch, Pina 28
Bazin, André 9, 31, 36–38, 44, 182
Bernhardt, Sarah 162–163
Bis ans Ende der Welt 141, 150–153
Bizet, Georges 220
Blow Up 123, 132, 234
Bogdanovich, Peter 43
Brecht, Bertolt 221
Brinig, Myron 159
Browning, Tod 143
Buena Vista Social Club 107–122
Buena Vista Social Club 107–122, 157
Bunyan, John 208
Byrds, The 16

Cammell, Donald 11
Campbell, Joseph 168
Canned Heat 44
Cassavetes, John 11
Castro, Fidel 119
Cave, Nick 230
Ceylan, Nuri Bilge 31
Cézanne, Paul 231, 235
Chambre 666 80, 83, 86
Chandler, Raymond 182
Chaplin, Charlie 163, 171
Che Guevara, Ernesto 119
Chinese Boxes 56
Chomsky, Marvin 159

CIÉNAGA, LA 11
CITIZEN KANE 11
CLÉO DE 5 À 7 208
Coen, Ethan 95
Coen, Joel 95
Coltrane, John 14
Cooder, Joachim 116, 121
Cooder, Ry 107, 116–118, 120, 122
Costa, Pedro 31
Craig, Edward Gordon 221
Creedence Clearwater Revival 18, 19, 24

Davies, Jeremy 144
de Marcos González, Juan 114, 117
De Sica, Vittorio 38, 44
Deleuze, Gilles 38–39
Derrida, Jacques 178
DESERTO ROSSO, IL 211
Desny, Ivan 194
Diaz, Lav 31
Domnick, Ottomar 63
DON'T COME KNOCKING 9, 20, 30, 104, 155–201
DON'T LOOK NOW 213
Drifters 129
Duarte, Ernesto 118

EASY RIDER 15, 16–17, 65, 182
ECLISSE, L' 234
Eco, Umberto 222–223
Eisenstein, Serjej M. 36, 203
ELECTRIC HORSEMAN, THE 165–166
END OF VIOLENCE, THE 166, 169, 184
Epstein, Jean 64
Evans, Walker 16
EVEL KNIEVEL 159
EVERY THING WILL BE FINE 9, 42, 169, 204, 205, 209–219

FALSCHE BEWEGUNG 15, 16, 25, 27, 46, 47, 48, 51, 58, 67, 68, 71, 90, 141, 148–149, 194

Fassbinder, Rainer Werner 11, 29, 35, 60, 66, 80
FATA MORGANA 63, 64
Faulkner, William 213, 216
Fellini, Federico 38
Ferrer, Ibrahim 110, 112, 117, 118, 120–121
FLIGHT TO BERLIN 56
Fonda, Peter 17, 195
Ford, John 16, 78, 79, 80, 102, 181, 182, 183, 184, 189, 200
Foucault, Michel 92–93, 143, 233
FREAKS 143
Frege, Andreas 89
Friedler, Eric 89
Friedrich, Caspar David 236, 237
Fritz, Roger 29

Garbo, Greta 226
Genazino, Wilhelm 34
Gennep, Arnold van 204
GERMANIA ANNO ZERO 38
GHOST DANCE 178
Gibson, Mel 104, 143
Godard, Jean-Luc 80
Goethe, Johann Wolfgang von 78, 148, 213
Goffman, Erving 140, 146, 223
González, Rubén 117, 120
GRAND BUDAPEST HOTEL, THE 95
GREAT TRAIN ROBBERY, THE 14
Griffith, David Wark 220
Güney, Yilmaz 86
GUNFIGHTER, THE 195
GYPSY BLOOD 220

HAMMETT 21, 155, 156, 157, 184
Hammett, Dashiell 155, 165, 182
Handke, Peter 14–30, 65, 100, 125, 181, 229, 230, 231, 233, 234, 235
Harzer, Jens 228, 231, 232
Hathaway, Henry 181

Hegel, Georg Wilhelm Friedrich 202–203, 218
Herzog, Werner 60, 61, 62–63
HIMMEL ÜBER BERLIN, DER 15, 16, 30, 42, 78, 84, 85, 103, 141, 149–150, 159, 160, 204–205
HIRED HAND, THE 195
Hitchcock, Alfred 11, 92, 98, 105
Holy Modal Rounders, The 16
HOMO FABER 191
Hopper, Dennis 15, 17, 65, 125, 182
Hopper, Edward 138, 173–176, 179, 182, 193, 216–217
Horkheimer, Max 71, 76
Hou, Hsiao-Hsien 31
HOW THE WEST WAS WON 181
Huillet, Danièle 61, 65

IM LAUF DER ZEIT 7–8, 13, 16, 21, 24, 30, 38, 46, 51, 54, 58, 68–72, 90, 160, 204
Improved Sound Limited 70
IN GEFAHR UND GRÖSSTER NOT BRINGT DER MITTELWEG DEN TOD 63
INTOLERANCE 220

JENSEITS DER STILLE 11
Jimi Hendrix Experience, The 16
Johannessen, Bjørn Olaf 205
JONAS 63
JUNGE TÖRLESS, DER 11
JUNIOR BONNER 165

Kateb, Reda 232
Kennedy, George 187
Kennedy, John F. 175
Kierkegaard, Søren 202
Kiesler, Friedrich 221
King, Henry 195
Kinks, The 14
Kinski, Nastassja 148
Klick, Roland 13
Kluge, Alexander 61, 62, 65
Knievel, Robert Craig 159
KNIGHT OF CUPS 205–206, 207–209, 215–216, 217, 218
Knott, Elinor 171
Kracauer, Siegfried 124
Kraftwerk 49, 55, 56
Kreuzer, Lisa 47
Kubrick, Stanley 95

LADRI DI BICICLETTE 38, 44
LAND OF PLENTY 78, 168, 173, 184, 194
LEBENSZEICHEN 62–63
LIEBE IST KÄLTER ALS DER TOD 11, 29, 35
Lindbergh, Charles 175
Link, Caroline 11
LINKSHÄNDIGE FRAU, DIE 15
LISBON STORY 16, 18, 30, 42, 157, 159, 166
LONELY ARE THE BRAVE 165
López, Orlando 120
Lovin' Spoonful 14
Lubezki, Emanuel 217
Lubitsch, Ernst 220
Luhmann, Niklas 9, 58–61, 72
Lumière, Auguste 35, 59
Lumière, Louis 35, 59
Lustig, Franz 104, 192

MacLane, Mary 159
MÄDCHEN MIT GEWALT 29
Malick, Terrence 9, 11, 203, 205, 206–219
Malkovich, John 133
MAN WHO SHOT LIBERTY VALANCE, THE 200
Mandel, Harvey 19, 28
Mann, Anthony 182
Marmoulian, Rouben 226
Marshall, George 181

Martel, Lucrecia 11
Marx, Karl 119
McAdams, Rachel 210
McMullen, Ken 178
Merimee, Prosper 220
Miller, David 165
MILLION DOLLAR HOTEL, THE 25, 42, 78, 90, 94, 95, 103–106, 139–140, 141–147, 160–161, 173, 184
Minsky, Marvin 222–223
Mitscherlich, Alexander 26–28
Moholy-Nagy, László 221
MORD UND TOTSCHLAG 29
Morrison, Van 19
Müller-Stahl, Armin 208
Müller, Robby 12, 41
Mulvey, Laura 190

Negri, Pola 220
Neher, Caspar 221
NEUN LEBEN HAT DIE KATZE 62
NICK'S FILM: LIGHTNING OVER WATER 107
Nora, Pierre 227
NOTTE, LA 211

Olson, Christina 211
Ozu, Yasujirō 66

PALERMO SHOOTING 45, 123, 125–128, 129, 132, 133, 136–137, 157, 169
PAPER MOON 43
PARIS, TEXAS 13, 25, 42, 85–86, 88, 89, 90, 100–103, 104, 148, 166, 169, 183, 184, 186, 189, 194, 204, 205, 213
Pasolini, Pier Paolo 11
PAT GARRETT AND BILLY THE KID 195
Peckinpah, Sam 165, 195
PERFORMANCE 11
Petit, Chris 46–57
PINA 28, 126
POLIZEIFILM 12, 32
Pollack, Sydney 166
Porter, Edwin S. 14
Portuondo, Omara 112, 114, 115, 116, 117, 121
PSYCHO 92, 98

QUEEN CHRISTINA 226
Quicksilver Messenger Service 19, 21

RADIO ON 46–47
RADIO ON (REMIX) 57
Rancière, Jacques 35
Ray, Nicholas 182
REAR WINDOW 105
Reed, Lou 228
Reitz, Edgar 61, 63
Resnais, Alain 95
REVERSE ANGLE 79, 85, 184
RIDE THE HIGH COUNTRY 195
Roeg, Nicolas 11, 213
Rolling Stones, The 14
Rossellini, Roberto 38
ROTE SONNE 29
ROTES KORNFELD 11

Salgado, Juliano Ribeiro 153
Salgado, Sebastião 123, 141, 153–154
SALZ DER ERDE, DAS 123, 141, 153–154
SAME PLAYER SHOTS AGAIN 12, 32, 74
Sander, Helke 60, 66
Sanders-Brahms, Helma 60
Sarafian, Richard C. 167
Schäfer, Martin 47, 48
SCHARLACHROTE BUCHSTABE, DER 11, 157
SCHAUPLÄTZE 12, 25, 32, 74
Schiller, Friedrich 230, 231
Schlemmer, Oskar 221
Schlöndorff, Volker 11, 29, 191
SCHÖNEN TAGE VON ARANJUEZ, DIE 9, 15, 45, 54, 221, 227–236, 241–242

Schweiger, Til 143
Scott, Ridley 167
SEARCHERS, THE 102, 183, 189
Segundo, Compay 110, 115, 118, 120, 121
Semin, Sophie 232
Serra, Albert 31
Shepard, Sam 165, 173, 186, 189, 191
SHINING, THE 95
Siedler, Wolf Jobst 26
SILVER CITY 12, 13, 25, 32, 74, 157
Skladanowsky, Eugen 35
Skladanowsky, Max 35
Solondz, Todd 139
SONG TO SONG 205
Sontag, Susan 34
SOUL OF A MAN, THE 107
Spils, May 29
STAND DER DINGE, DER 38, 66, 147, 160, 166, 184
Stanton, Harry Dean 100
Steinhilber, Berthold 167
Steppenwolf 16, 17
Stöckl, Ula 61, 62
Straub, Jean-Marie 61, 65
SUBMERGENCE 9, 221, 236–240, 241–242
SUMMER IN THE CITY 11–12, 14, 18, 19, 21, 23, 25, 32–35, 38, 45, 54, 74, 204, 205
Svoboda, Josef 221

Tarkowskij, Andrej 32
Tarr, Béla 31, 35
TERRA TREMA, LA 38
THELMA & LOUISE 167
Thome, Rudolf, 29
TO THE WONDER 205, 206–216, 218
TOKYO-GA 77, 107, 157, 159
Torres, Barbarito 116
Toutonghi, Pauls 159
TREE OF LIFE, THE 206–207, 209
Trotta, Margarethe von 60, 66
Truman, Harry S. 175
Tsai, Ming-liang 31
Tschechow, Anton 224
Turner, Frederick Jackson 195
TWO OR THREE THINGS I KNOW ABOUT EDWARD HOPPER 174
TWO RODE TOGETHER 16

U2 103
UNBEZÄHMBARE LENI PEICKERT, DIE 62

VANISHING POINT 167
Varda, Agnès 208
VERÄNDERUNG 7–8, 9
Visconti, Luchino 38
VITTELLONI, I 38
Vogler, Christopher 168

WALD VOR LAUTER BÄUMEN, DER 11
WALKABOUT 11
Weerasethakul, Apichatpong 31
WELCOME TO THE DOLLHOUSE 139
Welles, Orson 11
Wenders, Donata 9–10
Wenders, Hella 9
WILD BUNCH, THE 195
Wilkerson, Travis 159, 164
WIM WENDERS, DESPERADO 89
Wyeth, Andrew 9, 182, 206, 211–216, 218
Wyeth, N.C. 210

YOUNG MR. LINCOLN 78

Zhang, Yimou 11
ZUR SACHE, SCHÄTZCHEN 29